알기 쉽게 배우는 An Easy Introduction

MATLAB®

진강규 김우식 박순옥 공저

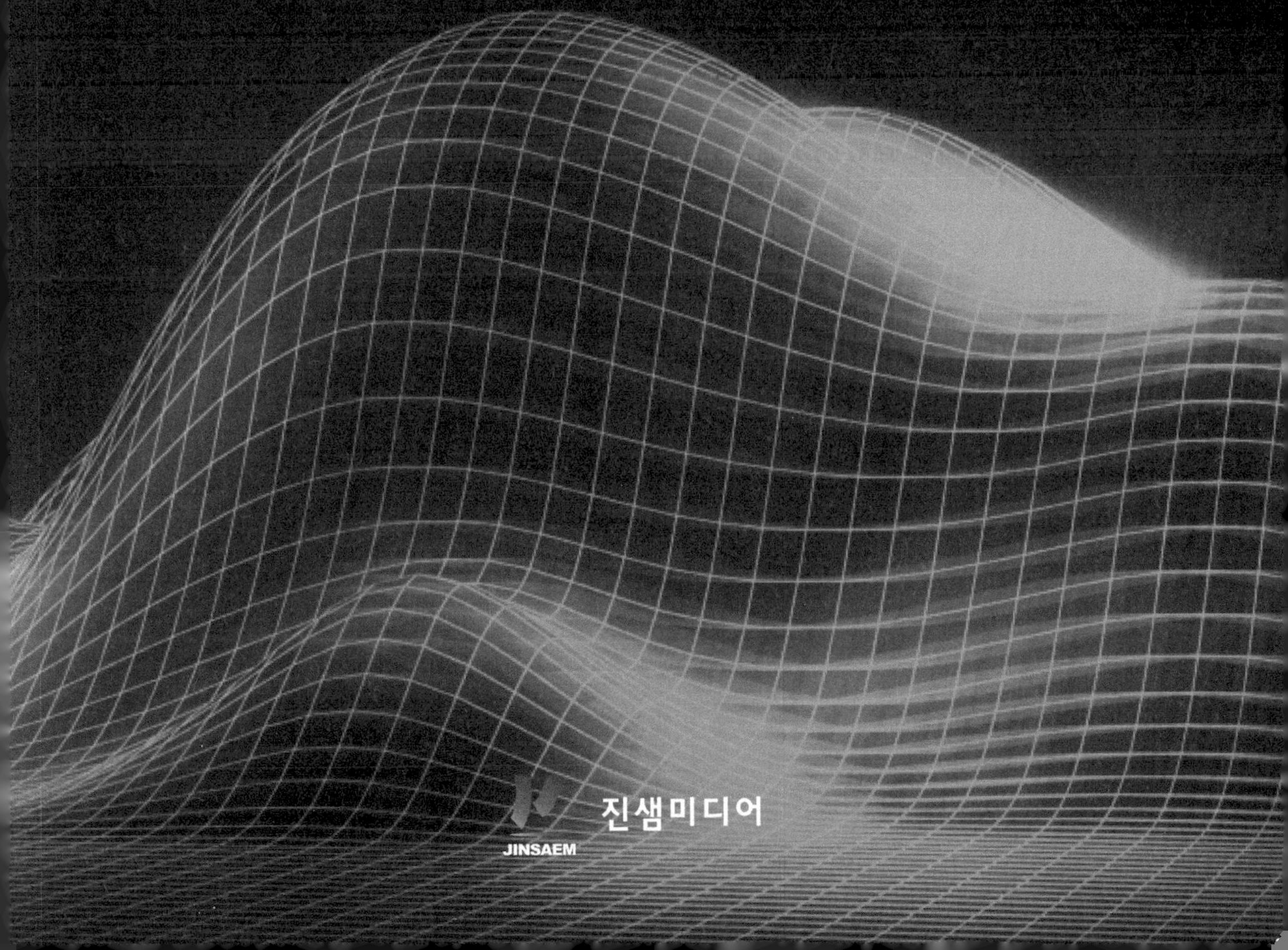

진샘미디어
JINSAEM

머리말

몇 개월간 틈날 때마다 집필해왔던 작업을 끝내고 홀가분한 마음으로 머리말을 씁니다. 방금 출산을 끝낸 산모의 심정이랄까.

MATLAB은 전 세계 수많은 과학자와 공학자들이 가장 즐겨 쓰는 컴퓨터 언어 중 하나입니다. 각 분야에서 일어나는 많은 문제들의 솔루션을 제공하는 중요한 역할을 담당하고 있고, 매년 오프라인과 온라인 형태로 쏟아져 나오는 수많은 자료들의 결과물이 MATLAB으로 계산되거나 그려진 도형을 바탕으로 하고 있습니다. 행렬 계산을 위한 프로그램으로 시작해서 지금은 공학, 순수과학 뿐만 아니라 경제, 경영, 딥러닝과 같은 새로운 영역으로 빠르게 보급되고 있습니다. 일부 선진국에서는 체계적인 소프트웨어 교육의 필요성이 증대되면서 MATLAB을 저학년의 수업 도구로 고려하는 추세입니다.

MATLAB은 클래스를 기반으로 간단하면서도 정교한 수치계산, 범용 프로그래밍 지원과 탁월한 그래픽 기능을 쉽게 활용할 수 있는 통합환경을 제공하고 있기 때문에 많은 분야에서 호응을 받고 있다고 생각합니다. 기본적인 동작으로 명령줄에 명령문을 입력하고 실행하면 곧 그 결과를 되돌리고, 범용 프로그래밍 언어로서 for, while, if, switch 등의 문장을 지원할 뿐만 아니라, 또 그래프를 그리는 것도 타 언어보다 쉽습니다. 조금만 노력하면 전문가 수준의 그래프를 그릴 수 있고 또 그래픽 객체를 완벽하게 제어하고 맞춤화할 수 있는 명령어와 그래픽 사용자 인터페이스(GUI)를 제공하고 있습니다.

이 책은 수십 년간 컴퓨터 언어들을 접해오고, 30년 이상 MATLAB을 사용해온 저자들의 경험을 바탕으로 MATLAB의 기본 문법과 명령어, 함수들을 익히고 공학 문제에 응용하는 방법을 소개할 목적으로 집필하였습니다. 다룰 내용이 많고 또 저자의 식견이 부족하여 미흡한 점이 많겠지만, 기탄없는 질책이 있기를 부탁드립니다. 이 책에서 다루고 있는 모든 소스 코드는 출판사의 공식 다운로드 방에서 내려받을 수 있습니다.

책이 출간되기까지 도움을 주신 진샘미디어 출판사 관계자 여러분께 감사를 표하며 또한 많은 시간을 같이할 수 없는 고통을 참고 기다려준 가족들에게도 고마움을 전합니다.

2020년 8월

저자 일동

본문 Matlab® 2020a 소스 코드는 진샘미디어 홈페이지에서 받아보실 수 있습니다.

http//www.jinsaem.co.kr

http//www.jinsaem.co.kr/bookdata/MatlabBooks_Archive.zip

차례

CHAPTER 6 데이터 저장하고 불러오기

CHAPTER 7 함수 m-파일 만들기

CHAPTER 8 2차원 그래프

CHAPTER 10 그래프 속성 바꾸기

CHAPTER 1

MATLAB 시작하기

이 장에서는 MATLAB 프로그램을 작성하고 실행하는 통합 환경과 여러 가지 창에 대하여 알아본다.

1.1 시작과 종료

MATLAB을 시작하려면 윈도우창에 있는 MATLAB 아이콘을 연속해서 두 번 클릭하면 된다. 그러면 사용자 인터페이스를 제공하는 그림 1.1과 같은 데스크탑창이 열리고, 그 가운데에는 명령창이 나타난다. 사용자는 프롬프트(Prompt)(>>)가 나타나는 명령줄(Command line)에 키보드로도 직접 명령문을 입력할 수 있다. MATLAB을 끝내려면 데스크탑창을 닫거나 아니면 명령창에서 〈Ctrl+Q〉를 누르거나, quit 또는 exit를 입력하고 〈Enter〉키를 치면 된다.

```
>> quit
```

혹은

```
>> exit
```

1.2 데스크탑창

MATLAB을 시작하면 데스크탑창(Desktop window)이 열리고, 여기에는 명령창(Command

window), 현재폴더창(Current directory window), 작업공간창(Workspace window), 세부 정보창이 기본적으로 나타난다. 이것이 MATLAB의 기본 화면이고 그림 1.1과 같다.

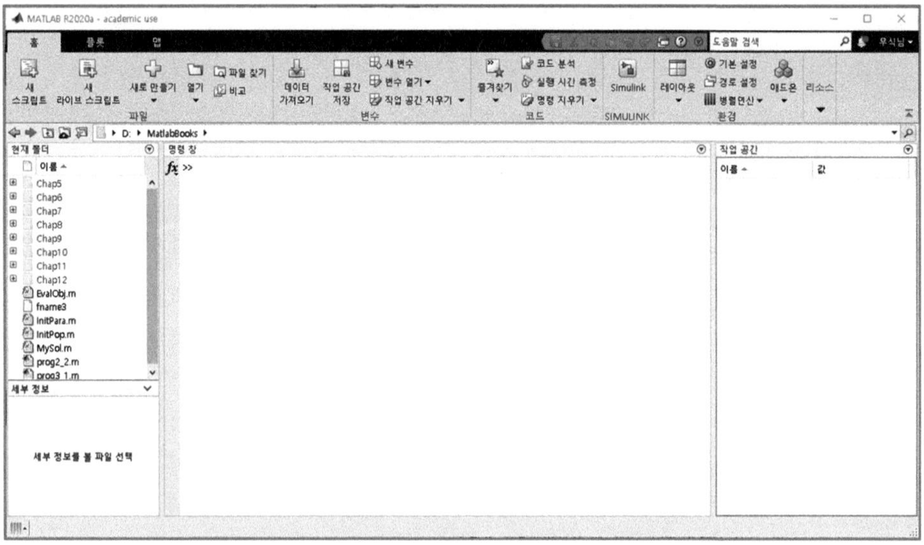

그림 1.1 데스크탑창(홈 탭의 선택)

초기 화면에는 홈 탭, 플롯 탭, 앱 탭 3가지의 탭이 나타나지만, 특정 명령어의 실행 여부에 따라 더 많은 탭이 나타나기도 한다. 현시점에서 전체 메뉴 기능을 살펴보는 것은 오히려 독자들에게 혼란만 가중시키므로 자주 사용되는 몇 가지만 간단히 알아보기로 한다. 자세한 것은 도움말창에서 〈Desktop environment〉를 키워드로 해서 검색해보기 바란다.

1.2.1 홈 탭

홈 탭(Home tab)은 기본적으로 선택되어 맨 앞에 나와 있는 탭으로써, MATLAB의 주요 기능들이 이 도구 모음에 나열되어 있다. 이 탭에는 파일, 변수, 코드, 환경 등의 서브탭이 있으며, 이들에 대한 간략한 설명은 다음과 같다.

1.2.1.1 파일(File)

〈새로 만들기〉메뉴를 선택하면 그림 1.2와 같은 풀다운 메뉴가 나타난다. 여기서는 편집기/디버거(스크립트, 함수), 그림창(Figure), 그래픽 사용자 인터페이스(GUI), SIMULINK 등을 호출할 수 있다.

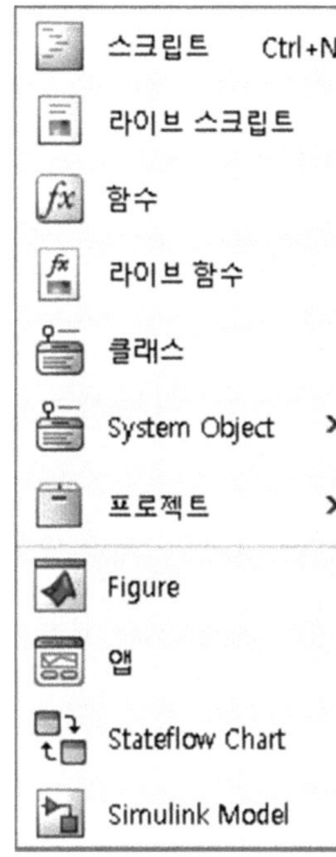

그림 1.2 새로 만들기 메뉴 바

〈스크립트〉나 〈함수〉를 선택하면 스크립트 m-파일이나 함수 m-파일을 생성/ 디버깅/ 실행해주는 그림 1.3과 같은 편집기창(Editor window)이 데스크탑창에 나타나게 된다. 또한 〈라이브 스크립트〉를 선택하면 라이브 스크립트 mlx-파일을 생성/ 디버깅/ 실행해주는 라이브 스크립트 편집기가 실행된다. 라이브 스크립트는 새로운 형태의 텍스트 기반 Matlab 스크립트 파일로, 한 파일에 파일에 대한 설명 및 실행 코드를 같이 포함하는 파일이며, 특히 코드를 명령창으로 가지 않고 편집기 내에서 실행 가능하고, 결과를 바로 볼 수 있는 파일이다.

이 창은 기본적으로 데스크탑창에 묶여 나타나지만 편집기창의 우측 상단에 있는 ⊙ 버튼(그림 1.3의 원 부분)을 누른 다음 풀다운 메뉴에서 〈도킹 해제〉를 누르면 데스크탑창에서 분리되고, 분리된 창에서 다시 ⊙ 버튼을 누르고 〈편집기 도킹〉을 선택하면 원래대로 묶인다. 일반적으로 프로그램 줄 수가 긴 경우에는 큰 화면에서 작업하는 것이 편리하므로 그림 1.4와 같이 따로 분리해서 사용하는 것이 좋다.

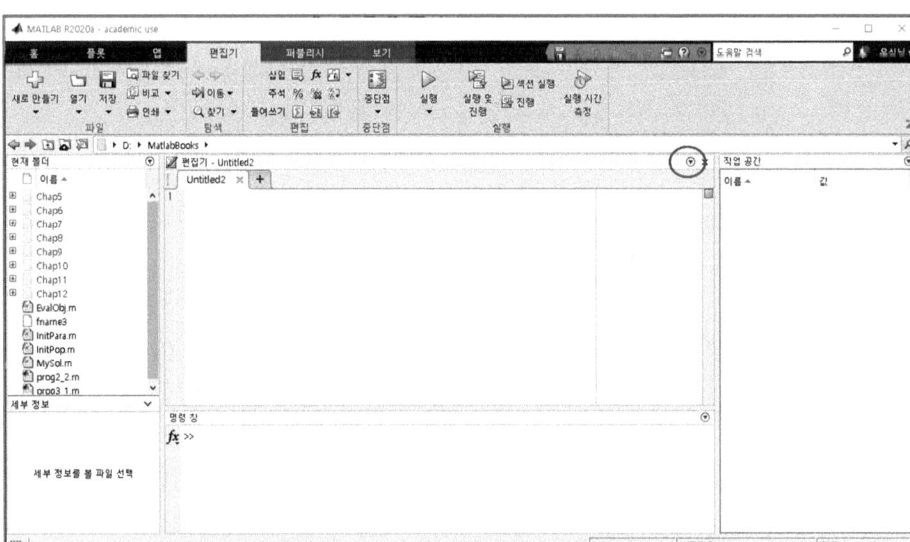

그림 1.3 데스크탑창에 결합된 편집기창

한편 데스크탑창에서 〈새 스크립트〉를 누르거나 또는 〈새로 만들기〉에서 〈스크립트〉나 〈함수〉를 선택하면 m-파일 편집기가 호출되면서 추가로 편집기 탭(Editor tab), 보기 탭(View tab), 퍼블리시 탭(Publish tab) 3개가 더 생긴다. 여기에는 편집기와 관련된 기능들이 들어 있으므로 다음 장에서 다루기로 한다.

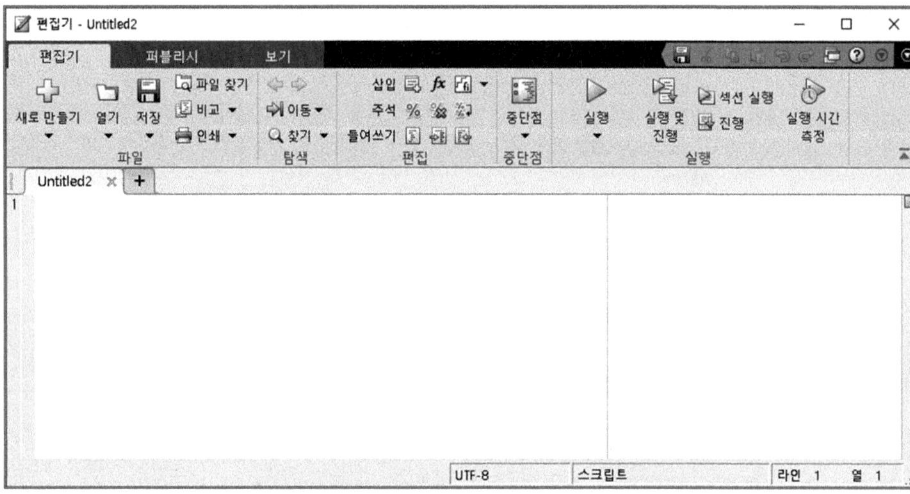

그림 1.4 데스크탑창에서 분리된 편집기

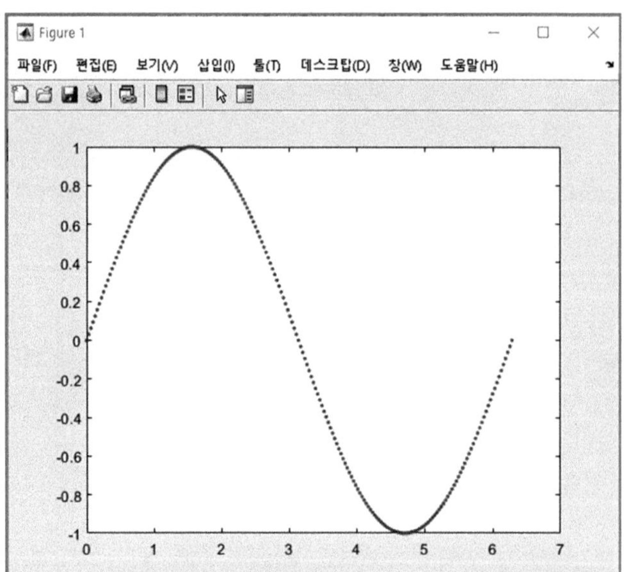

그림 1.5 그림창

또 〈새로 만들기〉에서 〈Figure〉를 선택하거나 혹은 편집기나 명령창의 명령줄에서 그래픽 함수나 명령어를 입력하고 실행하면 그래프를 보여주는 그림 1.5와 같은 그림창(Figure window)이 생성된다.

또 GUI 환경에서 프로그램을 개발할 경우에는 〈그래픽 사용자 인터페이스(GUI)〉를 선택하거나 혹은 명령줄에서 guide를 입력하고 〈Enter〉키를 누르면 그림 1.6과 같은 GUIDE 빠른 시작창(Quick start window)이 나타난다.

```
>> guide
```

guide에 대한 더 자세한 것은 도움말 기능과 참고문헌 [1]을 참고 바란다.

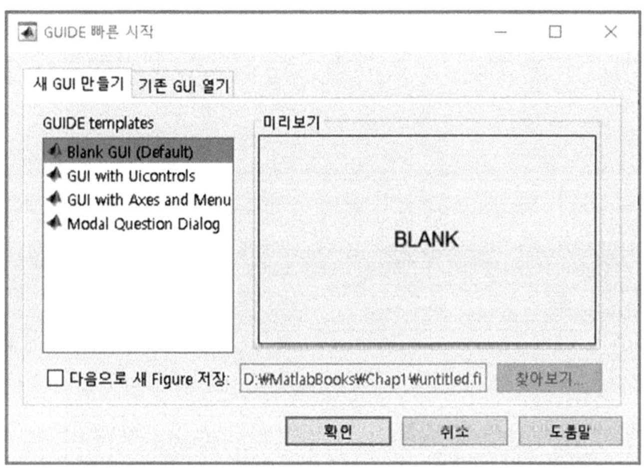

그림 1.6 GUIDE 빠른 시작창

또 Simulink를 호출하여 시스템 모델을 간편하게 해석하고 설계할 경우에는 〈Simulink Model〉를 선택하거나, 명령줄에서 simulink를 입력하고 〈Enter〉키를 누르거나, 또는 홈 탭에서 〈SIMULINK〉서브탭의 〈Simulink〉아이콘 을 클릭하면 그림 1.7과 같은 Simulink 시작창이 나타난다. 여기에서 〈Blank Model〉을 선택하면 그림 1.8과 같은 Simulink 설계의 작업창이 뜬다. Simulink사용법에 대한 자세한 내용은 〈Help〉→〈Simulink Help〉를 선택하든지 참고문헌 [2]를 참고 바란다.

```
>> simulink
```

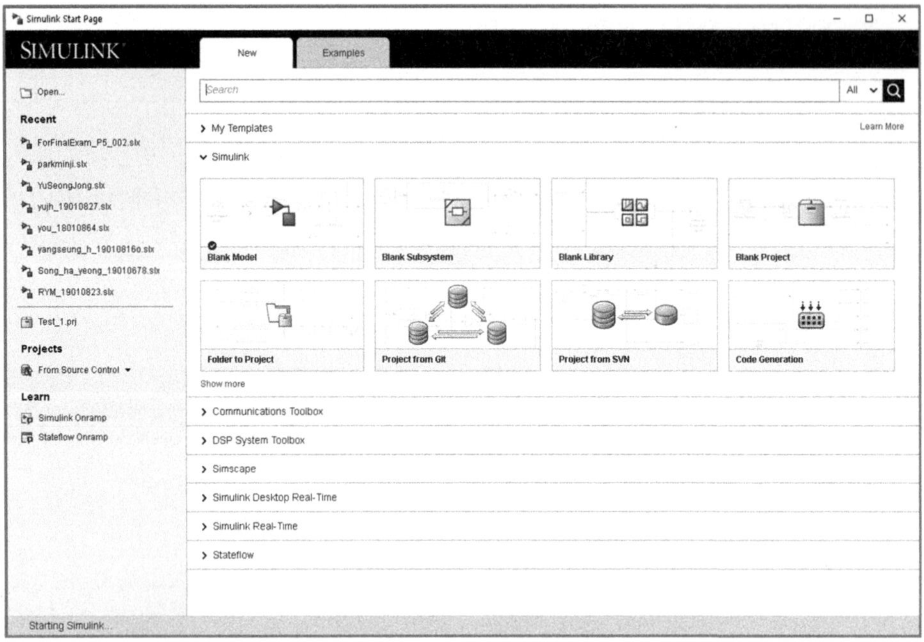

그림 1.7 Simulink 시작창

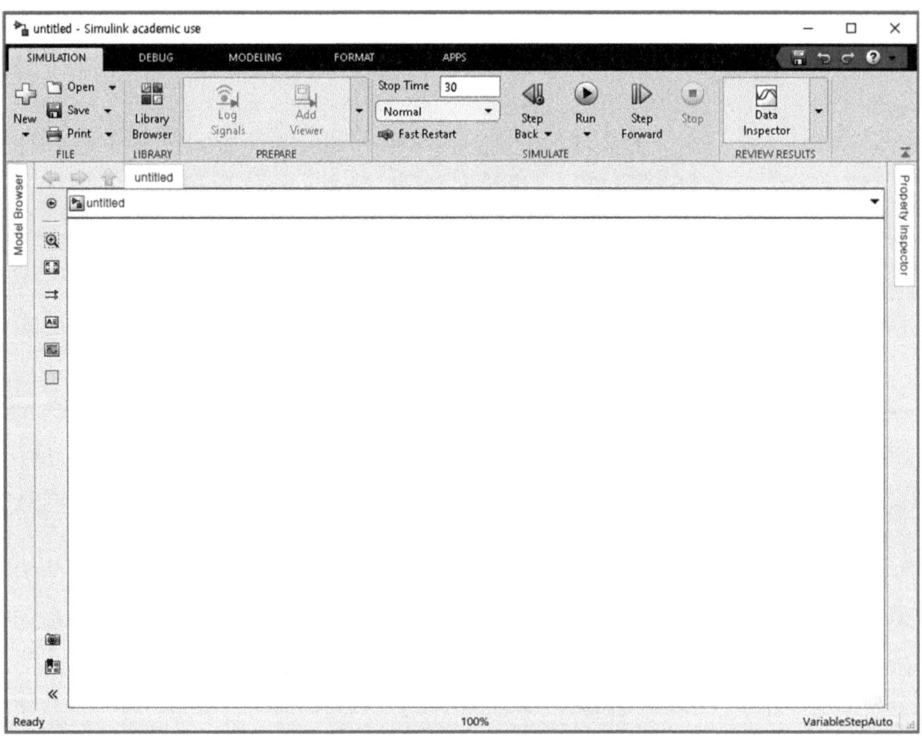

그림 1.8 Simulink 작업창

1.2.1.2 변수(Variable)

〈변수〉서브탭에는 〈데이터 가져오기〉, 〈작업 공간 저장〉, 〈새 변수〉 등과 같은 명령들이 있다. 작업공간(명령창과 스크립트가 사용하는 기억장소)에 저장된 변수들은 작업공간창(그림 1.1 참조)에 나타난다. 예를 들어, Excel이나 메모장과 같은, Matlab이 아닌 다른 프로그램들에서 생성된 데이터 파일을 읽어들이려면 〈데이터 가져오기〉를 클릭한다. 특정 변수를 열어서 수정하고 싶으면 〈변수 열기〉한 다음 해당 변수를 선택해서 수정하면 되고, 삭제할 경우에는 마우스 오른쪽 버튼을 써서 삭제하면 된다. 전체를 삭제할 경우에는 〈작업공간 지우기〉 → 〈모든 변수〉를 선택하면 된다. 한편 명령창에서도 이러한 작업이 가능한데 1.4.1절을 참조 바란다.

1.2.1.3 코드(Code)

코드 서브탭에는 〈즐겨찾기〉, 〈코드 분석〉 〈실행 시간 특정〉 등과 같은 명령들이 있다. 〈코드 분석〉아이콘을 클릭하면 현재 폴더에 들어 있는 MATLAB m-파일들의 코드를 분석하고 그 결과를 리포팅 해준다. 코드 분석기 리포트에는 잠재적인 오류와 문제점 그리고 성능을 향상시킬 수 있는 방법들이 제안된다. 또한 프로파일링 툴(Profiling tool)을 사용하면 성능 향상을 위해 코드를 재구성할 수 있는 위치를 쉽게 파악할 수 있게 해준다. 또 〈명령 공간 지우기〉 → 〈명령창〉을 선택하면 작업공간에 저장된 변수들은 그대로 두고 명령창의 내용만 깨끗하게 지워준다. 이는 명령창에서도 가능하며 1.4.4절을 참조한다.

1.2.1.4 Simulink

Simulink 서브탭에는 〈Simulink〉명령이 하나가 있으며, 이 아이콘을 클릭하면, 〈새로 만들기〉 → 〈Simulink Model〉를 선택했을 때와 같이 Simulink 시작 창이 열린다.

1.2.1.5 환경(Environment)

환경 서브탭에는 〈레이아웃〉, 〈기본 설정〉, 〈경로 설정〉 등과 같은 명령들이 있다. 〈레이아웃〉메뉴를 선택하면 그림 1.9와 같은 메뉴가 나타난다. 주로 창들을 열고, 닫거나 혹은 현재 열려 있는 창들을 정렬해주거나 도구모음의 위치를 지정해주는 역할을 한다. 잠시 안 쓰는 창들을 닫고 싶으면 그림 1.9에 체크되어 있는 곳을 해제하면 되고, 다시 체크하면 열린다. 명령창만 나타나게 하려면 〈명령창만〉을 체크하면 되고, 기본 화면으로 되돌아가고 싶으면 〈디폴트〉를 선택하면 된다.

MATLAB을 사용하다 보면 명령창도 데스크탑창에서 분리해서 사용하고 싶을 때가 종종 있다. 이때에는 명령창(그림 1.1 참조)의 오른쪽 위에 있는 ⊙ 버튼을 누른 다음 메뉴에서 〈도킹 해제〉를 누르면 데스크탑창에서 분리되고, 분리된 명령창에서 ⊙ 버튼을 누르고 〈도킹〉을 선택하면 원래대로 결합한다.

한편 데스크탑창에서 〈기본 설정〉을 누르면 명령창, 편집기, GUIDE, 도구모음 등 MATLAB 도구와 관련된 기본 설정들을 할 수 있는 그림 1.10와 같은 창이 나타난다. 〈편집기〉→〈탭〉에서는 탭 크기를, 〈편집기〉→〈자동 저장〉에서는 자동저장 여부와 저장 간격을, 〈글꼴〉에서는 데스크탑 툴들의 글꼴을, 〈GUIDE〉에서는 팔레트에 이름 표시를, 〈도구 모음〉에서는 빠른 액세스 도구 아이콘 선택 등을 설정할 수 있다.

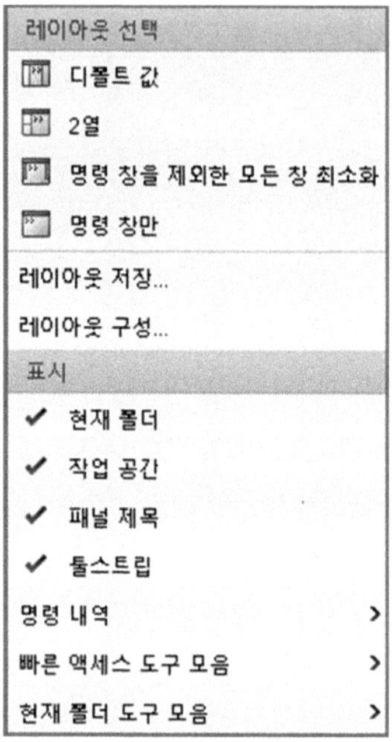

그림 1.9 레이아웃 메뉴

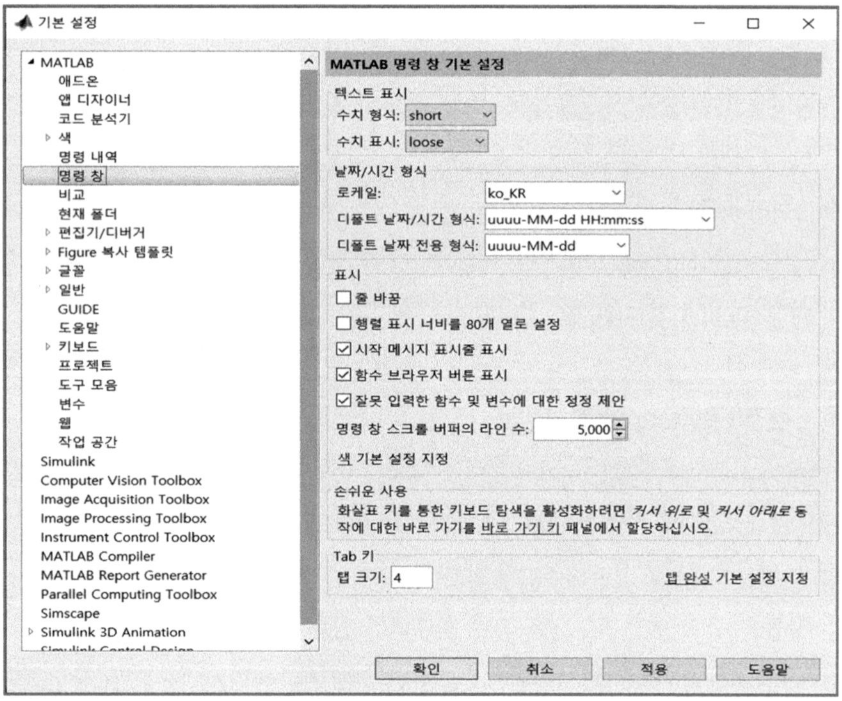

그림 1.10 기본 설정창

1.2.2 플롯 탭

플롯 탭(Plot tab)은 간단한 마우스 동작만으로도 손쉽게 여러 가지 그래프를 그릴 수 있도록 해준다. 그림 1.11의 오른쪽 작업공간창에서 데이터 계열을 선택한 다음 그래프 종류를 선택하면 원하는 그림이 그려진다. 이때 데스크탑창의 왼쪽 위에는 선택된 변수명이 나타난다.

그림창의 그래프는 stem을 선택했을 때의 결과이다. 2차원 및 3차원 그래프에 대한 자세한 것은 8장과 9장을 참조 바란다.

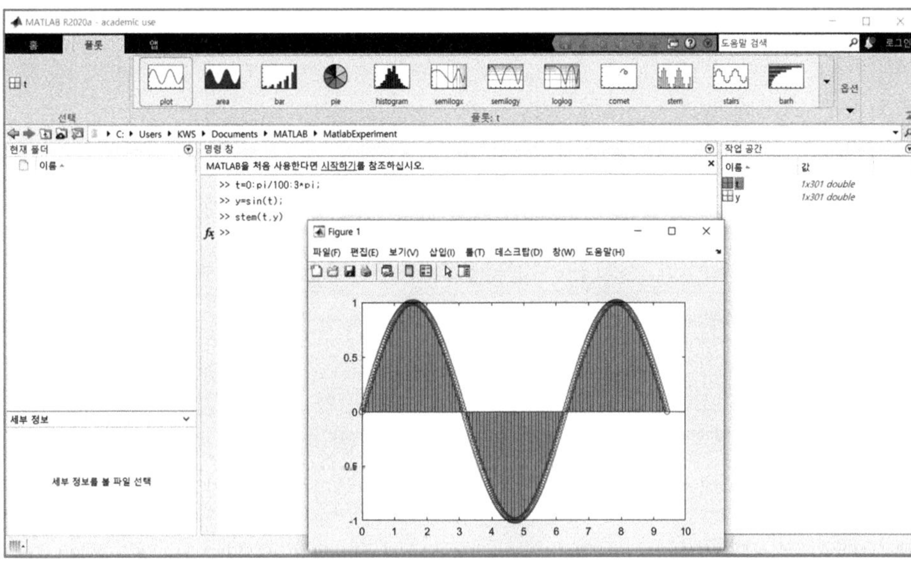

그림 1.11 데스크탑창(플롯 탭의 선택)

1.2.3 앱 탭

앱 탭(Apps tab)은 사용자 고유의 응용프로그램을 만들 수 있는 환경을 제공해주며 자세한 것은 〈도움말〉에서 apps로 검색하면 볼 수 있다.

1.3 MATLAB 명령문 실행

MATLAB은 인터프리터 언어(Interpreter language)이기 때문에 명령문을 한 줄씩 받아 기계어로 변환하고 처리해준다. 이런 처리 방식을 양방향 세션이라고 하며, 이때 명령문은 명령창에서 줄 단위로 입력하거나 아니면 편집기에서 배치파일을 미리 만들어 일괄적으로 입력하게 된다.

1.3.1 줄 단위 실행

명령창에 프롬프트(>>)가 나타나는 명령줄에 직접 명령문을 키보드로 입력하고 〈Enter〉 키를 칠 때 처리되는 방법을 말한다. 예컨대 다음을 실행하면

```
>> z = sqrt(2)
z =
   1.4142
```

계산 결과를 z에 저장해줌과 동시에 명령창의 화면에도 나타낸다. 그러나 문장 끝에 세미콜론(;)을 붙이면 z 값은 화면에 표시되지 않는다. 명령창에서 실행 결과를 직접 확인할 필요가 있을 때를 제외하고 항상 ‘ ; ’을 붙여야만 불필요한 화면 출력을 피할 수 있다. 하지만 그래픽 함수들(plot, fill, mesh, surf 등)은 핸들(Handle)을 받을 때를 제외하고 모두 붙이지 않아도 된다.

줄 단위 실행은 이전에 입력된 명령문과 현재 입력하는 명령문 간에 상호작용적이지 못한 단점이 있다. 만약 이전에 실행했던 명령문 중의 하나를 불러와서 수정하면 이와 연관된 명령문들이 자동으로 수정되지 않는다. 이 때문에 그 이후의 모든 명령문을 순차적으로 다시 실행시켜줘야 하는 번거로움이 따른다. 다음 간단한 예를 통해 살펴보자.

```
>> x = 2;
>> y = sqrt(x);
>> z = x+y
z =
   3.4142
```

x = 2일 때 z = 3.4142이지만, 만약 x = 3일 때 z 값을 알고 싶으면 x = 3; y = sqrt(x); z = x + y 세 문장을 순서대로 다시 실행해줘야 한다.

주석처리를 하려면 기호 ‘%’를 붙여주면 된다. ‘%’ 이후의 한 줄은 초록색으로 바뀌면

서 주석문(Comment statement)으로 간주되어 실행되지 않는다.

```
>> % Comment statement
>> z = sqrt(2) % Square root of 2
z =
    1.4142
```

1.3.2 일괄 실행

줄 단위 실행 시 키보드로 한 번에 한 줄씩 입력해야 하는 명령문들을 하나의 배치파일에 저장하고 실행시키는 방법을 말한다. 배치파일이 실행되면 명령문들이 작성된 순서대로 처리된다. 이 배치파일을 MATLAB에서는 스크립트 m-파일 또는 함수 m-파일이라 부른다. 자세한 구분은 이후 장에서 다루게 된다.

예를 들어 편집기로 다음 프로그램을 만들어 파일에 저장하고

Script file: prog1_1.m

```
%% Program prog1_1.m
% 명령문들의 모임인 배치파일의 예
x = 0 : 0.1 : 10;
y1 = sin(x);
y2 = cos(x);
plot(x, y1, 'k', x, y2, 'k:')
```

명령줄에 파일명 `'prog1_1'`을 입력하고 〈Enter〉 키를 치면

```
>> prog1_1
```

4개의 문장이 순차적으로 처리된다. 이때 **prog1_1**은 4개의 문장을 실행하라는 또 다른 명령어로 간주된다. 명령줄에 파일명을 입력할 때 확장자 `'.m'`은 생략해도 된다. 일반적으로 이 방법은 줄 수가 많거나 루프와 같이 복잡한 프로그램을 실행할 때 편리하고 또 프로그램 유지보수 면에도 유리하기 때문에 종종 사용된다. 더 자세한 것은 2장에서 다룰 것이다.

1.3.3 실행 중단하기

MATLAB프로그램을 실행할 때 가끔 논리 오류로 무한 루프에 빠지거나 혹은 연산시간이 너무 오래 걸리는 경우가 있다. 이때 MATLAB을 종료하지 않고 프로그램 실행만 강제로 중지시키고 싶으면 명령창에 커서를 대고 〈Ctrl+C〉를 누르면 된다.

1.3.4 이전 명령어 찾아 사용하기

명령줄에서 명령문을 입력하면 컴퓨터 내부에 저장되고 명령 내역창에도 그 목록이 나타난다. 목록으로부터 이전에 사용했던 명령문을 불러와 수정한 다음 〈Enter〉키를 치면 실행된다. 또 위 화살표 〈↑〉나 아래 화살표 〈↓〉키를 사용해도 쉽게 탐색할 수 있다. 찾으려는 명령문이 명령줄에 나타나면 수정하고 〈Enter〉키를 치면 실행된다. 이때 커서는 줄의 어느 위치 있어도 상관없다.

1.4 작업공간 내 변수 확인, 삭제 및 기타

1.4.1 작업공간 내의 변수 확인 및 삭제

앞서 데스크탑창의 홈 탭에서 작업공간 내에 저장된 변수를 확인, 수정, 삭제하는 방법에 대해 간단히 살펴보았다. 이 작업은 명령창에서도 가능하며 이를 해주는 명령어들은 다음과 같다.

- who % 사용 중인 변수명을 보여준다.
- whos % 사용 중인 변수명과 크기 등의 정보를 보여준다.
- clear var % 변수 var를 삭제한다.
- clear all % 모든 변수들을 삭제한다.

다음은 변수 x를 삭제한 다음 삭제 여부를 확인하는 예를 보인다.

```
>> x = 2; y = 3;
>> who
```

```
사용자의 변수:
x  y
>> clear x
>> who
사용자의 변수:
y
```

1.4.2 폴더 내의 파일 목록 보기

현재 폴더에 들어 있는 파일 목록을 보고 싶으면 명령어 ls 또는 dir을 사용하면 된다. 물론 탐색기로도 가능하다.

- ls % 현재 폴더에 들어있는 파일 목록을 보여줌
- dir % ls와 같음

```
>> dir
.            ..            prog1_1.m
>> ls
.            ..            prog1_1.m
```

1.4.2 명령창의 줄 간격 조절하기

명령문을 입력할 때 문장 끝에 세미콜론(;)을 생략하면 계산 결과가 화면에 출력되고 이때 기본값으로 줄 바꿈을 하나 더 해서 읽기 쉽게 해준다. 만약 줄 여백이 싫으면 format compact를 실행하면 되고, 원래대로 두고 싶으면 format loose나 그냥 format을 실행하면 된다.

- format loose % 매 줄마다 줄 바꿈을 하나 더 추가해서 출력해준다(기본값).
- format compact % 줄 바꿈을 하지 않는다.
- format % 디폴트 모드로 돌아간다.

```
>> x = sqrt(2)  % 기본값 설정

x =

    1.4142

>> format compact  % 줄바꿈을 추가하지 않음
>> x = sqrt(2)  % 기본값 설정
x =
    1.4142
```

1.4.4 명령창의 내용 지우기

데스크탑창에서 〈명령 지우기〉를 선택해도 화면에 있는 명령창의 내용을 깨끗하게 지울 수 있지만 명령줄에 다음 명령어를 입력하고 〈Enter〉키를 눌러도 된다.

- clc % 명령창의 모든 내용을 지우고 커서를 상단 왼쪽으로 옮긴다. 이때 작업공간 내의 변수들은 지워지지 않는다.
- home % clc와 같다.

1.4.5 명령문, 명령어와 함수

MATLAB에서 정의하고 있는 명령문(Statement) 또는 문장은 명령창 또는 다음 장에서 다룰 m-파일에 입력되는 모든 줄을 의미하며, 각 줄은 명령(Command), 할당(Assignment), 표현(Expression) 또는 이들의 조합이 된다. 예를 들어

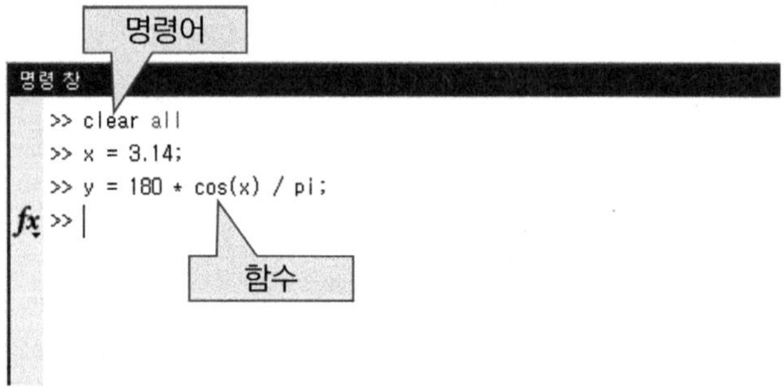

첫 줄의 명령문은 명령어 clear로 '작업공간 내에 저장된 모든 변수를 삭제하라'는 명령이며 첨부된 입력인수 all이 '모든 변수'를 뜻한다. 두 번째 줄의 명령문은 '상수 3.14를 변수 x에 할당하라'는 의미이고, 세 번째 줄은 '함수 cos(x)의 값에 180/π를 곱하는 수식 표현의 결과를 변수 y에 할당하라'는 의미이다.

3장부터 우리는 여러 가지 명령어와 함수를 익히고, 또 7장에서는 함수의 형식과 호출에 대해서도 살펴볼 것이다. MATLAB이 제공하는 명령어들은 대부분 함수로 작성되고 또 함수와 유사하게 호출되기 때문에 둘을 구분하는 것 자체가 쉽지 않다. 같은 함수명이라도 호출하는 형식에 따라 어떤 때는 명령어 또 어떤 때는 함수로 인식되는 이중성(Duality) 때문에 혼란스러울 수도 있다. 7.6절에는 명령어와 함수의 차이를 약간 더 자세히 설명해 놓았지만, 일반적으로 다음과 같이 구분된다.

- commandName arg1 agr2 % 명령어 호출 문법
- functionName(arg1, agr2) % 함수 호출 문법

명령어는 일반적인 환경을 변화시킬 목적으로 명령어명(commandName) 다음에 입력인수가 요구되면 공백으로 구분된 한 개 이상의 인수들(대개 문자열이고, 좌우의 따옴표는 생략 가능)을 가지고 사용된다. 앞서 살펴본 who, format, quit, clear, ls, dir 등이 여기에 해당한다.

```
>> who
>> format compact  % format 'compact'와 같음
>> dir
>> clear all  % clear 'all'과 같음
```

위의 두 명령어 format과 clear가 다음과 같이 쓰이면 함수라 불러도 되지만 혼란스러울 수도 있어, 일단 명령어 형식으로 호출될 수 있으면 모두 명령어라 부르기로 한다.

```
>> format( 'compact')
>> clear('all')
```

반면에 함수는 주로 배열, 셀, 문자열 등의 데이터를 입력인수를 통하여 전달받아 연산

하고 반환할 목적으로 사용되며 함수명 앞에 출력인수를 둘 수 있고, 2개 이상이면 중괄호 '[ ]'를 두고, 입력인수가 있으면 함수명 다음에 소괄호 '( )'를 두고 2개 이상이면 콤마로 구분하게 된다. 앞서 살펴본 sqrt, cos와 고유치와 고유벡터를 구하는 eig 등과 이후로 살펴볼 많은 수학 및 그래픽 함수들이 여기에 해당한다.

```
>> sqrt(5)
>> y = cos(pi)
>> [v, d] = eig([1 2;3 4])
```

1.5 경로지정

1.5.1 작업폴더 경로 바꾸기

사용자가 명령창에서 명령어나 함수명을 입력하거나 편집기에서 파일을 실행하면 현재의 작업폴더(Working folder)나 미리 지정된 경로의 폴더에서 이들을 찾게 되고 없으면 오류 메시지를 내게 된다. 현재 사용 중인 작업폴더를 변경하고 싶으면 데스크탑창에서 그림 1.12의 타원 부분을 클릭해서 원하는 폴더를 선택하거나 현재 폴더창의 트리 메뉴에서 선택하면 변경된다. 또 명령줄에서 cd 명령어를 사용해도 되고 pwd로 변경 여부를 확인할 수도 있다.

- cd % 지정한 경로의 폴더로 이동한다.
- pwd % 현재 작업폴더의 경로를 보여준다.

```
>> pwd  % 현재의 작업폴더 위치를 알려줌
ans =
    'D:\MatlabBooks\Chap1'
>> cd ..   % 상위 폴더로 이동
>> pwd
ans =
    'D:\MatlabBooks'
>> cd D:\Matlabfiles
```

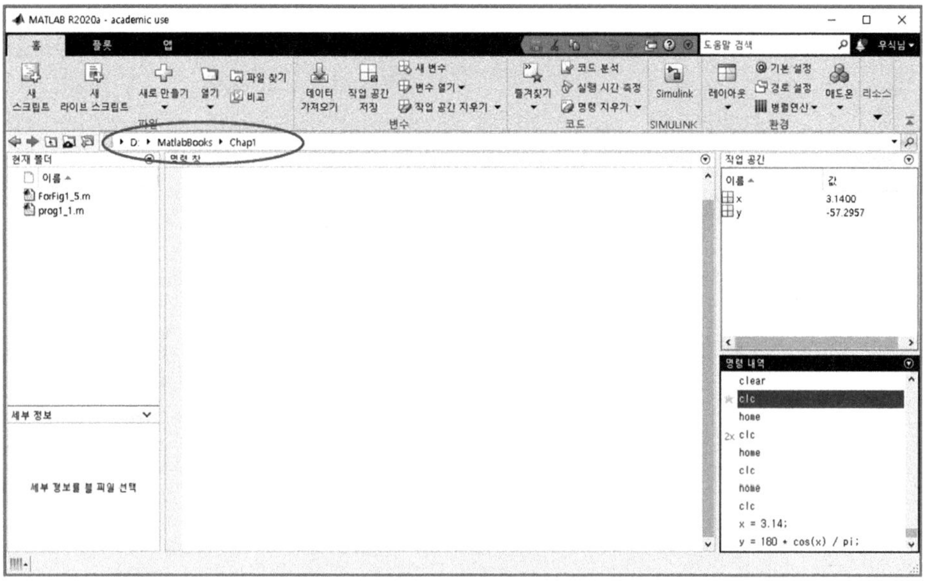

그림 1.12 데스크탑창(경로 변경)

```
>> pwd
ans =
    'D:\MatlabFiles'
```

또한 다른 폴더에서 불러온 m-파일을 실행하게 되면 작업폴더의 변경 여부를 묻게 되고 〈폴더 변경〉를 클릭하면 자동적으로 변경된다.

1.5.2 경로 지정하기

MATLAB에서 제공하는 내장함수와 같이 사용자가 작성한 유용한 함수들을 폴더에 저장하고 그 경로를 지정해 놓으면, 어떤 폴더에서 작업하더라도 호출되는 함수를 찾아 실행해 준다. 경로를 지정할 때에는 데스크탑창의 홈 탭 〈경로 설정〉에서 〈폴더 추가〉나 〈하위 폴더와 함께 추가〉를 클릭해서 그림 1.13과 같이 폴더를 지정하고 〈저장〉 → 〈닫기〉 하면 된다.

〈폴더 추가〉는 해당 폴더 하나만 지정하고 싶을 때 사용하면 되고, 〈하위 폴더와 함께 추가〉는 해당 폴더와 그 하위 모든 폴더의 경로를 함께 지정하고 싶을 때 사용하면 된다.

현재 지정된 경로를 확인하고 싶으면 다음 명령어를 사용하면 된다. 명령줄에 path를

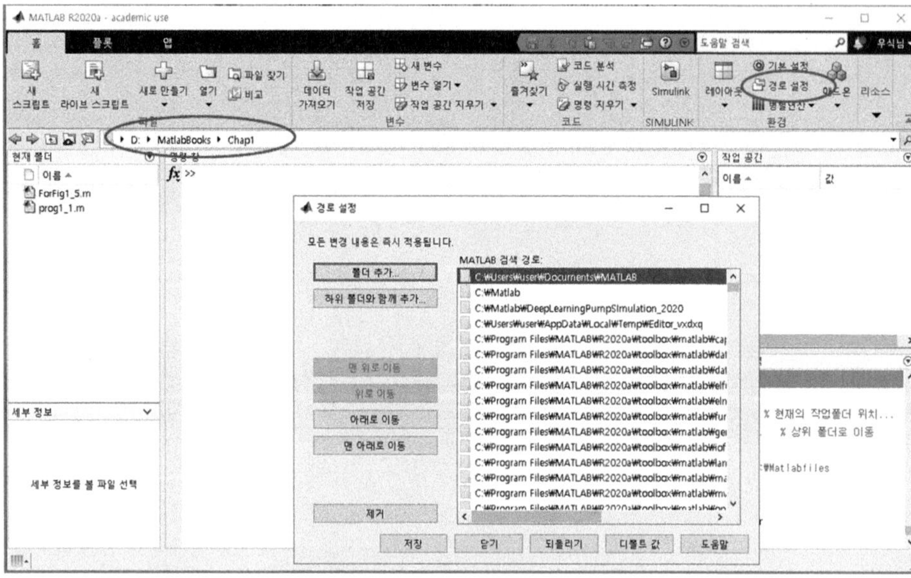

그림 1.13 경로지정을 위한 창

입력하고 치면 화면에 폴더 리스트가 나타나게 된다.

```
• path   % 현재까지 지정되어 있는 경로를 보여줌
```

시작폴더란 MATLAB이 시작할 때 자동으로 설정되는 작업폴더를 말하며, 데스크탑창의 현재 폴더에 나타나는 폴더가 된다(그림 1.13의 타원 참조). 시작폴더를 바꾸려면 바탕화면에 있는 MATLAB R2020a 아이콘을 마우스 오른쪽 버튼으로 클릭해서 〈속성〉을 선택하고 그림 1.14의 창이 나타날 때 〈바로가기〉 → 〈시작 위치〉칸에 원하는 절대 경로를 넣고 〈확인〉을 누르면 된다.

그림 1.14 시작폴더 변경

1.6 도움말 기능

1.6.1 명령창에서 도움말 기능 이용

MATLAB에서 제공하는 특정 명령어나 함수에 대한 정의, 사용법 등과 같은 신속한 정보를 제공받고 싶을 때는 키워드(예컨대 plot 등)를 가지고 명령줄에 다음과 같이 입력하면 된다. 그러면 간략한 도움말이 명령창에 나타나게 된다(그림 1.15 참조). 좀더 자세한 정보를 원하면 화면의 마지막에 나타나는 〈plot에 대한 문서〉를 클릭하면 더 자세한 사용 예를 볼 수 있다. Matlab에서 제공하는 기본적인 수학 함수와 이에 대한 명령들을 확인하려면 help elfun을 입력하면 된다. 그림 1.16에 이 명령을 실행했을 때의 결과를 보인다.

```
>> help
>> help plot   % plot 함수에 대한 도움말을 보여줌
>> help elfun  % 기본 수학함수들에 대한 도움말을 보여줌
```

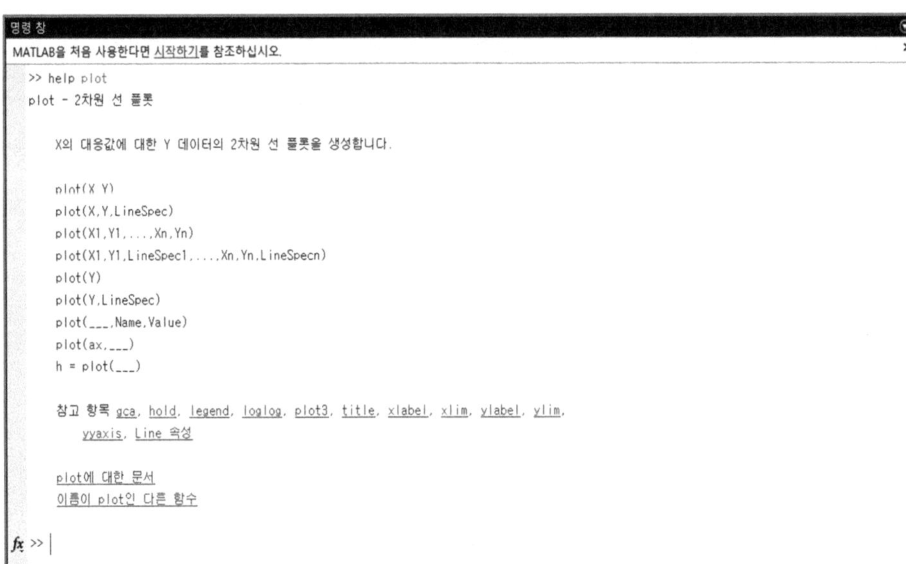

그림 1.15 help plot을 실행했을 때의 결과 창

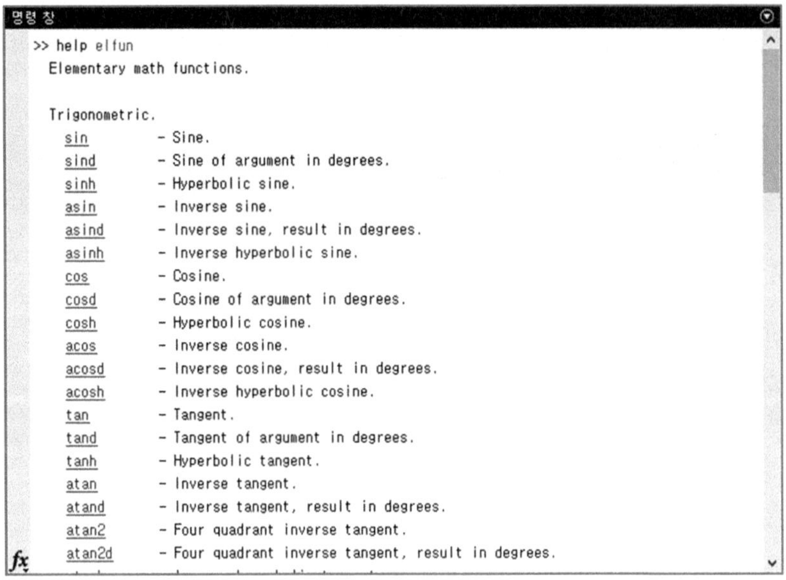

그림 1.16 명령창의 도움말 기능

1.6.2 브라우즈 기반의 도움말창 이용

통합되고, 완벽한 브라우저 기반의 도움말을 제공받고 싶을 때는 그림 1.17의 데스크탑창 풀다운 메뉴에서 〈도움말〉을 클릭해서 원하는 항목을 선택하면 된다. 그림 1.18은 〈문서〉를 선택했을 때 나타나는 도움말창(Help window)이다. 열려 있는 창의 상단에 보이는 ⓘ을 클릭해도 또 〈F1〉단축키를 쳐도 도움말창이 나타난다. 또 데스크탑창의 오른쪽 위에 보이는 박스에 찾을 키워드를 넣고 〈Enter〉키를 쳐도 된다.

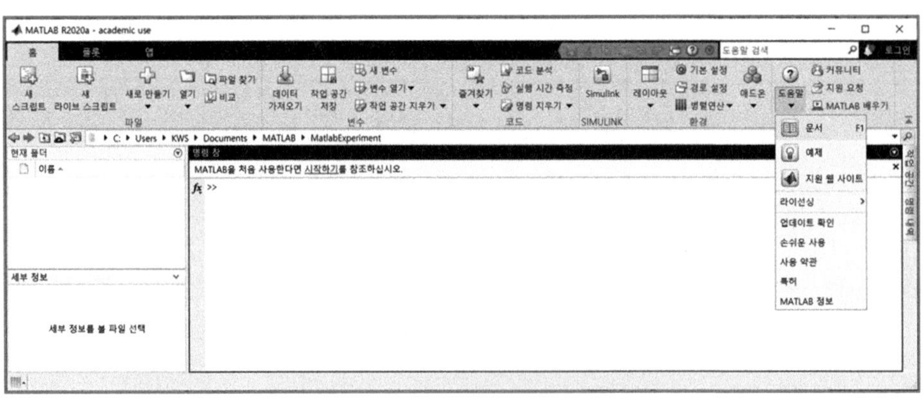

그림 1.17 브라우저 기반의 도움말창

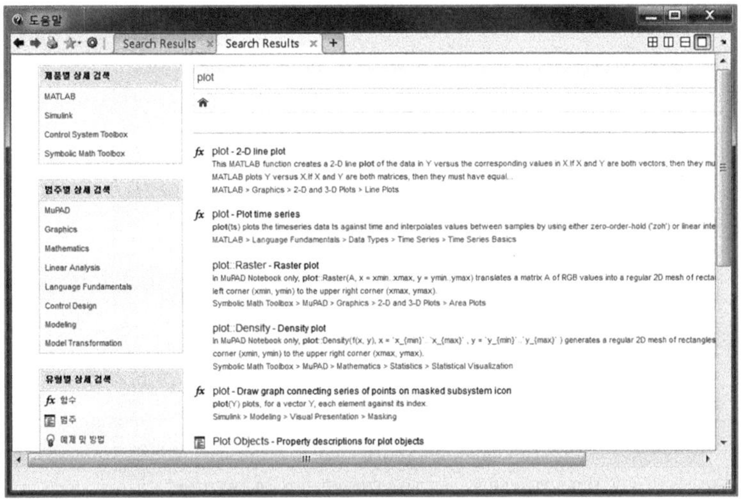

그림 1.18 브라우저 기반의 도움말창

MATLAB에서는 같은 명령어나 함수라 할지라도 사용자 편의에 따라 다양한 형태로 호출될 수 있으므로 구체적인 문법과 사용 예는 항상 도움말 기능을 통해 확인할 필요가 있다.

1.6.3 MATLAB Central 이용

Mathworks사에서는 사용자 편의를 위해 공식 웹사이트를 운영하고 있다. 데스크탑창에서 〈커뮤니티〉를 클릭하면 그림 1.19와 같은 화면에 접속된다.

그림 1.19 MATLAB Central 사이트

본인 스스로 해결이 어려워 외부의 도움이 필요한 경우에는 Matlab Central 아래의 메뉴중 〈참여〉를 클릭하면 팝업 메뉴가 나오며, 여기에 〈질문하기〉에 들어가서 미리 감사드린다는 짧은 글과 함께 문제의 코드를 같이 올려놓으면 즉시 전 세계 도우미들로부터 조언을 받을 수 있다(그림 1.20 참조). 또는 자주하는 질문 사이트(FAQ: Frequently Asked Questions)에서 찾아볼 수도 있다(그림 1.21 참조).

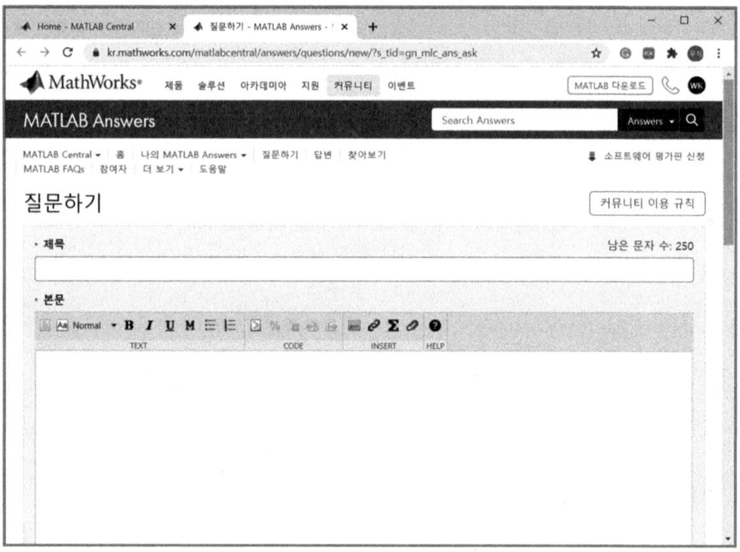

그림 1.20 MATLAB 질문하기 사이트

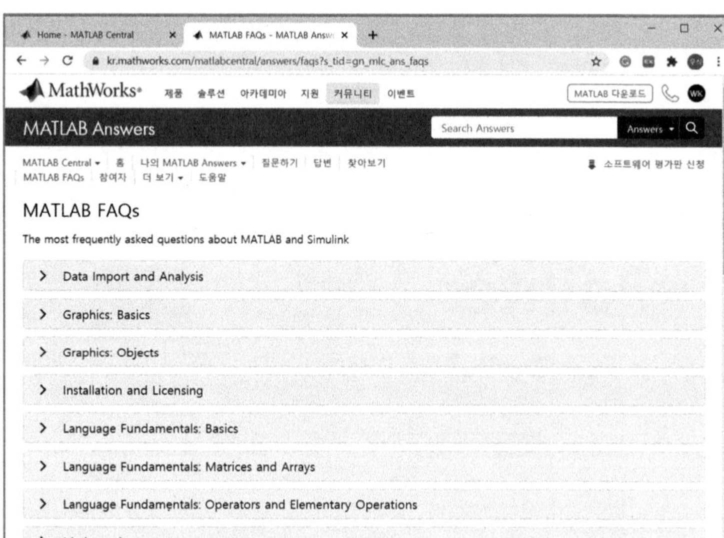

그림 1.21 MATLAB FAQ 사이트

〈File Exchange〉에 들어가서 〈Search Files〉에 원하는 키워드를 입력하고 색인하면 유용한 프로그램들을 무료로 다운받을 수도 있고 또 본인의 프로그램을 다른 사람들과 공유하고 싶으면 올릴 수도 있다(그림 1.22 참조).

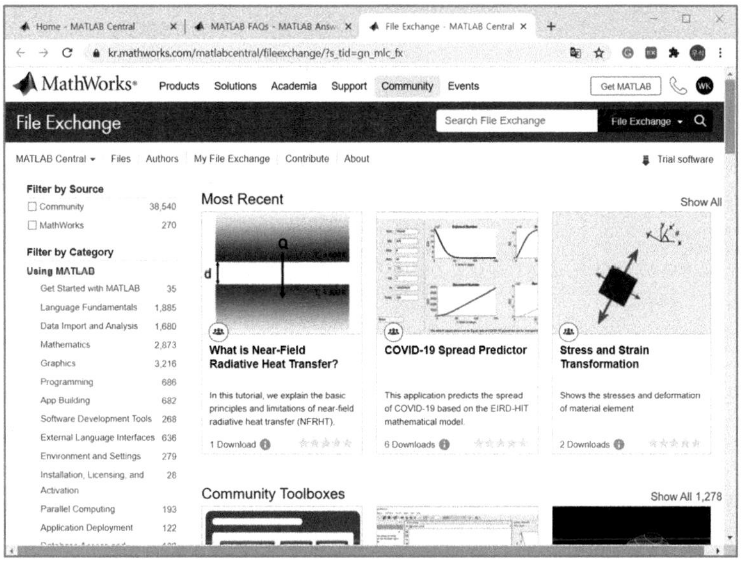

그림 1.22 MATLAB File Exchange 사이트

CHAPTER

2 스크립트 파일 만들기

이 장은 편집기의 사용법에 관해 설명하고 또 스크립트 m-파일을 어떻게 생성하고 실행하는지에 대해서도 살펴본다.

2.1 스크립트 파일이란?

앞 장에서 MATLAB은 명령줄에서 줄 단위로 명령문을 입력해서 실행하거나 혹은 배치파일을 만들어 명령문들을 차례대로 수행할 수 있음을 간단히 소개하였다. 줄 수가 적으면 명령줄에 입력하여 즉각적인 결과를 화면에서 확인할 수 있기 때문에 대단히 편리하다. 이런 실행 방식을 양방향 세션(Interactive session)이라고 하며, 이런 방식은 간단한 프로그램을 개발할 때나 혹은 간단한 계산을 할 때 유용하며, 복잡한 프로그램을 개발할 때에도 도움이 된다. 새로운 명령어나 함수를 소개하게 될 3장과 4장에서는 주로 명령줄을 이용할 것이다.

하지만 줄 수가 많아지면 입력과 수정이 불편할 뿐만 아니라, 알고리즘의 구현에도 어렵고, 라이브러리 구축, 디버깅과 유지보수 면에서도 효과적이지 못하므로 m-파일을 만들어 사용한다. m-파일이란 여러 가지 명령문들을 일괄 처리하도록 모아 놓은 배치파일을 말하며, 문자로 시작하는 파일명에 확장자(.m)를 갖는다.

2.1.1 스크립트 파일과 함수 파일

MATLAB으로 복잡한 문제를 해결할 때에는 주로 m-파일을 만들어 이용하게 되고, 이때 스크립트 m-파일(Script m-file) 또는 함수 m-파일(Function m-file) 형식으로 작성한다.

이 둘은 파일명에 확장자(.m)를 가지기 때문에 가끔 m-파일로도 불린다. 편의상 이후로 스크립트 m-파일을 간단히 스크립트 파일로, 함수 m-파일을 함수 파일이라고 부르기로 한다. 둘 간의 차이점은 다음과 같다.

- 스크립트 파일과 함수 파일은 일련의 명령문들로 취합되지만, 함수 파일의 첫 실행문은 반드시 function으로 시작되어야 하고, 호출문과의 데이터 교환이 필요하면 입력인수와 출력인수를 통해 수행된다.
- 스크립트 파일은 명령창이 사용하는 작업공간(Workspace)을 같은 기억장소로 사용하지만, 함수 파일은 별도의 기억장소를 사용한다. 이 때문에 스크립트 파일의 모든 변수는 명령창에서 접근이 가능하지만, 함수 파일의 변수들은 접근할 수 없다.
- 스크립트 파일은 규칙(2.3.1절과 3.1절 참조)을 따르기만 하면 임의 파일명으로 저장해도 되지만, 함수 파일은 반드시 함수명과 일치해야 하고 한 파일에 여러 개의 함수가 들어 있으면 첫 번째 나타나는 주함수명과 일치해야 한다.
- 스크립트 파일은 주로 일회성 프로그램을 작성하는데 적합하고, 함수 파일은 주로 라이브러리 구축용 프로그램 작성에 적합하다.

2.1.2 용어의 정의

- **스크립트 파일**: MATLAB이 수용하는 프로그래밍 코드들을 모아 놓은 파일을 말하며 파일명에 확장자(.m)를 갖는다.
- **함수 파일**: MATLAB이 수용하는 프로그래밍 코드들을 모아 놓은 파일로서 첫 실행문이 반드시 function으로 시작되고 파일명은 함수명과 일치하고 확장자(.m)를 갖는다.
- **스크립트**: 스크립트 파일에 들어 있는 프로그래밍 코드를 말한다.
- **함수**: 함수 파일에 들어 있는 프로그래밍 코드를 말하며 크게 내장함수, 사용자 정의 함수, 익명함수 등으로 구분된다.
- **프로그램 또는 코드**: 스크립트와 함수를 포괄적으로 칭한다.

이 장에서는 스크립트 파일의 생성과 실행에 대해 살펴본다. 함수 파일은 따로 7장에서 다룬다.

2.2 편집기의 호출

MATLAB은 스크립트 파일을 만들 수 있는 전용 편집기를 가지고 있다. 새 스크립트 파일을 작성하려면 편집기를 호출해야 하고 호출 방법으로는 3가지가 있다.

- 데스크탑창에서 〈새 스크립트〉아이콘을 누른다.
- 데스크탑창의 〈새로 만들기〉에서 〈스크립트〉를 선택한다.
- 명령줄에서 edit를 실행한다.

저장된 파일을 편집하려면 데스크탑창에서 〈열기〉를 눌러 원하는 파일을 찾으면 된다. 그림 2.1은 편집기를 보여준다. 기본적으로는 데스크탑창에 묶여 있지만, 현재는 따로 분리되었다. 데스크탑창으로부터 분리하는 방법은 1.2.1절을 참조 바란다. 우측 상단 원 내부의 작은 아이콘을 클릭하고 〈편집기 도킹〉을 누르면 원래대로 결합한다.

편집기에는 편집기 탭(Editor tab), 퍼블리시 탭(Publish tab), 보기 탭(View tab) 3개가 새로 만들어진다. 편집기 탭에는 편집, 실행, 디버깅과 같은 주 기능들이 들어 있고, 편집에 관련하여 대부분은 여기에서 작업이 이루어진다. 이후로 간단한 예제 스크립트를 작성하면서 기능들을 설명하도록 한다.

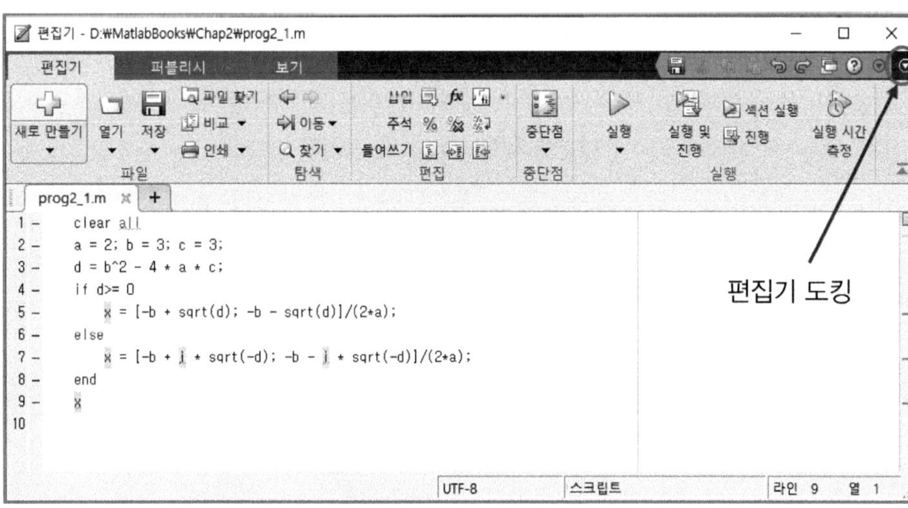

그림 2.1 MATLAB 편집기

2.3 편집기 탭

2.3.1 스크립트 파일 편집

편집기창이 열리면 사용자는 여기에 명령문을 입력하게 된다. 기본적으로 줄 단위로 입력하고, 〈Enter〉키를 칠 때마다 새 줄번호가 부여된다. MATLAB 편집기는 다른 편집기에서 작업해 놓았던 텍스트 파일을 〈복사〉 → 〈붙여넣기〉해서 가져올 수 있는 편리성을 제공하고 있다. 명령문들을 입력하거나 수정할 때 지켜야 할 몇 가지 유의 사항은 다음과 같다.

- 문장의 맨 앞에 프롬프트(>>)를 둘 필요가 없다.
- 명령문과 명령문 사이에 콤마(,) 또는 세미콜론(;)을 둠으로써 한 줄에 여러 개의 명령문을 입력할 수 있다.
- 각 명령문의 마지막에 ‘ ; ’을 붙이면 출력 결과가 화면에 표시되지 않는다.
- 명령문이 길어서 한 줄에 다 입력할 수 없으면 각 줄의 마지막에 마침표 세 개(...)를 붙이고 〈Enter〉키로 줄 바꿈을 한 다음에 이어서 입력하면 된다.
- 명령문 내에 퍼센트 기호(%)를 입력하면 거기서부터 그 줄의 마지막까지는 주석으로 처리되고 실행되지 않는다. 여러 줄을 한꺼번에 주석 처리할 때는 그림 2.2

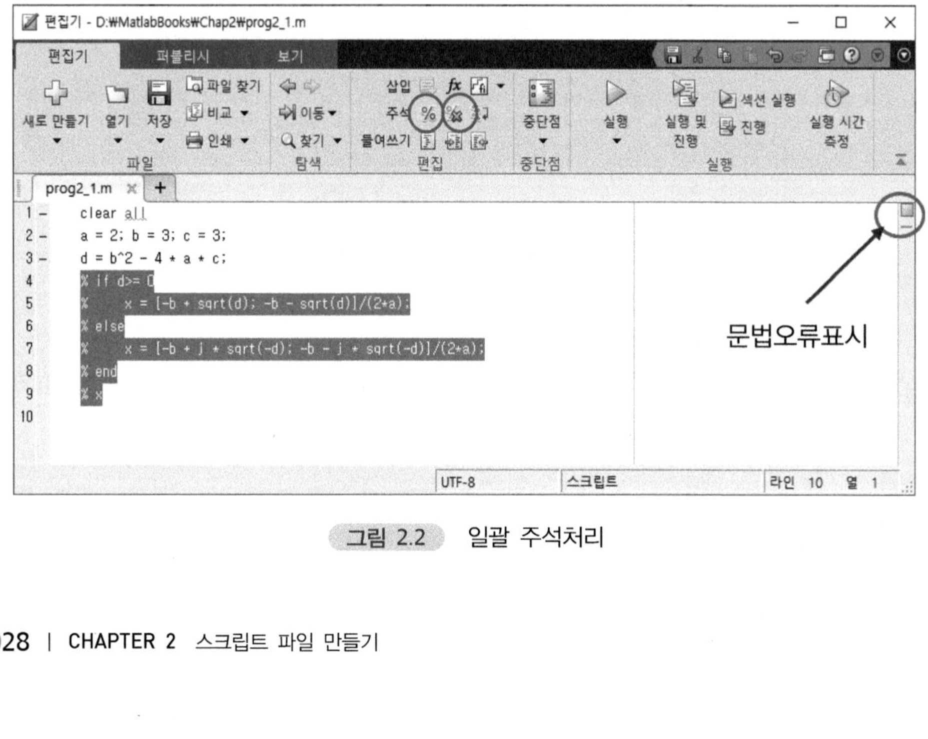

그림 2.2 일괄 주석처리

와 같이 마우스로 드래그해서 선택하고 % 아이콘 또는 단축키 〈Ctrl+r〉를 누르면 되고, 반대로 해제할 때는 선택한 다음 % 또는 〈Ctrl+t〉를 누르면 된다.

편집기는 입력한 스크립트에 문법 오류가 발견되면 사용자가 미리 알 수 있도록 알려준다. 편집 중에 우측 중앙의 사각형 아이콘이 녹색에서 빨강으로 바뀌면 입력한 명령문에 오류가 있음을 알아차려야 한다. 디버깅에 대한 자세한 것은 11장을 참조 바란다.

2.3.2 스크립트 파일의 저장

새 스크립트가 완성되었다면 저장해야 한다. 저장버튼( ) 또는 〈저장〉 → 〈다른 이름으로 저장〉를 누르면 그림 2.3과 같이 파일명을 입력하라는 별도의 창이 나타난다. 여기에 파일명을 입력하고 〈저장〉버튼을 누르면 된다. 파일명을 정하는 규칙은 변수명을 정하는 규칙과 같다(3.1.2절 참조). 첫 글자는 영문자(A~Z, a~z)로 시작해야 하고, 숫자와 언더바(_)를 포함할 수 있고 길이는 최대 63자까지 가능하다. 파일 저장 시 입력한 파일명에는 자동으로 확장자(.m)가 붙고, 사용자가 별도로 폴더를 지정하지 않으면 현재 폴더에 저장된다. 기존의 파일을 불러와서 수정한 경우에는 실행만 해도 자동으로 파일이 저장된다.

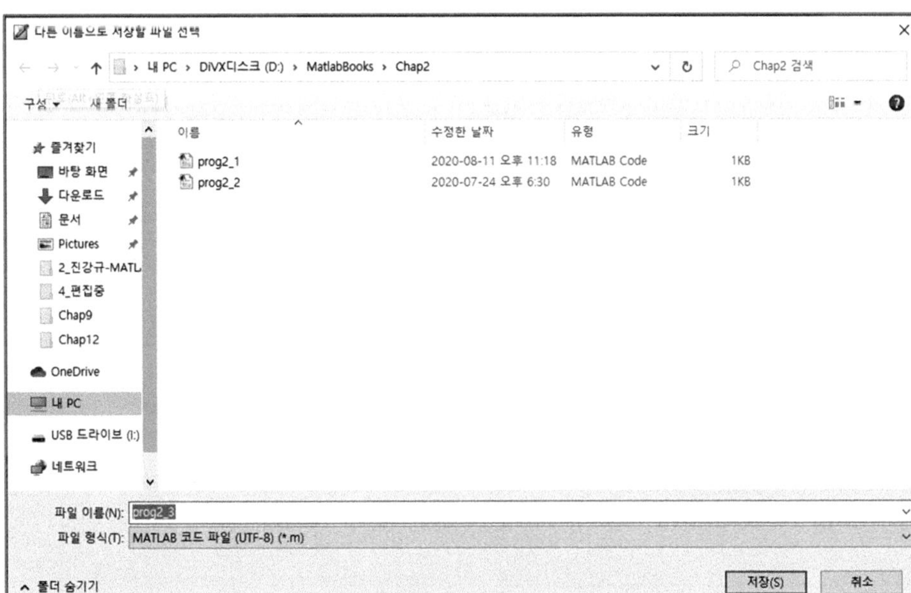

그림 2.3 파일명 입력

2.3.3 스크립트 파일의 실행

스크립트를 실행하는 방법은 두 가지가 있다. 하나는 편집기에서, 다른 하나는 명령창에서 실행하는 방법이다. $y = \cos(x) - e^{-x} (0 \leq x \leq 10)$의 그래프를 그리고, $x = 6$에서 y 값을 구하는 스크립트 파일을 예로 들어 설명한다.

Script file: prog2_2.m

```
%% prog2_2.m
% 스크립트 파일의 예: 그래프 그리고 함수값 계산
x = 0:0.01:10;
y = cos(x) - exp(-x);
plot(x, y, 'k', 'linewidth' ,2)
axis([0 10 -2 2])
x = 6;
y = cos(x) - exp(-x)
```

- **편집기**: 편집기에서 스크립트를 완성하고 저장한 다음 상단의 실행버튼(▷)을 누르면 실행된다. 오류가 없으면 실행 결과가 명령창(그림 2.4의 가운데 창 참조)과 그림창(그림 2.5 참조)에 동시에 나타나고, 오류가 있으면 명령창에 메시지가 반환된다.

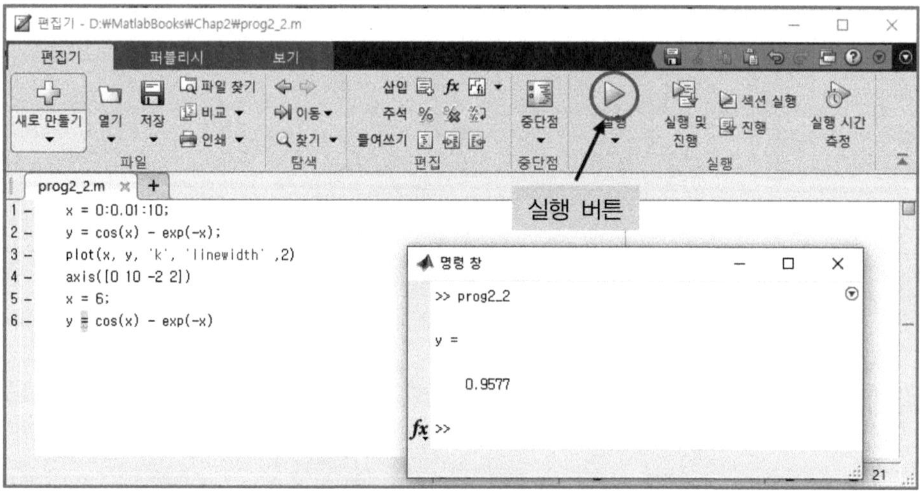

그림 2.4 편집기에서 실행

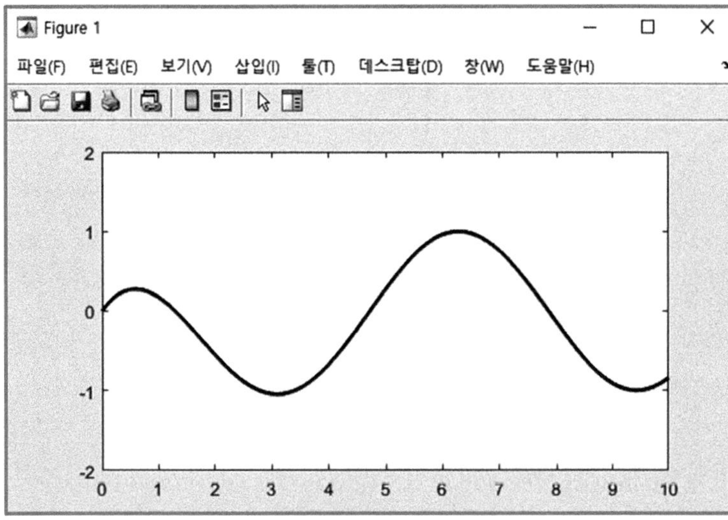

그림 2.5 그림창

- **명령창**: 명령줄에 스크립트 파일명을 입력하고 〈Enter〉키를 누르면 실행된다. 이때 확장자는 생략해도 된다.

명령창에서 실행하려면 그림 2.6과 같이 명령줄에 prog2_2을 넣고 〈Enter〉키를 누르면 된다.

앞 장의 1.3절에서도 설명하였지만 사용자는 작업 중인 파일, 즉 실행될 파일의 저장 위치를 정확히 알고 있어야 한다. 파일을 실행하기 위해서는 저장된 위치가 현재의 작업 폴더이어야 하고, 그렇지 않으면 경로가 지정되어 있어야 한다.

그림 2.6 명령줄에서 실행

2.3.4 p-파일 만들기

MATLAB은 번역기 언어이기 때문에 실행할 때마다 m-파일을 컴퓨터가 이해할 수 있는 코드로 바꾸는 과정을 수행하게 된다. 이 때문에 다른 컴파일러 언어보다 상대적으로 처리 속도가 느린 약점을 가진다. 이를 보완하도록 Mathworks 사에서는 확장자 exe를 갖는 실행파일(Stand-alone executable file)을 미리 만들 수 있게 컴파일러를 제공하고 있지만 따로 구매해야만 사용할 수 있다. 다행히도 실행파일 수준은 아니더라도 준 실행파일인 p-파일을 만들어주는 pcode 명령어를 제공하고 있다. p-파일을 미리 만들어 두면 코드로 바꾸는 과정을 생략할 수 있어 실행시간이 단축된다.

예를 들어 그림 2.7의 **prog2_3.m**의 준 실행파일을 만들고 싶으면 명령줄에서 다음과 같이 입력하면 된다.

```
>> pcode prog2_3
```

그러면 현재 폴더에 확장자(.p)를 가지는 **prog2_3.p**라는 p-파일이 새로 생긴다. 명령줄에 **prog2_3**을 치면 먼저 **prog2_3.p** 파일을 찾아 실행해 주고, 없으면 **prog2_3.m** 파일을 실행해 준다. 화면에 'x ='가 나타날 때 값을 입력하면 y값이 나타난다.

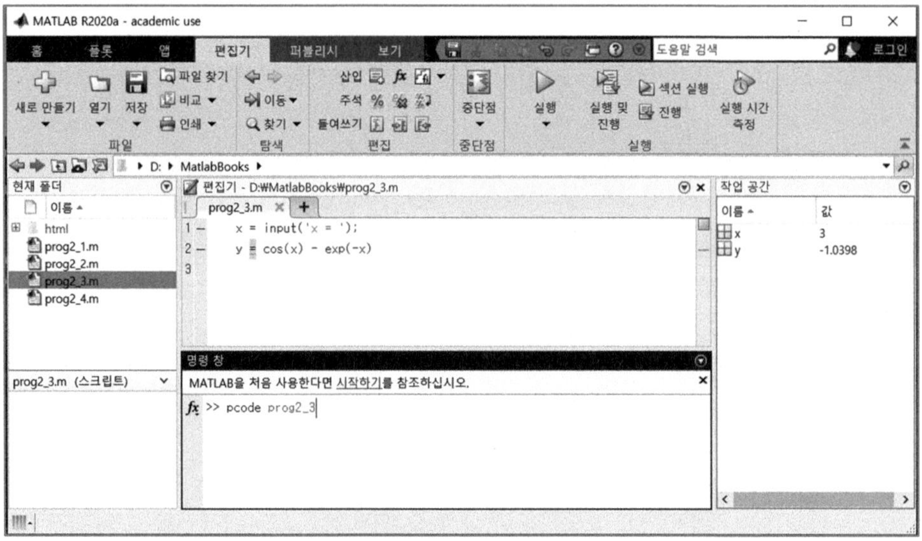

그림 2.7 p-파일 만들기

```
>> prog2_3
x = 3
y =
   -1.0398
```

prog2_3.m 파일명을 다른 이름으로 변경한 다음 다시 실행해 보면, 같은 결과를 얻게 된다.

2.4 퍼블리시 탭

퍼블리시 탭은 사용자가 만든 프로그램과 실행 결과를 여러 가지 형식의 문서로 쉽게 만들어 다른 사람과 공유할 수 있게 해주는 도구들을 담고 있다. 여기에는 여러 가지 기능들이 들어있지만 처음 접하는 사용자들은 〈퍼블리시〉아이콘만 잘 사용하면 충분할 것으로 생각된다.

퍼블리시를 하려면 먼저 편집기에서 공유하고 싶은 프로그램을 새로 입력하거나 아니면 저장된 파일을 불러와야 한다. 그런 다음 어떤 파일 형식으로 출력할 것인지를 지정해

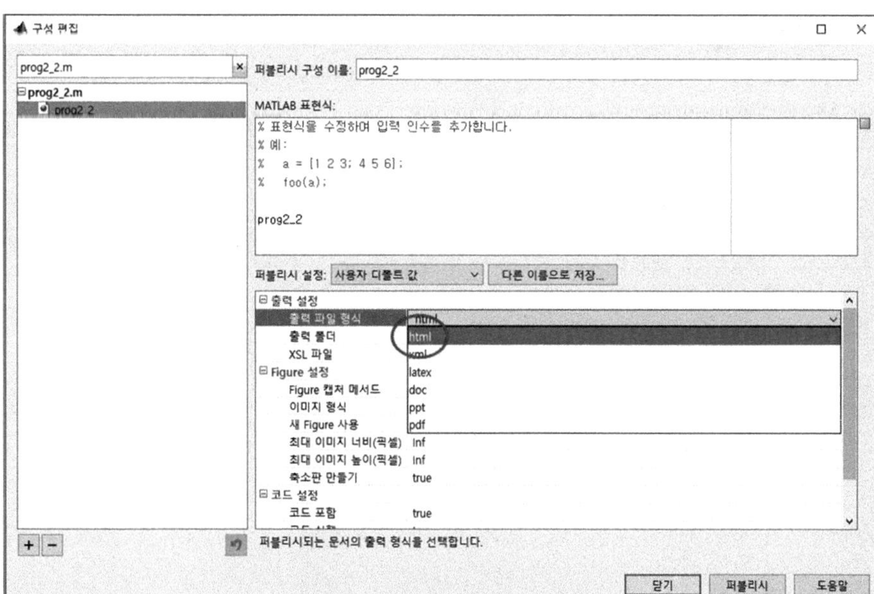

그림 2.8 출력 파일 형식 지정

줘야 한다. html, xml, latex, doc, ppt, pdf 형식이 가능하다. 〈퍼블리시〉 → 〈퍼블리시 옵션 편집〉을 눌러 창이 나타나면 〈html〉이 있는 곳을 다시 눌러 리스트 상자가 나타날 때 html, xml, latex, doc, ppt, pdf 형식 중 하나를 선택하면 된다. 그림 2.8은 이를 보여 준다.

이때 결과물을 저장할 위치도 지정해줄 필요가 있다. 기본설정은 현재의 폴더에 지정되어 있지만 다른 곳에 저장하고 싶으면 변경해주면 된다. 그림 2.9의 〈출력 폴더〉의 오른쪽 부분(타원 부분)을 클릭하면 원 부분이 나타나고 이를 클릭해서 나타나는 트리 메뉴에서 폴더를 선택하면 된다.

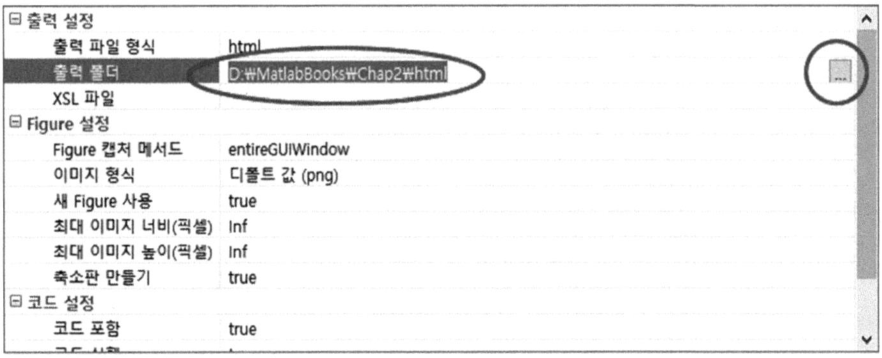

그림 2.9 출력 폴더 변경

그림 2.10 퍼블리시 실행(퍼블리시 탭의 선택)

출력한 파일 형식과 저장할 장소가 지정되었으면 그림 2.10의 원 안에 있는 〈퍼블리시〉를 누르면 수행된다. 잠시 후에 html 형식으로 출판된 결과가 웹 브라우저(그림 2.11)에 나타나게 된다.

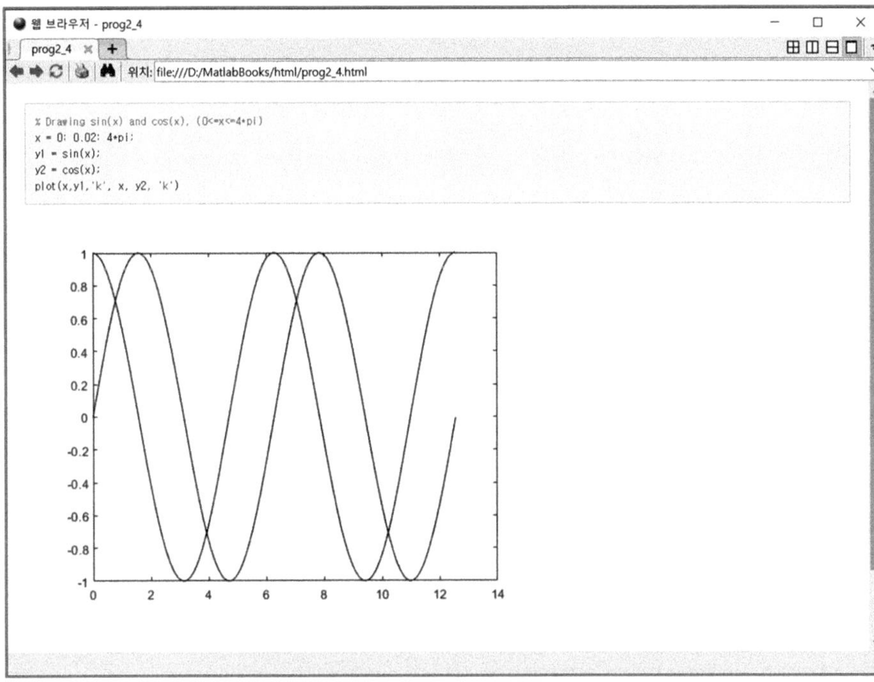

그림 2.11 html 형식으로 퍼블리시

2.5 보기 탭

보기 탭은 편집기에서 여러 개의 파일을 불러와 작업할 때 편의성을 제공하도록 편집기창을 분리하고 결합해주는 기능들을 담고 있다. 〈좌/우〉는 좌우 두 개로, 〈상/하〉는 상하 두 개로, 〈사용자 지정〉은 행과 열의 수를 입력받아 분리해주고, 〈단일〉은 기본설정과 같이 하나의 편집기창으로 보여주고 또 탭으로 파일과 파일로 이동할 수 있게도 해준다.

각 명령문 앞에 붙는 번호는 한 줄씩 입력할 때마다 자동으로 생긴다. 문법 오류가 있어 명령창에 그 번호가 뜰 때 쉽게 찾을 수 있게 해주고 또 디버깅 시 중단점을 설정할 때에도 도움이 된다. 굳이 이를 숨기고 싶다면 상단 우측의 〈라인 번호 표시〉에 체크된

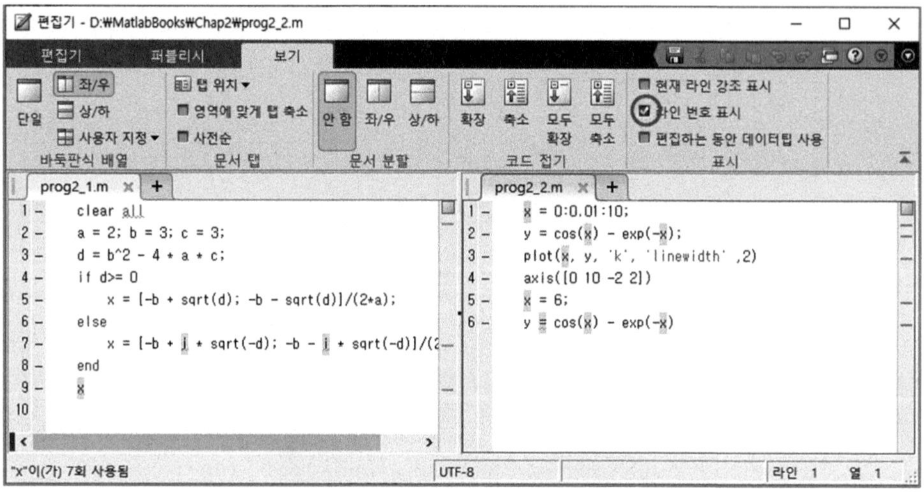

그림 2.12 좌우로 분리된 편집기창

곳(원 부분)을 해제하면 된다. 또 커서가 있는 현재의 줄에 음영을 넣어 강조하고 싶으면 〈현재 라인 강조 표시〉를 체크하면 되고, 작업 중인 변수 위에 마우스를 올려놓을 때 작은 데이터팁창이 나타나도록 하고 싶으면 〈편집하는 동안 데이터팁 사용〉을 체크하면 된다.

CHAPTER 3

변수와 배열의 생성

이 장은 MATLAB의 데이터 형, 변수, 배열, 문자열, 셀과 구조체의 생성과 조작과 그 사용 방법에 대해 살펴본다.

3.1 데이터 형, 변수와 예약어

3.1.1 데이터 형

MATLAB은 여러 가지 데이터 형을 다룰 수 있는 환경을 제공한다. 다음 표에는 이들의 일부를 요약하였다.

❙표 3.1❙ Matlab에서 사용하는 데이터 형

데이터형	바이트수	클래스	허용범위
배정밀도 (디폴트)	8	double	−1.79769e+308 ~ −2.22507e−308 및 2.22507e−308 ~ 1.79769e+308
단정밀도	4	single	−3.40282e+38 ~ −1.17549e−38 및 1.17549e−38 ~ 3.40282e+38
부호있는 8비트 정수	1	int8	−128 ~ 127
부호없는 8비트 정수	1	uint8	0 ~ 255
부호있는 16비트 정수	2	int16	-2^{15} ~ $2^{15}-1$
부호없는 16비트 정수	2	uint16	0 ~ $2^{16}-1$
부호있는 32비트 정수	4	int32	-2^{31} ~ $+2^{31}-1$
부호없는 32비트 정수	4	uint32	0 ~ $2^{32}-1$
부호있는 64비트 정수	8	int64	-2^{63} ~ $+2^{63}-1$
부호없는 64비트 정수	8	uint64	0 ~ $2^{64}-1$

| 표 3.1 | Matlab에서 사용하는 데이터 형(계속)

데이터형	바이트수	클래스	허용범위
문자형	2	char	문자당 2바이트
문자형	1	logical	1 또는 0
구조체		struct	다른 형태의 데이터를 함께 저장할 수 있음
셀		cell	다른 형태의 데이터를 함께 저장할 수 있음
함수 핸들		function handle	함수를 간접적으로 호출하기 위해 사용

3.1.2 변수

변수(Variable)란 정수, 실수, 문자 등의 데이터를 담을 수 있도록 사용되는 이름을 말한다. 새로운 변수가 정의되고 여기에 값이 할당되면 컴퓨터 메모리 공간이 할당되며, 이후로 명령문이나 수식 등에 사용할 수 있다. MATLAB은 내부적으로 모든 변수를 배열(Array)로 취급하며, 다음 규칙에 따라 정한다.

- 변수는 영문자, 숫자, 밑줄(_)의 조합으로 이루어지며, 그 길이는 63개까지 가능하다.
- 반드시 문자로 시작해야 하며 공백, 마침표, 콤마, 세미콜론을 포함해서는 안 된다.
- 대문자와 소문자는 구별되어야 한다. 예를 들어 value, Value와 VALUE는 서로 다른 변수를 의미한다.
- MATLAB 예약어(3.1.3절 참조)는 변수명으로 사용할 수 없다.
- MATLAB 내장 함수명(sin, exp, sqrt 등)과 내장 상수(pi, eps, inf 등)들은 변수로 사용하지 않는다. 일단 변수로 사용하면 처음 정의된 의미가 사라지므로 예기치 못한 결과를 얻게 된다.
- 연산된 결과를 어떤 변수에 할당하지 않으면 자동으로 ans라는 변수에 할당되고, 이 변수의 값은 다음의 연산에서 값이 바뀌기 전까지 사용할 수 있다.

몇 가지 예를 들면 다음과 같다.

```
>> x123 = 3
x123 =
    3
>> real_var =  1.56
real_var =
```

```
    1.5600
>> array_var = [1 2 3 4 5]  % 5개의 원소를 가지는 배열변수
array_var =
     1     2     3     4     5
>> y(1) = 10  % 배열 변수명은 y이고 y(1)은 첫 번째 원소를 뜻함
y =
    10
>> sqrt(2)  % 변수에 할당하지 않으면 자동으로 결과를 ans 변수에 저장
ans =
    1.4142
>> q = ans*5
q =
    7.0711
```

한편 변수에 문자열을 할당할 때는 아포스트로피(' ')[1] 내에 글자, 숫자, 기호, 공백들의 조합으로 된 문자들을 두면 된다. 예를 들어

```
>> q = 'f(x1)'
q =
    'f(x1)'
>> str = 'file name'
str =
    'file name'
```

변수에 문자열을 할당하면 문자들은 배열로서 저장되고, 각 문자는 배열의 한 원소가 된다. 원소의 위치(인덱스) 정보로 각 문자에 접근할 수 있다.

```
>> str = 'file name';
>> str(2)
ans =
    'i'
>> str(6)
```

1. (저자 주) 엄밀하게 Matlab에서는 작은따옴표(‘ ’)가 아닌 아포스트로피(' ')를 사용한다. 하지만 작은따옴표와 아포스트로피는 키보드에서 같은 키를 사용하고, 폰트에 따라서 다르게 입력될 수 있다. Matlab 명령창이나 편집기에서는 디폴트로 아포스트로피가 입력되므로 문제가 되지 않으나, 다른 편집기에서 편집한 명령을 Matlab에서 사용할 때 조심하면 된다.

```
ans =
    'n'
>> str(6) = 'f'
str =
    'file fame'
```

3.1.3 예약어

다른 컴퓨터 언어와 마찬가지로 MATLAB도 여러 가지 목적으로 예약된 단어를 사용하고 있으며, 이들을 예약어(Reserved keyword)라 한다. MATLAB의 예약어에는 다음과 같은 것들이 있다.

break	case	catch	classdef	continue	else	elseif
end	for	function	global	if	otherwise	parfor
persistent	return	spmd	switch	try	while	

예약어는 변수명으로 사용할 수 없다. 만약 사용자가 명령줄이나 스크립트 내에서 이들을 변수로 사용하려고 하면 다음과 같이 오류가 발생한다.

```
>> else = 3
 else = 3
↑
오류: 예약어 "else"의 사용이 적절치 않습니다.
```

이 외에 MATLAB에는 clear, sin, cos, plot, disp, save, fprintf, NaN, j, pi 등과 같이 기본적으로 제공하는 많은 명령어(예, clear, who), 함수(예, sin, sqrt), 내장상수들(예, j, pi)과 서드 파티(Third party)에서 툴박스와 함께 제공하는 명령어, 함수들이 있다. 이들은 어디서든 사용자가 재정의해서 쓸 수 있지만 그렇게 되면 개발자에 의해 처음 정의된 변수의 의미는 사라지게 되므로 주의할 필요가 있다. 만약 쓰고자 하는 명령어, 함수, 변수가 내장된 것인지를 알고 싶으면 which 명령어를 사용하면 된다. 예로 j와 sin이 예약된 변수인지를 확인하려면 명령줄에 다음을 입력하면 된다.

```
>> which -all j
```

```
built-in (C:\Program Files\MATLAB\R2020a\toolbox\matlab\elmat\j)
>> which -all sin
built-in (C:\Program Files\MATLAB\R2020a\toolbox\matlab\elfun\@double\sin)  % double method
built-in (C:\Program Files\MATLAB\R2020a\toolbox\matlab\elfun\@single\sin)  % single method
C:\Program Files\MATLAB\R2020a\toolbox\symbolic\symbolic\@sym\sin.m         % sym method
```

또한 어떤 명령이나 변수가 사용되고 있는지를 확인하려면 exist 명령을 이용한다. 예를 들어, sin 함수가 있는지 확인하려면 명령 프롬프트에서 exist('sin')이라고 입력하면 되고, 답으로 5라는 숫자를 얻는다. 여기에서 5는 내장 Matlab함수를 나타낸다. exist 명령의 대표적인 숫자로는

0 — 존재하지 않음
1 — 작업 공간의 변수
2 — 확장자 .m, .mlx 또는 .mlapp를 갖는 파일 또는 등록되지 않은 파일 확장자 (.mat, .fig, .txt)를 갖는 파일
3 — 사용자의 MATLAB검색 경로에 있는 MEX 파일
4 — Simulink®모델 또는 사용자의 MATLAB검색 경로에 있는 Simulink모델 또는 라이브러리 파일
5 — 내장 MATLAB함수
6 — MATLAB검색 경로에 있는 P코드 파일
7 — 폴더
8 — 클래스

등이 있다. 자세한 설명은 도움말에서 찾아보면 된다.

이 절에서는 MATLAB에서 특별하게 사용되는 몇 가지 명령어, 함수와 변수에 대해 살펴보고 나머지 일부는 이후의 장과 절에서 소개한다. MATLAB이 시작될 때 미리 정의되는 내장상수 중 일부는 다음과 같다.

- pi % 원주율 π
- i % 복소수 연산자 $\sqrt{-1}$
- j % i와 같다.
- eps % 상대적 정밀도를 의미하는 작은 값으로 정의되며 2.2204×10^{-16}이다.

- inf % 무한대(∞)
- NaN % 부정(Not-a-Number, 의미는 수가 아님)으로 정의된다.
- realmin % 가장 작은 양의 실수값으로 정의되며 대략 2.2251e-308이다.
- realmax % 가장 큰 양의 실수값으로 정의되며 대략 1.7977e+308이다.

다음 세션은 $x = \cos(2\pi)$ 계산에 pi를 사용하고 있는 예를 보여준다.

```
>> x = cos(2*pi)
x =
    1
```

복소수는 다음과 같이 입력할 수 있지만, 곱셈 연산자(*) 없이 입력할 때는 i 또는 j가 반드시 숫자 다음에 와야 한다.

```
>> z = 3 + i * 4
z =
   3.0000 + 4.0000i
>> z = 3 + 4 * j
z =
   3.0000 + 4.0000i
>> z = 3 + 4i
z =
   3.0000 + 4.0000i
```

변수를 통해 복소수 입력도 가능하다. 그러나 허수부 값을 입력할 때 변수명 w와 복소수 기호 i 또는 j 사이에 '*'를 생략하고 wj로 쓰게 되면 MATLAB은 새로운 변수로 인식해서 오류를 낸다. 이런 경우에는 반드시 w*j, j*w, w*i 또는 i*w로 써야 한다.

```
>> v = sin(5); w = cos(5);
>> z = v + wj
'wj'은(는) 인식할 수 없는 함수 또는 변수입니다.
>> z = v + w*j
z =
   -0.9589 + 0.2837i
```

두 복소수 z1 = 3 + 4j, z2 = 7j의 곱셈과 나눗셈을 해주는 다음 예를 살펴보자.

```
>> z1 = 3 + j*4; z2 = j*7;
>> z = z1*z2
z =
 -28.0000 +21.0000i
>> z = z1/z2
z =
   0.5714 - 0.4286i
```

이 세션에서는 원하는 값을 얻는다. 하지만 예약된 변수나 함수를 미리 사용하게 되면 예기치 않은 결과를 얻게 된다. 예를 들면, 다음과 같다.

```
>> j = 1;  % j의 재정의
>> z1 = 3+j*4;
>> z2 = j*7;
>> z = z1*z2
z =
    49
>> z = z1/z2
z =
     1
>> sqrt = 2;  % sqrt의 재정의
>> y= sqrt(5)
인덱스가 배열 요소 개수(1)를 초과합니다.
```

j에 값을 할당함으로써 복소수 기호의 효력은 사라지고 곱셈의 결과로 z = 49, 나눗셈의 결과로 z = 1을 얻게 된다. 또 sqrt에도 값을 할당함으로 $\sqrt{\ }$ 연산자로써의 의미가 없어졌는데도 불구하고 sqrt(5)를 쓰게 되면 MATLAB은 이를 단순변수 sqrt의 다섯 번째 원소를 조회하라는 문장으로 인식하므로, 이 변수가 미리 정의되어 있지 않다면 오류를 낸다. 그런데 i와 j는 복소수 연산이 필요 없는 프로그램에서는 자주 for-end 문과 함께 for 루프의 인덱스로 재정의해서 사용하기도 한다.

앞의 예와 같이 예약된 함수나 변수들을 재정의해서 쓰면 작업공간에서 이들을 지우기까지는 계속 남아 있게 된다. whos를 실행해본다.

```
>> whos
  Name      Size            Bytes  Class     Attributes
  j         1x1                 8  double
  sqrt      1x1                 8  double
  z         1x1                 8  double
  z1        1x1                 8  double
  z2        1x1                 8  double
```

따라서 다시 원래 정의된 상태로 쓰고 싶으면 clear 명령어로 해당 변수를 작업공간에서 지워주면 된다. 다음 예와 같이 하면 원하는 결과를 얻게 된다.

```
>> clear j sqrt  % j와 sqrt 변수를 작업공간에서 지움
>> z1 = 3 + j*4; z2 = j*7;
>> z = z1*z2
z =
 -28.0000 +21.0000i
>> z = z1/z2
z =
   0.5714 - 0.4286i
>> y = sqrt(5)
y =
    2.2361
```

극한 연산에서 $\lim_{x \to 0} \frac{\sin(x)}{x} = 1$이지만, 우리가 쓰는 현재의 컴퓨터는 sin(0)/0을 직접 연산할 수 없으므로 MATLAB은 NaN을 출력한다. 이럴 때 eps를 사용하면 원하는 결과를 얻을 수 있다. 다음 예를 살펴보자.

```
>> y = sin(0)/0
y =
    NaN
>> x = eps  % x에 아주 작은 값 eps를 할당
x =
    2.2204e-16
>> y = sin(x)/x
y =
    1
```

또 다음과 같은 연산을 하게 되면 취급할 수 있는 데이터형의 최대값을 넘게 되므로 MATLAB은 자동으로 무한대를 의미하는 inf를 반환한다.

```
>> x = 1/0
x =
Inf
```

이미 언급한 바 있지만, 작업공간(명령창과 스크립트 파일이 사용하는 메모리 공간)에 저장된 변수들을 확인하거나, 지우거나 또 이들의 세부 정보까지 보기를 원하면 1.4.1절의 명령어들을 사용하면 된다.

3.2 벡터와 행렬의 입력

MATLAB은 내부적으로 모든 변수를 배열(Array)로 처리한다. 예를 들어, 스칼라는 1×1 배열로, 벡터는 1차원 배열로 1×n 또는 n×1 배열이고, 2차원 배열인 행렬은 m×n 배열, 3차원 배열은 m×n×p 배열로 간주한다. 이 배열에는 값 또는 문자들이 저장된다.

3.2.1 벡터의 입력

벡터(Vector)는 변수에 원소들을 직접 입력하는 방법을 포함하여, 몇 가지의 생성 방법이 있다.

3.2.1.1 직접 입력

벡터를 직접 입력할 때에는 대괄호([ ]) 안에 원소들을 나열하는 식으로 입력하면 된다. 이 때 원소와 원소 사이에 공백이나 콤마(,)를 두어야 한다. 특히 열벡터를 만들 때는 원소 사이에 세미콜론(;)을 두거나 행벡터에 전치(transpose) 연산자(')를 쓰면 된다. 다음 예는 행벡터(Row vector)와 열벡터(Column vector)를 만드는 방법을 보여 준다.

```
>> x = [1, 2, 3, 4]  % 원소 간에 콤마를 둔 예
x =
     1     2     3     4
>> x = [1 2 3 4]  % 위와 같음
```

```
x =
     1     2     3     4
>> y = [5; 6; 7]
y =
     5
     6
     7
>> y = [5 6 7]'
y =
     5
     6
     7
>> z = y'
z =
     5     6     7
```

행벡터를 열벡터로 또는 열벡터를 행벡터로 변환시킬 경우에는 변수 뒤에 전치 연산자(')를 붙이면 된다.

3.2.1.2 명령문으로 생성하기

벡터의 차원이 크면 수작업으로 입력하는 것 자체가 불가능할 때가 있다. 이런 경우에는 다음과 같은 방법으로 생성하면 된다.

- x = xmin : step : xmax % 첫 번째 원소가 xmin이고, 증분값이 step이며, 마지막 원소가 xmax를 초과(또는 미달)하지 않는 행벡터를 생성한다.
- x = [xmin : step : xmax] % 위와 같다.
- x = linspace(xmin, xmax, n) % xmin과 xmax를 포함해서 간격이 일정한 1×n 벡터를 생성한다.
- x = logspace(a, b, n) % 10^a와 10^b을 포함해서 대수적으로 간격이 일정한 1×n 벡터를 생성한다.

step은 1이면 생략할 수 있고 xmin, step과 xmax는 수식이 될 수도 있다. 앞의 두 명령문은 step의 크기에 따라 xmax가 포함될 수도 또 안 될 수도 있지만, linspace의 경우에는 반드시 포함되고 또 logspace의 경우에도 10^b가 반드시 포함된다. 몇 가지 예를 들어보면 다음과 같다.

```
>> x = 1 : 5  % step이 1인 경우 생략할 수 있음
x =
    1     2     3     4     5
>> y = -2 : 2 : 3  % 3은 포함되지 않음
y =
   -2     0     2
>> z = [-2 : -1 : -4.5]'  % -4.5는 포함되지 않음
z =
   -2
   -3
   -4
>> z = (-2 : -1 : -4.5)'  % 위와 같음
z =
   -2
   -3
   -4
>> u = -pi : pi/2 : pi  % step에 수식을 사용
u =
  -3.1416   -1.5708         0    1.5708    3.1416
>> z = linspace(-2, 3, 5)  % -2와 3을 포함해서 등간격인 행벡터 생성
z =
  -2.0000   -0.7500    0.5000    1.7500    3.0000
>> v = logspace(-1, 1, 5)  % 10-1과 101을 포함해서 대수적으로 등간격인 행벡터 생성
v =
    0.1000    0.3162    1.0000    3.1623   10.0000
```

세 번째와 네 번째 명령문은 전치 연산자(')와 대괄호(또는 소괄호)를 함께 써서 차원이 큰 열벡터를 만들 때 자주 쓰인다.

예제 3.1 다항식 $G(s)$가 주어질 때 주파수 전달함수의 크기 $|G(j\omega)|$를 구하여라.

$$G(s) = \frac{1}{(s^2 + 2s + 3)} \tag{3.1}$$

단, $s = j\omega\,(10^{-2} \leqq \omega \leqq 10^2)$이다.

풀이 편의상 10^{-2}과 10^2 사이에 대수적으로 간격이 일정한 5개의 데이터만 취해 w에 저장해본다. 그런 다음 s와 w로 $G(j\omega)$의 복소수 연산을 수행하고 절댓값 $|G(j\omega)|$를 구하면 된다. 배열 연산자 (./, .·)와 절대값을 구하는 내장함수(abs)는 4.1절에서 설명한다.

```
>> w = logspace(-2, 2, 5)
w =
    0.0100    0.1000    1.0000   10.0000  100.0000
>> s = j * w;
>> gs = 1 ./ (s.^2 + 2*s + 3);  % 배열 연산(나눗셈 및 지수 연산자 앞의 마침표 확인)
>> mag = abs(gs)  % 절대값 연산
mag =
    0.3333    0.3337    0.3536    0.0101    0.0001
```

3.2.2 행렬의 입력

행렬(Matrix)도 벡터와 같이 변수에 원소를 작접 입력하는 방법을 포함하여, 몇 가지 방법으로 생성할 수 있다.

3.2.2.1 직접 입력

행렬을 직접 입력할 때에는 벡터와 같이 대괄호([ ]) 안에 원소들을 행별로 나열하되, 원소와 원소 사이에 공백이나 콤마(,)를 두고, 행을 구분하기 위해서는 행과 행 사이에 세미콜론(;)을 두어야 한다. 다음은 실수 행렬과 복소수 행렬의 입력 예를 보여준다.

```
>> A = [3 5; 7 9]
A =
     3     5
     7     9
>> B = [1 2 3; 4 5 6; 7 8 9]
B =
     1     2     3
     4     5     6
     7     8     9
>> C = [pi, 2.54, 6.78; -9.12, 4, -4.19]  % 예약 변수 pi를 상수값이 사용
C =
```

```
   3.1416    2.5400    6.7800
  -9.1200    4.0000   -4.1900
>> D = [1, 2 + 3j; j, 5 + 6j; 7, 8 + 9j]  % 복소수 기호로 j를 사용
D =
  1.0000 + 0.0000i   2.0000 + 3.0000i
  0.0000 + 1.0000i   5.0000 + 6.0000i
  7.0000 + 0.0000i   8.0000 + 9.0000i
```

3.2.2.2 명령문으로 생성하기

일반적으로 명령문을 써서 원하는 행렬을 만드는 것은 쉬운 일이 아니지만, 만일 행렬이 특수한 형태라면 MATLAB 내장함수를 활용하면 쉽게 만들 수 있다. 특수한 형태의 행렬을 만들어 주는 함수들은 다음과 같다.

- zeros(n), zeros(n, n) % 모든 원소가 0인 n×n 행렬을 생성한다.
- zeros(m, n) % 모든 원소가 0인 m×n 행렬을 생성한다.
- ones(n), ones(n, n) % 모든 원소가 1인 n×n 행렬을 생성한다.
- ones(m, n) % 모든 원소가 1인 m×n 행렬을 생성한다.
- eye(n), eye(n, n) % n×n 항등행렬 (단위행렬)을 생성한다.
- eye(m, n) % m×n 항등행렬을 생성한다.
- diag(v) % 벡터 v의 원소를 대각원소로 하는 대각행렬을 생성한다.
- magic(n) % 행, 열 또는 대각으로 합한 값들이 모두 같은 n×n 마방진행렬을 생성한다. 원소들은 1~n^2 사이의 정수가 된다.

MATLAB 내장함수로 행렬을 생성하는 몇 가지 예를 들면 다음과 같다.

```
>> A = zeros(3) % 3×3 영 행렬을 생성. A = zeros(3, 3)과 같음
A =
     0     0     0
     0     0     0
     0     0     0
>> B = eye(3, 3) % 3×3 항등행렬을 생성. B = eye(3)과 같음
B =
```

```
    1     0     0
    0     1     0
    0     0     1
>> u = 5 * ones(2, 5) % 모든 원소가 5인 2×5 행렬을 생성함
u =
    5     5     5     5     5
    5     5     5     5     5
```

예를 들어 아래와 같은 행렬을 만들고 싶을 때는 다음과 같이 하면 된다.

```
>> A = [eye(4, 3) ones(4, 1)]
A =
    1     0     0     1
    0     1     0     1
    0     0     1     1
    0     0     0     1
```

대각선의 원소들이 처음부터 [3 2 3]인 대각행렬을 만들고자 하면 다음과 같이 하면 된다.

```
>> diag([3, 2, 3])
ans =
    3     0     0
    0     2     0
    0     0     3
```

3×3 마방진 행렬을 만들면 다음과 같다. 행렬의 원소는 1부터 $3^2=9$까지의 원소들이 단 한번만 나오며, 각 행, 열, 또는 대각으로 더한 값들은 모두 15가 된다.

```
>> magic(3)
ans =
    8     1     6
    3     5     7
    4     9     2
```

3.2.2.3 행렬 정보 얻기

행렬의 차원, 원소의 개수 등과 같은 정보를 얻는 함수는 다음과 같다.

- [m, n] = size(A) % 행렬 A의 행과 열의 크기를 알려준다.
- size(A, 1) % A의 행의 갯수, 즉 열의 크기를 알려준다.
- size(A, 2) % A의 열의 갯수, 즉 행의 크기를 알려준다.
- length(A) % A의 행 또는 열의 크기 중 큰 값을 알려준다.
- numel(A) % A의 원소의 개수를 알려준다.
- nnz(A) % A의 원소 중 0이 아닌 개수를 알려준다.

예컨대 다음은 벡터 x의 크기, 행렬 A의 행과 열, A의 원소 개수를 알려준다.

```
>> x = -pi : pi/10 : pi;  % 벡터 x의 생성
>> k = length(x)
k =
    21
>> k = numel(x)
k =
    21
>> A = [1 2 3; 4 5 6];  % 행렬 A의 생성
>> [m, n] = size(A)
m =
     2
n =
     3
>> m = size(A, 1)
m =
     2
>> n = size(A, 2)
n =
     3
>> p = numel(A)
p =
     6
```

앞의 예에서 보듯이 x가 벡터이면 numel(x)나 length(x)는 같은 값을 되돌려주게 된다.

배열을 생성하는 함수와 차원을 얻는 함수를 결합하면 원하는 배열을 간단히 만들 수 있다. 예를 들어 벡터 t와 차원이 같고 원소값이 모두 5인 벡터 x를 만들고 싶으면 다음과 같이 하면 된다.

```
>> t = 0 : 0.5 : 2
t =
        0    0.5000    1.0000    1.5000    2.0000
>> x = 5 * ones(size(t))
x =
     5     5     5     5     5
```

여기에서 x = 5 * ones(size(t))는 두 명령문, 즉 [m, n] = size(t)와 x = 5 * ones(m, n)의 결합과 같다.

어떤 행렬이 주어졌을 때, 이 행렬에서 양의 값을 갖는 원소가 몇 개인지를 알고 싶거나, 또는 1보다 큰 값을 갖는 원소의 비율을 알고 싶으면 다음과 같이 하면 된다. randn 함수에 대한 자세한 것은 4.3.5절을 참조 바란다.

```
>> A = randn(4, 4)
A =
   -1.2075    1.0347   -0.7873   -0.8095
    0.7172    0.7269    0.8884   -2.9443
    1.6302   -0.3034   -1.1471    1.4384
    0.4889    0.2939   -1.0689    0.3252
>> m = nnz(A > 0)  % 양의 값을 갖는 원소의 수
m =
     9
>> r = nnz(A > 1) / numel(A) % 1보다 큰 원소의 비율
r =
    0.1875
```

3.3 벡터와 행렬의 조작

3.3.1 부분배열 지정하기

일단 배열이 정의되면 그 이후에 배열의 크기나 유형을 사용자가 마음대로 바꿀 수 있다. 예로 스칼라를 벡터나 행렬로, 벡터를 스칼라나 행렬로 또 행렬을 스칼라나 벡터로 바꿀 수 있다. 이러한 변형은 원소를 더하거나, 삭제하거나 또 어떤 범위의 원소를 취함으로써 이루어진다. 벡터나 행렬과 같은 배열 내에서 어떤 범위의 원소들을 지정할 때는 콜론(:)을 사용하면 된다. 'end'는 배열의 끝을 나타낸다.

- x(m : n) % m번째부터 n번째까지의 원소들을 나타낸다.
- x(end) % 마지막 원소를 나타낸다.
- x(:) % 모든 원소들을 정렬해서 열벡터로 나타낸다.

사용 예는 다음과 같다.

```
>> x = [1 2 3 4 5 6];
>> y = x(2 : 4)  % 2~4번째 원소로 y를 생성
y =
     2     3     4
>> z = x(4 : end)  % 4번째~마지막 원소로 z를 생성
z =
     4     5     6
>> x= x(end)  % 마지막 원소로 x를 재정의
x =
     6
```

가끔 기존의 벡터나 행렬에서 특정 범위의 행 또는 열로 지정된 원소로부터 새로운 배열을 만들어야 할 때도 있다. 이때는 대괄호([ ]) 안에 특정 행 또는 열의 인덱스를 지정하면 된다.

```
>> x = [1 2 3 4 5 6];
>> y = x([1, 4, 6])  % 첫 번째, 4번째와 6번째 원소로 y를 생성
```

```
y =
     1     4     6
>> z = x([1, 3 : 5])  % 첫 번째와 3번째~5번째 원소로 z를 생성
z =
     1     3     4     5
```

다음 예는 행벡터를 열벡터로 정렬해서 보여준다.

```
>> x = [1 2 3 4];
>> y = x(:)
y =
     1
     2
     3
     4
```

행렬의 경우에도 어떤 범위의 원소들을 지정하고 싶을 때에는 콜론(:)을 사용하면 된다. 'end'는 행 또는 열의 끝을 나타내준다.

- A(m , :) % m 번째 행에 있는 모든 원소를 선택한다.
- A(: , n) % n 번째 열에 있는 모든 원소를 선택한다.
- A(m1 : m2, :) % m1~m2 번째 행에 속한 모든 원소를 선택한다.
- A(: , n1 : n2) % n1~n2 번째 열에 있는 모든 원소를 선택한다.
- A(m1 : m2, n1 : n2) % m1~m2 번째 행과 n1~n2 번째 열에 있는 모든 원소를 선택한다.
- A(:) % 모든 원소들을 열벡터로 정렬한다.

어떤 범위의 행과 열을 지정하여 새로운 배열을 만드는 몇 가지 예는 다음과 같다.

```
>> buf = [1 2 3; 4 5 6; 7 8 9]
buf =
     1     2     3
     4     5     6
     7     8     9
```

```
>> t = buf(:, 1)  % 첫 번째 열에 있는 모든 원소로 t를 생성
t =
     1
     4
     7
>> x = buf(:, 2)  % 두 번째 열에 있는 모든 원소로 x를 생성
x =
     2
     5
     8
>> y = buf(:, end)  % 마지막 열에 있는 모든 원소로 y를 생성
y =
     3
     6
     9
>> A = buf(1 : 2, 1 : 2)  % 1~2번째 행과 1~2번째 열에 있는 모든 원소로 A를 생성
A =
     1     2
     4     5
>> B = buf(2 : end, :)  % 2번째~마지막 행에 있는 모든 원소로 B를 생성
B =
     4     5     6
     7     8     9
```

범위를 지정하지 않고, 특정 행과 열들을 지정하여 새로운 배열을 만들 수도 있으며, 이런 경우는 대괄호([ ]) 안에 특정 행과 열의 인덱스를 지정하면 된다. 예를 들면 다음과 같다.

```
>> A = [9 6 5 2 7 0; 4 5 5 1 0 3; 6 0 0 1 1 7; 3 6 7 3 1 8]  % 행렬 A의 정의
A =
     9     6     5     2     7     0
     4     5     5     1     0     3
     6     0     0     1     1     7
     3     6     7     3     1     8
>> B = A([2, 4], :)  % 2, 4번째 행에 있는 모든 원소로 B를 생성
B =
     4     5     5     1     0     3
     3     6     7     3     1     8
```

```
>> C = A([1, 3], [1, 6]) % 1, 3번째 행과 1, 6번째 열에 있는 모든 원소로 C를 생성
C =
    9    0
    6    7
>> D = A(2 : end, [2, 4 : end])  % 2번째~마지막 행과 2, 4번째~마지막 열에 있는
원소로 D를 생성
D =
    5    1    0    3
    0    1    1    7
    6    3    1    8
>> E = A([1, end], [1, end])  % 네 코너에 있는 원소로 E를 생성
E =
    9    0
    3    8
```

행렬 A의 모든 원소 중에서 최소와 최대를 구할 때는 각각 min, max 함수를 쓰게 된다. 이때 단순히 min(A), max(A)로 하면 각 열에 있는 원소 중에서 최소값과 최대값을 구해 반환하며, 행렬내의 모든 원소 중에서 최소와 최대를 구하려면 min(A(:)), max(A(:))로 쓰면 된다. 함수 min, max의 사용 형식은 다음 장을 참조한다.

```
>> A = [1 2 3; 4 5 6]  % 행렬 A의 정의
A =
    1    2    3
    4    5    6
>> min(A) % 각 열에 속한 모든 원소 중에서 최소값을 얻음
ans =
    1    2    3
>> A(:) % 첫 번째, 두 번째, …, 마지막 열 순으로 원소들을 정렬함
ans =
    1
    4
    2
    5
    3
    6
>> min(A(:))  % 모든 원소 중에서 최소값을 얻음
ans =
    1
```

```
>> max(A(:))  % 모든 원소 중에서 최대값을 얻음
ans =
     6
```

3.3.2 원소 수정 및 제거하기

만약 벡터나 행렬의 특정 위치의 원소를 수정할 때는 아래와 같이 입력하면 된다.

```
>> x = [1 2 3 4 5 6];
>> x(3) = 0  % 3번째 원소를 0으로 수정
x =
     1     2     0     4     5     6
>> A = [10 20 30; 40 50 60]
A =
    10    20    30
    40    50    60
>> A(2, 2) = inf  % (2,2) 원소를 inf(무한대)로 수정
A =
    10    20    30
    40   Inf    60
```

벡터의 특정 위치의 원소를 제거할 때는 아래와 같이 빈 대괄호([ ])를 입력하면 삭제되고, 벡터의 길이는 제거한 원소 숫자만큼 줄어든다.

```
>> x = [1 2 3 4 5 6 7];
>> x(3) = [ ]  % 세 번째 원소를 제거
x =
     1     2     4     5     6     7
>> x(1 : 2) = [ ]  % 1~2번째 원소를 제거
x =
     4     5     6     7
>> x([1, 4]) = [ ]  % 첫 번째와 네 번째 원소를 제거
x =
     5     6
>> x(end) = [ ]  % 마지막 원소를 제거
x =
     5
```

행렬에서 특정 행 또는 열 위치의 모든 원소를 제거할 때는 아래와 같이 입력하면 되고, 차원이 줄어든다.

```
>> A = [2 6 8 2 7; 3 0 1 2 8; 2 1 5 0 9; 4 4 5 1 2]  % 행렬 A의 정의
A =
     2     6     8     2     7
     3     0     1     2     8
     2     1     5     0     9
     4     4     5     1     2
>> A(:, 2 : 3) = [ ] % 두 번째와 세 번째 열을 제거
A =
     2     2     7
     3     2     8
     2     0     9
     4     1     2
>> A(3 : end, :) = [ ] % 세 번째부터 끝 행까지 제거
A =
     2     2     7
     3     2     8
```

행렬에서 원소 하나를 제거하는 것은 허용되지 않으며, 이럴 경우 다음과 같이 오류가 발생한다.

```
>> A = [1 2 3; 4 5 6; 7 8 9]
A =
     1     2     3
     4     5     6
     7     8     9
>> A(2, 2) = [ ]
null 대입식에는 콜론이 아닌 인덱스가 하나만 있을 수 있습니다.
```

3.3.3 원소 추가하기

기존 벡터의 길이를 넘어서는 위치의 원소에 새로운 값을 할당하면 확장된 벡터를 만들 수 있고, 마지막 원소와 새로 입력된 원소 사이에는 0으로 채워진다. 예를 들면 다음과 같다.

```
>> x = [1 2];
>> x(3 : 5) = [6 7 8]  % 3~5번째 원소로 6, 7, 8을 추가
x =
     1     2     6     7     8
>> y = [3 14];
>> y(6) = 9  % 6번째 원소로 9를 추가, 3~5번째 원소에는 0이 채워짐
y =
     3    14     0     0     0     9
```

같은 행벡터끼리 또는 열벡터끼리 결합하면 다른 길이의 벡터를 만들 수 있다.

```
>> x = [1 2]; y = [3 4 5];
>> z = [x y]  % 행벡터 x에 행벡터 y를 추가
z =
     1     2     3     4     5
>> w = [x'; y']  % 열벡터 x'에 열벡터 y'를 추가
w =
     1
     2
     3
     4
     5
```

하지만 행벡터와 열벡터를 다음과 같이 결합하는 것은 허용되지 않는다.

```
>> x = [1 2], y = [3; 4; 5]
x =
     1     2
y =
     3
     4
     5
>> z = [x y]
다음 사용 중 오류가 발생함: horzcat
결합하려는 배열의 차원이 일치하지 않습니다.
```

또 같은 차원의 두 벡터를 결합해서 행렬을 만들 수 있다.

```
>> x = [1 2 3 4]; y = [4 3 2 1];
>> z = [x; y]  % 행벡터 x 아래쪽에 행벡터 y를 추가
z =
     1     2     3     4
     4     3     2     1
>> w = [x' y']  % 열벡터 x' 뒤쪽에 열벡터 y'를 추가
w =
     1     4
     2     3
     3     2
     4     1
```

같은 크기의 벡터들을 변수 buf에 차례로 저장하려고 할 때에는 다음과 같이 하면 된다.

```
>> buf = [ ];  % 빈 배열 buf의 정의
>> buf = [buf; 10 20 30]  % buf의 행에 [10 20 30]을 추가
buf =
    10    20    30
>> buf = [buf; 40 50 60]  % buf의 행에 [40 50 60]을 추가
buf =
    10    20    30
    40    50    60
>> buf = [buf; 70 80 90]  % buf의 행에 [70 80 90]을 추가
buf =
    10    20    30
    40    50    60
    70    80    90
```

예제 3.2 $0 \leqq t \leqq 4\pi$의 범위에서 $\sin(t)$와 $\cos(t)$의 그래프를 그려보아라.

풀이 두 그래프를 그리는 스크립트를 prog3_1.m에 나타내었다. 먼저 buf가 빈 배열로 정의되고 루프가 반복되는 동안 buf에는 행벡터 [t sin(t) cos(t)]가 계속 아래쪽에 추가된다. 루프가 끝나면 행렬 buf의 각 열에는 t, sin(t), cos(t)의 시계열 데이터가 들어 있게 되므로 이로부터 부분 배열을 생성해

서 그래프를 그리면 된다. for-end 문은 5장에서, plot 함수는 8장에서 상세히 다룬다.

Script file: prog3_1.m

```
%% prog3_1.m
% 예제 3.2: sin 및 cos 함수의 그래프 그리기
buf = [];
for t = 0 : pi/30 : 4*pi
    buf = [buf; t sin(t) cos(t)];  % buf에 새로운 행벡터를 추가
end
t = buf(:, 1);  % buf의 첫 번째 열을 취해 t에 저장
y1 = buf(:, 2);  % buf의 두 번째 열을 취해 y1에 저장
y2 = buf(:, 3);  % buf의 세 번째 열을 취해 y2에 저장
plot(t, y1,'k', t, y2,'k--','linewidth',1)
axis([0 4*pi -2 2])
xlabel('t')
ylabel('sin(t) & cos(t)')
title('sin(t)와 cos(t)의 그래프')
```

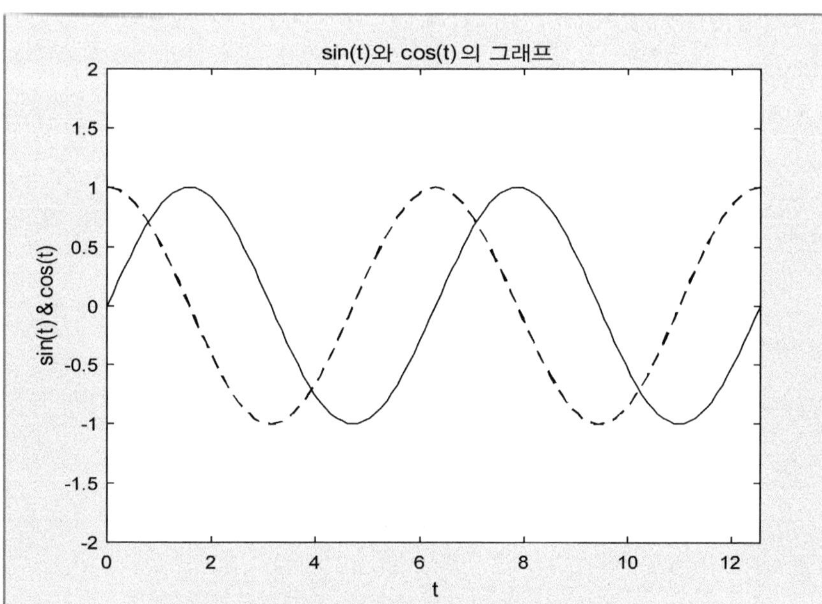

그림 3.1 sin(t)와 cos(t) 그래프

만일 행렬의 차원을 넘어서는 위치의 원소에 새로운 값을 할당하면 새로운 행과 열이 추가되고, 나머지 추가된 원소들은 0으로 설정한다.

```
>> B = [1 2; 3 4]  % 행렬 B의 정의
B =
     1     2
     3     4
>> B(1, 3) = 4  % (1,3)의 원소에 4를 추가, 하나의 원소를 0으로 설정
B =
     1     2     4
     3     4     0
>> A = [7 8; 6 5]  % 행렬 A의 정의
A =
     7     8
     6     5
>> A(3, 3) = 1  % (3,3)의 원소에 1을 추가, 네 개 원소를 0으로 설정
A =
     7     8     0
     6     5     0
     0     0     1
```

행렬에 행벡터를 추가할 때는 세미콜론(;)으로 분리한 다음 적어주면 되고, 열벡터를 추가할 때는 뒤에 적어주면 된다. 이때 추가되는 행이나 열의 길이가 기존 행렬의 행 또는 열의 길이와 맞아야 하므로 주의가 필요하다.

```
>> A = [1 2 3; 4 5 6], b = [7 8 9], d = [4; 7]  % 배열의 정의
A =
     1     2     3
     4     5     6
b =
     7     8     9
d =
     4
     7
>> C = [A; b]  % 벡터 b를 행렬 A의 세 번째 행으로 추가
C =
     1     2     3
```

```
    4    5    6
    7    8    9
>> D = [A d]  % 벡터 d를 행렬 A의 네 번째 열로 추가
D =
    1    2    3    4
    4    5    6    7
```

어떤 행렬에 행을 추가하려면, 즉, 열방향(수직방향)으로 다른 행렬을 추가할 때에는 세미콜론(;)으로 분리한 다음 적어주면 되고, 이때는 추가되는 행렬의 행의 길이(열의 수)가 기존의 행렬의 행의 길이(열의 수)와 같아야 한다. 어떤 행렬에 열을 추가하려면, 즉, 행방향(수평방향)으로 행렬을 추가할 때에는 콤마나 빈칸 뒤에 적어주면 된다. 이때 추가되는 행렬은 열의 길이(행의 수)가 기존 행렬의 열의 길이(행의 수)와 같아야 한다.

```
>> A = [1 2 3; 4 5 6], B = [1 1 1; 2 2 2]  % 행렬 A, B의 정의
A =
    1    2    3
    4    5    6
B =
    1    1    1
    2    2    2
>> C = [A; B]  % 행렬 B를 행렬 A의 행의 (열 방향으로) 추가
C =
    1    2    3
    4    5    6
    1    1    1
    2    2    2
>> D = [A B]  % 행렬 B를 행렬 A의 열의 (행 방향으로) 추가
D =
    1    2    3    1    1    1
    4    5    6    2    2    2
```

3.3.4 명령문으로 조작하기

행렬의 일부를 추출하거나, 회전시키거나, 재정렬할 경우에는 다음 함수를 쓰면 된다.

- triu(A) % 행렬 A의 상삼각 부분을 추출하고 그 아래쪽은 모두 0으로 설정한다.
- tril(A) % 행렬 A의 하삼각 부분을 추출하고 그 위쪽은 모두 0으로 설정한다.
- rot90(A), rot90(A, k) % 행렬 A를 반시계방향으로 k×90° 회전한다. k를 생략하면 기본값 1로 간주한다.
- B = reshape(A, m, n) % p×q 행렬 A를 m×n 행렬 B로 재정렬한다. 두 행렬의 원소 개수가 같아야 한다(즉 p×q = m×n).

어떤 행렬의 상삼각과 하삼각 부분을 추출하려고 하는 경우에는 다음과 같이 하면 된다.

```
>> A = [1 2 3; 4 5 6; 7 8 9]  % 행렬 A의 정의
A =
     1     2     3
     4     5     6
     7     8     9
>> U = triu(A)
U =
     1     2     3
     0     5     6
     0     0     9
>> L = tril(A)
L =
     1     0     0
     4     5     0
     7     8     9
>> B = [9 8 7; 6 5 4; 3 2 1; 3 1 2]  % 행렬 B의 정의
B =
     9     8     7
     6     5     4
     3     2     1
     3     1     2
>> U = triu(B)
U =
     9     8     7
     0     5     4
     0     0     1
```

```
    0     0     0
>> L = tril(B)
L =
    9     0     0
    6     5     0
    3     2     1
    3     1     2
```

행렬의 원소들을 반시계방향으로 k×90°회전시키고자 하면 다음과 같이 하면 된다.

```
>> A = [1 2 3; 4 5 6]  % 행렬 A의 정의
A =
    1     2     3
    4     5     6
>> B = rot90(A)  % 반시계방향으로 90°회전
B =
    3     6
    2     5
    1     4
```

reshape 함수를 사용하면 어떤 차원의 배열을 다른 차원의 배열로 재정렬할 수 있다. 이때 재정렬 전후의 원소 개수가 서로 같도록 입력인수를 지정해줘야 한다. 먼저 행렬을 벡터로 재정렬해 본다.

```
>> A = [1  2  4; 1  5  25; 1  8  64]  % 행렬 A의 정의
A =
    1     2     4
    1     5    25
    1     8    64
>> x = reshape(A, 1, 9)  % 3 x 3 행렬 A를 1 x 9 벡터 x로 재정렬
x =
    1     1     1     2     5     8     4    25    64
```

x에서 보면 원소들은 A의 첫 번째, 두 번째, 세 번째 열의 순으로 재정렬되고 있는 것을 알 수 있고, 3×3=1×9가 된다. 다시 벡터를 행렬로 재정렬 해본다.

```
>> x = 1 : 8  % 벡터 x를 정의
x =
     1     2     3     4     5     6     7     8
>> A = reshape(x, 2, 4)  % 1 x 8 벡터 x를 2 x 4 행렬 A로 재정렬
A =
     1     3     5     7
     2     4     6     8
```

앞의 예에서도 x의 원소들이 A의 첫 번째, 두 번째, 세 번째, 네 번째 열의 순으로 채우면서 재정렬되고 있는 것을 볼 수 있다. 다음은 어떤 차원의 행렬을 다른 차원의 행렬로 재정렬해주는 예를 보여준다.

```
>> B = [1  2  3; 4  5  6]  % 행렬 B의 정의
B =
     1     2     3
     4     5     6
>> A = reshape(B, 3, 2)  % 2 x 3 행렬 B를 3 x 2 행렬 A로 재정렬함
A =
     1     5
     4     3
     2     6
```

3.4 문자열의 조작

3.4.1 문자열의 결합

앞 절에서 문자열은 일련의 문자, 숫자, 기호와 공백의 조합으로 이루어지며, 아포스트로피(' ') 안에 두어 변수에 저장되면 변수는 배열이 됨을 살펴보았다. 문자열과 문자열을 결합할 때는 대괄호([ ])를 사용하거나, 아니면 다음 함수를 사용하면 된다.

- s = [s1, s2, ⋯, sn] % 문자열을 수평(행)으로 결합한다.
- s = [s1; s2; ⋯; sn] % 같은 크기의 문자열을 수직(열)으로 결합한다.

- s = char(s1, s2, …, sn) % 문자열을 수직으로 결합하고 가장 긴 문자열의 길이에 맞도록 짧은 문자열의 뒤쪽에 공백을 채운다.
- s = strcat(s1, s2, …, sn) % 문자열을 수평으로 결합하고 끝에 붙은 공백과 빈 문자열을 제거한다.
- s = strvcat(s1, s2, …, sn) % char와 유사하나 처리속도가 char보다 느리고 빈 문자열을 제거한다.

예를 들면 다음과 같다.

```
>> a = 'My friend';
>> b = [a, ' is kind']  % 문자열 ' is kind'를 문자열 a 뒤쪽에 결합
b =
    'My friend is kind'
>> code = ['KOR'; 'JPN'; 'CHN']  % 세 문자열을 수직으로 결합
code =
  3×3 char 배열
    'KOR'
    'JPN'
    'CHN'
```

또 다른 예는 다음과 같다.

```
>> Nation = char('Korea', 'France', 'Singapore')  % 짧은 행에는 공백이 채워짐
Nation =
  3×9 char 배열
    'Korea    '
    'France   '
    'Singapore'
>> S1 = char('Korea', ' ', 'Morning Calm')  % 빈 문자열도 수직으로 결합
S1 =
  3×12 char 배열
    'Korea       '
    '            '
    'Morning Calm'
>> S2 =  strcat('Korea    ', ' ', 'Morning Calm')  % 공백과 빈 문자열을 제거
```

```
S2 =
    'KoreaMorning Calm'
>> S3 = strvcat('Korea', '', 'Morning Calm')  % 빈 문자열을 제거
S3 =
  2×12 char 배열
    'Korea       '
    'Morning Calm'
```

3.4.2 문자열의 참조 및 수정

문자열은 각 원소에 문자 하나씩 저장되는 배열로 취급되므로, 일반 숫자 배열과 유사하게 참조하면 된다. 문자열을 수정할 때는 해당 원소들을 참조한 후 새로운 값을 할당하면 된다. 예를 들면 다음과 같다.

```
>> Nation = char('Korea', 'France', 'Singapore')  % Nation은 3 x 9 행렬이 됨
Nation =
  3×9 char 배열
    'Korea    '
    'France   '
    'Singapore'
>> Nation(3, 1)
ans =
    'S'
>> Nation(2, 3 : end)
ans =
    'ance   '
>> Nation(1, 6) = 'n';
>> Nation(2, 3 : 6) = 'ench';
>> Nation(3, 10 : 11) = 'an'
Nation =
  3×11 char 배열
    'Korean     '
    'French     '
    'Singaporean'
```

3.4.3 문자열의 삭제

문자열 내의 문자들을 삭제할 때는 아래와 같이 빈 대괄호 ([ ])를 입력하면 삭제되고, 문자열의 길이는 제거한 문자수만큼 줄어든다.

```
>> a = 'I can speak Korean and English.'
a =
    'I can speak Korean and English.'
>> b = a;
>> a(13 : 23) = [ ]  % 13 ~ 23 번째 문자 제거
a =
    'I can speak English.'
>> b(19 : end-1) = [ ]  % 19 ~ end-1 번째 문자 제거
b =
    'I can speak Korean.'
```

3.5 셀

앞 절에서는 같은 성질의 데이터형을 담을 수 있는 배열의 유용성에 대해 살펴보았다. 숫자 배열은 각 원소에 수만 담을 수 있었고, 문자열 배열은 각 원소에 문자열만 담을 수 있었다. 다시 말하면 숫자 배열은 한 종류의 스칼라만을 담을 수 있었고 차원이 다른 배열이나 문자열을 담을 수 없었다. 복잡한 프로그램을 작성하다 보면 한 가지의 데이터형으로만 구성된 배열을 가지고는 충분하지 않을 때가 있다. 이를 위해 MATLAB은 이질적인 데이터형을 허용하는 구조화된 데이터 표현법으로 셀을 제공하고 있다. 셀 배열은 기존 배열의 확장이라 할 수 있다. 이에 대해 알아본다.

3.5.1 셀 배열의 생성

셀(Cell)은 하나의 변수명에 여러 유형의 데이터를 저장할 수 있는 가장 일반적인 데이터형이고, 셀 배열(Cell array)의 각 셀은 문자열의 목록, 수와 문자의 조합, 크기가 다른 숫자 배열, 구조체 또는 셀 자체 등 데이터형에 관계없이 무엇이든지 담을 수 있다. 셀 배열은 cell 함수 또는 중괄호({ }) 연산자를 사용하여 생성할 수 있으며, 그 형식은 다음과 같다.

- cell(n) % n x n의 빈 셀 배열을 생성한다.
- cell(m, n) % m x n의 빈 셀 배열을 생성한다.
- cellArray = {value1, value2} % { } 연산자 내에 값을 입력하여 생성한다.

예를 들면 2×2 빈 셀 배열과 1×3 문자열 셀 배열은 다음과 같이 생성된다.

```
>> a = cell(2)  % 2 x 2 빈 셀 배열의 생성
a =
  2×2 cell 배열
    {0×0 double}    {0×0 double}
    {0×0 double}    {0×0 double}
>> b = {'Arcadia', 'Sonata', 'Morning'}  % 1 x 3 문자열 셀 배열의 생성
b =
  1×3 cell 배열
    {'Arcadia'}    {'Sonata'}    {'Morning'}
```

만약 셀 배열 b가 사전에 만들어져 있지 않다면 두 번째 명령문은 다음과 같이 해도 새롭게 생성된다.

```
>> b{1} = 'Arcadia';  % 첫 번째 셀의 생성
>> b{2} = 'Sonata';  % 두 번째 셀의 생성
>> b{3} = 'Morning';  % 세 번째 셀의 생성
>> b
b =
  1×3 cell 배열
    {'Arcadia'}    {'Sonata'}    {'Morning'}
```

셀 배열을 생성할 때는 소괄호가 ( )가 아닌 중괄호 { }가 쓰임에 유의한다. 크기가 서로 다른 숫자 배열로 구성된 1×3 셀 배열의 생성은 다음과 같이 하면 된다.

```
>> d = {1, eye(2), zeros(3)}  % 크기가 다른 1 x 3 셀 배열의 생성
d =
  1×3 cell 배열
    {[1]}    {2×2 double}    {3×3 double}
```

```
>> for i = 1 : 3
   e{i} = randn(i, 2);  % for-end 문으로 크기가 다른 1 x 3 셀 배열의 생성
end
>> e
e =
  1×3 cell 배열
    {1×2 double}    {2×2 double}    {3×2 double}
```

문자열, 숫자, 복소수와 배열의 조합으로 된 2×3 셀 배열도 같은 방법으로 생성될 수 있다.

```
>> c = {'string', 816, 22.17; 3.4 + 5.7 * i, [1.5; -0.6], [2 3; 0 9]} %
2 x 3 셀 배열의 생성
c =
  2×3 cell 배열
    {'string'          }    {[      816]}    {[ 22.1700]}
    {[3.4000 + 5.7000i]}    {2×1 double}    {2×2 double}
>> cellplot(c)
```

다음은 셀 배열 c의 내부에 저장된 데이터들을 보여주는 그림이다.

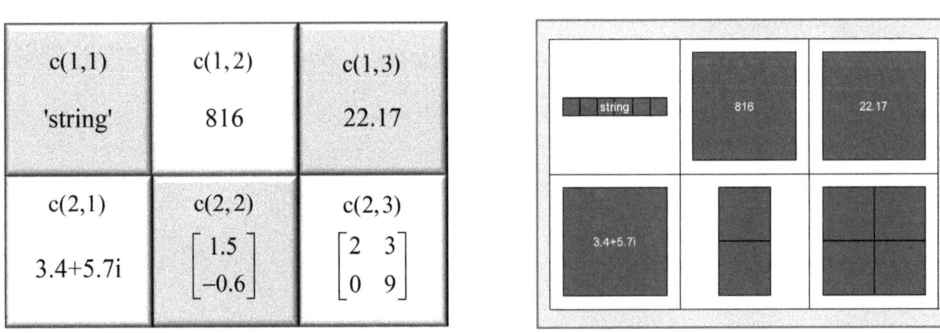

(a) 개념도 (b) Matlab cellplot 명령에 의한 구조도

그림 3.2 셀 배열 c의 구조

3.5.2 셀 배열의 데이터 참조

셀 배열이 만들어진 후에, 셀 내부에 저장되어 있는 데이터를 참조하는 방법은 두 가지가

있다. 하나는 ( )괄호를, 다른 하나는 { }괄호를 쓰는 것이다. ( )괄호는 셀 배열에서 지정한 셀을 참조할 때 쓰이며, 그 결과는 셀이 된다. 예를 들면 다음과 같다.

```
>> c = {10.3, 3.6, 2.8; 'Seoul', 'Busan', 'Incheon'}  % 2 x 3 셀 배열의 생성
c =
  2×3 cell 배열
    {[10.3000]}    {[3.6000]}    {[ 2.8000]}
    {'Seoul'  }    {'Busan' }    {'Incheon'}
>> s1 = c(1, :)
s1 =
  1×3 cell 배열
    {[10.3000]}    {[3.6000]}    {[2.8000]}
>> s2 = c(2, 2)
s2 =
  1×1 cell 배열
    {'Busan'}
>> d = {1, eye(2), zeros(3)}  % 1 x 3 셀 배열의 생성
d =
  1×3 cell 배열
    {[1]}    {2×2 double}    {3×3 double}
>> r1 = d(2)
r1 =
  1×1 cell 배열
    {2×2 double}
```

{ }괄호는 셀 배열에서 지정한 셀의 내용을 얻을 때 사용되며, 그 결과는 저장된 데이터의 형식에 따라 스칼라, 배열 또는 문자열 등이 된다. 예를 들면

```
>> c = {10.3, 3.6, 2.8; 'Seoul' ,'Busan', 'Incheon'} % 2 x 3 셀 배열의 생성
c =
  2×3 cell 배열
    {[10.3000]}    {[3.6000]}    {[ 2.8000]}
    {'Seoul'  }    {'Busan' }    {'Incheon'}
>> s = c{2, 3}  % 문자열
s =
    'Incheon'
>> x = c{1, 1}  % 숫자
```

```
x =
   10.3000
>> [x1, x2, x3] = c{1, 1 : 3}
x1 =
   10.3000
x2 =
    3.6000
x3 =
    2.8000
>> d = {1, eye(2), zeros(3)}  % 1 x 3 셀 배열의 생성
d =
  1×3 cell 배열
    {[1]}    {2×2 double}    {3×3 double}
>> A = d{1, 2}  % 2 x 2 행렬
A =
     1     0
     0     1
>> B = d{1, 3}  % 3 x 3 행렬
B =
     0     0     0
     0     0     0
     0     0     0
```

한편 셀 배열 내의 내용을 보여주는 함수로는 celldisp가 있고, 셀 배열을 그림으로 보여주는 함수로는 cellplot이 있다.

- celldisp(c) % 셀 배열의 내용을 보여준다.
- cellplot(c) % 셀 배열을 그림으로 보여준다.

예를 들면 다음과 같다. cellplot는 그림 3.2의 (b)에 보였다.

```
>> d = {1, eye(2), zeros(3)};
>> celldisp(d)
d{1} =
     1
```

```
d{2} =
    1    0
    0    1
d{3} =
    0    0    0
    0    0    0
    0    0    0
>> celldisp(d(2))
ans{1} =
    1    0
    0    1
>> celldisp(d(3))
ans{1} =
    0    0    0
    0    0    0
    0    0    0
```

예제 3.3

어느 여행사는 Seoul, Beijing, Singapore를 여행하는 테마 상품 TourA와 Los Angeles, Las Vegas, San Francisco를 여행하는 TourB를 판매하고 있다. 도시 간의 비행거리와 비행시간은 다음 표와 같다. 셀 배열을 만들어라.

TourA	Seoul	Beijing	Singapore
Seoul	×	2.33hr 954km	6.5hr 4,682km
Beijing	2.33hr 954km	×	6.01hr 4,483m
Singapore	6.5hr 4,682km	6.01hr 4,483m	×

TourB	Los Angeles	Las Vegas	San Francisco
Los Angeles	×	1.17hr 369km	1.42hr 560km
Las Vegas	1.17hr 369km	×	1.50hr 671km
San Francisco	1.42hr 560km	1.50hr 671km	×

풀이 편의상 tour는 3×2 셀 배열로 작성하고 각 행의 셀에는 여행명, 여행도시, 비행거리와 시간이 저장된다. 구체적으로 여행도시는 3×1 셀 문자열로, 비행거리와 시간은 3×2 행렬로 표시하였다.

```
>> tour = {'TourA', [{'Seoul <-> Beijing'}; {'Beijing <->
```

```
Singapore'}; {'Singapore <-> Seoul'}],...
      [954, 2.33; 4483, 6.01; 4682, 6.5]; ...
'TourB', [{'Los Angeles <-> Las Vegas'}; {'Las Vegas <-> San
Francisco'}; ...
      {'San Francisco <-> Los Angeles'}], [369, 1.17; 671, 1.50; 560, 1.42]}
tour =
  2×3 cell 배열
    {'TourA'}    {3×1 cell}    {3×2 double}
    {'TourB'}    {3×1 cell}    {3×2 double}
>> tour{1,2}  % TourA의 여행도시
ans =
  3×1 cell 배열
    {'Seoul <-> Beijing'    }
    {'Beijing <-> Singapore'}
    {'Singapore <-> Seoul'  }
>> tour{2,3}  % TourB의 비행거리와 시간
ans =
  369.0000    1.1700
  671.0000    1.5000
  560.0000    1.4200
```

3.5.3 셀 배열의 데이터 수정

중괄호 {}는 각 셀의 데이터를 수정할 때도 사용된다. 다음은 몇 가지 예를 보여준다.

```
>> C = {10.3, 3.6, 2.8; 'Seoul' ,'Busan', 'Incheon'} % 2 x 3 셀 배열의 생성
C =
  2×3 cell 배열
    {[10.3000]}    {[3.6000]}    {[ 2.8000]}
    {'Seoul'  }    {'Busan' }    {'Incheon'}
>> C{1, 3} = 1.5  % 2.8을 1.5로 수정
C =
  2×3 cell 배열
    {[10.3000]}    {[3.6000]}    {[ 1.5000]}
    {'Seoul'  }    {'Busan' }    {'Incheon'}
>> C{2, 3} = 'Kwangju'  % 'Incheon'을 'Kwangju'로 수정
C =
  2×3 cell 배열
```

```
    {[10.3000]}    {[3.6000]}    {[ 1.5000]}
    {'Seoul'  }    {'Busan' }    {'Kwangju'}
```

또 셀에 저장되어 있는 배열의 원소를 수정하려면 다음과 같이 하면 된다.

```
>> C = {1, eye(2), zeros(3)}  % 1 x 3 셀 배열의 생성
C =
  1×3 cell 배열
    {[1]}    {2×2 double}    {3×3 double}
>> C{1, 2}(1, 1) = 20;  % 행렬 eye(2)의 첫 행, 첫 열을 20으로 수정
>> A = C{1, 2}  % 행렬 eye(2)를 A에 저장하고 보여줌
A =
    20     0
     0     1
>> C{1, 3}(2, 3) = 5;  % 행렬 zeros(3)의 두 번째 행, 세 번째 열을 5로 수정
>> B = C{1, 3}  % 행렬 zeros(3)를 B에 저장하고 보여줌
B =
     0     0     0
     0     0     5
     0     0     0
```

셀 배열의 길이를 넘어서는 위치에 새로운 값을 할당하면 확장된 셀 배열을 만들 수 있고, 마지막 셀과 새로운 셀 사이에는 빈 셀이 채워진다. 일례로

```
>> C = {10, 20}  % 1 x 2 셀 배열의 생성
C =
  1×2 cell 배열
    {[10]}    {[20]}
>> C{1, 5} = 50  % 셀 C(1, 5)에 50을 할당
C =
  1×5 cell 배열
    {[10]}    {[20]}    {0×0 double}    {0×0 double}    {[50]}
```

3.5.4 셀 배열의 데이터 삭제

셀 배열의 데이터를 완전히 삭제할 때는 '( )'로 원하는 셀을 참조하고, 등호 오른쪽에 '[ ]'를

두면 된다. 이때 셀 배열의 차원은 줄어든다. 예를 들면 다음과 같다.

```
>> C = {zeros(2), 'zeros', eye(2, 2)}  % 1 x 3 셀 배열의 생성
C =
  1×3 cell 배열
    {2×2 double}    {'zeros'}    {2×2 double}
>> C(2) = [ ]  % 두 번째 원소가 완전히 삭제되고 C는 1 x 2 셀 배열이 됨
C =
  1×2 cell 배열
    {2×2 double}    {2×2 double}
>> D = {1, 2, 4; 'one', 'two', 'four'}  % 2 x 3 셀 배열의 생성
D =
  2×3 cell 배열
    {[  1]}    {[  2]}    {[   4]}
    {'one'}    {'two'}    {'four'}
>> D(:, 3) = [ ]  % 세 번째 열이 완전히 삭제되고 D는 2 x 2 셀 배열이 됨
D =
  2×2 cell 배열
    {[  1]}    {[  2]}
    {'one'}    {'two'}
```

셀 배열의 데이터만 삭제할 때는 '{ }'로 원하는 셀을 참조하고, 등호 오른쪽에 '[ ]' 또는 '{ }'를 두면 된다. 셀 배열의 차원은 변하지 않는다. 앞의 경우와는 달리 여기서는 배열명을 '[ ]'가 아닌 '{ }'로 참조한다는 점에 유의해야 한다. 예를 들면 다음과 같다.

```
>> C = {10.3, 3.6, 2.8; 'Seoul', 'Busan', 'Incheon'} % 2 x 3 셀 배열의 생성
C =
  2×3 cell 배열
    {[10.3000]}    {[3.6000]}    {[ 2.8000]}
    {'Seoul'  }    {'Busan' }    {'Incheon'}
>> C{1, 1} = { }  % 셀 C(1, 1)을 삭제하고 빈 셀로 채움
C =
  2×3 cell 배열
    {0×0 cell}    {[3.6000]}    {[ 2.8000]}
    {'Seoul' }    {'Busan' }    {'Incheon'}
>> C{1, 3} = [ ]  % 셀 C(1,3)을 삭제하고 [ ]로 채움
C =
```

```
  2×3 cell 배열
    {0×0 cell}    {[3.6000]}    {0×0 double}
    {'Seoul' }    {'Busan' }    {'Incheon' }
```

3.5.5 셀 배열의 행렬 변환

같은 데이터형을 가지는 셀 배열은 하나의 결합된 행렬로 변환될 수 있으며 이렇게 해주는 함수가 cell2mat이다. 셀 배열의 내용들을 결합했을 때 전체가 사각형 모양이 되어야 한다.

- M = cell2mat(c) % 셀 배열을 행렬로 변환한다.

다음은 예를 보여준다.

```
>> D = {1, [2 3]; [4; 5], [5 6; 8 9]} % 2 x 2 셀 배열의 생성
D =
  2×2 cell 배열
    {[       1]}    {1×2 double}
    {2×1 double}    {2×2 double}
>> M = cell2mat(D)  % 셀 배열 D를 행렬로 변환
M =
     1     2     3
     4     5     6
     5     8     9
>> N = cell2mat(D(1,2))  % 셀 D(1,2)를 벡터로 변환
N =
     2     3
```

그러나 다음 예를 보면, 셀 배열 C를 결합할 때 사각형 모양이 아니므로 변환될 수 없지만, 셀 C(1, 2) 즉 eye(2)는 가능하다.

```
>> C = {1, eye(2)}  % 1 x 2 셀 배열의 생성
C =
  1×2 cell 배열
```

```
    {[1]}    {2×2 double}
>> M = cell2mat(C)
다음 사용 중 오류가 발생함: cat
결합하려는 배열의 차원이 일치하지 않습니다.
오류 발생: cell2mat (line 75)
          m{n} = cat(2, c{n, :});
>> N = cell2mat(C(1, 2))  % 셀 C(1,2)를 행렬로 변환
N =
     1     0
     0     1
```

3.5.6 문자열 셀의 결합

문자열과 문자열 셀 또는 문자열 셀과 문자열 셀의 결합도 3.4.1절에서 다루었던 '[ ]'와 strcat 함수를 사용하면 된다. '[ ]'를 사용한 결합은 문자열 셀 배열을 만들고, strcat 함수를 사용한 결합은 문자열 셀을 만든다.

- S = [s1, s2, ⋯, sn] % 문자열과 문자열 셀, 문자열 셀과 문자열 셀을 수평(행)으로 결합해 문자열 셀 배열을 만든다.
- S = [s1; s2; ⋯; sn] % 문자열과 문자열 셀, 문자열 셀과 문자열 셀을 수직(열)으로 결합해 문자열 셀 배열을 만든다.
- S = strcat(s1, s2, ⋯, sn) % 문자열과 문자열 셀, 문자열 셀과 문자열 셀을 수평으로 결합해 하나의 문자열 셀을 만들고, 이때 문자열 끝에 붙은 공백과 빈 문자열을 제거하지만 문자열 셀 끝에 붙은 공백은 남긴다.

몇 가지 예를 들면 다음과 같다.

```
>> s1 = ['Asian', {'Countries'}]  % 문자열과 문자열 셀의 수평결합, 1 x 2 문자열
셀 배열이 됨
s1 =
  1×2 cell 배열
    {'Asian'}    {'Countries'}
>> s2 = [{'Asian'}, {'Countries'}]  % 두 문자열 셀의 수평결합, 1 x 2 문자열 셀
배열이 됨
```

```
s2 =
  1×2 cell 배열
    {'Asian'}    {'Countries'}
>> s3 = [{'Asian'}; {'Countries'}]  % 두 문자열 셀의 수직결합, 2 x 1 문자열 셀
배열이 됨
s3 =
  2×1 cell 배열
    {'Asian'    }
    {'Countries'}
>> s4 = strcat('Asian ', {'Countries'})  % 문자열과 문자열 셀의 수평결합, 문자
열 셀이 되고 끝의 공백이 제거됨
s4 =
  1×1 cell 배열
    {'AsianCountries'}
>> s5 = strcat({'Asian '}, {'Countries'})  % 두 문자열 셀의 수평결합, 문자열
셀이 되고 끝의 공백이 유지됨
s5 =
  1×1 cell 배열
    {'Asian Countries'}
```

3.6 구조체

셀과 마찬가지로 구조체(Structure)도 하나의 변수명에 이질적인 데이터를 저장할 수 있는 데이터형 중의 하나이다. 다시 말하면 연관성이 있는 여러 가지 데이터형을 그룹으로 묶어서 마치 하나의 변수처럼 다룰 수 있게 해준다. 예를 들면 학생정보시스템에는 성명(문자열), 나이(정수), 성별(문자), 성적(정수 배열), 성적평균(실수) 등이 포함될 수 있고 서로 데이터형이 달라도 묶어서 다루게 되면 편리할 때가 많다.

구조체는 필드(Field)라 불리우는 데이터 용기로 구성되며, 각 필드는 MATLAB 데이터형의 스칼라, 배열, 문자열, 셀 혹은 구조체 자체를 담을 수 있다. 구조체를 선언할 때 각 필드에 이름, 즉 필드명(Field name)을 지정할 수 있다.

3.6.1 구조체의 생성

구조체를 생성하는 방법으로는 두 가지가 있다. 하나는 점연산자(.)를 써서 필드에 데이터

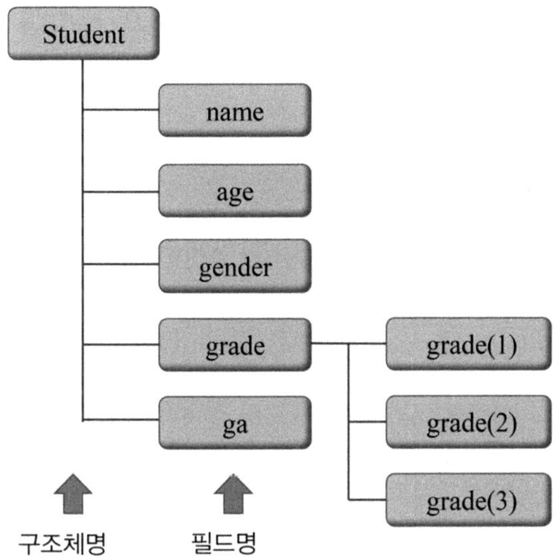

그림 3.3 구조체 student

를 직접 할당하는 방법이고, 다른 하나는 구조체 내장함수를 호출해서 생성하는 방법이다. 점연산자를 써서 생성할 때는 구조체명(Structure name) 다음에 '.'를 붙이고 그다음에 필드명을 두어 마치 일반 변수에 값을 할당하듯이 쓰면 된다.

- structname.fieldname = value

구조체명과 필드명을 정할 때 변수의 규칙을 따라야 하고, 될 수 있는 대로 다른 변수나 필드명을 쓰지 않도록 해야 한다. 예로 들어 먼저 5개의 필드로 구성되는 간단한 구조체를 생성해보자.

```
>> student.name = '나승리';
>> student.age = 21;
>> student.gender = 'M';
>> student.grade = [86, 75, 80];
>> student.ga = 80.33
student =
  다음 필드를 포함한 struct:
     name: '나승리'
```

```
     age: 21
  gender: 'M'
   grade: [86 75 80]
      ga: 80.3300
```

첫 줄을 입력할 때 해당 구조체가 존재하지 않으면 MATLAB은 구조체 student와 필드명 name을 만들고 '나승리'를 할당하게 된다. 다음 네 문장을 입력하면 age, gender, grade, ga 필드명이 순차적으로 만들어지고 여기에 각각 21, 'M', [86 75 80]과 80.33이 할당된다. grade는 정수 배열이고 편의상 세 개의 성적만 입력하였다. 의도적으로 다섯 번째 문장의 끝에 ';'을 생략했기 때문에 입력했던 결과가 명령창에 나타나는 것을 볼 수 있다.

한편 구조체 내장함수를 써서 생성하는 경우에는 struct를 쓰고 소괄호 안에 필드명, 콤마, 데이터 순으로 나열하는 방식으로 선언하면 된다.

- structname = struct(fieldname1, value1, fieldname2, value2)

사용 예는 다음과 같다. 이렇게 해도 위와 같은 구조체가 만들어진다.

```
>> student = struct('name', '나승리', 'age', 21, 'gender', 'M', 'grade',
[86, 75, 80], 'ga', 80.33);
```

구조체 또한 다른 데이터형과 마찬가지로 배열로 표시할 수 있다. 첫 번째 방법은 구조체명 다음에 배열 순위를 의미하는 (1), (2), … 등을 두어 생성하는 것이고, 두 번째 방법은 필드 다음에 배열 개수만큼 중괄호 { } 내에 순서대로 데이터를 입력하여 생성하는 것이다. 첫 번째 방법으로 두 개의 원소를 가지는 구조체 배열을 생성한 예는 다음과 같다.

```
>> student(1).name = '나승리'; student(1).age = 21; student(1).gender = 'M';
>> student(1).grade = [86, 75, 80]; student(1).ga = 80.33;
>> student(2).name = '박초롱'; student(2).age =  22; student(2).gender = 'F';
>> student(2).grade = [82, 90, 85]; student(2).ga = 85.67;
```

두 번째 방법인 struct 함수를 써서 생성한 예는 다음과 같다.

```
>> student = struct('name', {'나승리', '박초롱'}, 'age', {21, 22},
'gender', {'M', 'F'}, ...
     'grade', {[86, 75, 80], [82, 90, 85]}, 'ga', {80.33, 85.67});
```

다음 그림은 구조체 배열을 도식화한 것이다.

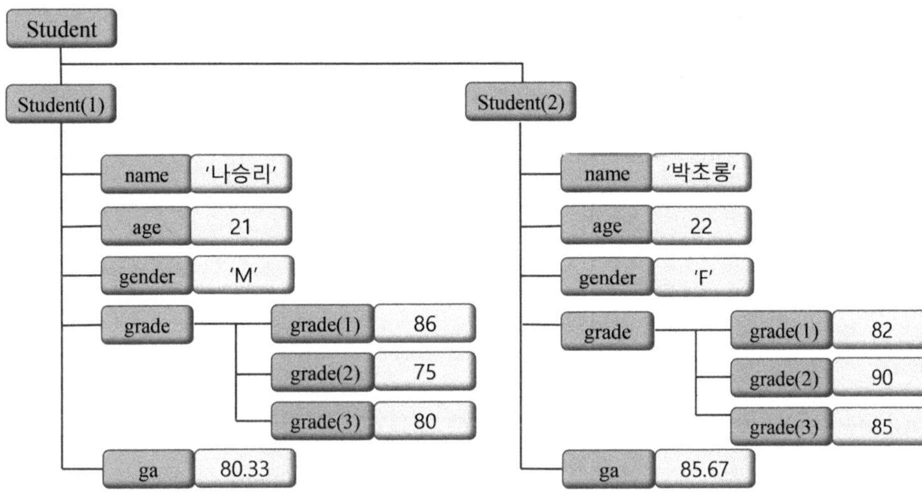

그림 3.4 구조체 배열 student

만약 구조체에 정의된 필드명의 리스트를 모두 보고 싶으면 함수 fieldnames를 사용하든지 아니면 구조체명을 직접 입력하면 된다.

- fieldnames(structname)

예를 들면 다음과 같다.

```
>> student = struct('name', {'나승리', '박초롱'}, 'age', {21, 22},
'gender', {'M', 'F'}, ...
'grade', {[86, 75, 80], [82, 90, 85]}, 'ga', {80.33, 85.67});  % 구조체
배열 student의 선언
>> fieldnames(student)  % 함수로 필드명 리스트 출력
ans =
```

```
  5×1 cell 배열
    {'name'  }
    {'age'   }
    {'gender'}
    {'grade' }
    {'ga'    }
>> student  % 구조체명으로 필드명 리스트 출력
student =
  다음 필드를 포함한 1×2 struct 배열:
    name
    age
    gender
    grade
    ga
```

3.6.2 구조체 필드의 추가 및 삭제

이미 만들어진 구조체에 새로운 필드를 추가하거나 기존의 필드를 삭제하는 것도 가능하다. 추가할 때는 점연산자와 새로운 필드명을 쓰든지 혹은 setfield 함수를 쓰면 되고, 삭제할 때는 rmfield 함수를 쓰면 된다. 만약 새로 입력한 필드명이 이미 구조체 안에 존재하면 값만 변경된다.

- structname.newfield = value   % 새로운 필드를 추가한다.
- structname = setfield(structname, 'newfield', value)   % 새로운 필드를 추가한다.
- structname = rmfield(structname, 'field')   % 필드를 삭제한다.

구조체에 새로운 필드 bloodtype을 추가한 다음 다시 삭제해보자.

```
>> student = struct('name', '나승리', 'age', 21, 'gender', 'M', 'grade',
[86, 75, 80], 'ga', 80.33);
>> student.bloodtype = 'O'  % 필드 bloodtype을 추가
student =
  다음 필드를 포함한 struct:
          name: '나승리'
```

```
          age: 21
       gender: 'M'
        grade: [86 75 80]
           ga: 80.3300
    bloodtype: 'O'
>> student = rmfield(student, 'bloodtype')  % 필드 bloodtype을 삭제
student =
  다음 필드를 포함한 struct:
      name: '나승리'
       age: 21
    gender: 'M'
     grade: [86 75 80]
        ga: 80.3300
```

두 번째 명령문은 student = setfield(student, 'bloodtype', 'O')를 입력한 것과 같다.

3.6.3 구조체의 참조

구조체 배열에서 데이터를 읽거나 또 갱신할 때는 구조체 배열과 필드에 저장된 어떤 배열의 원소를 참조할 필요가 있다. 이때는 다음과 같은 방법으로 참조하면 된다.

- structname.fieldname(rf, cf) % 필드만 배열인 경우 사용한다.
- structname(rs, cs).fieldname(rf, cf) % 구조체와 필드가 모두 배열인 경우에 사용한다.

여기에서 rs와 cs는 각각 구조체 배열의 행과 열을, rf와 cf는 각각 필드에 저장된 데이터 배열의 행과 열을 의미한다.

구조체 배열을 참조하는 예는 다음과 같다.

```
>> student = struct('name', {'나승리', '박초롱'}, 'age', {21, 22},
'gender', {'M', 'F'}, 'grade', ...
{[86, 75, 80], [82, 90, 85]}, 'ga', {80.33, 85.67}); % 구조체 student의
선언
```

```
>> student(1).name
ans =
   '나승리'
>> student(1).ga
ans =
  80.3300
>> student(2).age
ans =
   22
>> student(2).grade(1:3)
ans =
   82   90   85
```

3.6.4 구조체의 데이터 수정

구조체의 데이터를 수정할 때는 앞서 다룬 참조를 통해서 가능하다. 예를 들면 다음과 같다.

```
>> student = struct('name', {'나승리', '박초롱'}, 'age', {21, 22},
'gender', {'M', 'F'}, ...
'grade', {[86, 75, 80], [82, 90, 85]}, 'ga', {80.33, 85.67});  % 구조체
student의 선언
>> student(2).age = 21;  % 22살을 21살로 수정
>> student.age
ans =
   21
ans =
   21
>> student(1).grade(1) = 85;  % 86점을 85점으로 수정
>> student(1).grade
ans =
   85   75   80
>> student(1).ga = 80;  % 성적평균 80.33점을 80점으로 수정
>> student(1).ga
ans =
   80
```

예제 3.4 예제 3.3에서 다루었던 TourA와 TourB를 구조체 배열로 만들고 참조해보아라.

풀이 작성한 구조체와 몇 가지 참조 예는 아래와 같다.

```
>> tour(1).tourName = 'tourA';
>> tour(1).tourCity = [{'Seoul <-> Beijing'}, {'Beijing <->
Singapore'}, {'Singapore <-> Seoul'}];
>> tour(1).flightDistance = [954, 4483, 4682];
>> tour(1).flightTime = [2.33, 6.01, 6.5];
>> tour(2).tourName = 'tourB';
>> tour(2).tourCity = [{'Los Angeles <-> Las Vegas'}, {'Las Vegas
<-> San Francisco'}, {'San Francisco <-> Los Angeles'}];
>> tour(2).flightDistance = [369, 671, 560];
>> tour(2).flightTime = [1.17, 1.50, 1.42];
>> tour(1).tourCity  % TourA의 방문도시 참조
ans =
  1×3 cell 배열
    {'Seoul <-> Beijing'}    {'Beijing <-> Singapore'}
    {'Singapore <-> Seoul'}
>> tour(1).flightDistance(2)  % TourA의 Beijing-Singapore간 비행거리 참조
ans =
        4483
>> tour(2).flightTime  % TourB의 비행시간 참조
ans =
    1.1700    1.5000    1.4200
```

3.6.5 구조체의 사용 예

다음은 유전알고리즘(Genetic algorithm: GA)을 구조체로 구현한 프로그램 일부이다. InitPara, InitPop, EvalObj와 RwSel은 부함수이고 `prog3_2.m`은 이들을 호출해서 결과를 얻는 스크립트이다. InitPara는 내부에서 구조체 para를 생성해서 되돌리는 함수이고 여기에는 5개의 필드(rseed, popsize, lvar, xlb, xub)가 정의된다. GA가 필요로 하는 파라미터들을 여기서 설정한다.

Function file: InitPara.m

```
%% Program InitPara.m
% GA 알고리즘을 위한 초기 파라미터의 값을 설정한다.
% Setups the initial parameters of a GA
function para = InitPara
para.rseed = 1166;  % 초기 seed 값
para.popsize = 6;  % 집단의 크기(편의상 작은 값을 선택)
para.lvar = 3;  % 변수의 개수
para.xlb = -3*ones(1,para.lvar);  % 변수의 하한값, 즉 [-3 -3 -3]
para.xub = 3*ones(1,para.lvar);  % 변수의 상한값, 즉 [3 3 3]
```

InitPop는 앞에서 정의된 구조체 para를 입력받아 para.popsize×para.lvar 행렬, 즉 초기집단을 만들어 주는 함수이다. 먼저 난수발생기를 초기화하고 −3 ~ 3 사이의 균등분포 난수를 만들어 pop에 저장해 준다. pop의 각 행의 세 원소에는 변수 x1, x2, x3의 값이 저장된다.

Function file: InitPop.m

```
%% Program InitPop.m
% 초기 집단을 생성한다.
% Creates an initial population randomly
function pop= InitPop(para)
rand('seed', para.rseed);
for i=1 : para.popsize
    pop(i, :) = para.xlb + (para.xub - para.xlb) .* rand(1, para.lvar);
end
```

EvalObj는 행렬 pop을 입력받아 목적함수 J를 계산하고 되돌려주는 함수이다. 목적함수 계산에 배열 연산이 사용된다. pop의 행의 수가 para.popsize이므로 계산된 결과도 para.popsize×1 벡터가 된다.

$$J = f(x_1, x_2, x_3) = 28 - x_1^2 - x_2^2 - x_3^2 \tag{3.2}$$

Function file: EvalObj.m

```
%% Program EvalObj.m
% 목적함수 값을 계산한다.
% Evaluates the objective function values
function objfunc= EvalObj(pop)
x1 = pop(:, 1);
x2 = pop(:, 2);
x3 = pop(:, 3);
objfunc= 28 - x1.^2 - x2.^2 - x3.^2;
```

함수 RwSel은 환경에 대한 적응력이 높은 생물일수록 오래 살아남는다는 찰스 다윈의 적자생존을 모방해서 프로그래밍한 것이다. 현재 집단에서 적합도(Fitness)가 큰 개체들이 다음 세대에서 더 많이 살아남도록 RwSel은 pop, fitness, para를 입력받아 선택확률에 따라 개체들을 선택하고 새로운 집단 newpop을 구성해준다.

$$P_{sel} = \frac{f_i}{\sum_{i=1}^{popsize} f_i} \tag{3.3}$$

여기서 P_{sel}은 선택확률, f_i는 i번째 개체의 목적함수로부터 계산된 적합도, popsize는 집단의 크기를 의미한다.

Function file: RwSel.m

```
%% Program RwSsel.m
% 적자 생존 모방 프로그램 : 선택 확률에 따라 개체를 선택, 새로운 집단을 구성한다.
% Performs the roulette wheel selection
function newpop = RwSel(pop, fitness, para)
fitsum = sum(fitness);  % 적합도의 합을 계산
psel = fitness/fitsum;  % 선택확률을 계산
cumpsel = cumsum(psel);  % 누적 선택확률을 계산
for i= 1 : para.popsize
    k= 1;
    test= rand;
    while(test > cumpsel(k))
        k= k+1;
```

```
    end
    newpop(i, :) = pop(k, :);
end
```

앞서 살펴본 4개의 부함수들을 호출하여 의미 있는 계산을 하기 위한 스크립트와 실행 결과는 다음과 같다. MATLAB으로 작성된 전체 GA프로그램은 참고문헌 [3]을 참고 바란다.

Script file: prog3_2.m

```
%% Program prog3_2.m
% GA 알고리즘 통합 프로그램
% Calls the four subfunctions
para = InitPara
pop = InitPop(para)
objfunc = EvalObj(pop)
fitness = objfunc;
pop = RwSel(pop, fitness, para)
```

```
>> prog3_2
para =
  다음 필드를 포함한 struct:
      rseed: 1166
    popsize: 6
       lvar: 3
        xlb: [-3 -3 -3]
        xub: [3 3 3]
pop =
   -2.6891    2.5443    0.3660
    1.9400    0.9626    2.8094
   -1.6862   -2.7196    0.2933
   -1.7359   -2.7160    0.6335
    2.8800    2.9774    0.3531
    0.3654   -2.5399    1.2874
objfunc =
   14.1613
```

```
   15.4169
   17.6745
   17.2090
   10.7160
   19.7578
pop =
    2.8800    2.9774    0.3531
    0.3654   -2.5399    1.2874
    2.8800    2.9774    0.3531
   -1.6862   -2.7196    0.2933
   -2.6891    2.5443    0.3660
   -1.6862   -2.7196    0.2933
```

연습문제

01 다음 보기들이 변수로 적절한지 확인하고, 그렇지 못하다면 그 이유를 밝혀라.

(1) MyDog	(2) _Xvalue	(3) 2Toss	(4) q value	(5) if
(6) (test)	(7) r123	(8) w"g	(9) x-y	(10) inf
(11) y#	(12) 677	(13) km/hr	(14) y.x	(15) Current temp

02 다음 복소수를 입력하여라.

(1) z = −2j (2) q = 3.2 + i5.7

03 다음 배열을 입력하여라.

(1) $A = \begin{bmatrix} 2 & 7 \\ 0 & 9 \\ -1 & 2 \\ 3 & 1 \end{bmatrix}$ (2) $v = \begin{bmatrix} 21.2 \\ -0.8 \\ 4.7 \\ 10.9 \end{bmatrix}$

04 $0 \sim 2\pi$ 사이에 일정한 간격 $\pi/20$을 가지는 열벡터 y를 생성하여라.

05 linspace를 사용하여 $0 \sim 2\pi$ 사이에 일정한 간격을 가지면서 크기가 200인 열벡터 x를 생성하여라.

06 zeros, ones, diag 또는 eye 함수를 이용하여 다음 배열을 만들어라.

(1) $A = \begin{bmatrix} 1 & 2 & 4 \\ 1 & 2 & 4 \\ 1 & 2 & 4 \\ 1 & 2 & 4 \\ 1 & 2 & 4 \end{bmatrix}$ (2) $B = \begin{bmatrix} 1 & 0 & 0 & 0 \\ 0 & 2 & 0 & 0 \\ 0 & 0 & 3 & 0 \\ 0 & 0 & 0 & 4 \end{bmatrix}$

(3) $C = \begin{bmatrix} 3 & 0 & 0 & 6 \\ 0 & 4 & 0 & 6 \\ 0 & 0 & -1 & 6 \end{bmatrix}$　　　(4) $D = \begin{bmatrix} 0 & 7 & 0 & 0 \\ 0 & 0 & 7 & 0 \\ 0 & 0 & 0 & 7 \\ 0 & 0 & 0 & 0 \end{bmatrix}$

07 reshape 함수를 사용하여 다음 행렬을 6×1 벡터로 변환하여라.

$$C = \begin{bmatrix} 1 & 3 & 5 \\ 2 & 4 & 6 \end{bmatrix}$$

08 다음 1×7 벡터에서 원소 8, 12을 제거하여 1×5 벡터로 만들어라.

$$y = [2 \quad 4 \quad 6 \quad 8 \quad 10 \quad 12 \quad 14]$$

09 두 배열 $A = [3 \quad 4 \quad 5 \quad 6]$과 $B = [1 \quad 2 \quad 3 \quad 4]$를 입력하고 $[A \ B]$와 $[A;B]$를 구하여라.

10 다음 행렬 A와 벡터 b를 결합해서 행렬 $[A|b]$를 만들어라.

$$A = \begin{bmatrix} 6 & 4 \\ 7 & 0 \end{bmatrix}, \ b = \begin{bmatrix} 3 \\ 1 \end{bmatrix}$$

11 다음 두 행렬이 주어질 때

$$A = \begin{bmatrix} 4 & 2 \\ 6 & 3 \end{bmatrix}, \quad B = \begin{bmatrix} 2 & 2 \\ 7 & 7 \end{bmatrix}$$

(1) 행렬 $D = \begin{bmatrix} B & A \\ I & 0 \end{bmatrix}$를 생성하여라.

(2) 행렬 $E = \begin{bmatrix} A & 0 \\ 0 & B \end{bmatrix}$를 생성하고 행과 열의 수를 구하여라.

12 0과 π 사이에 등간격 $\pi/30$로 x 값을 취할 때 원소의 개수를 구하라. 또 x와 차원이 같으면서 모든 원소가 1인 벡터 y를 만들어라.

13 다음 행렬에 대하여

$$A = \begin{bmatrix} 1 & 3 & 4 & 1 & -1 & 6 \\ 1 & 2 & 4 & 2 & 0 & 9 \\ 1 & 1 & 4 & 3 & 6 & 0 \\ 1 & 0 & 4 & 4 & 7 & 7 \end{bmatrix}$$

(1) 둘째 열을 선택하여 v에 저장하여라.

(2) 마지막 열을 선택하여 w에 저장하여라.

(3) 세째 행과 넷째 행을 선택하여 B에 저장하여라.

(4) 마지막 행을 삭제한 3×6 행렬을 만들어라.

(5) end를 사용하여 네 코너의 원소 값을 B에 저장하여라.

(6) nnz와 numel을 사용하여 1보다 큰 값을 갖는 원소의 비율을 구하여라.

14 시간, 분, 초를 의미하는 세 변수 hr, min, sec와 값이 각각 12, 34, 25이다. 이를 사용하여 구조체 MyTime을 만들어라.

CHAPTER 4

산술 연산과 문자 연산

이 장은 MATLAB의 산술 연산과 문자 연산 그리고 기본적인 함수의 사용법에 대해 설명한다.

4.1 기본 연산

MATLAB은 선형대수에서 다루는 기본연산 외에 배열 연산이라는 특수 연산을 할 수 있도록 설계되었다. 기본연산에는 덧셈과 뺄셈 연산자(+, −) 외에 표준 연산자(*, /, \, ·)가 사용되지만, 배열 연산에는 특수 연산자(.*, ./, .\, .·)가 사용된다. 이 절에서는 두 가지 형태의 산술 연산에 대해 살펴본다. 스칼라 간의 연산은 여러 컴퓨터 언어를 통해 많이 접해보았을 것으로 생각되어 배열(벡터, 행렬) 간의 연산을 주로 살펴보기로 한다.

MATLAB에서 채용하는 기본적인 산술 연산자(Arithmetical operator)는 다음과 같다.

- \+ 덧셈(Addition)
- − 뺄셈(Subtraction)
- * 곱셈(Multiplication)
- / 오른쪽 나눗셈(Right division)
- \ 왼쪽 나눗셈(Left division)
- ^ 거듭제곱(Power)

4.1.1 덧셈과 뺄셈 연산

동일 차원의 두 배열간의 합과 차 연산은 각 대응되는 원소 간의 합과 차 연산을 수행하게 된다. 벡터는 행렬의 부분집합이므로 여기서는 행렬을 위주로 예를 들어 살펴본다. 일례로 3×3 행렬 A, B가 주어질 때

$$A = \begin{bmatrix} a_{11} & a_{12} & a_{13} \\ a_{21} & a_{22} & a_{23} \\ a_{31} & a_{32} & a_{33} \end{bmatrix}, \quad B = \begin{bmatrix} b_{11} & b_{12} & b_{13} \\ b_{21} & b_{22} & b_{23} \\ b_{31} & b_{32} & b_{33} \end{bmatrix}$$

이들의 합 $C = A + B$와 차 $D = A - B$는 다음과 같이 연산된다.

$$C = A + B = \begin{bmatrix} a_{11}+b_{11} & a_{12}+b_{12} & a_{13}+b_{13} \\ a_{21}+b_{21} & a_{22}+b_{22} & a_{23}+b_{23} \\ a_{31}+b_{31} & a_{32}+b_{32} & a_{33}+b_{33} \end{bmatrix} \tag{4.1a}$$

$$D = A - B = \begin{bmatrix} a_{11}-b_{11} & a_{12}-b_{12} & a_{13}-b_{13} \\ a_{21}-b_{21} & a_{22}-b_{22} & a_{23}-b_{23} \\ a_{31}-b_{31} & a_{32}-b_{32} & a_{33}-b_{33} \end{bmatrix} \tag{4.1b}$$

간단한 예를 들어 살펴보자.

```
>> x = [1 2 3]; y= [-1 5 2];  % 벡터 x, y의 정의
>> z = x - y
z =
    2   -3    1
>> A = [1 2; 3 4]; B = [1 1; 0 1];  % 행렬 A, B의 정의
>> C = A + B
C =
    2    3
    3    5
```

특별한 목적으로 MATLAB은 배열과 스칼라 간의 합과 차 연산도 가능하도록 설계해 놓고 있는데, 이 경우에는 배열의 각 원소에 스칼라 값을 더하거나 빼준다.

$$C = A + b = \begin{bmatrix} a_{11}+b & a_{12}+b & a_{13}+b \\ a_{21}+b & a_{22}+b & a_{23}+b \\ a_{31}+b & a_{32}+b & a_{33}+b \end{bmatrix} \tag{4.2a}$$

$$D = A - b = \begin{bmatrix} a_{11}-b & a_{12}-b & a_{13}-b \\ a_{21}-b & a_{22}-b & a_{23}-b \\ a_{31}-b & a_{32}-b & a_{33}-b \end{bmatrix} \quad (4.2b)$$

예를 들면 다음과 같다.

```
>> x = [4  5  9];  % 벡터 x의 정의
>> y = 5 - x  % 스칼라 5에 벡터 x의 각 원소를 빼줌
y =
     1     0    -4
>> B = [1 1; 0 1];  % 행렬 B의 정의
>> D = B + 20 % 행렬 B의 각 원소에 스칼라 20을 더함
D =
    21    21
    20    21
```

4.1.2 곱셈 연산

두 배열 간의 곱셈은 선형대수 법칙에 따라 연산해 준다. 예로 3×2 행렬 A와 2×2 행렬 B가 주어질 때

$$A = \begin{bmatrix} a_{11} & a_{12} \\ a_{21} & a_{22} \\ a_{31} & a_{32} \end{bmatrix}, \ B = \begin{bmatrix} b_{11} & b_{12} \\ b_{21} & b_{22} \end{bmatrix}$$

곱 $C = AB$는 다음과 같이 연산된다.

$$C = AB = \begin{bmatrix} a_{11}b_{11} + a_{12}b_{21} & a_{11}b_{12} + a_{12}b_{22} \\ a_{21}b_{11} + a_{22}b_{21} & a_{21}b_{12} + a_{22}b_{22} \\ a_{31}b_{11} + a_{32}b_{21} & a_{31}b_{12} + a_{32}b_{22} \end{bmatrix} \quad (4.3)$$

곱 연산 시 A의 행의 길이와 B의 열의 길이가 같아야 한다. 한편 스칼라 b와 행렬 A의 곱 D는 다음과 같이 연산된다.

$$D = bA = \begin{bmatrix} ba_{11} & ba_{12} \\ ba_{21} & ba_{22} \\ ba_{31} & ba_{32} \end{bmatrix} \quad (4.4)$$

몇 가지 예를 들면 다음과 같다.

```
>> A = [1 2 3; 4 5 6], B = [1 0; 2 1; 5 0], x = [1 4]  % 행렬 A, B와 벡터 x의 정의
A =
     1     2     3
     4     5     6
B =
     1     0
     2     1
     5     0
x =
     1     4
>> C = A * B
C =
    20     2
    44     5
>> D = 2 * C
D =
    40     4
    88    10
>> y = x * A
y =
    17    22    27
```

4.1.3 나눗셈 연산

MATLAB은 선형대수 법칙에 따라 왼쪽 나눗셈(\)과 오른쪽 나눗셈(/) 두 가지 형태의 나눗셈 연산을 해주는 연산자를 제공한다. 만약 행렬 A가 정칙행렬(Nonsingular matrix)이면 왼쪽 나눗셈은 선형방정식 $\mathbf{Ax} = \mathrm{b}$의 해 x를, 오른쪽 나눗셈은 $\mathbf{xA} = \mathrm{b}$의 해 x를 구하기 위해 사용된다. 두 나눗셈 연산은 가우스 소거법을 기반으로 하고 있다.

$$\mathrm{x} = \mathrm{A} \backslash \mathrm{b} \tag{4.5a}$$

$$\mathrm{x} = \mathrm{b}/\mathrm{A} \tag{4.5b}$$

예로 다음 선형방정식의 해를 구해본다.

$$\begin{aligned} 3x_1 + x_2 + 2x_3 &= 0 \\ x_1 + 2x_2 \quad\quad &= 2 \\ 3x_3 &= 0 \end{aligned}$$

이는 다음 행렬 방정식으로 표시할 수 있고

$$\begin{bmatrix} 3 & 1 & 2 \\ 1 & 2 & 0 \\ 0 & 0 & 3 \end{bmatrix} \begin{bmatrix} x_1 \\ x_2 \\ x_3 \end{bmatrix} = \begin{bmatrix} 0 \\ 2 \\ 0 \end{bmatrix} \text{ 또는 } \mathbf{Ax} = \mathbf{b}$$

양변을 전치시키면 다음 식으로도 표시할 수 있다.

$$\begin{bmatrix} x_1 & x_2 & x_3 \end{bmatrix} \begin{bmatrix} 3 & 1 & 0 \\ 1 & 2 & 0 \\ 2 & 0 & 3 \end{bmatrix} = \begin{bmatrix} 0 & 2 & 0 \end{bmatrix} \text{ 또는 } \mathbf{x}^T\mathbf{A}^T = \mathbf{b}^T$$

왼쪽 나눗셈과 오른쪽 나눗셈 연산을 적용하면 다음과 같이 해를 구할 수 있다.

```
>> A = [3 1 2; 1 2 0; 0 0 3], b = [0 2 0]'  % 행렬 A와 벡터 b의 정의
A =
     3     1     2
     1     2     0
     0     0     3
b =
     0
     2
     0
>> x = A \ b
x =
   -0.4000
    1.2000
         0
>> A = A'; b = b';  % xA= b 형식으로 변환함
>> x = b / A
x =
   -0.4000    1.2000         0
```

한편 스칼라 b와 행렬 **A**의 오른쪽 나눗셈 $\mathbf{C} = \mathrm{b}/\mathbf{A}$는 허용되지 않으나 $\mathbf{C} = \mathbf{A}/\mathrm{b}$ 또는 왼쪽 나눗셈 $\mathbf{D} = \mathrm{b}\backslash\mathbf{A}$는 다음과 같이 허용된다.

$$\mathbf{C} = \mathbf{A}/\mathrm{b} = \begin{bmatrix} a_{11}/b & a_{12}/b \\ a_{21}/b & a_{22}/b \\ a_{31}/b & a_{32}/b \end{bmatrix} \tag{4.6a}$$

$$\mathbf{D} = \mathrm{b}\backslash\mathbf{A} = \begin{bmatrix} b\backslash a_{11} & b\backslash a_{12} \\ b\backslash a_{21} & b\backslash a_{22} \\ b\backslash a_{31} & b\backslash a_{32} \end{bmatrix} \tag{4.6b}$$

예를 들면 다음과 같다.

```
>> A = [1 2; 3 4];   % 행렬 A의 정의
>> b = 2;  % 벡터 b의 정의
>> C = A / b
C =
    0.5000    1.0000
    1.5000    2.0000
>> D = b \ A
D =
    0.5000    1.0000
    1.5000    2.0000
>> b / A
다음 사용 중 오류가 발생함:  /
행렬의 차원이 일치해야 합니다.
```

4.2 배열 연산

4.2.1 배열 연산자

원소별 연산(Element-by-element operation) 또는 배열 연산은 MATLAB의 필요에 의해 만든 고급 연산으로써 같은 차원의 배열과 배열 간 혹은 배열과 스칼라 간에만 허용된다. 배열과 배열 간의 배열 연산은 같은 위치에 있는 원소끼리 수행되며, 배열과 스칼라 간의 배열 연산은 모든 원소와 스칼라 간에 수행된다. MATLAB에서 배열 연산을 쓰면 프로그

램이 간결해지고 또 연산시간도 단축되는 잇점이 있어 이후로 많이 활용될 것이다. 배열 연산자는 '.'를 기본 연산자 앞에 붙여서 표시하며 다음 연산을 수행해준다.

- .*   배열 곱셈(Element-by-element product)
- ./   배열 오른쪽 나눗셈(Element-by-element right division)
- .\   배열 왼쪽 나눗셈(Element-by-element left division)
- .^   배열 거듭제곱(Element-by-element power)

특히 합(+)과 차(−)는 배열 연산을 수행해주는 연산자이므로 굳이 '.'를 붙일 필요는 없다.

4.2.2 행렬과 행렬 간의 배열 연산

일례로 3×3 행렬 A, B가 주어질 때

$$A = \begin{bmatrix} a_{11} & a_{12} & a_{13} \\ a_{21} & a_{22} & a_{23} \\ a_{31} & a_{32} & a_{33} \end{bmatrix}, \quad B = \begin{bmatrix} b_{11} & b_{12} & b_{13} \\ b_{21} & b_{22} & b_{23} \\ b_{31} & b_{32} & b_{33} \end{bmatrix}$$

배열 곱셈, 배열 오른쪽 나눗셈, 배열 왼쪽 나눗셈, 배열 거듭제곱은 다음과 같이 수행된다.

$$C = A\,.{*}B = \begin{bmatrix} a_{11}b_{11} & a_{12}b_{12} & a_{13}b_{13} \\ a_{21}b_{21} & a_{22}b_{22} & a_{23}b_{23} \\ a_{31}b_{31} & a_{32}b_{32} & a_{33}b_{33} \end{bmatrix} \tag{4.7}$$

$$D = A\,./B = \begin{bmatrix} a_{11}/b_{11} & a_{12}/b_{12} & a_{13}/b_{13} \\ a_{21}/b_{21} & a_{22}/b_{22} & a_{23}/b_{23} \\ a_{31}/b_{31} & a_{32}/b_{32} & a_{33}/b_{33} \end{bmatrix} \tag{4.8}$$

$$E = A\,.\backslash B = \begin{bmatrix} a_{11}\backslash b_{11} & a_{12}\backslash b_{12} & a_{13}\backslash b_{13} \\ a_{21}\backslash b_{21} & a_{22}\backslash b_{22} & a_{23}\backslash b_{23} \\ a_{31}\backslash b_{31} & a_{32}\backslash b_{32} & a_{33}\backslash b_{33} \end{bmatrix} \tag{4.9}$$

$$F = A\,.\hat{}\,n = \begin{bmatrix} a_{11}^n & a_{12}^n & a_{13}^n \\ a_{21}^n & a_{22}^n & a_{23}^n \\ a_{31}^n & a_{32}^n & a_{33}^n \end{bmatrix} \tag{4.10}$$

4.2.3 스칼라와 행렬 간의 배열 연산

스칼라 b와 행렬 A간의 배열 오른쪽 나눗셈, 배열 왼쪽 나눗셈, 배열 거듭제곱은 다음과 같이 수행된다.

$$B = b\,./A = \begin{bmatrix} b/a_{11} & b/a_{12} & b/a_{13} \\ b/a_{21} & b/a_{22} & b/a_{23} \\ b/a_{31} & b/a_{32} & b/a_{33} \end{bmatrix} \tag{4.11}$$

$$C = b\,.\backslash A = \begin{bmatrix} b\backslash a_{11} & b\backslash a_{12} & b\backslash a_{13} \\ b\backslash a_{21} & b\backslash a_{22} & b\backslash a_{23} \\ b\backslash a_{31} & b\backslash a_{32} & b\backslash a_{33} \end{bmatrix} \tag{4.12}$$

$$D = b.\hat{}\,A = \begin{bmatrix} b^{a_{11}} & b^{a_{12}} & b^{a_{13}} \\ b^{a_{21}} & b^{a_{22}} & b^{a_{23}} \\ b^{a_{31}} & b^{a_{32}} & b^{a_{33}} \end{bmatrix} \tag{4.13}$$

다음 예는 세 벡터 x, y, z가 주어질 때 벡터와 스칼라와의 합, 두 벡터의 배열 곱셈, 벡터의 배열 세제곱의 연산을 보여준다.

```
>> x = [2 3 4]; y = [1 2 3]; z = [4 1 2];
>> p = x+10  % 벡터 x의 각 원소에 10을 더하고 p에 저장
p =
    12    13    14
>> q = x .* y  % 벡터 x, y의 배열 곱셈을 하고 q에 저장
q =
     2     6    12
>> r = z.^3  % 배열 세제곱하고 r에 저장
r =
    64     1     8
```

잘 알 수 있듯이 이들의 연산 결과는 모두 x, y, z와 같은 차원의 벡터가 된다. 하지만 다음과 같이 x와 y의 직접 곱은 선형대수에서도 MATLAB에서도 허용되지 않는다.

```
>> x = [2 3 4]; y = [1 2 3];
>> p = x * y
다음 사용 중 오류가 발생함:  *
행렬 곱셈의 차원이 잘못되었습니다. 첫 번째 행렬의 열 개수가 두 번째 행렬의 행 개수와 일
치하는지 확인하십시오. 요소별 곱셈 연산을 수행하려면 '.*'를 사용하십시오.
```

다음은 x=1, 2, 5일 때 $y = x^2 + 1$과 $z = 1/(x^2 + 1)$의 값을 배열 연산으로 계산하는 예를 보여준다. 벡터 x가 정의되면 먼저 x.^2=[1 4 25]가 계산되고 다음 벡터 [1 4 25]와 스칼라 1과의 덧셈으로부터 y=[2 5 26]을 얻는다. 한편 z도 x.*x =[1 4 25]가 계산되고 스칼라 1과의 덧셈으로 x.*x+1=[2 5 26]이 계산되면 마지막으로 z = 1./(x.*x+1) =[1/2 1/5 1/26]을 얻는다. 이때 x.*x와 x.^2는 같은 결과를 준다. 또 마지막 문장과 같이 스칼라 1과 벡터의 대수적 나눗셈은 허용되지 않는다. 사용자들이 자주 범하게 되는 문법오류 중 하나이다.

```
>> x = [1 2 5];
>> y = x .^2 + 1
y =
     2     5    26
>> z = 1 ./ (x .* x + 1)
z =
    0.5000    0.2000    0.0385
>> z = 1 / (x .* x + 1)  % 스칼라 1과 벡터의 나눗셈은 허용되지 않음
다음 사용 중 오류가 발생함:  /
행렬의 차원이 일치해야 합니다.
```

또 행렬 A와 B의 배열 곱셈과 배열 오른쪽 나눗셈 결과도 같은 차원의 행렬이 된다.

```
>> A = [1 2; 3 4], B = [4 3; 2 1]  % 행렬 A, B의 정의
A =
     1     2
     3     4
B =
     4     3
     2     1
>> C = A * B  % 대수적 곱셈
```

```
C =
     8     5
    20    13
>> D = A .* B  % 배열 곱셈, 대수적 곱셈 C= AB와는 다름
D =
     4     6
     6     4
>> E = A ./ B  % 배열 오른쪽 나눗셈, 대수적 오른쪽 나눗셈 A/B와는 다름
E =
    0.2500    0.6667
    1.5000    4.0000
```

앞의 문장에서 볼 수 있듯이 A와 B의 차원이 같으면 대수적 곱셈 A*B가 허용되지만 이 결과는 배열 곱셈 A.*B와는 다름에 유의하라.

한편 스칼라 b와 행렬 A와의 배열 연산 예는 다음과 같다.

```
>> b = 4; A = [1 2; 3 4];
>> C = b ./ A  % 스칼라와 행렬 간의 배열 오른쪽 나눗셈
C =
    4.0000    2.0000
    1.3333    1.0000
>> D = b .\ A  % 스칼라와 행렬 간의 배열 왼쪽 나눗셈
D =
    0.2500    0.5000
    0.7500    1.0000
>> E = b .^ A  % 스칼라와 행렬 간의 배열 거듭제곱
E =
     4    16
    64   256
>> F = A .^ b  % 대수적 거듭제곱 Ab와는 결과가 다름
F =
     1    16
    81   256
```

예제 4.1

$x = 0,\ 1,\ 2,\ 3$일 때 $y = e^{-x}\cos(x^3)$의 값을 계산해보아라.

풀이 이 예제는 각 x에서 y값을 구하는 것이 목적이므로 다음과 같이 개별적인 명령문을 또 5장에서 다룰 for-end 문을 쓰도 된다. 하지만 배열 연산에 비해 프로그램이 길어질 뿐만 아니라 연산시간도 더 걸리기 때문에 좋은 방법이라 할 수 없다.

```
>> x = 0; y(1) = exp(-x) * cos(x^3);
>> x = 1; y(2) = exp(-x) * cos(x^3);
>> x = 2; y(3) = exp(-x) * cos(x^3);
>> x = 3; y(4) = exp(-x) * cos(x^3);
>> y
y =
    1.0000    0.1988   -0.0197   -0.0145
```

다시 배열 연산을 적용해 본다. 먼저 x =[0 1 2 3]이 생성되면 연산 우선순위(5.1.3절 참조)에 따라 배열 세제곱 x.^3가 먼저 계산되고 그 결과 [0 1 8 27]을 얻는다. 다음 exp(−x)로부터 [1 0.3679 0.1353 0.0498]을 얻고 또 cos(x.^3)으로부터 [1 0.5403 −0.1455 −0.2921]을 얻으면 최종적으로 [1 0.3679 0.1353 0.0498]과 [1 0.5403 −0.1455 −0.2921] 간의 배열 곱셈을 통해 y를 구하게 된다.

```
>> x = [0 1 2 3];
>> y = exp(-x) .* cos(x.^3)
y =
    1.0000    0.1988   -0.0197   -0.0145
```

예제 4.2

다음 sinc 함수의 그래프를 그려보아라.

$$y = \sin(x)/x \quad (-3\pi \leq x \leq 3\pi) \tag{4.14}$$

풀이 벡터 x를 정의할 때 원소에 0이 포함되면 극한값 sin(0)/0을 계산할 수 없으므로 해결 방법은 x에 아주 작은 값 eps를 더한 다음 배열 나눗셈을 수행해 주면 된다.

```
>> x = -3*pi : pi/20 : 3*pi;  % 벡터 x의 생성 시 0이 포함될 수 있음
>> x = x + eps;  % 벡터 x와 스칼라 eps를 합산
>> y = sin(x) ./ x;  % 배열 연산을 수행
>> plot(x,y)  % x-y 그래프를 그려줌. plot 함수는 8장을 참조 바람
>> xlabel('x'), ylabel('sin(x)/x')
>> title('sin(x)/x 그래프')
```

그림 4.1은 위 명령문의 실행 결과이고 사용자 편의를 위해 따로 라벨을 추가하였다.

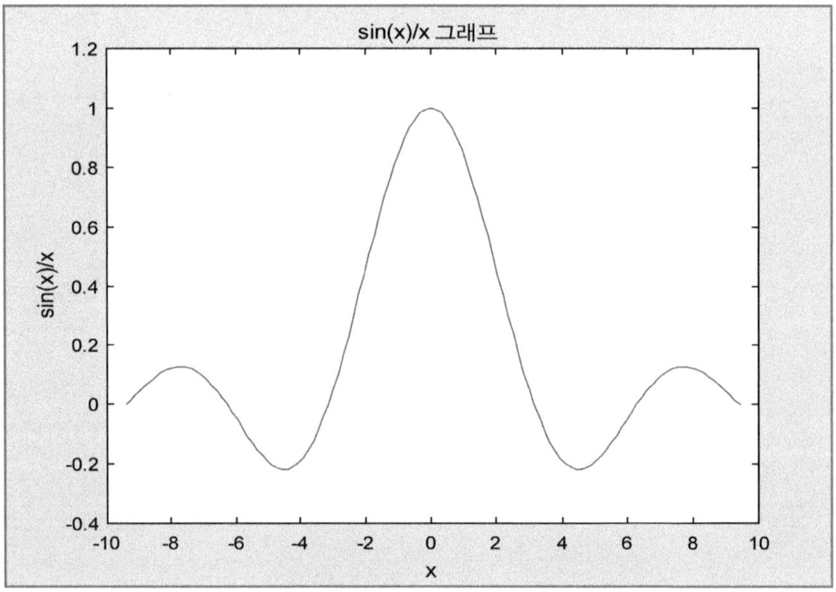

그림 4.1 sin(x)/x 그래프

예제 4.3 다음 두 함수의 그래프를 같은 축에 그려보아라.

$$y_1 = 1/(x^2+1) \tag{4.15a}$$

$$y_2 = x\exp(-x^2) \quad (-3 \leqq x \leqq 3) \tag{4.15b}$$

풀이 벡터 x가 생성되면 두 번째 문장의 y_1에는 x.^2, x.^2+1순으로 계산되고 최종적으로 1과 x.^2+1과의 배열 나눗셈이 수행된다. 세 번째 문장의

y_2에서도 x . ^2, exp(−x . ^2) 순으로 계산되면 마지막으로 x와 exp(−x . ^2) 간에 배열 곱셈이 수행된다.

```
>> x = -3 : 0.1 : 3;
>> y1 = 1 ./ (x.^2 + 1);
>> y2 = x .* exp(-x.^2);
>> plot(x, y1, x, y2, 'k--', 'Linewidth', 1)
>> xlabel('x'), ylabel('y_1 & y_2')
```

실행 결과로 다음 그래프를 얻는다.

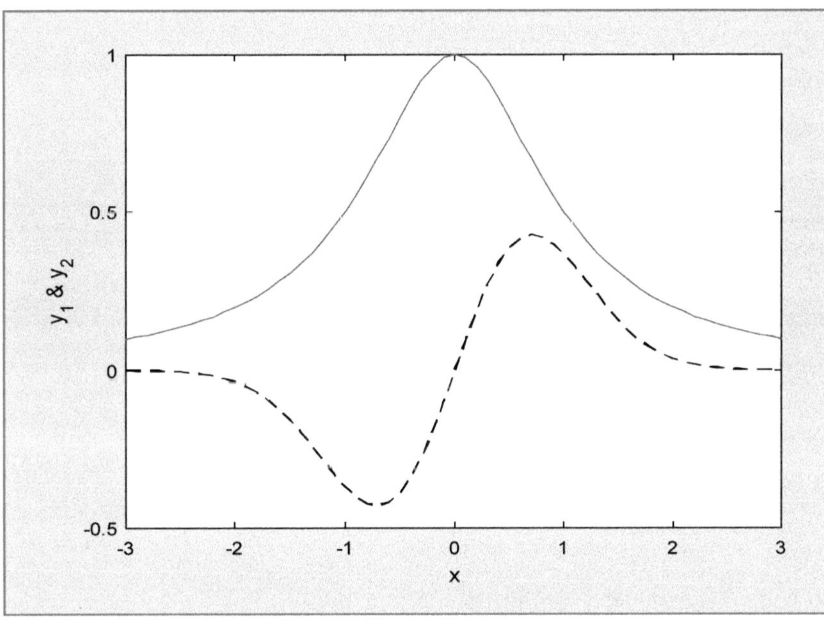

그림 4.2 y_1(실선), y_2(쇄선)의 그래프

4.3 내장함수

MATLAB은 다양한 학문분야에서 쓰이고 있는 많은 내장함수들을 만들어 제공하고 있는 것이 특징이다. 이 절에서는 자주 활용되는 내장함수들에 대해 알아보자. 전체 목록은 아래 help 명령어를 통해 살펴볼 수 있다.

- help elfun % 기본 수학 함수들을 보여준다.
- help elmat % 기본 행렬과 행렬 조작 함수들을 보여준다.
- help specfun % 특별한 수학 함수들을 보여준다.

특히 함수들은 다양한 형식으로 호출될 수 있으므로 자세한 사용법은 MATLAB 도움말과 사용 예를 참조 바란다.

4.3.1 삼각함수

삼각함수를 계산해주는 내장함수 중에서 자주 사용되는 것들만 예시하면 다음과 같다.

- sin(x) % sin(x)를 반환한다.
- cos(x) % cos(x)를 반환한다.
- tan(x) % tan(x)를 반환한다.
- asin(x) % $\sin^{-1}(x)$를 반환하며 $-1 \leqq x \leqq 1$에서 $-\pi/2 \leqq \mathrm{asin}(x) \leqq \pi/2$의 값을 갖는다.
- acos(x) % $\cos^{-1}(x)$를 반환하며 $-1 \leqq x \leqq 1$에서 $0 \leqq \mathrm{acos}(x) \leqq \pi$의 값을 갖는다.
- atan(x) % $\tan^{-1}(x)$를 반환하며 $-\infty \leqq x \leqq \infty$에서 $-\pi/2 \leqq \mathrm{atan}(x) \leqq \pi/2$의 값을 갖는다.
- atan2(y, x) % $\tan^{-1}(x)$를 반환하며 $-\pi \leqq \mathrm{atan2}(y, x) \leqq \pi$의 값을 갖는다.
- sinh(x) % sinh(x)를 반환한다.
- cosh(x) % cosh(x)를 반환한다.
- tanh(x) % tanh(x)를 반환한다.

이들의 단위는 라디안(Radian)이고, 각을 라디안으로 환산하려면 $\mathrm{rad} = \pi \cdot \mathrm{ang}/180$을, 반대로 라디안을 각으로 환산하려면 $\mathrm{ang} = 180 \cdot \mathrm{rad}/\pi$를 쓰면 된다. 2006a 버전부터 라디안이 아닌 각도 단위의 입력 변수를 직접 사용하는 함수들이 개발되어 현재 버전에는 내장 함수로 포함되어 있다. 사용법은 기존의 라디안 단위의 함수에 d를 붙이면 된다(예를 들어 sin 함수는 sind, cos 함수는 cosd, tan 함수는 tand, asin 함수는 asind 등). atan은 제1, 4 사분면에만, atan2는 모든 사분면에 적용할 수 있으나 주의할 점은 y값을 먼저, x값을 다음에 써주어야 한다는 것이다.

수식 $x = \tan(45^{\circ}) + \sin\left(\frac{\pi}{6}\right)$와 $y = \sin(2) + 3\cos(1.2)$의 계산은 다음과 같이 작성하면 된다.

```
>> x = tan(pi * 45 / 180) + sin(pi/6)
x =
   1.5000
>> y = sin(2) + 3 * cos(1.2)
y =
   1.9964
```

또는 x는 tand 함수를 이용할 수 있다.

```
>> x = tand(45) + sin(pi/6)
x =
   1.5000
```

또한 수식 $x = \cos(2\pi) + \sin^{-1}(0.5)$와 $y = \cosh(0.1) - \sinh(0.1)$의 계산은 다음과 같이 작성하면 된다.

```
>> x = cos(2*pi) + asin(0.5)
x =
   1.5236
>> y = cosh(0.1) - sinh(0.1)
y =
   0.9048
```

제1 사분면 상의 점 (2, 3)과 원점과 이루는 각을 계산할 때는 atan 또는 atand를 사용하면 된다.

```
>> ang_rad = atan(3/2)  % 라디안 단위
ang_rad =
   0.9828
```

```
>> ang_deg = ang_rad * 180 / pi  % 각 단위로 환산
ang_deg =
  56.3099
>> ang_deg = atand(3/2)   % 각 단위로 계산
ang_deg =
  56.3099
```

또 제2 사분면 상의 점 (−1, 1)과 원점과 이루는 각은 atan2 또는 atand를 써서 계산하면 된다. 다음 결과를 얻는다.

```
>> ang_rad = atan2(1, -1)         % 라디안 단위
ang_rad =
   2.3562
>> ang_deg = ang_rad * 180 / pi  % 각 단위로 환산
ang_deg =
  135
>> ang_deg = atan2d(1, -1)        % 각 단위로 계산
ang_deg =
  135
```

x = 1/5일 때 다음 값을 구해보자.

$$(1)\ \ p = \frac{\sinh(x)}{1+\cos(4x)} \tag{4.16a}$$

$$(2)\ \ \theta = 2x\cos^{-1}(x) \tag{4.16b}$$

$$(3)\ \ b = \frac{\cos x + 0.2}{x^2+2} \tag{4.16c}$$

```
>> x = 1/5;
>> p = sinh(x) / (1 + cos(4*x))
p =
   0.1187
>> th = 2 * x * acos(x)
th =
```

```
    0.5478
>> b = (cos(x) + 0.2) / (x^2 + 2)
b =
    0.5785
```

예제 4.4 $x=-1,\ 0,\ 1$일 때 식 4.16의 값을 배열 연산을 써서 구해보아라.

풀이 x를 벡터로 정의하고 배열 연산을 적용하면 다음 결과를 얻는다.

```
>> x = -1 : 1;
>> p = sinh(x) ./ (1 + cos(4*x))
p =
   -3.3930         0    3.3930
>> th = 2 * x .* acos(x)
th =
   -6.2832         0         0
>> b = (cos(x) + 0.2) ./ (x.^2 + 2)
b =
    0.2468    0.6000    0.2468
```

예제 4.5 $-5 \leq x \leq 5$ 범위에서 다음 함수의 그래프를 그려보아라.

$$f(x) = \frac{\sin x + 0.2}{x^2 + 2} \tag{4.17}$$

풀이 벡터 **x**를 생성하고 배열 연산으로 f(**x**)를 계산하고 그래프를 그리면 된다.

```
>> x = -5 : 0.02 : 5;
>> f = (sin(x) + 0.2) ./ (x.^2 + 2);
>> plot(x, f)
```

실행하면 다음 그래프를 얻는다.

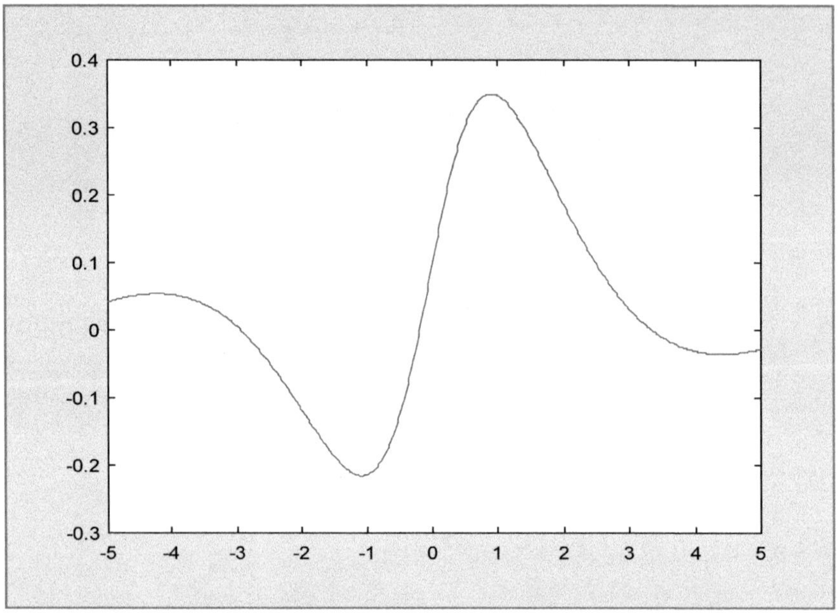

그림 4.3 f(x) 그래프

4.3.2 지수함수, 제곱근함수, 로그함수와 복소함수

지수, 제곱근과 로그 계산을 해주는 내장함수들은 다음과 같다.

- exp(x) % e^x 값을 반환한다.
- sqrt(x) % $\sqrt{x}$ 값을 반환한다.
- log(x) % $\ln(x)$ 값을 반환한다.
- log10(x) % $\log_{10}(x)$ 값을 반환한다.
- log2(x) % $\log_2(x)$ 값을 반환한다.
- nextpow2(x) % $2^n \geq |x|$를 만족하는 가장 작은 2의 제곱지수 n을 반환한다.

다음 수식 $y = \sqrt{14} + e^{-1} - \ln 5 + 3\log_{10} 6$을 계산하면 다음과 같다.

```
>> y = sqrt(14) + exp(-1) - log(5) + 3 * log10(6)
y =
    4.8346
```

$x = 5$, $y = 1$일 때 다음 값을 구해보자.

$$(1)\ \ q = \frac{1}{6}\ln\sqrt{\frac{2+x}{|0.5-x|}} \tag{4.18a}$$

$$(2)\ \ d = \log_2(10x^2+3) \tag{4.18b}$$

$$(3)\ \ w = \left(\frac{y}{24}\right)^3\sqrt{1+2\pi y} \tag{4.18c}$$

```
>> x - 5; y =1;
>> q = log(sqrt((2 + x) / abs(0.5 - x))) / 6
q =
    0.0368
>> d = log2(10 * x^2 + 3)
d =
    7.9830
>> w = (y / 24)^3 * sqrt(1 + 2*pi*y)
w =
   1.9522e-04
```

예제 4.6 $x = 4,\ 5.7,\ 6$이고 $y = 1,\ 1.2,\ 3$일 때 식 (4.18)의 값을 구해보아라.

풀이 배열 연산을 쓰면 쉽게 구할 수 있다.

```
>> x = [4, 5.7, 6]; y = [1, 1.2, 3];
>> q = log(sqrt((2 + x) ./ abs(0.5 - x))) / 6
q =
    0.0449    0.0327    0.0312
>> d = log2(10 * x.^2 + 3)
d =
    7.3487    8.3571    8.5038
>> w = (y/24).^3 .* sqrt(1 + 2*pi*y)
w =
    0.0002    0.0004    0.0087
```

다음은 2^n이 17 보다 큰, 즉 $\log_2(17)$ 보다 큰 최소의 지수 n을 계산해 준다.

```
>> n = nextpow2(17)
n =
     5
```

MATLAB에서 복소수를 다루는 내장함수들은 다음과 같다.

- abs(z) % $z = a + ib$의 절대값 $|z| = \sqrt{a^2 + b^2}$를 반환한다.
- angle(z) % z의 각 $\angle z = \tan^{-1}(b/a)$를 라디안 단위로 반환한다.
- conj(z) % 켤레(공액) 복소수를 반환한다.
- real(z) % z의 실수부 계수를 반환한다.
- imag(z) % z의 허수부 계수를 반환한다.

복소수 $y = e^{i2}$의 실수부와 허수부의 값을 구하면 아래와 같다.

```
>> y = exp(i*2);
>> real(y)
ans =
   -0.4161
>> imag(y)
ans =
    0.9093
```

예제 4.7 $s = j\omega$이고 $\omega = 0,\ 0.1,\ 1$일 때 다음 전달함수의 크기와 위상(°)을 구해보아라.

$$G(s) = \frac{5}{(1+s)(1+2s)} \tag{4.19}$$

풀이 벡터 ω를 정의해서 복소수 $s = j\omega$를 얻은 다음 전달함수에 대입하고 $G(j\omega)$의 크기와 위상을 구하면 된다. 함수 angle의 출력은 라디안 단위이므로 각으로 변환한다.

```
>> w = [0 0.1 1]; s = w * j
s =
   0.0000 + 0.0000i   0.0000 + 0.1000i   0.0000 + 1.0000i
>> gs = 5 ./ ((1 + s) .* (1 + 2*s))
gs =
   5.0000 + 0.0000i   4.6649 - 1.4280i  -0.5000 - 1.5000i
>> mag = abs(gs)  % 주파수 전달함수의 크기
mag =
    5.0000    4.8786    1.5811
>> pha = angle(gs) * 180/pi  % 주파수 전달함수의 위상(°)
pha =
         0  -17.0205 -108.4349
```

결과로부터 $\omega = 0.1$일 때의 크기와 위상은 각각 4.8786와 $-17.0205°$인 것을 알 수 있다.

4.3.3 수치함수

수를 처리해주는 내장함수는 다음과 같다.

- fix(x)　　% 소수부분을 절단한 정수를 반환한다.
- floor(x)　% x를 넘지 않는 가장 큰 정수를 반환한다.
- ceil(x)　　% x를 넘는 가장 작은 정수를 반환한다.
- round(x)　% x에 가까운 정수를 반환한다.
- rem(x, y)　% x를 y로 나눌 때 나머지를 반환한다. 만일 피제수가 제수보다 작으면 피제수를 반환한다.
- sign(x)　% 부호함수로서 x가 양이면 1, 음이면 −1, 0이면 0을 반환한다.

다음은 fix, floor, ceil, round, rem과 sign 함수의 사용 예를 보여준다.

```
>> x = [-1.234; 5.597]  % 벡터 x의 정의
x =
   -1.2340
    5.5970
>> [fix(x) floor(x) ceil(x) round(x)]
```

```
ans =
    -1    -2    -1    -1
     5     5     6     6
>> rem(2, 3)  % 2를 3으로 나눌 때 나머지를 반환
ans =
     2
>> rem(5, 2)  % 5를 2로 나눌 때 나머지를 반환
ans =
     1
>> sign(sin(3*pi))  % sin(3*pi)의 부호를 반환
ans =
     1
```

rem(2, 3)에서는 피제수 (2)가 제수 (3)보다 작아서 피제수 자신이 반환된다. 어떤 수가 짝수인지 홀수인지의 판단은 그 수를 2로 나누어 반환 값이 0이면 짝수, 1이면 홀수로 판정하면 된다.

```
>> x = 17;
>> rem(x, 2) == 0
ans =
  logical
   0
>> rem(x, 2) == 1
ans =
  logical
   1
```

특히 어떤 수를 소수 셋째 자리에서 반올림해서 둘째 자리까지만 표시하고 싶을 때는 다음과 같이 하면 된다.

```
>> x = 12.3652;
>> y = round(x * 100) / 100
y =
   12.3700
```

$x = \pi/4$일 때 식 $b = \dfrac{\cos x + 0.2}{\mathrm{sign}(\cos x + 0.2)}$의 값은 다음과 같이 구하면 된다.

```
>> x = pi/4;
>> b = (cos(x) + 0.2) / sign(cos(x) + 0.2)
b =
    0.9071
```

4.3.4 통계함수

MATLAB에서 처리할 수 있는 통계함수 중 자주 사용되는 함수는 다음과 같다.

- [v, n] = max(x) % x의 최대값 v와 원소의 위치(인덱스) n을 반환한다.
- [v, n] = min(x) % x의 최소값 v와 원소의 위치 n을 반환한다.
- sum(x) % 원소들의 합을 반환한다.
- cumsum(x) % 원소들의 누적합을 반환한다.
- prod(x) % 원소들의 곱을 반환한다.
- mean(x) % 평균값을 반환한다.
- std(x), std(x, 1) % 표준편차를 반환한다.
- median(x) % 중앙값을 반환한다.
- sort(x), sort(x, mode), sort(x, dim, mode) % 원소들을 정렬하고 반환한다.
- sortrows(x, col) % col에 지정된 열의 원소를 기준으로 행 전체를 정렬해서 반환 힌다.

사용 시 주위 사항은 다음과 같다:

- x가 벡터이면 모든 원소를 대상으로 해당 연산을 수행한 후 스칼라값을 반환한다.
- x가 행렬이면 각 열에 속한 모든 원소를 대상으로 해당 연산을 수행한 후 그 결과로 행벡터를 반환한다.
- mean(x)는 $\bar{\mathbf{x}}$를, std(x)는 σ_1를, std(x, 1)은 σ_2를 계산해 반환한다.

$$\bar{\mathbf{x}} = \frac{1}{N}\sum_{i=1}^{N} x_i \tag{4.20a}$$

$$\sigma_1 = \sqrt{\frac{1}{N-1}\sum_{i=1}^{N}\left(x_i - \bar{\mathbf{x}}\right)^2} \tag{4.20b}$$

$$\sigma_2 = \sqrt{\frac{1}{N}\sum_{i=1}^{N}\left(\mathrm{x_i} - \overline{\mathbf{x}}\right)^2} \tag{4.20c}$$

- sort에서 mode가 'ascend'이면 오름차순, 'descend'이면 내림차순으로 정렬해주고 기본값은 오름차순이며, dim이 1이면 열을 기준으로 2이면 행을 기준으로 정렬해준다.
- sortrows에서 col이 양이면 내림차순으로, 음이면 오름차순으로 정렬해준다.

예로 행벡터 x에 대하여 최대값, 최소값, 합, 곱, 평균값, 표준편차와 중앙값을 구하면 다음과 같다.

```
>> x = [2 3 9 4 1 6];  % 행 벡터 x의 정의
>> v = min(x)
v =
     1
>> [v, n] = max(x)  % 최대값과 그 위치를 찾아 반환
v =
     9
n =
     3
>> s = sum(x)
s =
    25
>> cs = cumsum(x)  % 원소들의 누적합을 구해 cs에 저장
cs =
     2     5    14    18    19    25
>> p = prod(x);  % 원소들의 곱
>> ave = mean(x);  % 평균값
>> dev = std(x);  % 표준편차, 식 (4.20b)를 사용
>> dev1 = std(x, 1);  % 표준편차, 식 (4.20c)를 사용
>> m = median(x);  % 중앙값
>> [p ave dev dev1 m]
ans =
   1.0e+03 *
    1.2960    0.0042    0.0029    0.0027    0.0035
```

예제 4.8

이산확률변수 X의 확률질량함수가 다음과 같이 주어진다. 분포함수 F(x)를 구해 $0 \leqq x \leqq 8$ 범위에서 계단 그래프를 그려보아라.

$$f(x) = \begin{cases} 0.1\ , & x = 0 \\ 0.25\ , & x = 2 \\ 0.38\ , & x = 4 \\ 0.27\ , & x = 6 \\ 0\ , & \text{elsewhere} \end{cases} \tag{4.21}$$

풀이 분포함수를 구하면 식 (4.22)와 같고, 다음은 cumsum으로 이를 구해 그려주는 스크립트이다. 함수 stairs는 8장에서 다룬다.

$$F(x) = \begin{cases} 0\ , & x < 0 \\ 0.1\ , & 0 \leq x < 2 \\ 0.35\ , & 2 \leq x < 4 \\ 0.73\ , & 4 \leq x < 6 \\ 1\ , & x \geq 6 \end{cases} \tag{4.22}$$

```
>> x = [0,2, 4, 6, 8];
>> fx = [0.1, 0.25, 0.38, 0.27, 0];
>> cfx = cumsum(fx);  % 벡터 fx의 누적합을 구한
>> stairs(x, cfx, 'k', 'linewidth', 1)
>> axis([0 8 0 1.5])
```

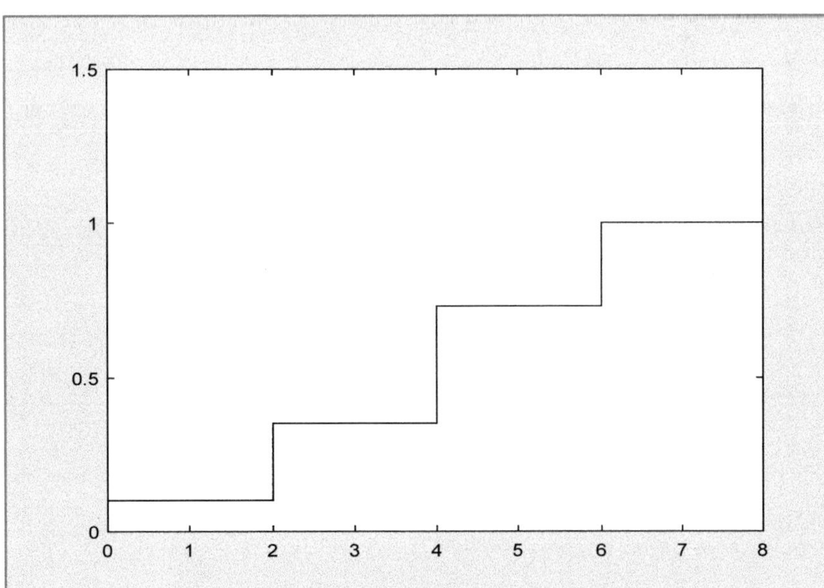

그림 4.4 분포함수 F(x)

예제 4.9 함수 sum을 써서 다음 수열의 합을 구하여라.

$$1\times 2+2\times 3+3\times 4+\cdots+30\times 31 \tag{4.23a}$$

$$\frac{1}{\sqrt{2}+\sqrt{3}}+\frac{1}{\sqrt{3}+\sqrt{4}}+\cdots+\frac{1}{\sqrt{48}+\sqrt{49}} \tag{4.23b}$$

풀이 식 (4.23a)의 일반항은 $a_n = n(n+1)$이고 합은 $\sum_{n=1}^{30} n(n+1)$으로 쓸 수 있고, 식 (4.23b)의 일반항은 $a_n = 1/(\sqrt{n}+\sqrt{n+1})$이고 합은 $\sum_{n=2}^{48} 1/(\sqrt{n}+\sqrt{n+1})$으로 쓸 수 있으므로 배열 연산과 함께 쓰면 쉽게 구할 수 있다.

```
>> n = 1 : 30;
>> sum(n .* (n + 1))  % 식 (4.23a)
ans =
       9920
>> n = 2 : 48;
>> sum(1 ./ (sqrt(n) + sqrt(n + 1)))  % 식 (4.23b)
ans =
    5.5858
```

한편 행렬 A의 최소값, 합, 평균값, 표준편차와 중앙값을 구하면 다음과 같다.

```
>> A = [1 3 2 0 6; 5 2 9 7 6; 3 3 4 9 1; 8 1 8 3 2]  % 행렬 A의 정의
A =
     1     3     2     0     6
     5     2     9     7     6
     3     3     4     9     1
     8     1     8     3     2
>> [v, n] = min(A)  % 각 열에서 최소값 v와 그 위치 n을 찾음
v =
     1     1     2     0     1
n =
     1     4     1     1     3
```

```
>> s = sum(A)  % 각 열을 합산하여 s에 저장
s =
   17     9    23    19    15
>> ave = mean(A)  % 각 열의 평균값을 구해 ave에 저장
ave =
   4.2500    2.2500    5.7500    4.7500    3.7500
>> dev = std(A)  % 각 열의 표준편차를 구해 dev에 저장
dev =
   2.9861    0.9574    3.3040    4.0311    2.6300
>> m = median(A)  % 각 열의 중앙값을 찾아 m에 저장
m =
   4.0000    2.5000    6.0000    5.0000    4.0000
>> max(A(:))  % A의 모든 원소 중에서 최대값
ans =
     9
>> min(A(:))  % A의 모든 원소 중에서 최소값
ans =
     0
```

앞서 사용한 행렬 A에 대하여 원소들을 정렬해보면 다음과 같다.

```
>> A = [1 3 2 0 6; 5 2 9 7 6; 3 3 4 9 1; 8 1 8 3 2]
A =
     1     3     2     0     6
     5     2     9     7     6
     3     3     4     9     1
     8     1     8     3     2
>> B = sort(A)  % 각 열을 기준으로 오름차순으로 정렬, sort(A, 1, 'ascend')와 같음
B =
     1     1     2     0     1
     3     2     4     3     2
     5     3     8     7     6
     8     3     9     9     6
>> C = sort(A, 2, 'descend')  % 각 행을 기준으로 내림차순으로 정렬(2는 행을 의미)
C =
     6     3     2     1     0
     9     7     6     5     2
     9     4     3     3     1
```

```
     8     8     3     2     1
>> D = sortrows(A, 4) % 4번째 열의 원소를 기준으로 행 전체를 오름차순으로 정렬
D =
     1     3     2     0     6
     8     1     8     3     2
     5     2     9     7     6
     3     3     4     9     1
>> D = sortrows(A, -4)  % 4번째 열의 원소를 기준으로 행 전체를 내림차순으로
정렬('-'가 내림차순을 의미)
D =
     3     3     4     9     1
     5     2     9     7     6
     8     1     8     3     2
     1     3     2     0     6
```

4.3.5 난수발생 함수

MATLAB에서 난수 발생과 관련 있는 함수는 다음과 같다.

- rand('seed', n) % 시드값을 n으로 설정하여 rand를 초기화한다. n은 0 또는 양의 정수이어야 한다.
- rand % [0, 1) 구간에서 균등하게 분포되는 난수를 하나 생성한다. 0은 포함되고, 1은 포함되지 않는다.
- rand(n), rand(n, n) % [0, 1) 구간에서 n×n 균등분포 난수 행렬을 생성한다.
- randn('seed', n) % 시드값을 n으로 설정하여 randn을 초기화한다. n은 0 또는 양의 정수이어야 한다.
- randn % 평균이 0이고 표준편차가 1인 정규분포 난수를 생성한다.
- randn(n), randn(n, n) % 평균이 0이고 표준편차가 1인 n×n 정규분포 난수 행렬을 생성한다.
- randi(nmax, m, n) % [1, nmax] 구간에서 균등하게 분포되는 m×n 정수 난수 행렬을 생성한다.
- randperm(n) % 1 ~ n 사이의 정수를 랜덤하게 배열해서 1×n 벡터로 반환한다.

몇 가지 예를 들면 다음과 같다.

```
>> A = rand(3)  % 3 x 3 균등분포 난수 행렬을 발생
A =
    0.8838    0.0198    0.9897
    0.7012    0.5642    0.5287
    0.3317    0.6879    0.6089
>> B = randn(1, 5)  % 1 x 5 정규분포 난수 행렬을 발생
B =
   -0.4326   -1.6656    0.1253    0.2877   -1.1465
>> rand('seed', 256)  % 시드값 256으로 rand 함수를 초기화
>> rand
ans =
    0.3047
```

rand나 randn과 같은 함수들은 사용하기 전에 사용자가 초기화하지 않으면 첫 호출 시 MATLAB에 의해 자동으로 초기화되고, 이후 프로그램을 반복하더라도 같은 순서의 난수가 발생하지 않는다. 이 때문에 초기화 하지 않은 난수 관련 프로그램은 독자들의 컴퓨터에서 실행한 결과와 다를 수 있다. 반복할 때마다 같은 순서의 난수를 얻고 싶으면 호출 전에 반드시 초기화해줄 필요가 있다. 다음 예를 통해 살펴보자.

함수 rand에 의해 만들어지는 난수는 [0, 1) 구간에 균등하게 분포되지만, 가끔 [a, b) 구간에 분포되는 난수를 필요로 할 때가 있다. 이때는 다음 식을 사용하면 된다.

$$(b-a) \cdot \text{rand} + a \tag{4.24}$$

그림 4.5는 변환 전후의 분포를 그래프적으로 보여준다.

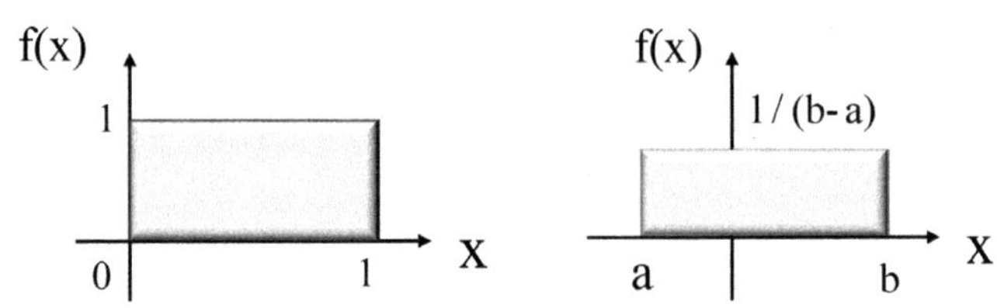

(a) 변환 전　　(b) 변환 후

그림 4.5 균등분포

예를 들어 −2와 2 사이에 분포되는 균등난수 행렬 2×5를 만들되 반복할 때마다 같은 순서의 난수를 얻으려면 초기화를 먼저 하면 된다. 두 번째 문장만 몇 번 반복해보고 또 두 문장을 연속해서 반복해본다.

```
>> rand('seed', 490)  % 시드값 490으로 rand 함수를 초기화
>> x = 4 * rand(2, 5) - 2
x =
   -0.6985    0.7749   -0.0048    1.2977    1.7357
    0.5482    0.2896    0.1010   -0.9540   -0.0884
```

만약 [a, b] 구간에 균등하게 분포되는 정수를 발생시키려면 b도 포함되어야 하므로 다음 식을 사용하면 된다.

$$\mathrm{fix}((\mathrm{b}-\mathrm{a}+1)\cdot \mathrm{rand})+\mathrm{a} \tag{4.25}$$

가령 주사위 1개를 10번 던져서 나타나는 눈의 수(1~6 사이의 정수)를 얻으려면 다음과 같이 하면 된다.

```
>> a = 1; b = 6;
>> n = fix((b-a+1) * rand(1, 10)) + a  % [1, 6] 구간에 균등 정수난수 10개를 발생
n =
     5     6     6     2     5     1     3     2     4     1
```

randn은 평균이 0이고 표준편차가 1인 정규난수를 생성한다. 예를 들어 2×5 정규난수 행렬을 생성하려면 다음과 같이 하면 된다.

```
>> randn(2, 5)
ans =
    1.1909   -0.0376    0.1746    0.7258    2.1832
    1.1892    0.3273   -0.1867   -0.5883   -0.1364
```

randn 또한 다음 식을 써서 평균이 m이고 표준편차가 σ인 정규난수로 변환할 수 있다.

$$\sigma \cdot \mathrm{randn}+\mathrm{m} \tag{4.26}$$

그림 4.6은 변환 전후의 분포를 그래프적으로 보여준다.

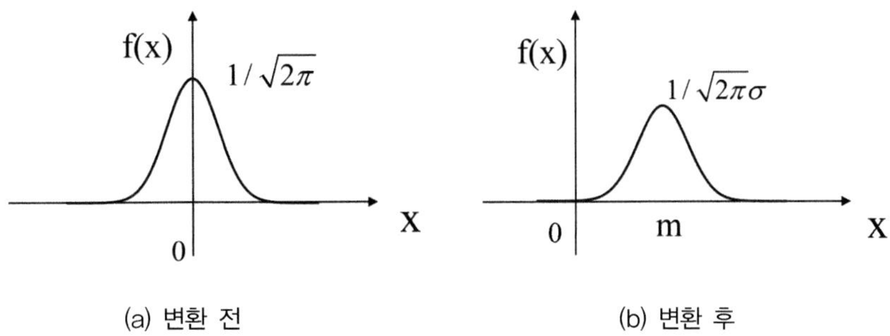

그림 4.6 정규분포

다음 예는 평균이 50이고 표준편차가 10인 정수형 정규난수 5개를 발생한다.

```
>> ave = 50; dev = 10;
>> y = round(dev * randn(1, 5)) + ave  % ave = 50, dev = 10인 정규분포 난수로 변환
y =
    53    37    57    66    43
```

예제 4.10 평균이 0이고 표준편차가 0.5인 1×200 정규난수 벡터와 [−1, 1) 구간에 분포되는 1×200 균등난수 벡터를 만들어 이들의 히스토그램을 그려라.

풀이 함수 hist와 subplot에 대한 사용은 8장을 참조하기 바란다.

```
>> ave = 0; dev = 0.5;
>> u = dev * randn(1, 200) + ave;
>> subplot(1, 2, 1), hist(u)
>> xlabel('(a) u')
>> a = -1; b = 1;
>> v = (b - a) * rand(1, 200) + a;
>> subplot(1, 2, 2), hist(v)
>> xlabel('(b) v')
```

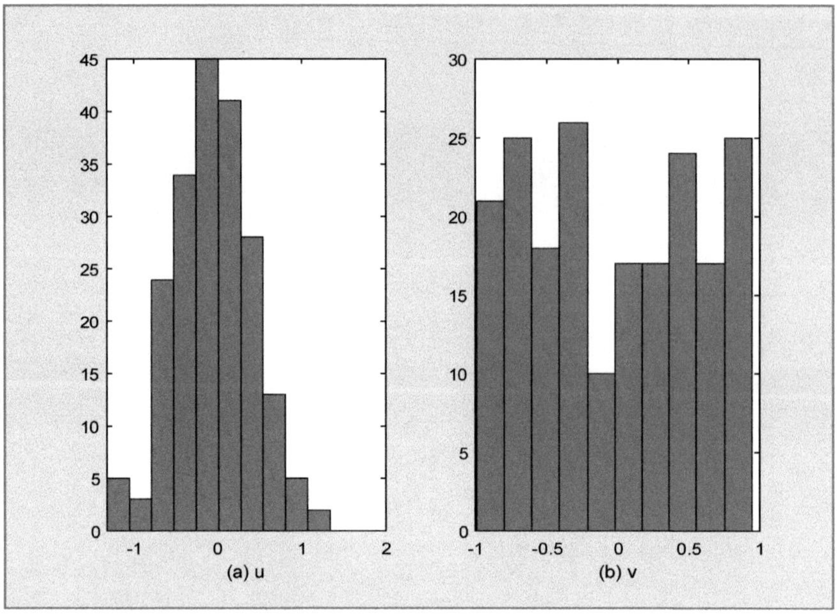

그림 4.7 u와 v의 히스토그램

한 예로 평균이 0이고 분산이 0.1^2인 정규 잡음을 200개 만들어 그리고 싶으면 다음과 같이 하면 된다.

```
>> n = 0.1 * randn(1, 200);
>> plot(n, 'k')
```

또 [1, 10] 구간에서 균등하게 분포되는 2×5 정수 난수 행렬을 만들거나, 1~10 사이의 정수를 랜덤하게 배열한 벡터를 만들고 싶으면 다음과 같이 하면 된다.

```
>> randi(10, 2, 5)
ans =
     4     4     5     7     4
     6     5     3     4     3
>> randperm(10)
ans =
     2     9     5     6     3     7     4     1    10     8
```

4.3.6 행렬함수

MATLAB에서 제공하는 행렬 연산 함수는 여러 가지가 있지만 그 중에서도 공학분야에서 자주 사용되는 몇 가지만 살펴보자.

4.3.6.1 고유값(Eigenvalue)과 고유벡터(Eigenvector)

정방행렬 $\mathbf{A} = \begin{bmatrix} a_{11} & a_{12} & \cdots & a_{1n} \\ a_{21} & a_{22} & \cdots & a_{2n} \\ \vdots & \vdots & & \vdots \\ a_{n1} & a_{n2} & \cdots & a_{nn} \end{bmatrix}$가 주어질 때 $\mathbf{Ax} = \lambda\mathbf{x}$를 만족하는 0이 아닌 벡터 $\mathbf{x}$가 존재하면 λ와 $\mathbf{x}$를 각각 행렬 $\mathbf{A}$의 고유값과 고유벡터라 하며, 고유값은

$$|\mathbf{A} - \lambda\mathbf{I}| = \begin{vmatrix} a_{11} - \lambda & a_{12} & \cdots & a_{1n} \\ a_{21} & a_{22} - \lambda & \cdots & a_{2n} \\ \vdots & \vdots & & \vdots \\ a_{n1} & a_{n2} & \cdots & a_{nn} - \lambda \end{vmatrix} = 0 \tag{4.27}$$

을 만족하는 해 $\lambda_i (i = 1,\ 2,\ \ldots,\ n)$가 되고, λ_i와 대응되는 고유벡터는 다음 식

$$(\mathbf{A} - \lambda_i\mathbf{I})\mathbf{x}_i = 0 \tag{4.28}$$

을 만족하는 $\mathbf{x}_i (i = 1,\ 2,\ \ldots,\ n)$가 된다.

MATLAB에서 행렬 $\mathbf{A}$의 고유값과 고유벡터를 구하는 함수는 다음과 같다.

- D = eig(A) % 행렬 A의 고유값을 반환한다. 행렬 D의 대각원소가 고유값이 된다.
- [V, D] = eig(A) % 행렬 A의 고유값을 담은 행렬 D와 고유벡터를 담은 행렬 V를 반환한다.

예제 4.11 행렬 $\mathbf{A} = \begin{bmatrix} 0 & 1 \\ -2 & -3 \end{bmatrix}$의 고유값과 고유벡터를 구하여라.

풀이 다음과 같이 구할 수 있다. 이 행렬의 고유값은 −1, −2이고 대응되는 고유벡터는 각각 $[0.7071\ \ -0.7071]^T$, $[-0.4472\ \ 0.8944]^T$가 된다.

```
>> A = [0 1; -2 -3];
>> [v, d] = eig(A)
v =
    0.7071   -0.4472
   -0.7071    0.8944
d =
    -1     0
     0    -2
```

4.3.6.2 trace

정방행렬 $\mathbf{A}$의 trace는 $\mathrm{tr}\mathbf{A}$로 표시하고 대각원소들의 합으로 정의된다.

$$\mathrm{tr}\mathbf{A} = a_{11} + a_{22} + \cdots + a_{nn} \tag{4.29}$$

행렬 $\mathbf{A}$의 trace를 구하는 함수는 다음과 같다.

- trace(A) % 행렬 A의 대각 원소의 합을 반환한다.

예제 4.12

행렬 $\mathrm{A} = \begin{bmatrix} 1 & 0 & 1 \\ 2 & 3 & 1 \\ 1 & 4 & 0 \end{bmatrix}$의 trace를 구하여라.

풀이 다음과 같이 구할 수 있다.

```
>> A = [1 0 1; 2 3 1; 1 4 0];
>> tr = trace(A)
tr =
     4
```

4.3.6.3 행렬식

정방행렬 $\mathbf{A}$의 행렬식은 $|\mathbf{A}|$ 또는 $\det\mathbf{A}$로 표시하고 다음과 같이 정의된다.

$$n = 1\text{이면 } |\mathbf{A}| = a_{11} \tag{4.30}$$

$$n = 2\text{이면 } |\mathbf{A}| = \begin{vmatrix} a_{11} & a_{12} \\ a_{21} & a_{22} \end{vmatrix} = a_{11}a_{22} - a_{12}a_{21} \tag{4.31}$$

$n \geqq 3$이면 라플라스 전개(Laplace expansion)를 이용해 구할 수 있다.

$$|\mathbf{A}| = \sum_{i=1}^{n} a_{ip} C_{ip} = \sum_{j=1}^{n} a_{qj} C_{qj} \tag{4.32}$$

여기서 p와 q는 1과 n 사이의 임의 열 또는 행이고 C_{ip}, C_{qj}는 여인수이다. 전개시 0이 많이 포함되어 있는 행 또는 열을 선택하면 계산이 쉬워진다.

MATLAB에서 정방행렬 A의 행렬식을 구하는 함수는 다음과 같다.

- det(A) % 행렬 A의 행렬식을 반환한다.

4.3.6.4 역행렬

정방행렬 **A**의 역행렬은 $\mathbf{A}^{-1}$로 표시하고 다음과 같이 구한다.

$$\mathbf{A}^{-1} = \text{adj } \mathbf{A}/|\mathbf{A}| \tag{4.33}$$

행렬 A의 역행렬을 구하는 함수는 다음과 같다.

- inv(A) % 행렬 A의 역행렬을 반환한다.

예제 4.13

행렬 $A = \begin{bmatrix} 1 & 0 & 1 \\ 2 & 3 & 1 \\ 1 & 4 & 0 \end{bmatrix}$의 행렬식과 역행렬을 구하여라.

풀이 다음과 같이 구할 수 있다.

```
>> A = [1 0 1; 2 3 1; 1 4 0];
>> d = det(A)
d =
     1
>> iv = inv(A)
iv =
    -4     4    -3
     1    -1     1
     5    -4     3
```

4.3.6.5 노름(Norm)

벡터 노름은 다음 조건을 만족하는 음이 아닌 실수값을 갖는 함수로 정의된다.

1. $\|\mathbf{x}\| \geqq 0, \forall \mathbf{x} \neq \mathbf{0}$이고 $\|\mathbf{x}\| = 0, \mathbf{x} = \mathbf{0}$
2. $\|\alpha \mathbf{x}\| = |\alpha| \cdot \|\mathbf{x}\|, \alpha \in \mathbf{R}$
3. $\|\mathbf{x}_1 + \mathbf{x}_2\| \leqq \|\mathbf{x}_1\| + \|\mathbf{x}_2\|$

위의 조건을 만족하는 함수는 모두 벡터 노름이 될 수 있으나 문헌에서 다음 세 가지가 자주 사용된다.

$$\|\mathbf{x}\|_1 = \sum_{i=1}^{n} |x_i| \tag{4.34}$$

$$\|\mathbf{x}\|_2 = \sqrt{\sum_{i=1}^{n} |x_i|^2} \tag{4.35}$$

$$\|\mathbf{x}\|_\infty = \max_{1 \le i \le n} |x_i| \tag{4.36}$$

행렬 노름은 벡터 노름을 통해서 간접적으로 구하기 때문에 유도된 노름이라 하며, 사용된 벡터 노름에 따라 행렬 노름의 결과도 달라진다. 만약 $\|\mathbf{x}\|_1$, $\|\mathbf{x}\|_2$, $\|\mathbf{x}\|_\infty$가 각각 사용되었다면 행렬 노름은 다음과 같이 정의된다.

$$\|\mathbf{A}\|_1 = \max_j \left(\sum_{i=1}^{n} |a_{ij}| \right) \tag{4.37}$$

$$\|\mathbf{A}\|_2 = \sqrt{\lambda_{max}(\mathbf{A}^T\mathbf{A})} = \max(\mathrm{svd}(\mathbf{A})) \tag{4.38}$$

$$\|\mathbf{A}\|_\infty = \max_i \left(\sum_{j=1}^{n} |a_{ij}| \right) \tag{4.39}$$

단, $\lambda_{max}(\mathbf{A}^T\mathbf{A})$는 $\mathbf{A}^T\mathbf{A}$의 고유값 중 가장 큰 것을 의미하며, svd는 특이값 분해 (singular valve decomposition)를 말한다.

MATLAB에서 벡터 또는 행렬 X의 노름을 구하는 함수는 다음과 같다.

- norm(X, 1) % X가 벡터이면 식 (4.34), 행렬이면 식 (4.37)의 노름을 반환한다.
- norm(X), norm(X, 2) % X가 벡터이면 식 (4.35), 행렬이면 식 (4.38)의 노름을 반환한다.
- norm(X, inf) % X가 벡터이면 식 (4.36), 행렬이면 식 (4.39)의 노름을 반환한다.

예제 4.14

벡터 $\mathbf{x} = \begin{bmatrix} 5 \\ -2 \\ 3 \end{bmatrix}$와 행렬 $\mathbf{A} = \begin{bmatrix} 5 & -7 & 4 \\ 0 & 9 & 8 \\ 3 & 6 & 0 \end{bmatrix}$의 노름을 구하여라.

풀이 다음과 같이 구할 수 있다.

```
>> x = [5; -2; 3]; A = [5 -7 4; 0 9 8; 3 6 0];  % 벡터 x와 행렬 A의 정의
>> norm(x, 1)
ans =
    10
>> norm(x)
ans =
    6.1644
>> norm(x, inf)
ans =
     5
>> norm(A, 1)
ans =
    22
>> norm(A)
ans =
```

```
   13.5997
>> norm(A, inf)
ans =
    17
```

4.3.7 희소행렬 함수

희소행렬(Sparse matrix)은 원소값이 대부분 0인 행렬을 말하며 스플라인 보간법, 편미분 방정식, 유한 요소법을 다룰 때 자주 나타난다. 실제 공학 문제를 다루다 보면 행렬의 원소가 수십만, 수백만이 되는 예도 있다. 차원이 대단히 큰 희소행렬을 직접 저장하면 메모리 리소스 사용이 매우 비효율적이게 되고 또 문제를 푸는데 거의 쓰이지 않는 0을 포함해서 계산하다 보면 연산시간이 엄청나게 늘어나게 된다. 이 때문에 0이 아닌 원소들만 압축(추려서 저장)해서 사용하면 메모리의 낭비와 불필요한 연산을 피할 수 있다.

테스트용으로 **A**, b의 차원이 각각 3000×3000, 3000×1이고 A의 원소 중에는 8,998개만 0이 아닌 **Ax**＝b 방정식을 만들었다. **A**를 그대로 저장하면 그 크기가 92 MB이지만, 압축한 **B**의 크기는 120 KB이었다. 또 **x**＝**A**\b로 해를 구하면 0.439초가 소요되지만, 압축한 것으로 **x**＝**B**\b하면 0.140 ms에 불과했다. 압축해서 푼 경우가 무려 3,134배나 빨랐고 메모리 사용공간도 약 770배나 줄일 수 있었다.

MATLAB에서 희소행렬을 다루는 함수의 형식은 다음과 같다.

- S = sparse(i, j, v, m, n) % 0이 아닌 원소들의 행과 열이 저장된 벡터 i, j와 0이 아닌 값들이 저장된 벡터 v를 가지고 m×n 희소행렬을 생성한다.
- S = sparse(i, j, v) % 0이 아닌 원소들의 행과 열이 저장된 벡터 i, j와 0이 아닌 값들이 저장된 벡터 v를 가지고 max(i)×max(j) 희소행렬을 생성한다.
- A = full(S) % 희소행렬을 완전행렬로 변환한다.

10×10 행렬 A의 두 원소 a_{22}, a_{77}가 각각 6, −2이고 나머지 원소들이 모두 0이면 다음과 같이 희소행렬을 만들 수 있다. 완전행렬로 보고 싶으면 full 함수를 사용하면 된다.

```
>> S = sparse([2 7], [2 7], [6 -2], 10, 10)   % a_22 = 6, a_77 = -2
```

```
S =
   (2,2)        6
   (7,7)       -2
>> A = full(S)
A =
     0     0     0     0     0     0     0     0     0     0
     0     6     0     0     0     0     0     0     0     0
     0     0     0     0     0     0     0     0     0     0
     0     0     0     0     0     0     0     0     0     0
     0     0     0     0     0     0     0     0     0     0
     0     0     0     0     0     0     0     0     0     0
     0     0     0     0     0     0    -2     0     0     0
     0     0     0     0     0     0     0     0     0     0
     0     0     0     0     0     0     0     0     0     0
     0     0     0     0     0     0     0     0     0     0
```

예로 5×5 행렬 B의 원소 중에 $b_{11}=2$, $b_{22}=3$, $b_{33}=4$, $b_{44}=5$, $b_{54}=1$, $b_{55}=6$이고 나머지는 모두 0이면 다음과 같이 희소행렬을 만들 수 있다.

```
>> index_i = [1 2 3 4 5 5];
>> index_j = [1 2 3 4 4 5];
>> v = [2 3 4 5 1 6];
>> S = sparse(index_i, index_j, v)  % m, n을 생략하면 max(i) x max(j)의 희
소행렬을 생성
S =
   (1,1)        2
   (2,2)        3
   (3,3)        4
   (4,4)        5
   (5,4)        1
   (5,5)        6
>> B = full(S)
B =
     2     0     0     0     0
     0     3     0     0     0
     0     0     4     0     0
     0     0     0     5     0
     0     0     0     1     6
```

또한 3중 대각행렬(Tridiagonal matrix)을 희소행렬로 변환해주는 함수는 다음과 같다.

- S = spdiags([L, D, U], p, m, n) % 3중 대각 원소들로 구성된 벡터 L, D, U를 가지고 m x n 희소행렬로 변환한다.

인수 중에 p는 벡터 **L D U**의 위치를 나타내며 아래 그림과 같이 **L**이 주대각 바로 아래의 위치면 −1, **D**가 주대각 위치면 0, **U**가 주대각 바로 위의 위치면 1을 의미한다. 만약 주대각 원소만 있으면 [**L D U**]를 D로, p를 0으로 쓰면 되고, 3중 대각 원소들로 구성된 벡터이면 p를 −1:1 또는 [−1,0,1]로 쓰면 된다.

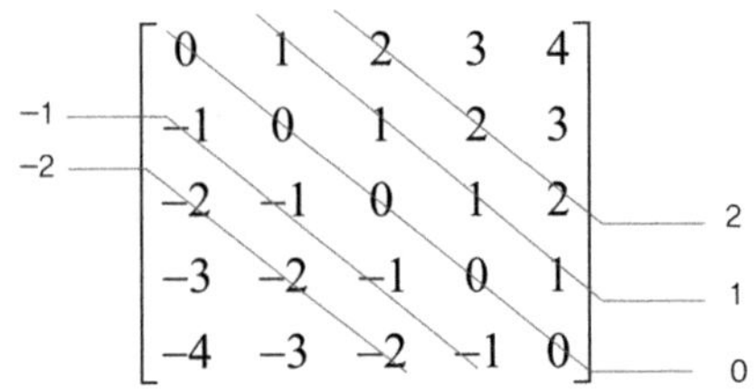

아래 대각행렬 A를 희소행렬로 변환해보자.

$$\mathbf{A} = \begin{bmatrix} 3 & 0 & 0 & 0 & 0 \\ 0 & 3 & 0 & 0 & 0 \\ 0 & 0 & 3 & 0 & 0 \\ 0 & 0 & 0 & 3 & 0 \\ 0 & 0 & 0 & 0 & 3 \end{bmatrix}$$

주대각에만 3이 들어 있어 첫 번째 인수 [**L D U**]는 $\mathbf{D} = [3\ 3\ 3\ 3\ 3]^{T}$를, 두 번째 인수로 0을, 마지막 두 인수로 행렬의 차원 5, 5를 입력하면 만들어진다.

```
>> D = 3 * ones(5, 1);
>> S = spdiags(D, 0, 5, 5)  % 5 x 5 희소행렬 생성
S =
   (1,1)        3
   (2,2)        3
   (3,3)        3
   (4,4)        3
   (5,5)        3
```

```
>> A = full(S)
A =
     3     0     0     0     0
     0     3     0     0     0
     0     0     3     0     0
     0     0     0     3     0
     0     0     0     0     3
```

다시 다음 행렬 A를 희소행렬로 변환해보자. 주대각과 주대각 바로 위의 원소들만 값이 있으므로 [L D U]는 [D U]로, p는 0:1로 쓰면 된다. 실제 U의 개수는 D보다 하나 작지만, 차원을 맞춰줄 필요가 있다.

$$A=\begin{bmatrix}1 & -1 & 0 & 0 & 0\\ 0 & 2 & -1 & 0 & 0\\ 0 & 0 & 3 & -1 & 0\\ 0 & 0 & 0 & 4 & -1\\ 0 & 0 & 0 & 0 & 5\end{bmatrix}$$

```
>> D = [1 2 3 4 5]'; U = [-1 -1 -1 -1 -1]';
>> S = spdiags([D U],0 : 1, 5, 5)  % 5 x 5 희소행렬 생성
S =
   (1,1)        1
   (1,2)       -1
   (2,2)        2
   (2,3)       -1
   (3,3)        3
   (3,4)       -1
   (4,4)        4
   (4,5)       -1
   (5,5)        5
>> A = full(S)
A =
     1    -1     0     0     0
     0     2    -1     0     0
     0     0     3    -1     0
     0     0     0     4    -1
     0     0     0     0     5
```

예제 4.16 다음 선형 방정식의 3중 대각행렬 **A**를 희소행렬로 표시한 다음 해를 구하여라.

$$\begin{bmatrix} 5 & 1 & 0 & 0 & 0 \\ 1 & 5 & 1 & 0 & 0 \\ 0 & 1 & 5 & 1 & 0 \\ 0 & 0 & 1 & 5 & 1 \\ 0 & 0 & 0 & 1 & 5 \end{bmatrix} \begin{bmatrix} x_1 \\ x_2 \\ x_3 \\ x_4 \\ x_5 \end{bmatrix} = \begin{bmatrix} 0 \\ 1 \\ -2 \\ 3 \\ 2 \end{bmatrix} \tag{4.40}$$

풀이 3중 대각 원소들이 일정한 패턴을 가지므로 모두 ones 함수를 써서 생성할 수 있다. **L**, **D**, **U**는 차원이 모두 같은 벡터로 입력하지만 위치가 −1:1이므로 아래 사각형 내의 원소들만 사용된다. 위치 벡터가 달라지면 사용되는 원소들도 달라짐에 유의한다. 자세한 것은 도움말창을 참조하기 바란다.

```
>> D = 5 * ones(5, 1); L = ones(5, 1); U = L; b = [0; 1; -2; 3; 2]
b =
     0
     1
    -2
     3
     2
>> V = [L D U]
V =
     1     5     1
     1     5     1
     1     5     1
     1     5     1
     1     5     1
>> S = spdiags(V, -1 : 1, 5, 5)  % 5 x 5 희소행렬 생성
S =
   (1,1)        5
   (2,1)        1
   (1,2)        1
   (2,2)        5
   (3,2)        1
   (2,3)        1
   (3,3)        5
```

```
   (4,3)        1
   (3,4)        1
   (4,4)        5
   (5,4)        1
   (4,5)        1
   (5,5)        5
>> full(S)  % 완전행렬을 보여줌
ans =
     5     1     0     0     0
     1     5     1     0     0
     0     1     5     1     0
     0     0     1     5     1
     0     0     0     1     5
>> x= S\b
x =
   -0.0667
    0.3333
   -0.6000
    0.6667
    0.2667
```

4.3.8 좌표변환 및 벡터 처리 함수

MATLAB에서 제공하는 좌표변환과 벡터의 외적(Cross product)과 내적(Scalar product)을 구하는 함수는 다음과 같다.

- [th, r] = cart2pol(x, y) % 직교좌표계의 (x, y)를 극좌표계의 (r, θ)로 변환한다. 이때 r은 원점으로부터의 반경, th(θ)는 라디안 단위의 각도이다.
- [x, y] = pol2cart(th, r) % 극좌표계의 (r, θ)를 직교좌표계의 (x, y)로 변환한다. 이때 th의 단위는 라디안이다.
- [x, y, z] = sph2cart(ax, el, r) % 구면좌표계를 직교좌표계로 변환한다. 방위각 az는 x축 양의 방향으로부터 반시계방향으로 측정된 라디안 단위의 각, 고각 el은 z축의 양의 방향으로부터 측정된 라디안 단위의 각, r은 원점으로부터의 거리이다.
- cross(x, y) % 두 3차원 벡터의 외적을 계산하고 반환한다.

- dot(x, y) % 두 벡터의 내적을 계산하고 반환한다.
- diff(X) % X가 벡터이면 $[x(2)-x(1)\ \ x(3)-x(2) \ldots x(n)-x(n-1)]$을 반환하고, 길이는 원래보다 하나 작아진다. X가 행렬이면 각 열마다 이웃한 원소 간의 차이를 반환하는 행렬이 되고 행의 수가 원래보다 하나 작아진다.

다음 예는 직교좌표계의 한 점 (−1, 1)을 극좌표계로 또 극좌표계의 $(1, \pi/4)$을 직교좌표계로 변환한 결과이다.

```
>> [th, r] = cart2pol(-1, 1)
th =
    2.3562
r =
    1.4142
>> [x, y] = pol2cart(pi/4, 1)
x =
    0.7071
y =
    0.7071
```

다음 예는 구면좌표계의 한 점$(\pi/4, \pi/4, 1)$를 직교좌표계로 변환한 결과이다.

```
>> [x, y, z] = sph2cart(pi/4, pi/4, 1)
x =
    0.5000
y =
    0.5000
z =
    0.7071
```

다음 예로 벡터 x =[2 1 0 −2 4 7]가 주어질 때 원소간의 차이를 구해본다.

```
>> x = [2, 1, 0, -2, 4, 7];
>> d = diff(x)
d =
    -1    -1    -2     6     3
```

예제 4.15 두 벡터 $\mathbf{u} = u_1\mathbf{i} + u_2\mathbf{j} + u_3\mathbf{k}$, $\mathbf{v} = v_1\mathbf{i} + v_2\mathbf{j} + v_3\mathbf{k}$의 외적은 다음 식으로 주어진다.

$$\mathbf{u} \times \mathbf{v} = \begin{vmatrix} \mathbf{i} & \mathbf{j} & \mathbf{k} \\ u_1 & u_2 & u_3 \\ v_1 & v_2 & v_3 \end{vmatrix} = (u_2v_3 - u_3v_2)\mathbf{i} + (u_3v_1 - u_1v_3)\mathbf{j} + (u_1v_2 - u_2v_1)\mathbf{k} \tag{4.41}$$

두 벡터 $\mathbf{u} = 2\mathbf{i} + 4\mathbf{k}, \mathbf{v} = -3\mathbf{i} + \mathbf{j} + 7\mathbf{k}$의 외적을 구하여라.

풀이 cross 함수를 사용하면 $\mathbf{u} \times \mathbf{v} = -4\mathbf{i} - 26\mathbf{j} + 2\mathbf{k}$를 얻는다.

```
>> u = [2, 0, 4]; v = [-3 , 1, 7];
>> w = cross(u, v)
w =
    -4   -26     2
```

4.3.9 다항식 계산 함수

다항식의 곱과 값을 계산해주는 내장함수는 다음과 같다.

- C = conv(A, B) % 두 다항식 벡터의 곱 (Convolution)을 반환한다.
- Y = polyval(P, X) % X에서 다항식 P(X)의 값을 반환한다.

두 다항식 $a(x) = 2x + 1$과 $b(x) = x^2 + 4$의 곱을 계산해본다.

```
>> a = [2 1];
>> b = [1 0 4];
>> c = conv(a, b)
c =
     2     1     8     4
```

이는 $c(x) = 2x^3 + x^2 + 8x + 4$를 의미한다. 세 다항식 $a(s) = s$, $b(s) = s^2 + s$, $c(s) = -s^3 + s - 1$의 곱을 구해 보자.

```
>> d = conv([1 0], [1 1 0]);  % d(s) = a(s)b(s)
>> f = conv(d, [-1 0 1 -1])  %f(s) = d(s)c(s)
f =
   -1    -1     1     0    -1     0     0
```

이 결과는 $f(s) = -s^6 - s^5 + s^4 - s^2$를 뜻한다.

$x = 2$와 $x = [-1 \ 0 \ 5]$에서 다항식 $f(x) = x^4 + 2x^3 - 3x^2 + 1$의 값을 계산해본다.

```
>> p = [1 2 -3 0 1]; x = 2;
>> f = polyval(p, x)
f =
   21
>> f = polyval(p, [-1, 0, 5])
f =
   -3     1   801
```

4.3.10 특수함수

MATLAB은 여러 가지 특수함수들을 계산할 수 있도록 내장함수를 만들어 제공하고 있다. 여기서는 3가지만 살펴보도록 한다.

- erf(x) % $\mathrm{erf}(x) = \frac{1}{\sqrt{\pi}} \int_0^x \exp(-t^2)dt,\ x > 0$을 계산하고 반환한다.
- beta(x, y) % $B(x, y) = \int_0^1 t^{x-1}(1-t)^{y-1}dt,\ x > 0,\ y > 0$을 계산하고 반환한다.
- gamma(x) % $\Gamma(x) = \int_0^\infty t^{x-1}e^{-t}dt$를 계산하고 반환한다.

예를 들면

```
>> erf(1)
ans =
```

```
    0.8427
>> beta(1, 2)
ans =
    0.5000
>> gamma(0.1)
ans =
    9.5135
```

4.3.11 문자열 처리 함수

MATLAB에서 제공하는 문자 데이터의 변환 함수는 다음과 같다.

- str = num2str(x) % 숫자 x를 문자열로 변환한다. x가 배열이면 str도 배열이 된다.
- str = num2str(x, 'format') % 지정된 형식 'format'으로 숫자 x를 문자열로 변환한다.
  형식 지정 format에 대한 상세한 것은 6.1.2절을 참조한다.
- x = str2num(str) % 문자열을 숫자 x로 변환한다. str이 배열이면 x도 배열이 된다.
- x = str2double(str) % 문자열을 배정도 숫자 x로 변환한다.

특히 num2str 함수는 수치를 문자열로 변환한 후 이를 그래프의 라벨이나 세목을 날 때 유용하게 사용된다. 다음 예를 참조한다.

```
>> s1 = 'Pai is ';
>> s2 = num2str(pi, '%4.2f');  % p를 소수 둘째 자리 고정소수점 문자열로 표시
>> s = [s1 s2]
s =
    'Pai is 3.14'
>> str ='12.763  35.17';
>> x = str2num(str)  % 문자열을 숫자로 변환
x =
   12.7630   35.1700
```

str2num 함수는 문자열에 공백이 포함되면 이를 정확하게 숫자로 표시 못할 수도 있어, 이때는 str2double 함수를 사용하면 문제가 해결된다.

```
>> x = str2num('1+2i')
x =
   1.0000 + 2.0000i
>> x = str2num('1 +2i')  % 1과 + 사이에 공백( )이 포함됨
x =
   1.0000 + 0.0000i   0.0000 + 2.0000i
>> x = str2double('1 +2i')  % 1과 + 사이에 공백( )이 포함됨
x =
   1.0000 + 2.0000i
```

문자열로부터 지정한 형식의 값을 읽는 함수는 다음과 같다.

- A = sscanf(str, format) % 문자열 str를 지정한 형식으로 변환한 후 반환한다.

다음 예는 공백으로 구분된 두 실수 문자열을 %f 형식으로 변환하고 이를 A에 저장해 준다. 그 결과는 실수 배열이 된다.

```
>> str = '12.6512  36.9982';
>> A = sscanf(str, '%f')
A =
   12.6512
   36.9982
```

문자열 내의 대소문자의 변환도 가능하면 이런 기능을 하는 함수로는 다음과 같은 것들이 있다.

- lstr = lower(str) % 문자열 내의 대문자를 소문자로 변환한다.
- ustr = upper(str) % 문자열 내의 소문자를 대문자로 변환한다.

문자열 내의 대소문자 변환 예는 다음과 같다.

```
>> str = 'Seoul is the Capital City of Korea';
```

```
>> ustr = upper(str)
ustr =
    'SEOUL IS THE CAPITAL CITY OF KOREA'
>> lstr = lower(str)
lstr =
    'seoul is the capital city of korea'
```

두 문자열 간의 비교와 문자열 내에 특정 문자 또는 문자열의 위치를 알려주는 함수는 다음과 같다.

- TF = strcmp(str1, str2) % 대소문자를 구별해서 두 문자열을 비교하여, 같으면 1을, 다르면 0을 반환한다.
- TF = strcmpi(str1, str2) % 대소문자 구별없이 두 문자열을 비교하고 같으면 1을, 다르면 0을 반환한다.
- k = strfind(str, substr) % 대소문자를 구별해서 문자열 내에 특정 문자열(substr)의 위치를 알려준다.
- substr = strtok(str, c) % 대소문자 구별없이 문자열 내에 특정 문자 (c)에 의해 구분되는 첫 토큰(Token)을 반환한다.

두 문자열을 비교하고 문자열 안에 특정 문자 또는 문자열의 위치를 알려주는 몇 가지 예를 들면 다음과 같다.

```
>> TF = strcmp('Korea', 'korea')
TF =
  logical
   0
>> TF = strcmpi('Korea', 'korea')
TF =
  logical
   1
>> str = 'User-defined function call';
>> p = strfind(str, 'u')
p =
    15
```

```
>> p = strfind(str, 'call')
p =
   23
>> str = 'This is an empty string';
>> p = strtok(str, 's')
p =
    'Thi'
>> p = strtok(str, 't')
p =
    'This is an emp'
```

문자열 내에 특정 문자의 포함 여부를 논리 벡터로 반환해 주는 함수는 다음과 같다.

- isletter(str) % 문자가 알파벳 글자이면 1, 아니면 0을 반환한다.
- isspace(str) % 문자가 공백이면 1, 아니면 0을 반환한다.
- isstrprop(str, c) % 문자가 지정한 범주 c에 속하면 1, 아니면 0을 반환한다. c가 'alpha'이면 알파벳 글자를, 'alphanum'이면 알파벳 글자와 숫자를, 'digit'이면 숫자를, 'punct'이면 마침표를 의미한다.

예를 들면 다음과 같다.

```
>> str = '23 ways to go.';
>> p = isletter(str)
p =
  1×14 logical 배열
   0   0   0   1   1   1   1   0   1   1   0   1   1   0
>> p = isspace(str)
p =
  1×14 logical 배열
   0   0   1   0   0   0   0   1   0   0   1   0   0   0
>> q = isstrprop(str, 'alphanum')
q =
  1×14 logical 배열
   1   1   0   1   1   1   1   0   1   1   0   1   1   0
>> q = isstrprop(str, 'digit')
```

```
q =
  1×14 logical 배열
   1   1   0   0   0   0   0   0   0   0   0   0   0   0
>> q = isstrprop(str, 'punct')
q =
  1×14 logical 배열
   0   0   0   0   0   0   0   0   0   0   0   0   0   1
```

4.3.12 날짜 및 시간 함수

MATLAB은 날짜와 시간을 효율적으로 다룰 수 있노록 날싸/시간 데이터형 datetime, duration, calendarduration을 제공하고 있다. 이를 이용하면 날짜/시간 데이터를 쉽게 연산, 비교하거나 또는 서식을 변환해서 표시하는 것이 가능하다. 역산 ISO달력에 기초한 datetime형의 배열을 생성하는 함수로는 datetime이 있으며 여러 다른 함수와 같이 다양한 형식으로 호출이 가능하지만 여기서는 몇 가지만 다룬다. 더 자세한 것은 도움말창을 이용바란다.

- t = datetime % 현재 날짜와 시간에 대응하는 datatime형의 배열을 반환한다.
- t = datetime(RelativeDay) % 입력값 RelativeDay가 'today'이면 오늘 자정을, 'tomorrow'이면 내일 자정을, 'yesterday'이면 어제 자정을, 'now'인 경우 현재 날짜와 시간에 대응하는 datatime형 배열을 반환한다.
- t = datetime(DateString, 'InputFormat', infmt) % InputFormat과 그 대응된 infmt에 지정된 형식으로 문자형 DateString을 datatime형 배열로 변환하여 반환한다.
- t = datetime(Y, M, D) % Y(년), M(월), D(일)에 대응되는 datatime형의 배열을 반환한다.

사용 예는 다음과 같다. 문자형 배열 DateStrings을 입력할 때 원소들의 길이가 모두 같으면 3.4절에서 살펴본 것과 같이 '[ ]'를 사용하여 배열로 표시할 수 있지만, 그 중 하나라도 길이가 다르면 셀을 사용하여야 한다. 또 Y, M과 D가 배열인 경우에는 이들의 차원이 모두 같아야 되지만, 예와 같이 그 중 하나가 스칼라인 경우에는 같은 스칼라 값을 갖는 배열로 간주된다. 따라서 M이 스칼라이므로 월이 모두 5가 된다.

```
>> t = datetime
t =
  datetime
   2020-07-28 16:09:37
>> t = datetime('tomorrow')
t =
  datetime
   2020-07-29
>> DateStrings = ['2020-07-28'; '2020-08-07'];
>> t = datetime(DateStrings, 'InputFormat', 'yyyy-MM-dd')
t =
  2×1 datetime 배열
   2020-07-28
   2020-08-07
>> DateStrings = {'2020/07/28'; '2020/08/07'}; % 문자형 데이터를 셀 배열로 표시
>> t = datetime(DateStrings, 'InputFormat', 'yyyy/MM/dd')
t =
  2×1 datetime 배열
   2020-07-28
   2020-08-07
>> Y = 2020 : 2023; M = 5; D = [9 22 2 15];
>> t = datetime(Y, M, D)
t =
  1×4 datetime 배열
   2020-05-09   2021-05-22   2022-05-02   2023-05-15
```

날짜와 시간의 경과를 나타내는 duration형 배열을 생성하는 함수는 다음과 같다.

- y = years(x) % x값에 상응하는 년수로 구성되는 배열을 반환한다.
- d = days(x) % x값에 상응하는 일수로 구성되는 배열을 반환한다.
- h = hours(x) % x값에 상응하는 시간으로 구성되는 배열을 반환한다.
- m = minutes(x) % x값에 상응하는 분으로 구성되는 배열을 반환한다.
- s = seconds(x) % x값에 상응하는 초로 구성되는 배열을 반환한다.
- ms = milliseconds(x) % x값에 상응하는 밀리초로 구성되는 배열을 반환한다.
- D = duration(nh, nm, ns) % nh, nm, ns로 지정된 시, 분, 초의 숫자 값에 상응하는 배열을 반환한다.

만약 x가 숫자형 배열이면 y는 365.24251을 1년으로, d는 24시간을 하루로, h는 60분을 1시간으로, m는 60초를 1분으로, s는 1,000 밀리초를 1초로, ms는 밀리초를 단위로 하는 duration형 배열을 반환하게 된다. 반대로 x가 duration형 배열이면 그 결과는 모두 숫자형 배열이 된다.

사용 예는 다음과 같다.

```
>> h = days(34 : 5 : 45)
h =
  1×3 duration 배열
   34일   39일   44일
>> D = duration([10 5 12]) % 시, 분, 초로 나타냄
D =
  duration
   10:05:12
>> D = duration([10 5 12], 'format', 'mm:ss') % 분과 초로 나타냄
D =
  duration
   605:12
>> DateStrings = ['2020/07/28';'2020/08/28'];
>> t = datetime(DateStrings, 'InputFormat', 'yyyy/MM/dd')
t =
  2×1 datetime 배열
   2020-07-28
   2020-08-28
>> dt = t(2) - t(1) % 경과 시간을 나타냄
dt =
  duration
   744:00:00
```

달력상의 기간을 나타내는 calendarduration형 배열을 생성하는 함수는 다음과 같다.

- y = calyears(x) % x값에 상응하는 달력상의 연도수로 나타내는 배열을 반환한다.
  이때 윤일(leap day)을 고려해서 계산한다.
- m = calmonths(x) % x값에 상응하는 달력상의 월수로 나타내는 배열을 반환한다.
- w = calweeks(x) % x값에 상응하는 달력상의 주수로 나타내는 배열을 반환한다.
- d = caldays(x) % x값에 상응하는 달력상의 일로 나타내는 배열을 반환한다.

사용 예는 다음과 같다.

```
>> y = calyears(2000 : 5 : 2019) % 5년 간격으로 년수를 나타내는 배열 생성
y =
  1×4 calendarDuration 배열
   2000y   2005y   2010y   2015y
>> m = calmonths([10 20 30 40])  % 숫자형 배열을 월수를 나타내는 배열 생성. 12개
월이 넘는 숫자는 상응하는 년으로 환산되어 표시됨
m =
  1×4 calendarDuration 배열
     10mo   1y 8mo   2y 6mo   3y 4mo
>> yy = y + m
yy =
  1×4 calendarDuration 배열
   2000y 10mo    2006y 8mo    2012y 6mo    2018y 4mo
>> d = caldays(20 : 2 : 30) % 숫자형 배열을 일수를 나타내는 배열 생성
d =
  1×6 calendarDuration 배열
   20d   22d   24d   26d   28d   30d
>> w = calweeks(d) % 7일을 1주 단위로 하여 주수를 연산
w =
     2     3     3     3     4     4
```

앞서 사용한 datetime형, duration형, calendarDuration형의 배열 데이터로부터 시간 단위로 성분을 추출할 수 있고, 이를 수행해주는 함수는 다음과 같다.

- y = year(t) % datetime형의 t로부터 연도 값을 추출하여 반환한다.
- m = month(t) % t로부터 월 값을 추출하여 반환한다.
- w = week(t) % t로부터 주 값을 추출하여 반환한다.
- d = day(t) % t로부터 일자 값을 추출하여 반환한다.
- h = hour(t) % t로부터 시간 값을 추출하여 반환한다.
- mn = minute(t) % t로부터 분 값을 추출하여 반환한다.
- s = second(t) % t로부터 초 값을 추출하여 반환한다.

간단한 사용 예를 보이면 다음과 같다.

```
>> t = datetime('now', 'Format', 'yyyy-MMM-dd HH:mm:ss.SSS')
t =
  datetime
   2020-7월-28 16:22:38.929
>> y = year(t) % 연 값을 추출
y =
        2020
>> d = day(t) % 일 값을 추출
d =
    28
>> mn = minute(t) % 분 값을 추출
mn =
    22
```

또 datetime형의 배열 데이터를 숫자형 배열로 분할하는 것이 가능한데 이를 수행해주는 함수는 다음과 같다.

- [y, m, d] = ymd(t) % datetime형의 t로부터 년, 월, 일 값을 추출하여 반환한다.
- [h, m, s] = hms(t) % datetime형의 t로부터 시, 분, 초 값을 추출하여 반환한다.

이 명령에 대한 간단한 사용 예를 보이면 다음과 같다.

```
>> t = datetime('now', 'Format', 'yyyy-MMM-dd HH:mm:ss.SSS')
t =
  datetime
   2020-7월-28 16:25:46.972
>> [y, m, d] = ymd(t)
y =
        2020
m =
     7
d =
    28
>> [h, m, s] = hms(t)
h =
    16
```

```
m =
    25
s =
   46.9720
```

datetime형 데이터 간의 차분을 반환해주는 함수는 다음과 같다.

- dt = between(t1, t2) % datetime형 t1, t2 간의 차분을 반환한다.
- dt = caldiff(t) % datetime형 배열 t의 인접한 값 간의 차분을 반환한다.

사용 예는 다음과 같다.

```
>> DateStrings = {'2020/01/01';'2020/03/08';'2021/12/31'};
>> t = datetime(DateStrings, 'InputFormat', 'yyyy/MM/dd')
t =
  3×1 datetime 배열
   2020-01-01
   2020-03-08
   2021-12-31
>> dt = caldiff(t)
dt =
  2×1 calendarDuration 배열
       2mo 7d
   1y 9mo 23d
```

입력값 t가 datetime형 또는 duration형 또는 calendarduration형의 배열인지를 확인하고 또 날짜/시간 구간 내에 있는지를 확인하는 함수는 다음과 같다.

- tf = isdatetime(t) % t가 datetime형이면 논리값 1을, 아니면 0을 반환한다.
- tf = isduration(t) % t가 duration형이면 논리값 1을, 아니면 0을 반환한다.
- tf = iscalendarduration(t) % t가 calendarduration형이면 논리값 1을, 아니면 0을 반환한다.
- tf = isbetween(t, tlower, tupper) % datetime형 t가 tlower와 tupper 내에 있으면 논리값 1을, 아니면 0을 반환한다.

사용 예를 간단히 살펴보면 다음과 같다.

```
>> DateStrings = {'2020/07/17';'2025/03/08'};
>> t = datetime(DateStrings,'InputFormat','yyyy/MM/dd')
t =
  2×1 datetime 배열
   2020-07-17
   2025-03-08
>> tf= isdatetime(t)
tf =
  logical
   1
>> tf= isbetween(t(1),'2010-01-01','2030-01-01')
tf =
  logical
   1
```

- c = clock % 시스템 시간에서 현재 날짜와 시간을 포함하는 6개 요소[year month day hour minute seconds]를 가진 날짜 배열을 부동소수점 형식으로 반환한다.

사용 예는 다음과 같다.

```
>> format shortg  % 출력값을 shortg 형식(디폴트 값)으로 표시
>> c = clock
c =
        2020             7            28            16            33        23.858
```

MATLAB 프로그램에서 성능을 측정하기 위한 타이머 함수는 다음과 같다.

- tic % 성능 측정을 위해 스톱워치 타이머를 시작한다.
- timerVal = tic % tic 명령 실행 시 내부 타이머의 값을 timerVal로 반환한다.
- toc % tic 함수에 의해 시작된 스톱워치 타이머에서 경과 시간을 읽는다.
- elapsedTime = toc % 경과 시간을 elapsedTime으로 반환한다.

사용 예는 다음과 같다.

```
>> tic
>> for i = 1:10000
r = rand(3);
end
>> toc
경과 시간은 0.032575초입니다.
```

4.3.13 메시지 출력 함수

MATLAB 프로그램이 실행하는 동안 오류가 일어나면 경고 메시지를 내거나 실행을 중지시키는 함수는 다음과 같다.

- error(msg) % 오류 메시지를 내고 실행을 중단한다.
- warning(msg) % 경고 메시지를 내나 실행은 계속한다.

이 함수들은 내장함수나 사용자 정의 함수에 주로 쓰이며, 예로 사용자가 입출력인수의 개수와 형식을 잘못 입력하는 등 문제를 일으켰을 때 오류를 내거나 프로그램 실행을 중단하기 위해 사용되며, 이후 장에서 구체적으로 사용할 것이다.

연습문제

01 다음 두 행렬에 대하여 $A+B$, $A*B$, $B-2$를 구하여라.

$$A=\begin{bmatrix}3 & 0\\ 2 & -2\end{bmatrix},\quad B=\begin{bmatrix}2 & 9\\ 8 & 0\end{bmatrix}$$

02 다음 두 행렬를 입력하고 $(\Lambda B)^T - B^TA^T$임 확인하여라.

$$A=\begin{bmatrix}4 & 1\\ 0 & 9\\ 1 & 2\end{bmatrix},\quad B=\begin{bmatrix}1 & 4 & -1\\ 3 & 0 & 2\end{bmatrix}$$

03 다음 두 벡터에 대하여 x.*y, x./y, x.^2, 4.^y, 1+y를 구하여라.

$$x=\begin{bmatrix}1\\ 8\\ 2\end{bmatrix},\quad y=\begin{bmatrix}-1\\ 2\\ -2\end{bmatrix}$$

04 다음 두 행렬에 대하여 A.*B, A.\B, A.^3, 2.^B, 9+B를 구하여라.

$$A=\begin{bmatrix}1 & 4\\ 2 & 5\\ 3 & 6\end{bmatrix},\quad B=\begin{bmatrix}1 & 3\\ -2 & 2\\ -3 & 1\end{bmatrix}$$

05 $x=2$, $y=\pi$일 때 다음 수식을 계산하여라.

(1) $v=6xy^2+\sin(\pi x/2)$

(2) $f(y)=-\frac{1}{2}(18+5y)e^{-0.6y^2}$

(3) $f(x)=\frac{1}{\sqrt{2\pi}}e^{-\frac{x^2}{2}}$

(4) $z=\frac{6j}{1+x+jy}\ (j=\sqrt{-1})$

(5) $r=x^3\log|x|+\cos(3x)+1$

(6) $a=2\pi+\sqrt[3]{y^2}$

(7) $q=\log_{10}|x|+\sinh(3)+\tan^{-1}(3)$

(8) $b=\frac{(2x+7)^{1/3}}{x^3+2x+5}$

(9) $w = (x^2+3)\sin\pi x^2 + 6$　　(10) $x = \frac{2}{3}\frac{|4x-5|}{\sqrt{x^2+2y^2}}$

06 $\mathbf{x} = [1\ \ 2\ \ 3]$, $\mathbf{y} = [2\ \ 4\ \ 6]$일 때 문제 4.5의 수식을 다시 계산하여라.

07 0.01~10 사이에 대수적으로 일정한 간격의 ω를 50개 취해 다음 복소수의 크기를 구하여라.

$$g(\omega) = \frac{e^{-i\omega}}{2+i\omega}$$

08 다음 복소수 행렬을 입력하고 켤레복소수를 구하여라.

$$\mathbf{A} = \begin{bmatrix} 5+i & -i \\ 3+2i & 2i \end{bmatrix}$$

09 $\cos(2)$를 계산해서 소수점 3째 자리에서 반올림해서 둘째 자리까지 표시하여라.

10 3×3 정규난수 행렬 A를 생성하여 max(A), min(A), max(A(:)), min(A(:)), mean을 계산하여라.

11 주사위 하나를 던져 나오는 눈금을 확률변수 X라 할 때 각 눈금이 나타날 확률분포는 1/6이다. 누적 확률분포를 구하여라.

12 sortrows 함수를 사용해서

(1) 두 번째 열을 기준으로 행렬 A를 내림차순으로 정렬하고,

(2) 또 세 번째 열을 기준으로 행렬 A를 오름차순으로 정렬하여라.

$$\mathbf{A} = \begin{bmatrix} 1 & 7 & 8 \\ 2 & 2 & 6 \\ 3 & 4 & 1 \\ 4 & 9 & 5 \end{bmatrix}$$

13 sum 함수를 사용하여 다음 합을 계산하여라.

(1) $S = \sum_{k=1}^{10} (3k + 2^k)$　　(2) $S = \sum_{n=1}^{10} \frac{n}{(n+1)(n+3)}$

(3) $S = \sum_{n=1}^{10} \frac{1}{4}\left(\frac{1}{n} - \frac{1}{n+1}\right)$

(4) $S = \frac{1}{3^2 - 1} + \frac{1}{5^2 - 1} + \frac{1}{7^2 - 1} + \cdots + \frac{1}{15^2 - 1}$

14 주사위 하나를 10번 던져 나오는 눈금의 수에 대하여 이들의 평균, 표준편차, 중앙값을 구하여라.

15 어느 반 20명 학생들의 영어와 국어의 점수의 평균값과 분산이 각각 $N(74,\ 5.4)$, $N(80,\ 3)$을 따른다. 학생들의 성적을 만들어 보아라. 단, 성적은 정수이다.

16 다음 행렬과 벡터에 대하여

$$\mathbf{A} = \begin{bmatrix} 5 & 0 \\ 3 & 2 \end{bmatrix},\ \mathbf{B} = \begin{bmatrix} 1 & 1 & 0 \\ 1 & 2 & 1 \\ 0 & 1 & 3 \end{bmatrix},\ \mathbf{x} = \begin{bmatrix} 1.1 \\ 2.8 \\ 5.9 \end{bmatrix},\ \mathbf{y} = \begin{bmatrix} 1.2 \\ 2.6 \\ 6.1 \end{bmatrix}$$

(1) $|\mathbf{A}|$, $\mathbf{A}^{-1}$, $\mathrm{tr}\mathbf{A}$를 구하여라.

(2) $\mathbf{B}$의 고유값과 고유벡터를 구하여라.

(3) $\|\mathbf{x} - \mathbf{y}\|_1$와 $\|\mathbf{x} - \mathbf{y}\|_2$를 구하여라.

17 다음 방정식을 $\mathbf{A}\mathbf{x} = \mathbf{b}$ 형으로 입력하고 A\b와 $\mathbf{x} = \mathbf{A}^{-1}\mathbf{b}$ 형식으로 해를 구하여라.

(1) $\begin{aligned} 4y - 2z &= 1 \\ -x + y + z &= -1 \\ 4x - y + z &= 0 \end{aligned}$　　(2) $\begin{aligned} 5x + 3y - 5z &= 0 \\ 2x - y + z &= 2 \\ -4x - y + 2z &= 8 \end{aligned}$　　(3) $\begin{aligned} -w + x &= 1 \\ w - x + z &= 5 \\ 2x - 3y + z &= 1 \\ -2w + x - 2y + z &= 3 \end{aligned}$

18 표준 정규분포를 따르는 확률변수 Z가 0과 z 사이의 값을 가질 확률은 함수 erf와 다음 관계를 갖는다. $z = 0, 1, 2, 3$일 때 erf로 확률을 구하여라.

$$P(0 \leqq Z \leqq z) = \frac{1}{\sqrt{2\pi}} \int_0^z e^{-\frac{t^2}{2}} dt = \frac{1}{2} erf\left(\frac{z}{\sqrt{2}}\right)$$

19 다음 선형 방정식의 3중 대각행렬 A를 희소행렬로 표시한 후 해를 구하여라.

$$\begin{bmatrix} 5 & 1 & 0 & 0 \\ 1 & 2 & 1 & 0 \\ 0 & 1 & 1 & 1 \\ 0 & 0 & 1 & 3 \end{bmatrix} \begin{bmatrix} x_1 \\ x_2 \\ x_3 \\ x_4 \end{bmatrix} = \begin{bmatrix} 2 \\ 4 \\ 8 \\ 1 \end{bmatrix}$$

20 $\mathbf{x} = [1\ \ 2\ \ 3]$일 때 $y = 2x\sin(x)$를 계산하고 num2str로 문자열로 변환한 후 출력하여라. 단, 소수점 이하 2자리까지만 출력하여라.

CHAPTER

5 MATLAB 프로그래밍

이 장은 프로그램의 처리순서를 제어하고 의사결정을 돕는데 사용되는 관계 연산자, 논리 연산자와 if, switch, while, for 문의 사용법에 대해 다룬다.

5.1 흐름 제어 도구

앞 장의 예시를 통해 살펴본 명령문들은 모두 입력된 순서대로 차례대로 실행되었지만, 복잡한 구조의 프로그램에서는 조건에 따라 그 처리순서가 바뀌는 것을 종종 경험한다. MATLAB도 일반적인 프로그래밍 언어와 같이 흐름을 제어할 수 있는 몇 가지 도구들을 포함하고 있다.

관계 연산자와 논리 연산자는 값들을 비교함으로써 처리순서 제어를 위한 의사결정을 돕고 if, switch, while, for 등은 처리순서를 바꾸거나, 여러 번 반복하게 해준다. 이러한 흐름 제어문을 사용함으로써 복잡하고, 반복되는 알고리즘을 효율적으로 프로그래밍하는 것이 가능하다.

5.1.1 관계 연산자

관계 연산자(Relational operator)는 두 피연산자(Operand)의 크기를 비교하기 위하여 쓰이며, 비교 결과가 참이면 1, 거짓이면 0이 된다. MATLAB에서는 같은 차원의 두 배열을 비교하는 것도 가능하다. 이때는 대응되는 원소끼리 비교되며 결과적으로 1 또는 0의 원소값을 갖는 배열이 된다. 또 배열과 스칼라의 비교도 허용된다. 이때는 배열의 모든 원소가 스칼라와 비교되며 결과에 따라 1 또는 0의 원소값을 갖는 배열이 된다. MATLAB에서 제공하는 관계 연산자는 다음과 같다.

관계 연산자	설 명
<	좌변이 우변보다 작음 (less than)
<=	좌변이 우변보다 작거나 같음 (less than or equal to)
>	좌변이 우변보다 큼 (greater than)
>=	좌변이 우변보다 크거나 같음 (greater than or equal to)
==	좌변이 우변과 같음 (equal to)
~=	좌변이 우변보다 같지 않음 (not equal to)

이들은 다음 형식으로 사용된다.

```
expr1  Operator  expr2
```

여기에서 Operator는 관계 연산자이고, expr1과 expr2는 피연산자이며 값, 배열, 수식, 문자, 문자열이 될 수 있다. 예컨대 다음 문장들을 실행해본다.

```
>> x = 2 < sqrt(2)  %  x = (2 < sqrt(2))와 같이 쓸 수도 있음
x =
  logical
   0
>> y = 2 ~= sqrt(2)
y =
  logical
   1
```

$2 < \sqrt{2}$는 거짓이어서 x는 0이고, $\sqrt{2} \neq 2$는 참이어서 y는 1이 된다.

두 행렬 $\mathbf{A}$, $\mathbf{B}$를 비교할 때는 대응되는 원소들을 서로 비교하여 $\mathbf{A}$의 것이 $\mathbf{B}$의 것보다 크면 1, 아니면 0이므로 그 결과로 다음과 같이 행렬을 얻는다.

```
>> A = [5 0 3; 2 9 4], B = [2 8 1; 6 8 2]
A =
     5     0     3
     2     9     4
B =
     2     8     1
```

```
     6     8     2
>> P = A > B
P =
  2×3 logical 배열
   1   0   1
   0   1   1
```

다음 예와 같이 행렬과 스칼라를 비교할 때는 C의 각 원소의 값이 4 이하이면 1, 4보다 크면 0이고 또 C의 각 원소 값이 0이면 1, 아니면 0이 된다.

```
>> C = [5 0 3; 2 9 4]
C =
     5     0     3
     2     9     4
>> Q = C <= 4
Q =
  2×3 logical 배열
   0   1   1
   1   0   1
>> C == 0
ans =
  2×3 logical 배열
   0   1   0
   0   0   0
```

예제 5.1 rand 함수를 사용해서 0 또는 1의 원소값이 반반이 되는 3×5 행렬을 만들어라.

풀이 rand 함수로 3×5 균등난수 행렬을 만들면 모든 원소들은 0과 1 사이의 값을 가지므로 이를 스칼라 0.5와 비교하면 원하는 결과를 얻는다. 반복 시행하더라도 같은 결과가 나오도록 하기 위해서는 먼저 rand 함수를 초기화해 줄 필요가 있다.

```
>> rand('seed', 1)
>> A = rand(3, 5) >= 0.5
```

```
A =
  3×5 logical 배열
   1   0   0   0   0
   0   0   0   0   1
   0   1   0   0   1
```

관계 연산자끼리는 우선순위가 서로 같으므로 한 문장에 여러 개의 관계 연산자가 쓰이면 왼쪽에서부터 오른쪽 순으로 연산된다. 다음 예를 살펴본다.

```
>> p = 2 <= sqrt(2) == 0 > 3
p =
  logical
   0
>> p = ((2 <= sqrt(2)) == 0) > 3  % 가독성을 높이도록 위 문장을 재작성
p =
  logical
   0
```

이 문장에는 세 개의 관계 연산자가 쓰이고 있고 우선순위는 <=, ==, > 순이다. 따라서 2 <= sqrt(2)가 제일 먼저 비교되고 거짓이어서 0이고, 다음 0 == 0이 비교되고 그 결과 참이어서 1이 된다. 마지막으로 1 > 3이 비교되면서 최종적으로 p = 0이 된다.

관계 연산자는 산술 연산자보다 연산 우선순위(다음 절 참조)가 낮으므로 같은 문장에서 혼용해서 쓸 때는 세심한 주의가 필요하다. 또 문장을 이해하기 쉽도록 가독성(Readability)을 높일 필요가 있거나 혹은 연산자의 우선순위를 변경해서 의도된 결과를 얻고자 한다면 괄호를 사용하면 된다. 예를 들면,

```
>> p = 3 + 4 / 2 <= 4 * 2.5 - 7
p =
  logical
   0
>> p = (3 + 4 / 2) <= (4 * 2.5 - 7)  % 가독성을 높인 예
p =
  logical
   0
```

```
>> q = 3 + 4 / (2 <= 4 * 2.5 - 7)  % 괄호로 우선순위를 변경한 예
q =
     7
```

첫 번째 문장에서 등호(=) 오른쪽이 계산될 때 산술 연산자가 우선이므로 ① 4/2 → 2, ② 3 + 2 → 5가 계산되고, 또 ③ 4 * 2.5 → 10, ④ 10 − 7 → 3이 계산되어 최종적으로 ⑤ 5 <= 3의 비교 결과 거짓이므로 ⑥ p = 0을 얻는다. 두 번째 문장은 가독성을 높이도록 재작성한 것이고, 세 번째 문장은 의도적으로 다른 결과를 얻도록 괄호로 우선순위를 변경한 예이다. ① 4 * 2.5 → 10, ② 10 − 7 → 3이 먼저 계산되어 ③ 2 <= 3의 비교 결과 1이고 그 다음 ④ 4/1 → 4가 계산되고 마지막으로 ⑤ 3 + 4 → 7, 즉 ⑥ q = 7을 얻게 된다.

5.1.2 논리 연산자

논리곱(AND), 논리합(OR), 배타적 논리합(XOR)과 논리부정(NOT)의 진리표는 다음 표와 같이 요약된다.

| 표 5.1 | 논리 연산과 진리표

p	q	p AND q	p OR q	p XOR q	NOT p
0	0	0	0	0	1
0	1	0	1	1	1
1	0	0	1	1	0
1	1	1	1	0	0

논리 연산을 할 수 있도록 MATLAB에서 지원하는 논리 연산자(Logical operator)는 다음 표와 같으며, 실행 결과는 항상 1 또는 0이 된다.

| 표 5.2 | 논리 연산자

논리 연산자	설 명
&	논리곱 (AND)
|	논리합 (OR)
&&	단락 (Short-circuit) 논리곱 (AND)
||	단락 (Short-circuit) 논리합 (OR)
~	논리부정 (NOT)

논리 연산자도 관계 연산자와 같이 동일 차원의 배열과 배열 또는 배열과 스칼라를 비교할 때에도 사용된다. 다음 형식으로 사용된다.

expr1 & expr2

expr1 | expr2

expr1 && expr2

expr1 || expr2

~expr1

여기서 expr1과 expr2는 피연산자로써 계산 결과가 0이 아닌 수이면 참으로, 0이면 거짓으로 인식된다. 논리부정은 한 개의 피연산자만을 사용한다.

몇 가지 예를 들면 다음과 같다.

```
>> 3 & pi  % 참(1)과 참(1)의 논리곱
ans =
  logical
   1
>> p = -7 | 0  % 참(1)과 거짓(0)의 논리적
p =
  logical
   1
>> ~12  % 참(1)의 논리부정
ans =
  logical
   0
```

첫 번째 문장에서 논리 연산자 좌우의 피연산자가 모두 0이 아니므로 참 (1)으로 인식되어 논리곱은 1이 된다. 두 번째 문장의 −7도 참 (1)이어서 1과 0의 논리적은 1이고, 마지막 문장의 12도 참 (1)이어서 이의 부정은 0이 된다. 다시 한번 언급하지만 논리 연산자의 좌우에 비교되는 피연산자는 0이 아닌 어떤 수이면 참으로, 0이면 거짓으로 인식됨에 유의한다.

두 행렬 A, B를 비교하는 경우에는 대응되는 원소들을 서로 비교해서 논리 연산을 수행하게 된다. 또 행렬 A를 부정하는 경우에는 원소들이 0이 아니면 0으로, 0이면 1로 연산된다.

```
>> A = [5 0 3; 2 9 4], B = [2 8 1; 6 8 2]
A =
     5     0     3
     2     9     4
B =
     2     8     1
     6     8     2
>> P = A & B
P =
  2×3 logical 배열
   1   0   1
   1   1   1
>> Q = A | B
Q =
  2×3 logical 배열
   1   1   1
   1   1   1
>> R = ~A
R =
  2×3 logical 배열
   0   1   0
   0   0   0
```

한편 행렬 C와 스칼라 1과의 논리곱과 논리적의 예는 다음과 같다.

```
>> C = [5 0 3; 2 9 4]
C =
     5     0     3
     2     9     4
>> P = C & 1
P =
  2×3 logical 배열
   1   0   1
   1   1   1
>> Q = C | 1
Q =
  2×3 logical 배열
   1   1   1
   1   1   1
```

프로그램의 흐름을 제어하는 의사결정을 만들기 위해 논리 연산자는 종종 산술 연산자, 관계 연산자와 조합해서 사용된다. 예를 들어 sin(2)의 값이 −0.5와 0.5 사이에 있는지를 확인하려면 다음과 같이 하면 된다.

```
>> x = sin(2);
>> p = (x >= -0.5) & (x <= 0.5)
p =
  logical
   0
```

다음 행렬 $\mathbf{A} = \begin{bmatrix} 1 & 2 & 3 & 4 \\ 5 & 6 & 7 & 8 \end{bmatrix}$에서 3 이상, 5 이하의 값을 갖는 원소들을 찾으려면 다음과 같이 하면 된다.

```
>> A = [1 2 3 4; 5 6 7 8]
A =
     1     2     3     4
     5     6     7     8
>> (A >= 3) & (A <= 5)
ans =
  2×4 logical 배열
   0   0   1   1
   1   0   0   0
```

2차 방정식 $ax^2 + bx + c = 0$의 두 근이 실근인지 또는 허근인지를 구분할 때 판별식 $D = b^2 - 4ac$를 사용한다. 만약 $a \neq 0$이고 $D \geqq 0$이면 두 개의 실근(또는 중근)을, $D < 0$이면 두 개의 허근을 갖는다. 다음 예를 살펴본다.

```
>> a = 3; b = 2; c = 1;
>> D = b*b - 4*a*c;
>> q = (a ~= 0) & (D >= 0)  % D = -8이므로 D >= 0은 거짓임
q =
  logical
   0
```

a는 0이 아니므로 a ~= 0은 참이지만, D >= 0이 거짓이어서 논리곱 q = 0이 된다.

따라서 $3x^2 + 2x + 1 = 0$은 두 개의 허근을 갖는다. 함수 roots로 근을 구해보면 다음과 같다.

```
>> roots([3 2 1])
ans =
    -0.33333 +    0.4714i
    -0.33333 -    0.4714i
```

표 5.1의 진리표에서 p = 0이면 q가 어떤 값을 가지든지 p AND q = 0이고 또 p = 1이면 q와는 상관없이 p OR q = 1인 것을 볼 수 있다. 다시 말하면 논리식 p AND q는 좌측 피연산자가 p = 0이면 0이고, 논리식 p OR q도 좌측이 p = 1이면 1이므로 이후 우측 피연산자의 연산과 좌우측 피연산자들의 논리연산을 더 수행할 필요가 없게 된다.

위와 같은 경우에 간단하게 논리 연산을 수행해주는 단락(Short-circuit) 논리 연산자가 &&와 ||이고 그 형식은 다음과 같다.

expr1 && expr2 (expr1 = 0이면 이후의 expr2의 연산과 &&의 연산을 생략)
expr1 || expr2 (expr1 = 1이면 이후의 expr2의 연산과 ||의 연산을 생략)

단락 논리 연산자는 연산시간을 단축시켜주므로 피연산자가 스칼라(배열이 아님)이면 &와 |보다 더 자주 쓰인다. 두 가지 예를 통해 살펴본다.

```
>> x = 0; y = 1;
>> p = (x ~= 0) & (y > 0) % x ~= 0은 거짓, y > 0은 참이므로 0과 1의 논리곱은 0이 됨
p =
  logical
   0
>> p = (x ~= 0) && (y > 0) % x ~= 0이 거짓이므로 바로 p = 0이 됨
p =
  logical
   0
>> q = (x == 0) | (y > 0) % x == 0은 참, y > 0도 참이므로 1과 1의 논리합은 1이 됨
q =
  logical
   1
>> q = (x == 0) || (y > 0) % x == 0이 참이므로 바로 q = 1이 됨
```

```
q =
  logical
   1
```

다시 언급하지만 &&와 ||는 피연산자가 스칼라일 때만 사용 가능하고 배열에 적용하면 다음과 같은 오류가 일어난다.

```
>> [1 0] && [1 1]  % 피연산자가 벡터임
|| 및 && 연산자에 대한 피연산자는 논리형 스칼라 값으로 변환될 수 있어야 합니다.
```

5.1.3 연산 우선순위

앞서 살펴본 산술, 관계 및 논리 연산자들은 수식에 조합되어 사용될 수 있고, 수식의 결과는 연산자들의 연산 우선순위에 따라 좌우된다. 다음은 MATLAB 연산자들의 연산 우선순위를 보여준다.

우선순위	연산자	설명
1	( )	괄호, 중첩될 때 안쪽이 우선됨
2	^, '	거듭제곱, 전치 연산자
3	~	논리부정(NOT) 연산자
4	.*, ./, .₩, *, /, ₩	배열 곱셈, 배열 나눗셈, 곱셈, 나눗셈 연산자
5	+, −	덧셈, 뺄셈 연산자
6	:	콜론 연산자
7	〉, 〉=, 〈, 〈=, ==, ~=	관계 연산자
8	&	논리곱(AND) 연산자
9	|	논리합(OR) 연산자
10	&&	단락 논리곱 연산자
11	||	단락 논리합 연산자

같은 우선순위를 가지는 연산자들은 식의 왼쪽에서 오른쪽 순으로 연산되며 괄호 내의 수식도 우선순위에 따라 연산된다. 다음은 이에 대한 예이다.

```
>> p = (3 / 2 + 2) ^2 / 10 * 2
p =
```

```
        2.45
>> q = 2 > sqrt(2) || 2 < sqrt(3)
q =
  logical
   1
```

첫 번째 명령문에서 수행되는 연산 순서는 ① 3/2 → 1.5, ② 1.5 + 2 → 3.5, ③ 3.5 ^ 2 → 12.25, ④ 12.25 / 10 → 1.225, ⑤ 1.225 * 2 → 2.45, ⑥ p = 2.45로, 두 번째 명령문에서 수행되는 연산 순서는 ① sqrt(2) → 1.4142, ② 2 > 1.4142 → 1, ③ q = 1로 요약된다. 두 번째 문장에서는 2 > sqrt(2)가 참이므로 단락 논리 연산자에 의해 곧장 q = 1이 된다.

5.1.4 논리 함수

MATLAB은 스칼라와 배열에서 동작하는 여러 논리 함수를 가지고 있다. 그중에 자주 쓰이는 몇 가지 논리 함수들을 열거하면 다음과 같다. 이들은 모두 1(참) 또는 0(거짓)의 값을 반환한다.

- and(p, q) % 논리곱을 수행한다.
- or(p, q) % 논리합을 수행한다.
- xor(p, q) % 배타적 논리합(XOR)을 수행한다.
- any(x) % x의 원소 중 한 개라도 0이 아니면 1, 모두 0이면 0을 반환한다.
- all(x) % x의 모든 원소가 0이 아니면 1, 하나라도 0이면 0을 반환한다.
- isempty(x) % x가 빈 배열 (Empty array)이면 1, 아니면 0을 반환한다.
- isequal(x, y) % 배열 x, y의 차원이 같고 같은 값을 가지면 1, 아니면 0을 반환한다.
- isnan(x) % x의 원소 중에 NaN이 있으면 1, 아니면 0을 반환한다.
- isinf(x) % x의 원소 중에 +inf 또는 -inf가 있으면 1, 아니면 0을 반환한다.
- index = find(x) % x가 배열이면 0이 아닌 원소들의 인덱스(Index)를 반환한다.

먼저 and, or, xor의 사용 예를 살펴보자. 앞서 사용한 논리 연산자 대신 논리 함수를 쓰더라도 같은 결과를 얻는다.

```
>> and(3, pi)  % 참(1)과 참(1)의 논리곱
ans =
  logical
   1
>> or(-7, 0)  % 참(1)과 거짓(0)의 논리합
ans =
  logical
   1
>> not(12)  % 참(1)의 논리부정
ans =
  logical
   0
>> xor(2, 0)  % 참(1)과 거짓(0)의 배타적 논리합
ans =
  logical
   1
```

피연산자가 벡터인 경우의 예는 다음과 같다.

```
>> p = [-1 0 2]; q = [2 1 0];
>> and(p, q)  % 논리곱 연산
ans =
  1×3 logical 배열
   1   0   0
>> or(p, q)  % 논리합 연산
ans =
  1×3 logical 배열
   1   1   1
>> xor(p, q)  % 배타적 논리합 연산
ans =
  1×3 logical 배열
   0   1   1
```

함수 any와 all에 대한 사용 예를 살펴보자.

```
>> x = [-1 0 1 2];
>> var1 = any(x)  % 0이 아닌 원소가 3개나 되므로 1이 됨
```

```
var1 =
  logical
   1
>> var2 = all(x)  % 두 번째 원소가 0이므로 0이 됨
var2 =
  logical
   0
>> A= randn(3, 5) > 0  % 정규난수값이 0보다 크면 1, 아니면 0으로 설정
                % 초기화의 생략으로 다른 결과가 나올 수 있음
A =
  3×5 logical 배열
   1   0   0   0   0
   1   0   1   1   0
   1   1   1   1   1
>> any(A)  % 열 단위로 수행
ans =
  1×5 logical 배열
   1   1   1   1   1
>> all(A)  % 열 단위로 수행
ans =
  1×5 logical 배열
   1   0   0   0   0
```

다음으로 함수 isempty, isequal, isnan, isinf에 대한 사용 예를 살펴보자.

```
>> str = '';  % 빈 문자열을 생성
>> p = isempty(str)  % str이 빈 문자열이므로 1이 됨
p =
  logical
   1
>> buf = []; % 빈 배열을 생성
>> q = isempty(buf)  % buf가 빈 배열이므로 1이 됨
q =
  logical
   1
>> x = [sin(0)/0  cos(0)/0  2]
x =
   NaN   Inf     2
```

```
>> q = isnan(x)
q =
  1×3 logical 배열
   1   0   0
>> q = isinf(x)
q =
  1×3 logical 배열
   0   1   0
```

find는 유용하게 쓰이는 함수 중의 하나이며 Matlab에서 많이 사용하는 명령중 하나이므로 반드시 익혀두어야 한다. 특히 Matlab은 주로 벡터와 행렬 기반으로 실행되도록 프로그래밍을 할 수 있으며, 예를 들어 배열이나 행렬간의 연산에서 for 루프를 이용하여 원소들을 하나하나 불러와서 계산할 수도 있지만, 벡터나 행렬에서 특별한 조건을 만족하는 원소들만 추출하여 필요한 연산을 하고 결과를 출력하는 방법으로 계산이 가능하다. 이렇게 할 경우 프로그램의 복잡도가 많이 낮아지고 그래서 가독성이 향상될 뿐만 아니라 계산 속도도 많이 빨라지게 된다. 이런 연산에서 아주 중요한 역할을 하는 연산중의 하나가 find 명령이므로 꼭 사용법을 익히는 것이 좋다. 다음은 find 명령의 사용 예이다.

```
>> x = [-1, 5, 0, 7, 9];
>> I = find(x)  % x의 0이 아닌 원소들의 인덱스를 알려줌
I =
     1     2     4     5
>> J = find(x > 0)  % x의 0 보다 큰 원소들의 인덱스를 알려줌
J =
     2     4     5
>> find(x > 0 & x <= 7)  % x의 0 보다 크고 7 이하인 원소들의 인덱스를 알려줌
ans =
     2     4
>> x(find(x  == 0)) = 10  % x의 0인 원소들을 찾아 10으로 교체
x =
    -1     5    10     7     9
```

마지막 문장에서 find(x == 0)는 0인 원소의 인덱스 3을 돌려주며, 결과적으로 x(3) = 10이 수행되면서 0이 10으로 바뀌게 된다.

5×5 균등난수 행렬을 만들어 0.5와 논리 비교하면 Q는 0 또는 1의 값을 가지는 행렬

이 된다. 다음은 find 함수로 원소값이 1인 것의 갯수를 구하는 예다.

```
>> rand('seed', 34);  % rand 함수의 초기화
>> Q = rand(5) > 0.5
Q =
  5×5 logical 배열
   0   0   1   1   0
   1   1   0   0   0
   1   1   1   0   1
   0   1   0   1   1
   1   0   0   0   0
>> numel(find(Q == 1))
ans =
    12
```

find(Q == 1)은 1의 값을 갖는 원소들의 인덱스가 저장된 행렬을 되돌려주므로 numel 함수로 그 원소의 개수를 세면 된다.

4장의 예제 4.2에서 sin(x)/x의 값을 구하면서 x = x + eps 문장을 써서 x의 모든 원소에 일률적으로 작은 값 eps를 더했지만, 다음과 같이 수정해서 사용하는 것이 더 나은 방법이라 할 수 있다.

```
>> x = -3 * pi : pi/20 : 3*pi;
>> x(find(x == 0)) = eps; % x= 0인 원소를 찾아 eps로 바꿔준
>> y = sin(x) ./ x;
>> plot(x, y)
```

5.2 For-end 문

for-end 문은 for와 end 사이에 들어 있는 문장들을 미리 정해진 횟수만큼 반복 수행할 때 사용하며 그 형식은 다음과 같다.

```
for var = s : step : f
          statements;
end
```

여기서 인덱스 변수(Index variable) var은 초기값 s부터 시작하여 최종값 f를 초과(또는 미달)하지 않는 동안 계속 증분값 step만큼 증가(또는 감소)한다. 만약 증분값이 1이면 생략해도 된다. 그림 5.1은 for-end 문의 전체적인 연산 흐름을 보여준다.

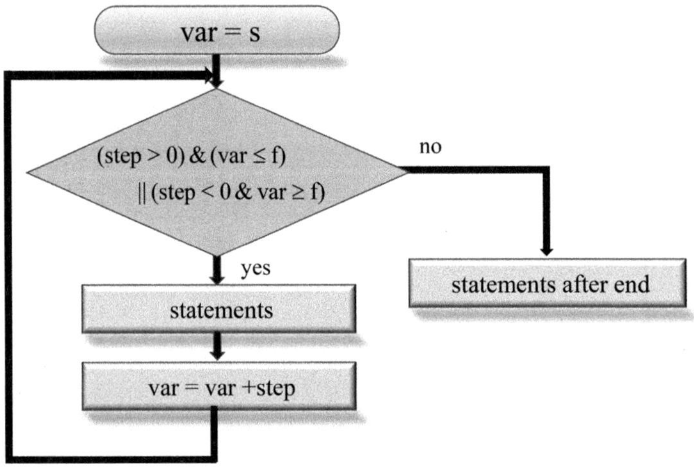

그림 5.1 for-end 문의 연산 흐름

예를 들어 step > 0인 경우를 살펴보면, 먼저 var = s가 설정되고 난 다음 f와 비교되며, 만약 var ≤ f이면 블록 내의 문장들이 수행되고 또 var = var + step이 된다. 이러한 반복은 var가 f를 초과하지 않을 때까지 계속되고, 만약 최종값을 초과하게 되면 end로 건너뛰어 그 다음 문장을 계속 수행하게 된다. for-end 문 사이에는 여러 개의 문장이나 복수의 for-end 문이 올 수 있다.

간단한 다음 예를 보자.

```
>> for n = 10 : -2 : 7
n
end
n =
    10
n =
     8
```

여기에서는 step = −2 (< 0) 이고 s > f이므로 n = 10, 8인 동안 반복되므로 반복횟수는 2회가 된다. 명령줄에서 블록 단위의 문장(for-end, while-end, if-end, switch-end)을 입력할 때는 마지막 end를 넣기까지는 그 사이에 프롬프트가 나타나지 않음에 유의한다.

다음 프로그램이 실행되면 i = 1, 3, 5인 동안 반복되므로 루프는 세 번 수행된다.

```
>> for i = 1 : 2 : 6
i
end
i =
    1
i =
    3
i =
    5
```

일반적으로 MATLAB 프로그램을 작성할 때 짧은 문장을 제외하고는 스크립트 m-파일을 쓰는 것이 더 편리하므로, 이후부터는 자주 스크립트 m-파일을 작성하고 설명하도록 한다.

예제 5.2 for-end 문으로 6! = 1 · 2 · 3 · 4 · 5 · 6을 계산하는 스크립트를 작성해보아라.

풀이 최종값이 저장될 변수 facto는 for-end 문 밖에서 1로 초기화되고, i = 1, 2, …, 6인 동안 6번 빈복되면서 처음에는 facto * i가 1×1=1, 다음에는 1×2=2, 그 다음에는 2×3=6, 이런 식으로 계산되면서 facto에 경신되고 마지막 루프에서는 120×6=720이 된다.

Script file: prog5_1.m

```
%% Program prog5_1.m
% 팩토리알을 계산한다.
n= 6;
facto= 1;
for i=1:n
    facto= facto*i;
end
facto
```

```
>> prog5_1
facto -
   720
```

예제 5.3 for–end 문으로 1부터 100까지의 정수를 합산하는 스크립트를 작성하여라.

풀이 먼저 s가 for-end 문 밖에서 0으로 초기화되고, i = 1, 2, ⋯, n인 동안 루프가 반복되면서 이전의 s와 i와의 합산 결과로 s를 갱신하게 된다. 이렇게 함으로써 처음에는 0+1=0, 다음에는 1+2=3, 그 다음에는 3+3=6과 같은 방식으로 연산되어 마지막 루프에서는 4950+100=5050이 되고 s에 저장된다.

Script file: prog5_2.m

```
%% Program prog5_2.m
% for 루프를 이용하여 1부터 100까지의 정수를 더한다.
n = 100;
s = 0;
for i = 1 :  n
    s = s + i;
end
s
```

```
>> prog5_2
s =
      5050
```

예제 5.4 for–end 문을 사용하여 3×3 magic 행렬의 모든 원소를 더하여라.

풀이 함수 magic(n)은 1부터 n^2까지의 원소들로 구성된 n×n 마방진 행렬을 생성해주며, 행렬의 가로, 세로 그리고 대각 원소들의 합이 모두 같다. 바깥쪽 for문 루프가 한 번 반복될 때마다 행이 하나 증가되고, 안쪽 for문 루프에 의해 그 행에 속한 모든 열의 원소들을 합하는 방식으로 합을 구하게 된다.

Script file: prog5_3.m

```
%% Program prog5_3.m
% for 루프를 이용하여 3x3 magic 행렬의 원소를 더한다.
A = magic(3);
[n, m] = size(A);
s= 0;
for i = 1 :  n
    for j = 1 :  m
        s = s + A(i, j);
    end
end
s
```

```
>> prog5_3
s =
    45
```

이 값은 내장함수 sum를 써서 간단히 확인할 수도 있다. 이처럼 프로그램 코드를 벡터화시킴으로써 코드도 간결해지고 실행속도도 향상되는 것이 MATLAB의 장점 중 하나이다.

```
>> A = magic(3);
>> s = sum(A(:))
s =
    45
```

예제 5.5 for-end 문으로 다음 식의 값을 구하여라.

$$S = \sum_{n=1}^{10} \frac{n}{(n+1)(n+2)} \tag{5.1}$$

풀이 n = 1부터 10까지의 루프를 돌리면 다음 결과를 얻는다.

Script file: prog5_4.m

```
%% Program 5_4.m
% 예제 5.5: for 루프를 이용하여 1부터 10까지 n/(n+1)(n+2)를 더한다.
s = 0;
for n = 1 : 10
    s = s + n / (n + 1) / (n + 2);
end
s
```

```
>> prog5_4
s =
    1.1865
```

물론 이 예제도 sum 함수와 배열 연산을 쓰면 두 문장으로 해결할 수 있다.

```
>> n = 1 : 10;
>> s = sum (n ./ (n + 1) ./ (n + 2))
s =
    1.1865
```

예제 5.6 원소들이 0 또는 1인 8×8 행렬 A를 만들어 이를 2×2 부행렬(Sub matrix)로 나누면 모두 16개의 상자(Box)가 생긴다(프로그램 결과 참조). 이 중에 원소들이 모두 0이 아닌 상자의 개수를 세어보아라.

풀이 행렬 A를 만들 때 rand(8, 8) >= 0.7로 쓴 것은 원소 중에 0이 70% 정도 되게 하기 위함이다. nBox = 8/2 = 4이고, 행과 열의 인덱스 변수 i = 1, 2, …, nBox까지 변경해가면서 A로부터 2×2 박스를 취하도록 두 개의 for 문을 사용하였다. if 문에서 subA(:)는 모든 원소들을 열벡터로 재배치해주며 any(subA(:))는 그중에 0이 아닌 것이 하나라도 있으면 참이 되어 count는 1씩 증가한다.

Script file: prog5_5.m

```
%% Program prog5_5.m
```

```
% 예제 5.6: 상자에 랜덤으로 0, 1을 주고 0이 아닌 상자의 수를 센다.
rand('seed', 56);
A = rand(8, 8) >= 0.7  % 균등난수값이 0.7 이상이면 1, 아니면 0으로 설정
count = 0;
delta = 2; nBox = 8 / delta;
for i = 1 : nBox
    for j = 1 : nBox
        subA = A(2*i-1 : 2*i, 2*j-1 : 2*j);  % 2 x 2 부행렬을 취함
        if any(subA(:))
            count = count + 1;
        end
    end
end
count
```

```
>> prog5_5
A =
  8×8 logical 배열
   1   0   1   0   0   0   1   0
   1   1   0   0   0   0   1   1
   0   1   0   0   0   0   0   0
   0   0   0   0   1   1   0   0
   0   0   0   0   0   0   1   0
   1   0   1   1   0   0   0   0
   0   0   1   0   0   0   0   1
   0   0   1   0   1   0   0   1
count =
    11
```

5.3 If-end 문

if-end 문은 조건에 따라 문장을 선택해서 수행해주는 조건문이며 3가지 유형이 종종 사용된다. 첫 번째 유형은 if-end의 구조이다. 조건식의 결과가 참일 때만 실행되어야 할 문장들이 있을 때 사용된다. 첫 줄의 if 문은 조건식(expression)을 가지며 만약 이 식의 결과가 참(1)이면 if와 end 사이의 문장들이 수행되고, 거짓(0)이면 end로 건너뛰어 다음 문

장이 계속 수행된다. 그림 5.2는 if-end 문의 흐름도를 보여준다.

```
if expression
   statements; % 조건식이 참인 경우에 실행
end
```

조건식의 양쪽에 소괄호 '( )'를 두어도 되고, if-end 문 안에 다수의 if-end 문을 둘 수도 있다.

예로 다음 스크립트는 a가 b보다 클 때에 a와 b를 서로 바꾸어 준다.

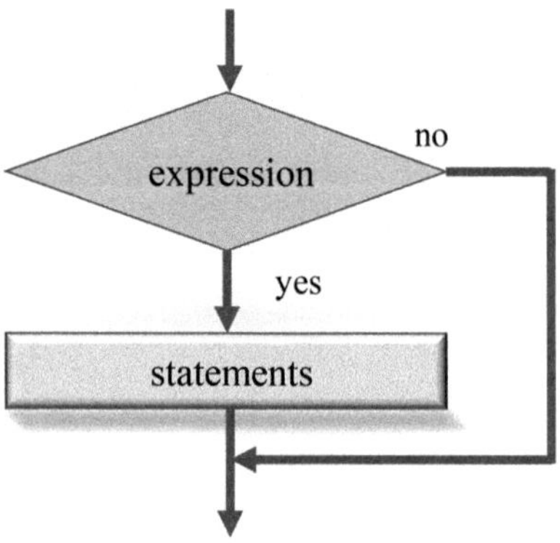

그림 5.2 if–end 문의 연산 흐름

Script file: prog5_6.m

```
%% Program prog5_6.m
% a, b를 비교하여 a가 크면 서로 바꾼다.
a = 5; b = 3;
if a >= b
    temp = a;
    a = b;
    b = temp;
end
a, b
```

```
>> prog5_6
a =
     3
b =
     5
```

두 번째 유형은 if-else-end의 구조이고, 조건식의 결과가 참과 거짓일 때 각각 수행되어야 할 문장들이 있을 때 사용된다. 만약 조건식이 참이면 if와 else 사이의 문장1(statement1)이 수행된 다음 end로 건너뛰고, 거짓이면 else와 end 사이의 문장2(statement2)가 수행된다. 그림 5.3은 흐름도를 보여준다.

```
if expression
   statement1; % 조건식이 참인 경우에 실행
else
   statement2; % 조건식이 거짓인 경우에 실행
end
```

예로 화면에서 x값을 받아 다음 조건에 따라 f(x)의 값을 계산해주는 스크립트를 작성해보자. 실행하고 화면에 'x = '이 나타날 때 23을 입력해보자. fx = −21의 결과를 얻게 될 것이다.

$$f(x) = \begin{cases} 2 - x, & x \geq 0 \\ 2 + x, & x < 0 \end{cases} \quad (5.2)$$

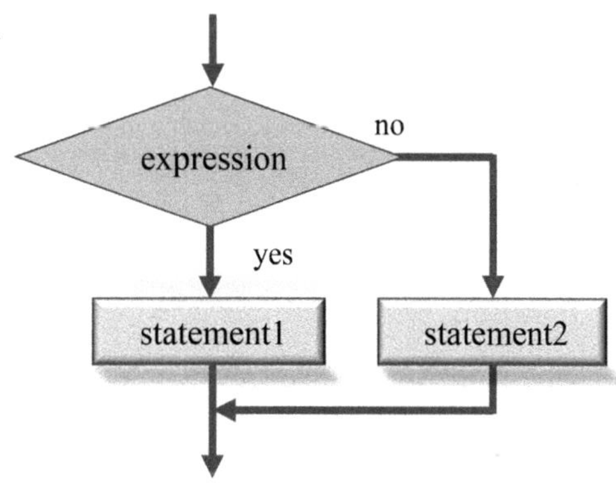

그림 5.3 if–else–end 문의 연산 흐름

Script file: prog5_7.m

```
%% Program prog5_7.
% x값을 입력받아 f(x) 값을 구한다.
x = input('x = '); % input은 6.1.1을 참조
if x >= 0
    fx = 2 - x;
else
    fx = 2 + x;
end
fx
```

```
>> prog5_7
x = 23
fx =
   -21
```

예제 5.7 벡터 $x = [1\ \ 2\ \ 3\ \ \ldots 9]$가 주어질 때 홀수와 짝수 위치에 있는 값들을 각각 합산하는 스크립트를 작성해보아라.

풀이 벡터 x가 정의되고 두 변수 odd와 even이 0으로 초기화된다. 홀수와 짝수 구분은 함수 mod로 하면 된다. mod(i, 2)는 i/2의 나머지를 계산해주는 함수로써, i가 홀수이면 1, 짝수이면 0을 반환한다. for 루프가 9번 반복되는 동안 mod(i, 2) == 1이 참이면 x(i)는 odd에 더해지고, 거짓이면 even에 더해진다. 결과로 ans = 25 20을 얻는다.

Script file: prog5_8.m

```
%% Program prog5_8.m
% 예제 5.7: 1부터 9까지의 벡터의 홀수 및 짝수 위치의 값들의 합을 각각 구한다.
x = 1 : 9;
even = 0;
odd = 0;
for i = 1 : numel(x)
    if mod(i, 2) == 1
        odd = odd + x(i);
    else
        even = even + x(i);
    end
end
[odd even]
```

```
>> prog5_8
ans =
    25    20
```

예제 5.8 2차 방정식의 계수 $a = 2,\ b = 3,\ c = 3$을 받아 실근인지, 허근인지를 판별하고 두 근을 구하는 스크립트를 작성해보아라.

풀이 주어진 계수로 $\mathrm{Det} = b^2 - 4ac$를 계산한 다음 0과 비교하여 조건식이 참이면 두 실근을, 거짓이면 두 허근을 구하면 된다.

Script file: prog5_9.m

```
%% Program prog5_9.m
% 예제 5.8: 2차방정식의 계수 a, b, c를 입력받아 실근/허근을 판별하고 계산한다.
clear  j  % 이전에 j를 다른 변수로 썼다면 복소수 기호로 재정의하도록 삭제
a = 2; b = 3; c = 3;
Det = b^2 - 4*a*c;
if Det >= 0
    x = [-b + sqrt(Det); -b - sqrt(Det)] / (2*a);
else
    x = [-b + j*sqrt(-Det); -b - j*sqrt(-Det)] / (2*a); % j는 복소수
기호임
end
x
```

```
>> prog5_9
x =
  -0.7500 + 0.9682i
  -0.7500 - 0.9682i
```

세 번째 유형은 if-elseif-else-end의 구조이다. 만약 조건식1(expression1)의 결과가 참이면 if와 elseif 사이의 문장1(statement1)을 수행한 후 end 문으로 건너뛰고, 거짓이면 elseif 문으로 이동하여 조건식2(expression2)를 수행한다. 만약 elseif 문의 조건식이 참이

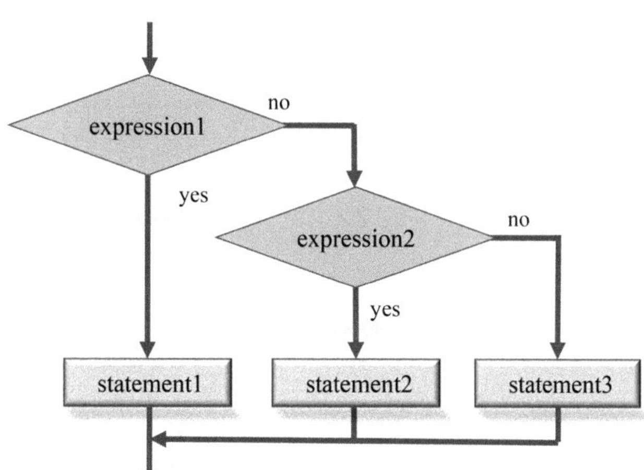

그림 5.4 if–elseif–else–end 문의 연산 흐름

면 elseif와 else 사이의 문장2(statement2)를 수행하고, 거짓이면 else와 end 사이의 문장 3(statement3)이 수행한다. 그림 5.4는 흐름도를 보여준다.

다음 예는 내장함수 sign과 같이 x값이 0보다 크면 1을, 0이면 0을, 0보다 작으면 −1을 출력하도록 작성한 스크립트이다. 실행하면 sin(12)의 sgn은 −1이 된다.

Script file: prog5_10.m

```
%% Program prog5_10.m
% if-elseif-else-end 구문:
% x 값이 0보다 크면 1을, 0보다 작으면 -1을, 0이면 0을 반환한다.
x = sin(12);
if x > 0
    sgn = 1;
elseif x < 0
    sgn = -1;
else
    sgn = 0;
end
sgn
```

```
>> prog5_10
sgn =
    -1
```

예제 5.9 함수 f(x)는 다음 식 (5.3)과 같다. 화면으로부터 x 값을 읽어 함수값을 계산해주는 스크립트를 작성해보아라.

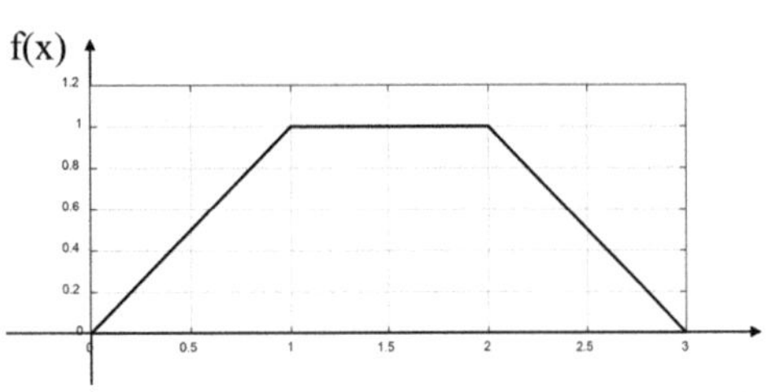

$$f(x) = \begin{cases} x & , \ 0 \le x < 1 \\ 1 & , \ 1 \le x < 2 \\ -x+3 & , \ 2 \le x < 3 \\ 0 & , \ \text{elsewhere} \end{cases} \qquad (5.3)$$

풀이 이 예제는 마지막 if-elseif-else-end 문의 유형을 간단히 확장하면 된다. 만약 x=2.5를 입력하면 0.5를 출력한다.

Script file: prog5_11.m

```
%% Program prog5_11.m
% 예제 5.9: if-elseif-else-end문의 예제
x = input('x = ');
if  x >= 0 & x < 1
    fx = x;
elseif x >= 1 & x < 2
    fx = 1;
elseif x >= 2 & x < 3
    fx = -x + 3;
    else
    fx = 0;
end
fx
```

```
>> prog5_11
x = 2.5
fx =
    0.5000
```

5.4 While-end 문

while-end 문도 for-end 문과 비슷한 순환구조를 갖지만 반복횟수가 미리 정해져 있지 않은 상황에서 주로 사용되며 그 형식은 다음과 같다.

```
while expression
      statements;
end
```

조건식(expression)의 논리 결과가 참이 되는 한 계속해서 while과 end 사이의 문장들이 수행된다. 따라서

- 조건식에 하나 이상의 변수가 포함될 때는 루프 전에 초기화되어야 하고, 적어도 하나는 루프 내에서 새로운 값을 할당받아 조건식이 거짓이 되도록 만들어줘야 한

다. 그렇지 않으면 루프가 무한히 반복된다.

■ 조건식이 계속 참이면 루프 내에 if 조건문과 break 명령어를 써서 무한 루프에서 빠져나올 수 있도록 해줘야 한다.

while-end 문의 간단한 예를 살펴보자. 루프 전에 변수 count가 0으로 초기화되었고, count가 4미만일 동안에는 조건식이 참이어서 while과 end 사이의 문장이 수행되고 count가 1씩 증가한다. 계속 반복되다 count = 4이면 조건식이 거짓이 되어 루프에서 빠져나오고 count를 출력한 후 종료한다.

Script file: prog5_12.m

```
%% Program prog5_12.m
% while-end문의 예
count = 0;
while count < 4
    count = count + 1;
end
disp(count);
```

```
>> prog5_12
     4
```

다음은 if 조건문과 break를 써서 조건식이 참일 때 무한 루프에서 빠져 나오도록 위의 스크립트를 재작성한 것이다.

Script file: prog5_13.m

```
%% Program prog5_13.m
% if와 break를 사용하여 루프 빠져나오기.
count = 0;
while (1)
    count = count + 1;
    if count >= 4
        disp(count);
        break;  % 5.6.1절 참조
    end
end
```

```
>> prog5_13
    4
```

특히 조건식을 쓸 때 한 가지 유념할 점은 변수와 실수값을 등호 비교하면 가끔 무한루프에 빠질 수 있다는 사실이다. 사용자는 두 값이 같을 것으로 생각하고 비교할 수 있겠지만, 컴퓨터 내부에서 10진수는 2진수로 변환되고 하위 비트가 무한히 계속되면 유한 길이 이하는 절단될 수밖에 없어 이로인해 두 값이 서로 다를 수도 있기 때문이다.

예제 5.10 while–end 문을 써서 1+2+3+⋯+n의 값이 50보다 커지는 최소의 n을 구하는 스크립트를 작성하여라.

풀이 여기도 함수 sum을 사용해보자. 벡터 1 : n의 합 sum(1 : n)이 50 이하일 동안에는 조건식이 참이어서 n은 계속 1씩 증분되고, 최종적으로 n이 10이면 조건식이 거짓이 되어 값이 출력된다.

Script file: prog5_14.m

```
%% Program prog5_14.m
% 예제 5.10: while 루프 사용하여 1부터의 합이 50이 넘어가는 정수구하기.
n = 1;
while sum(1 : n) <= 50
    n = n + 1;
end
[n sum(1 : n)]
```

```
>> prog5_14
ans =
    10    55
```

5.5 Switch–end 문

switch-end 문도 프로그램의 흐름을 제어하기 위해 사용되지만, 하나의 변수에 대해서 여러 가지 문장을 선택해서 처리해야 하는 경우에 종종 쓰인다. 문법은 아래와 같이 switch

와 end 사이에 여러 개의 case 문을 둘 수 있고, 필요에 따라 otherwise 문도 둘 수 있다. 첫 번째 줄의 switch var를 계산한 후에 그 값이 일치되는 case 문으로 이동하여 해당 문장들을 수행한 다음 end로 건너뛰게 된다. 만약 일치하는 case 문이 없으면 otherwise 문으로 이동하여 다음 문장들을 수행하게 된다. case는 두 개 이상의 값을 가질 수 있고, 이때는 아래와 같이 중괄호 '{ }' 내에 값들을 콤마로 구분해서 나타내면 된다. var1, var2 등은 값이나 문자열이 될 수 있고 또 switch_var의 양쪽에 소괄호 '( )'를 두어도 된다.

```
switch switch_var
    case value_1
        statement
    case value_2
        statement
    case {value_3, value_4, value_5}  % case 문이 두 개 이상의 값을 가질 경우
        statement
    ...
    otherwise
        statement
end
```

예를 들어 키보드로부터 n을 입력받아 1~8 사이의 정수이면 표와 같이 대응되는 문자를 변수 color에 저장해주고, 다른 수이면 오류 메시지를 내도록 switch-end 문을 작성해 보자. 만약 5를 입력하면 문자 m이 나타날 것이다.

Index	1	2	3	4	5	6	7	8
Color	'b'	'g'	'r'	'c'	'm'	'y'	'k'	'w'

Script file: prog5_15.m

```
%% Program prog5_15.m
% switch 문의 예: 입력값에 따라 색을 배정한다.
n = input('Enter an integer number: ');  % 정수를 읽음
switch n
    case 1
        color = 'b';  % blue
    case 2
```

```
        color = 'g';  % green
    case 3
        color = 'r';  % red
    case 4
        color = 'c';  % cyan
    case 5
        color = 'm';  % magenta
    case 6
        color = 'y';  % yellow
    case 7
        color = 'k';  % black
    case 8
        color = 'w';  % white
    otherwise
        error('wrong number');
end
color
```

```
>> prog5_15
Enter an integer number: 5
color =
    'm'
```

예제 5.11 윷가락 한 개를 던질 때 곡면과 평면이 나올 확률은 각각 1/2이다. 4개의 윷가락을 동시에 던져서 도, 개, 걸, 윷, 모가 나오면 각각 1, 2, 3, 4, 5를 출력해주는 스크립트를 작성해보아라.

풀이 편의상 윷가락의 곡면을 0, 평면을 1로 간주한다. 아래 첫 문장의 rand(1, 4)는 1×4 균등난수 벡터를 생성해주므로 여기에 2를 곱하고 정수 부분만 취하면 v는 0 또는 1을 원소값으로 하는 1×4 벡터가 된다. 그다음 함수 sum으로 v의 원소들을 모두 합산하면 0, 1, 2, 3, 4 중 하나가 되고 차례로 모, 도, 개, 걸, 윷이 된다. 다음은 작성한 스크립트이다. 반복 시행할 때마다 다른 결과를 얻게 될 것이다.

Script file: prog5_16.m

```
%% Program prog5_16.m
% 예제 5.11: 윷놀이에서 도개걸윷모가 나올 때마다 1,2,3,4,5의 숫자를 출력한다.
v = fix(2 * rand(1, 4));  % 1 x 4 행벡터를 생성
switch sum(v)
    case 1
        r = 1;  % 도
    case 2
        r = 2;  % 개
    case 3
        r = 3;  % 걸
    case 4
        r = 4;  % 윷
    case 0
        r = 5;  % 모
end
r
```

```
>> prog5_16
r =
     3
```

프로그램 코딩 시 평면을 0, 곡면을 1로 해도 상관없다. 하지만 이 경우에는 v의 합 0, 1, 2, 3, 4는 각각 윷, 걸, 개, 도, 모를 의미하게 된다. 7장에서는 이 스크립트를 다시 함수로 구현하고 도, 개, 걸, 윷, 모가 나올 실험적 확률을 구해볼 것이다.

예제 5.12 입력한 성적등급이 'A'~'D'이면 'Passed', 'F'면 'Failed', 일치하는 등급이 없으면 'Invalid grade'라는 경고를 내는 스크립트를 작성하여라.

풀이 만약 'A'~'D' 사이의 등급을 입력하면 첫 번째 case 문의 값 중의 하나와 일치되어 Passed가 출력될 것이다. 함수 upper를 사용한 이유는 소문자를 입력하더라도 대문자로 변환해서 정확히 비교할 수 있도록 해주기 위함이다. 입력 시 범위 밖의 문자를 입력해보라.

Script file: prog5_17.m

```
%% Program prog5_17.m
% 예제 5.12: 입력한 성적이 따라 Pass, Fail, Invalid grade를 판정한다.
grade = input('Enter grade: ', 's'); % 문자를 읽음
switch(upper(grade))
    case {'A', 'B', 'C', 'D'}
        disp('Passed' );
    case 'F'
        disp('Failed' );
    otherwise
        warning('Invalid grade' );
end
```

```
>> prog5_17
Enter grade: y
경고: Invalid grade
> In prog5_17 (line 8)
```

5.6 Break, Continue, Return 및 Pause 명령어

5.6.1 Break 명령어

break 명령어는 for-end나 while-end 문과 같은 반복 루프 안에서 어떤 조건이 만족될 때 반복과정을 종료하기 위한 수단으로 종종 이용된다. 따라서

- 반복 루프 안에서 조건문과 함께 사용되며 어떤 조건식이 참이 되어 break가 나타나면 해당 루프의 end로 건너뛴 후 그 다음 명령문을 계속 수행하게 된다.
- 중첩 루프 속에서 사용될 때는 어떤 조건식이 참이 되어 break가 나타나면 해당 루프만 종료되고 바깥 루프는 끝날 때 까지 계속 수행된다.

예제 5.13 함수 $f(x) = 2(x-1)^2$의 최소점을 찾는 다음 알고리즘을 생각해보자.

$$x_{k+1} = x_k - \alpha f'(x_k) \tag{5.4}$$

여기서 x_k는 k번째 반복시행에서 얻은 x값, $f'(x)$는 $f(x)$의 도함수, 상수 $\alpha = 0.2$, 초기값 $x_0 = 0$이다. 정지조건 $|x_{k+1} - x_k| \leq 1 \times 10^{-6}$을 만족하는 최소점을 찾아보아라.

풀이 다음은 근사해를 찾는 스크립트이고 편의상 x_k를 x로, x_{k+1}을 xnew로 하였다. k=1, 2, …, 50인 동안 xnew가 계산되면 조건식 $|xnew - x| \leq 1 \times 10^{-6}$이 평가되고 참이면 break에 의해 for-end 문을 빠져나와 반복횟수 k와 x값을 출력한 후 정지하고, 거짓이면 x를 xnew로 갱신한 다음 루프를 반복하게 된다.

Script file: prog5_18.m

```
%% Program prog5_18.m
% 예제 5.13: 정지조건을 만족하는 함수 f(x)의 최소점을 찾는다.
x = 0; alpha= 0.2; tolerance = 1e-6;
for k = 1 : 50
    dfx = 4 * (x - 1);  % f'(x)= 4(x-1)의 계산
    xnew = x - alpha * dfx;
    if abs(xnew - x) <= tolerance
        break;
    else
        x = xnew;
    end
end
fprintf('k = %d  x = %f\n', k, xnew);
```

```
>> prog5_18
k = 10  x = 1.000000
```

여기서 최대 반복횟수를 50으로 해놓았기 때문에 이 안에 정지조건이 만족하지 않으면 수렴이 덜 된 해가 출력된다.

예제 5.14 함수 $f(x) = \tan^{-1}x$의 Maclaurin 급수는 다음 식으로 주어진다. $x = 2$일 때 뒤쪽 항의 절대값이 1×10^{-6} 보다 작게 될 때까지 급수의 합을 구하여라.

$$\tan^{-1}x = \frac{\pi}{2} + \sum_{n=1}^{\infty} \frac{(-1)^n}{(2n-1)x^{(2n-1)}} = \frac{\pi}{2} - \frac{1}{x} + \frac{1}{3x^3} - \frac{1}{5x^5} + \cdots \quad (5.5)$$

풀이 위와 같은 급수 문제를 풀 때 식대로 프로그래밍하면 거듭제곱에 대한 연산부담도 커지고 또 n이 커지면 분모가 아주 큰 값이 되어 1을 큰 수로 나누면 절단오차도 더 커진다. 위 식을 잘 관찰해보면 $n=2$부터는 현재 항은 이전 항과 $-\frac{(2n-3)}{(2n-1)x^2}$의 곱으로 표시되므로 다음과 같이 스크립트를 작성할 수 있다.

Script file: prog5_19.m

```
%% Program prog5_19.m
% 예제 5.14: Maclaurin 급수의 합구하기.
x = 2; n = 2; q = -1/x;
s = pi/2 + q;
while (1)  % 무한 루프
    q = -(2 * n - 3) / (2 * n - 1) / x^2*q;
    if abs(q) <= 1e-6
        disp(s);
        break;
    end
    s = s + q;
    n = n + 1;
end
atan(x)
```

```
>> prog5_19
    1.1071
ans =
    1.1071
```

5.6.2 Continue 명령어

continue 명령어도 for-end나 while-end 문과 같은 반복 루프 안에서 조건문과 함께 종종 사용된다. 따라서

- 어떤 조건식이 참일 때 continue가 나타나면 해당 반복 루프의 end로 건너뛴 후 다음 반복과정을 계속 수행하게 된다.
- break와 continue의 차이점은 break는 해당 루프를 종료시키지만, continue는 종료시키지 않고 나머지 루프를 계속 실행한다는 점이다.

다음은 1~11 사이의 수 중에서 3의 배수만 합산해주는 스크립트이고, 실행 결과는 아래와 같다.

Script file: prog5_20.m

```
%% Program prog5_20.m
% continue 문의 사용
sum = 0;
for k = 1 : 11
    if mod(k, 3) == 0
        sum = sum + k;
        continue;
    end
    fprintf('%3d is not divided by 3\n', k);
end
fprintf('sum = %d\n', sum);
```

```
>> prog5_20
  1 is not divided by 3
  2 is not divided by 3
  4 is not divided by 3
  5 is not divided by 3
  7 is not divided by 3
  8 is not divided by 3
 10 is not divided by 3
 11 is not divided by 3
sum = 18
```

k=1, 2, ⋯, 11인 동안 만약 k가 3의 배수이면 if 문의 조건식이 참이므로 k가 s에 합산되고 continue로 인해 바로 for 문의 end로 건너뛰어 처음으로 되돌아가지만, 3의 배수가 아니면 조건식이 거짓이어서 출력문만 실행되고 for 문의 처음으로 되돌아간다. 루프가

끝나면 합산 결과가 출력된다.

5.6.3 Return 명령어

return 명령어도 break나 continue와 유사하지만 주로 함수 내에서 사용된다는 점이 다르다. 어떤 조건식이 참이 되어 return에 도달되면 전체 루프나 나머지 명령문의 실행은 생략되고 바로 호출 함수로 되돌아간다.

앞서 다루었던 **prog5_18.m**을 다시 함수로 작성해본다. 함수 MySol은 초기값 x, 최대 반복횟수 nmax, 허용오차 tolerance를 입력받아 해 x를 계산하고 반환한다. 함수에 대한 자세한 설명은 7장을 참조한다.

Function file: MySol.m

```
function xnew = MySol(x, nmax, tolerance)
alpha = 0.2;
for k = 1 : nmax
    dfx = 4 * (x - 1);  % f'(x)의 계산
    xnew = x - alpha * dfx;
    if abs(xnew - x) <= tolerance
        return;  % 호출 함수로 되돌아감
    else
        x = xnew;
    end
end
warning('Unsuccessfully completed!');
```

루프가 반복되는 동안 xnew가 새로 계산되고 만약 조건식 $|xnew - x| \leq tolerance = 1 \times 10^{-6}$이 참이면 return에 의해 xnew를 반환하고 호출문으로 되돌아가고, 거짓이면 x를 xnew로 갱신하고 for 문의 처음으로 되돌아간다. 만약 k가 nmax일 때도 정지조건이 만족하지 않으면 Unsuccessfully completed! 라는 경고를 내고 수렴되지 않은 해가 반환된다. 명령줄에서 다음과 같이 호출하면 결과를 얻을 수 있다.

```
>> x = MySol(0, 30, 1e-6)
x =
    1.0000
```

5.6.4 Pause 명령어

pause 명령이는 잠시 출력값을 확인할 동안 프로그램 실행을 멈추게 하고 싶거나, 혹은 그래픽 도형을 그리면서 간단하게 애니메이션 효과를 내고 싶을 때 사용된다. 그 형식은 다음과 같다.

- pause % 아무 키나 누를 때까지 대기한다.
- pause(n) % n초간 멈췄다가 다시 실행한다.

여기서 n은 대기시간을 의미하며, 초 단위이고 최저 0.01초까지 사용할 수 있다.

한 예로 다음 스크립트와 같이 반복되는 루프 속에 pause를 넣어 두면 키를 눌러가면서 f(x) 값을 확인할 수 있다. 특히 긴 프로그램에서 런타임 오류가 일어날 때 프로그램 중간 중간에 pause를 넣어서 의심되는 변수를 출력하면서 확인할 수 있다.

Script file: prog5_21.m

```
%% Program prog5_21.m
% pause 문의 사용
for x = 0 : 0.5 : 2
    fx = x * exp(-x)
    disp('Hit any key');
    pause  % 아무 키를 누를 때까지 대기
end
```

다음은 sin(t)와 cos(t) 그래프를 그릴 때 애니메이션 효과를 내도록 pause을 사용한 예이다. 실행해보면 선이 움직이는 것을 볼 수 있다. 하지만 이런 식의 프로그래밍은 대단히 비능률적이어서 짧은 프로그램에서만 써야 할 것이다. 이를 보완한 애니메이션 프로그램은 10.2.2.4절에서 다시 보일 것이다. 애니메이션에 대한 자세한 것은 참고문헌 [4]를 참조하기 바란다.

Script file: prog5_22.m

```
%% Program prog5_22.m
% pause(n) 구문의 사용
```

```
buf = [ ];
for t = 0 : 0.02 : 3*pi
    buf = [buf; t sin(t) cos(t)];
    plot(buf(:, 1), buf(:, 2), 'k', buf(:, 1), buf(:, 3), 'r:')
    axis([0 3*pi -1.2 1.2])
    title('Sine and Cosine Graphs')
    xlabel('t'), ylabel('sin(t) and cos(t)')
    grid on
    pause(0.01);
end
```

5.7 Tic, Toc 및 Clock 명령어

MATLAB은 프로그램 수행 연산의 경과 시간을 측정하고 또 날짜와 시간 정보를 알려주는 다음 명령어를 제공하고 있다.

- tic % 스톱워치 타이머를 시작한다.
- toc % 스톱워치로부터 경과된 시간을 읽는다.
- elapsedTime = toc % 스톱워치로부터 경과된 시간을 읽어 elapsedTime에 저장한다.
- c = clock % 현재의 날짜와 시간 정보 [year month day hour minute second]를 반환한다.
- [n, s] = weekday(d) % 날짜를 담은 문자열로부터 요일을 계산해서 반환한다. 일요이면 n = 1, s = 'Sun', 월요일이면 n = 2, s = 'Mon',..., 토요일이면 n = 7, s = 'Sat'이다.

MATLAB은 실행속도를 향상시키기 위해 벡터화와 배열 연산 기법을 도입하고 이를 기반으로 하는 많은 내장함수를 만들어 제공하고 있다. 만약 주어진 문제를 내장함수로 해결할 수 있다면 가급적이면 for-end 문, while-end 문과 같은 반복 루프의 사용을 피하는 것이 좋다.

다음 두 스크립트는 각각 for-end 문과 내장함수를 써서 3000×3000 마방진 행렬의 모든 원소들을 합산하는데 소요되는 실행시간을 측정하고 있다. 경과 시간은 tic과 toc 명령어로 잰다.

Script file: prog5_23.m

```
%% Program prog5_23.m
% tic과 toc을 이용한 실행시간 측정, 원소 계산
A = magic(3000);
tic
[n, m] = size(A);
s = 0;
for i = 1 : n
    for j = 1 : m
        s = s + A(i, j);
    end
end
s
toc
```

```
>> prog5_23
s =
   4.0500e+13
경과 시간은 0.370616초입니다.
```

Script file: prog5_24.m

```
%% Program prog5_24.m
% tic과 toc을 이용한 실행 시간 측정, 벡터계산
A = magic(3000);
tic
s = sum(A(:));
s
toc
```

```
>> prog5_24
s =
   4.0500e+13
경과 시간은 0.010052초입니다.
```

두 프로그램의 경과 시간을 보면 for-end 문을 사용한 것은 0.370616초인데 비해, 함수 sum을 사용한 것은 0.010052초에 불과하다. 행렬의 크기나 컴퓨터 성능에 따라 차이는 있을 수 있지만 후자의 방법이 전자에 비해 약 30배 이상 빠른 것을 알 수 있다.

다음은 선형방정식 $\mathbf{Ax} = \mathbf{b}$의 차원을 1과 50 사이에서 변경해가면서 해를 얻는데 걸리는 시간을 측정하고 이를 그래프로 그리는 스크립트이다. 여기서 구한 결과는 사용자의 컴퓨터 기종 등에 따라 차이가 날 수 있음에 유의하라.

Script file: prog5_25.m

```
%% Program prog5_25.m
% 선형방정식의 해를 얻는데 걸리는 시간 측정
elapsedTime = zeros(1, 50);
for n = 1 : 50
    A = rand(n);
    b = rand(n, 1);
    tic;
    x = A \ b;
    elapsedTime(n) = toc;
end
plot(elapsedTime, 'k')
```

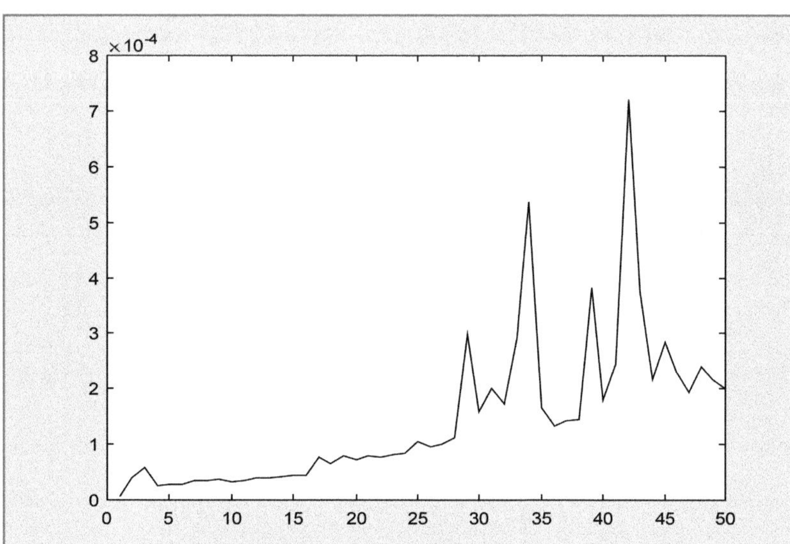

그림 5.5 n에 따른 경과시간 그래프

현재의 시각 정보를 얻을 때에는 다음과 같이 하면 된다. clock 명령어를 쓰면 년, 월, 일, 시, 분, 초의 정보가 반환되므로 배열 c에 저장하고 4, 5, 6번째 원소를 취하면 된다. 또 weekday를 쓰면 날짜 정보를 담은 문자열로부터 해당 요일을 알 수 있다.

Script file: prog5_26.m

```
%% Program prog5_26.m
% 현재의 시각 정보 얻기
c = clock;
hr = c(4)
min = c(5)
sec = c(6)
[n, s] = weekday('28-Jul-2020')
```

```
>> prog5_26
hr =
    13
min =
    49
sec =
   32.1100
n =
     3
s =
    'Tue'
```

연습문제

01 x = 2, y = 5일 때 연산자 우선순위를 고려해 다음 식의 값을 구하여라.

(1) x < y/3 + 1　　　　(2) x + 2 == y^2 - 20

(3) 2 * sqrt(x) ~= sqrt(y) / 2　　　　(4) ~x - y

02 x = −1, y = 3일 때 다음 값을 구하여라.

(1) p = xor(x, y)　　　　(2) q = ~(x > y)

(3) r = x > 0 && y == 3　　　　(4) s = (2x + 1 < y/2) || (~x + 1)

03 $A = \begin{bmatrix} -4 & 3.45 & 12 \\ 9 & 0 & -6 \end{bmatrix}$일 때 다음을 구하여라.

(1) A > 0 & A < 5　　　　(2) A == 0 | A > pi

(3) A >= 5 | A < -5

04 A = rand(8) > 0.8 명령문으로 행렬 A를 생성한 후 원소 중에 1이 몇 개 들어 있는지를 구하여라.

05 find 함수로 행렬 A의 원소 중에서 2 보다 큰 것을 찾아 2로 설정하여라.

$$A = \begin{bmatrix} 3 & 5 & -1 \\ 1.4 & 2 & 9 \end{bmatrix}$$

06 구간 $0 \leqq x \leqq 2\pi$를 등간격 $\pi/50$로 x를 취해 $y = \sin(x)$를 구한 다음 find 함수로 y의 원소가 0.5보다 크면 0.5로, −0.5보다 작으면 −0.5로 설정하여라.

07 for–end 흐름 제어문으로 다음 행렬을 만들어라.

$$A = \begin{bmatrix} 1 & -2 & 0 & 0 \\ -3 & 1 & -2 & 0 \\ 0 & -3 & 1 & -2 \\ 0 & 0 & -3 & 1 \end{bmatrix}$$

08 for-end 문을 사용하여 다음 보기의 식의 값을 구하여라. 다시 sum 함수를 써서 구하고, 비교하여라.

(1) $S = \sum_{k=1}^{10} (3k + 2^k)$ (2) $S = \sum_{n=1}^{10} \frac{n}{(n+1)(2n-3)}$

(3) $S = \sum_{n=1}^{10} \frac{1}{4}\left(\frac{1}{n} - \frac{1}{n+1}\right)$ (4) $S = \sum_{k=0}^{5} \left(\frac{1}{2}\right)^k \cos k\pi$

09 for-end 문을 써서 다음 행렬과 벡터의 곱 C = AB을 구하여라.

$$A = \begin{bmatrix} 1 & -2 & 0 & 0 \\ -3 & 1 & -2 & 0 \\ 0 & -3 & 1 & -2 \\ 0 & 0 & -3 & 1 \end{bmatrix}, \ B = \begin{bmatrix} 1 \\ 3 \\ 0 \\ 9 \end{bmatrix}$$

10 for-end 문으로 피보나치 수열을 발생하는 스크립트를 작성하고 두 인접한 수의 비가 황금비 $(\sqrt{5}-1)/2 = 0.6180$에 근접해감을 보여라.

$f_n = f_{n-1} + f_{n-2}, f_0 = 0, f_1 = 1$

$n = 2, 3, 4, 5...$

11 $x = 0 \sim 2$ ($\Delta x = 0.1$)일 때 $f(x)$를 계산해주는 스크립트를 작성하여라. 단, $p_1 = 0.5$, $p_2 = 1$, $p_3 = 1.5$이다.

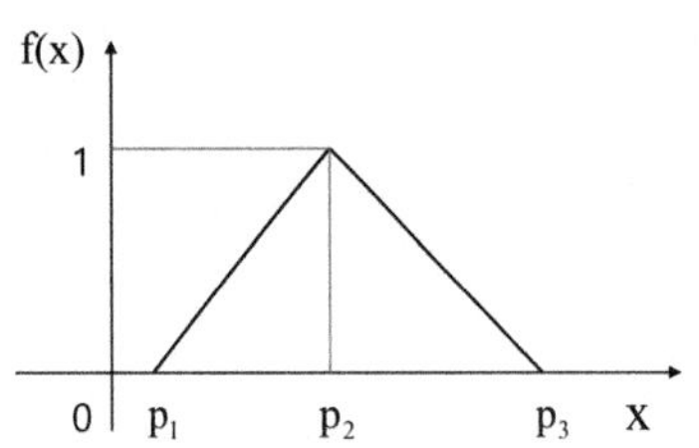

$$f(x) = \begin{cases} \frac{1}{p_2 - p_1}(x - p_1) & , p_1 \leqq x < p_2 \\ \frac{1}{p_2 - p_3}(x - p_3) & , p_2 \leqq x < p_3 \\ 0 & , \text{elsewhere} \end{cases}$$

12 while-end 문을 사용하여 1~20 사이의 3의 배수들의 합을 구하여라.

13 while-end 문을 써서 $2^n \geqq 2000$이 되는 최소의 자연수 n을 구하여라.

14 while-end 문을 써서 15!을 구하여라.

15 함수 $f(x) = e^{-x}$의 Maclaurin 급수는 다음 식과 같다. $x = 1$일 때 뒤의 항의 절대값이 1×10^{-6} 보다 작게 될 때까지 급수의 합을 구하여라.

$$e^{-x} = \sum_{n=0}^{\infty} \frac{(-1)^n}{n!} x^n = 1 - \frac{1}{1}x + \frac{1}{2!}x^2 - \frac{1}{3!}x^3 + \ldots$$

16 Chebyshev 다항식은 다음과 같이 정의된다.

$$T_0(x) = 1, T_1(x) = x$$

$$T_n(x) = 2xT_{n-1}(x) - T_{n-2}(x), \ n \geqq 2$$

6차 Chebyshev 다항식의 계수를 구하고 $x = 2$일 때 그 값을 구하는 스크립트를 작성하여라.

17 확률변수 X에 대해 확률분포표를 나타내면 다음과 같다.

X	1	2	3	4	합계
$P(X=x_i)$	1/14	6/14	6/14	1/14	1

(1) 평균 $E(X) = m = \sum_{i=1}^{4} x_i p_i$을 구하여라.

(2) 분산 $V(X) = \sum_{i=1}^{4} x_i^2 p_i - m^2$을 구하여라.

18 주사위 세 개를 동시에 던지는 실험에서 세 수가 666이면 문자열 'Bingo!'을 출력하고 끝내는 프로그램을 작성하여라. 몇 번 루프 만에 끝내는지를 출력해서 실험적 확률을 구하고 수학적 확률 $1/6^3$과 비교해보아라.

19 1~7 사이의 정수를 키보드로부터 받아 1과 7이면 'Weekend', 나머지는 'Weekday', 범위를 벗어난 수를 입력하면 'Wrong'을 출력하는 스크립트를 작성하여라.

20 아래와 같이 1과 4 사이의 정수를 원소를 가지는 1×15 벡터를 생성한 다음 인접한 1의 개수를 구하여라.

s = [1 3 1 4 1 1 4 3 3 1 1 1 4 2 4]

CHAPTER 6

데이터 저장하고 불러오기

이 장은 데이터 입출력 방법과 외부의 물리적 공간에 파일을 쓰고 읽는 사용법에 대해 다룬다.

6.1 화면에서 데이터 입출력하기

6.1.1 입력 명령어와 함수

키보드로부터 데이터를 입력받을 때 사용하는 함수로는 input이 있으며 그 형식은 다음과 같다.

- var = input('Enter var: ') % 입력한 값을 숫자로 반환한다.
- var = input('Enter var: ', 's') % 입력한 값을 문자열로 반환한다.

다음은 명령창에서 input를 실행하고 3.14를 읽는 예이다. 명령문이 실행되면 문자열 Enter var:가 화면에 출력되고 커서가 깜박거리면서 사용자가 입력할 때까지 기다린다. 입력하고 〈Enter〉키를 누르면 값이 var에 할당된다.

```
>> var = input('Enter var: ')
Enter var: 3.14
var =
    3.1400
```

input 함수로 배열 입력도 가능하다. 다음 예와 같이 문자열 Enter 2x2 matrix:가 나타나고 커서가 깜박거릴 때 대괄호 [ ] 안에 행렬을 입력하듯이 값을 넣어주면 된다.

```
>> A = input('Enter 2x2 matrix: ')
Enter 2x2 matrix: [1 2; 3 4]
A =
     1     2
     3     4
```

다음은 키보드로부터 문자 Y(또는 y) 또는 N(또는 n) 하나를 입력받아 그 결과를 화면에 보여주는 스크립트이다. 실행되면 명령창의 화면에 Enter Y/N: 가 나타난다. y 또는 n을 입력하고 〈Enter〉 키를 누르면 변수 reply에 저장되어 돌아온다. 만약 입력한 값이 빈 문자이면 끝내고, 아니면 대문자로 변환한 후 Y이면 "Your reply is Yes."를, N이면 "Your reply is No."를 출력해준다. 여기서 upper 함수를 쓴 것은 소문자를 입력하더라도 같은 응답으로 인식해주기 위함이다.

Script file: prog6_1.m

```
%% Program prog6_1.m
% 키보드로부터 문자 Y(또는 y) 또는 N( 또는 n)을 입력받아 화면에 출력한다.
reply = input('Enter Y/N: ', 's');
if ~isempty(reply)
    if upper(reply) == 'Y'
        fprintf('Your reply is %s. \n', 'Yes');
    elseif upper(reply) == 'N'
        fprintf('Your reply is %s. \n', 'No');
    end
end
```

```
>> prog6_1
Enter Y/N: y
Your reply is Yes.
```

예제 6.1 화면으로부터 문자 Y(y) 또는 N(n) 하나를 읽되 만약 바르게 입력하면 빠져나와 "Your reply is Y." 또는 "Your reply is N."를 출력하고 끝내고, 그렇지 않으면 계속 "Enter Y/N: "를 화면에 보여주며 입력을 유도하는 스크립트를 작성하여라.

풀이 작성한 스크립트는 다음과 같다. Y(y) 또는 N(n) 문자 하나를 입력하면 break에 의해 빠져나오지만 그렇지 않으면 바르게 입력할 때까지 루프가 무한히 반복된다.

Script file: prog6_2.m

```
%% Program prog6_2.m
% 예제 6.1: 화면으로부터 문자 Y(y) 또는 N(n)을 입력 받아 문장을 출력한다.
while (1)
    reply = input('Enter Y/N: ', 's');
    reply = upper(reply);
    if reply == 'Y' | reply == 'N'
        break;
    end
    disp('Wrong reply')
end
fprintf('Your reply is %s. \n', reply);
```

한편 m-파일을 실행하는 도중에 잠시 제어권을 명령창으로 넘겨줄 때 사용되는 명령어가 keyboard이다.

- keyboard % 키보드로 제어권을 넘긴다.

스크립트 내에서 keyboard 명령어를 만나면 명령창에 아래와 같이 K로 시작되는 프롬트가 나타난다.

```
K>>
```

여기서 작업공간 내의 변수 값을 확인하거나 혹은 변수에 새로운 값을 할당할 수도 있다. 이 키보드 모드는 디버깅 모드로 들어가는 명령으로, 작업을 다 마쳤으면 디버깅 모드를 벗어나는 dbcont를 입력하고 〈Enter〉 키를 치면 빠져나오게 된다.

6.1.2 출력 명령어와 함수

앞서 살펴보았듯이 MATLAB은 명령문 끝에 세미콜론 (;)을 생략하고 〈Enter〉키를 누르면 자동으로 그 결과를 화면에 표시해준다. 기본설정에 의하면 실수 값은 소수점 아래 4자리수 고정소수점으로 표시해주지만 format 명령어로 이 자리수를 늘일 수 있다.

- format short % 소수점 아래 4자리수 고정소수점으로 표시한다.
- format long % 소수점 아래 15자리수 고정소수점으로 표시한다.

format long을 실행한 후 $\sqrt{3}$을 출력해본다. 더 많은 자리수가 나타남을 알 수 있다. 다시 원래 기본설정으로 되돌아오고 싶으면 format short를 입력하면 된다.

```
>> x = sqrt(3)
x =
    1.7321
>> format long
>> x = sqrt(3)
x =
   1.732050807568877
>> format short
>> x = sqrt(3)
x =
    1.7321
```

이런 자동 출력의 기본설정을 변경하는 명령어 외에 화면에 값을 출력해주는 함수로 disp, fprintf와 sprintf가 있으며, 이들의 형식은 다음과 같다.

- disp(var) % 기본설정으로 var의 값을 화면에 출력한다.
- fprintf(format, var1, var2) % var1, var2의 값을 형식 지정자에 맞도록 화면에 출력한다.
- sprintf(format, var1, var2) % var1, var2의 값을 형식 지정자에 맞도록 문자로 변환하고 화면에 출력한다.
- srt = sprintf(format, var1, var2) % var1, var2의 값을 형식 지정자에 맞추어 문자로 변환하고 str에 저장한다.

특히 문자열과 수치값을 형식화해서 출력하려면 fprintf를 쓰면 된다. 형식 지정자는 아포스트로피(' ') 안에 퍼센트 기호(%), 변환문자와 연산자, 텍스트 문자, 이스케이프 문자의 조합으로 된 문자열을 말한다.

6.1.2.1 변환문자(Conversion character)와 연산자(Operator)

형식 지정을 위해 사용되는 변환문자와 선택적 연산자들은 다음 순으로 되어 있다.

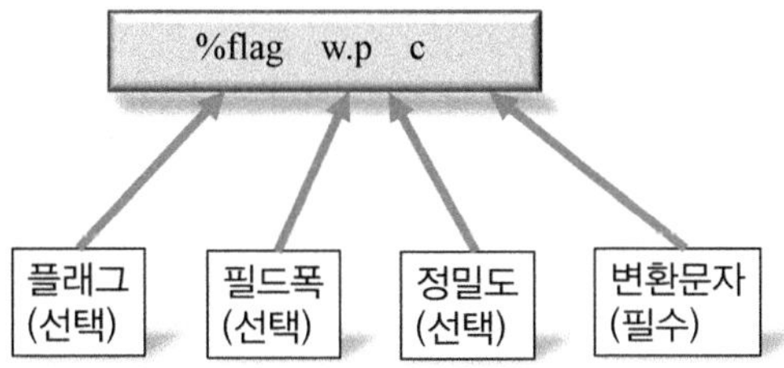

- flag는 선택 사항(Option)이고 다음 문자 중 하나가 될 수 있다.

플래그	설명
+	출력 값이 0 이상일 때 앞에 +를 붙여줌
–	필드의 왼쪽으로 값을 정렬함
0	값이 필드 폭보다 짧으면 값 앞에 0을 채워 넣음

- 필드 폭(Field width) w는 출력되는 전체 자리수를, 정밀도(Precision) p는 소수점 오른쪽에 표시할 자리수를 의미하며 선택사항이다.
- 변환문자(Conversion character) c는 값의 표기법을 규정하는 것으로써 필수사항이고 자주 사용되는 몇 가지는 다음과 같다.

값 형식	변환문자	설명
정수	d	십진수로 표기(예, 35)
	i	읽는 값으로부터 표기할 진수를 결정, 기본값은 십진수
	u	무부호 정수로 표기
	o	8진수로 표기
	x	16진수로 표기
실수	f	고정소수점으로 표기(예, 3.141593)
	e	소문자 e를 이용한 지수 표기(예, 3.141593e+000)
	E	대문자 E를 이용한 지수 표기(예, 3.141593E+000)
	g	f 표기와 e 표기중 더 짧은 쪽으로 표기
문자	s	문자열을 표기
	c	문자 하나를 표기

6.1.2.2 텍스트 문자(Literal text)

출력될 텍스트 문자열을 의미한다.

6.1.2.3 이스케이프 문자(Escape characters)

출력을 제어하기 위한 문자이며 자주 사용되는 몇 가지는 다음과 같다. 더 자세한 것은 도움말창에서 찾을 수 있다.

\n	New line
\b	Backspace
\t	Horizontal tab
\a	Alarm

다음 예를 살펴본다.

```
>> x = 2.12345; y = [12 92 32];
>> disp(x), disp(y), disp([ 'y = ', num2str(y)])
   2.1235
   12    92    32
y = 12  92  32
```

처음의 2개의 disp 명령들은 단순히 MATLAB이 제공하는 기본 설정에 따라 x와 y의 값을 출력해주며, 마지막 disp는 y 값을 문자열로 변환하고 이를 'y = '와 결합한 후 출력해준다.

다음 예로 정수값을 출력해본다.

```
>> m = 2; n = 124; y = n^m;
>> fprintf('%d %d %6d\n', m, n, y)
2 124  15376
```

사용자가 지정한 포맷에 따라 fprintf는 m을 %d로, 공백을 하나 두고, n을 %d로 또 다시 공백을 하나 두고, y를 %6d로 출력하고 커서 위치를 다음 줄의 첫 열로 되돌려주고 끝낸다. m과 n은 필드 폭이 지정되지 않아 값의 길이대로 출력되었고, y는 6자리 필드 폭에 출력되었다. 만약 필드 폭을 지정하지 않고 사용할 때는 %d와 %d 사이에 공백을 두지 않으면 두 수가 붙게 됨에 유의한다.

다음 예는 먼저 문자열 'x= '를 출력한 다음 x값을 %f로, 다시 문자열 ', y='를 출력한 다음, y를 10자리의 필드 폭에 소수점 아래 6자리 고정소수점으로 출력해준다.

```
>> x = 2.1235; y = exp(0.2*x);
>> fprintf('x = %f, y = %10.6f \n', x, y)
x = 2.123500, y =   1.529132
```

다음 예는 먼저 문자열 'x = '를, 다음 x값을 %e로, 다시 문자열 ', y = '를, 마지막으로 y를 15자리의 필드 폭에 소수점 아래 6자리 지수로 출력해준다.

```
>> x = 2.1235; y = exp(0.2*x);
>> fprintf('x = %e, y = %15.6e\n', x, y)
x = 2.123500e+00, y =    1.529132e+00
```

다음 예는 두 문자열을 출력한 결과이다. 처음 것은 필드 폭을 지정하지 않고 s1과 s2를 출력하였고, 두 번째 것은 각각 12, 10자리의 필드 폭에 출력하였다.

```
>> s1 = 'Good '; s2 = 'morning!';
>> fprintf('%s %s\n', s1, s2)
Good  morning!
>> fprintf('%12s %10s\n', s1, s2)
       Good    morning!
```

한편 변수가 배열인 경우에는 MATLAB은 첫째 열, 둘째 열,…, 마지막 열 순으로 원소들을 차례대로 출력해주므로 주의할 필요가 있다. m×n 행렬의 출력은 이를 mn×1 벡터로 정렬해서 출력해주는 것으로 생각할 수 있다. 아래 예를 살펴보자.

```
>> A = [1 2 3; 4 5 6; 7 8 9]
A =
     1     2     3
     4     5     6
```

```
    7     8     9
>> fprintf('%3d \n', A)  % 필드 폭을 3으로 하여 원소 하나를 출력하고 줄 바꿈
  1
  4
  7
  2
  5
  8
  3
  6
  9
>> fprintf('%3d', A)  % 필드 폭을 3으로 하여 줄 바꿈 없이 출력
  1  4  7  2  5  8  3  6  9
>> fprintf('%3d %3d %3d \n', A)  % 필드 폭을 3으로 하여 3개를 출력하고 줄 바꿈
  1   4   7
  2   5   8
  3   6   9
```

A는 3×3 행렬이고 첫 번째 fprintf에는 %3d 하나만 들어 있으므로 원소 하나가 출력되고 줄을 바꿔 다시 하나가 출력되는 방식으로 결국 한 열로 출력되고, 두 번째 fprintf에는 전과 비슷하지만 \n이 없으므로 줄 바꿈이 일어나지 않고 행으로 출력된다. 세 번째 fprintf에는 3개의 연산자가 사용되므로 세 원소가 먼저 행으로 출력되고, 줄을 바꿔 다음 세 원소가 출력되고, 또 줄을 바꿔 나머지 세 원소가 출력되지만 원래 A와는 다르게 출력된다. 그 이유는 앞서 설명하였듯이 열 순서대로 원소들을 출력해주기 때문이다. 원래 A와 같은 모양으로 출력하려면 아래와 같이 하면 된다.

Script file: prog6_3.m

```
%% Program prog6_3.m
% fprintf 문의 사용
A = [1 2 3; 4 5 6; 7 8 9];
for i = 1 : 3
    for j = 1 : 3
        fprintf('%3d', A(i, j))
    end
    fprintf('\n');  % 한 행을 출력한 후 줄 바꿈을 함
end
```

이를 실행하면 다음 값을 얻는다.

```
>> prog6_3
  1  2  3
  4  5  6
  7  8  9
```

한편 숫자를 문자열로 변환해서 문자열 연산에 활용하거나 그래픽 화면에 출력할 경우에는 sprintf를 쓰면 된다. 이때 반환되는 결과들이 숫자로 보일지라도 문자열임을 알아야 한다.

```
>> A = [1 2 3; 4 5 6];
>> [r, c]= size(A);  % 행과 열의 수를 얻음
>> str = sprintf('The array size is %d x %d. \n', r, c)  % r과 c를 정수 형식으로 변환
str =
    'The array size is 2 x 3.
    '
>> x = sqrt(2);  % 숫자
>> s = 'sqrt(2) is ';  % 문자열
>> sprintf('%s %6.4f \n', s, x)  % x를 실수형 문자열로 변환
ans =
    'sqrt(2) is  1.4142
    '
```

첫 번째 sprintf는 행렬 A의 행과 열의 수를 정수(%d)형 문자열로 변환해서 전체 문자열 사이에 끼워 넣고, 두 번째 sprintf는 문자열 s를 %s로, 숫자 x를 %6.4f의 고정소수점으로 표시되는 문자열로 변환해서 문자열 뒤쪽에 붙이고 있는 것을 볼 수 있다.

6.2 파일에 데이터 저장하고 읽기

6.2.1 파일에 데이터 저장하기

fprintf는 앞서 살펴본 바와 같이 프로그램에서 생성된 값들을 화면에 출력할 때 사용되지만 파일에 저장할 때도 사용된다. 일단 파일에 값들을 저장해 놓으면 추후 다른 프로그램

에서 불러 사용할 수도 있다. fprintf로 값을 파일에 저장할 때는 fopen와 fclose 함수와 함께 쓰이며 이들의 형식은 다음과 같다.

- fid = fopen(fname, permission) % permission 코드로 fname 이름의 새로운 파일을 생성하거나 또는 기존 파일을 열고 파일 식별자 fid를 넘겨준다.
- fclose(fid) % 열린 fid의 파일을 닫는다.
- fprintf(fid, format, var1, var2) % fid를 갖는 파일에 var1, var2 값을 형식 지정자에 맞추어서 출력한다.

자주 사용되는 permission 코드는 다음과 같다.

- r : 읽기 파일을 연다(기본 설정). 파일이 존재하지 않으면 오류를 낸다.
- w : 쓰기 파일을 연다. 파일이 없으면 새로 만들고, 파일이 존재하면 이전에 저장된 내용들을 삭제하고 그 위에 쓴다. 쓰기 파일을 열 경우에는 주의가 필요하다.
- a : 기존의 파일을 열어 그 끝에 추가한다.

새로운 파일 fname3에 x, y, z 세 데이터를 저장하고 확인해주는 예는 다음과 같다.

```
>> x = sin(1.2*pi); y = cos(1.2*pi); z = exp(-1.2*pi);
>> fpid= fopen('fname3', 'w');  % 쓰기 파일을 열고 파일 식별자를 얻음
>> fprintf(fpid, '%15.6f  %15.6f  %15.6f\n', x, y, z);
>> fclose(fpid);
>> type fname3
     -0.587785         -0.809017         0.023054
```

정수와 문자열 데이터를 새로운 파일 fname4에 저장하고 확인해주는 예는 다음과 같다.

```
>> v = 57; unit = 'km/hr';
>> fpid = fopen('fname4', 'w');  % 쓰기 파일을 열고 파일 식별자를 얻음
>> fprintf(fpid, 'speed = %d %s \n', v, unit);
>> fclose(fpid);
>> type fname4

speed = 57 km/hr
```

6.2.2 파일로부터 데이터 읽기

파일에 저장된 값들은 fopen, fclose 함수와 함께 fscanf 함수로 형식을 갖춰 읽을 수 있다. fscanf와 관련된 함수와 명령어들의 형식은 다음과 같다.

- var = fscanf(fid, format) % fid를 갖는 파일에서 데이터를 읽어 var에 저장한다.
- var = fscanf(fid, format, size) % fid를 갖는 파일에서 size 크기의 데이터를 읽어 var에 저장한다.
- fname = uigetfile(filterspec) % filterspec 유형의 파일 목록을 보여주는 다이얼로그 박스에서 하나를 선택하면 선택된 파일명을 돌려준다.
- type filename % filename의 내용을 화면에 보여준다.

여기에서 size는 읽어 들이는 데이터 수를 뜻한다. 예로 size가 N이면 N개의 데이터를 열벡터로, [M, N]으로 설정되면 M ◦ N 개의 데이터를 M × N 행렬로, inf이면 주어진 파일의 끝까지 읽어 들인다. 한편 자주 사용되는 filterspec은 다음과 같다.

`*.dat`	확장자 dat를 가지는 파일
`*.m`	확장자 m을 가지는 m-파일
`*.*`	모든 파일

다음은 3×4 난수를 발생시켜 `fname5.dat`파일에 저장하고, 저장된 데이터를 다시 읽어주는 예를 보여준다.

```
>> rdata = rand(3, 4)
rdata =
    0.9157    0.6557    0.9340    0.7431
    0.7922    0.0357    0.6787    0.3922
    0.9595    0.8491    0.7577    0.6555
>> fpid = fopen('fname5.dat', 'w');  % 쓰기 파일을 열고 파일 식별자를 얻음
>> fprintf(fpid, '%f', rdata); % 12 x 1 벡터로 저장해줌
>> fclose(fpid);
>> fpid = fopen('fname5.dat', 'r');  % 읽기 파일을 열고 파일 식별자를 얻음
>> A = fscanf(fpid, '%f', [3, 4]) % 3 x 4 행렬로 읽음
A =
```

```
    0.9157    0.6557    0.9340    0.7431
    0.7922    0.0357    0.6787    0.3922
    0.9595    0.8491    0.7577    0.6555
>> fclose(fpid);
```

다음은 다이얼로그 박스에서 선택한 파일명으로부터 데이터를 읽는 화면을 보여준다.

```
>> fname = uigetfile('*.dat');
>> fpid = fopen(fname, 'r');
>> A = fscanf(fpid, '%f', [3, 4])
>> fclose(fpid);
```

만약 다이얼로그 박스에서 fname5.dat를 선택하게 되면 실행 결과는 앞의 경우와 같게 될 것이다.

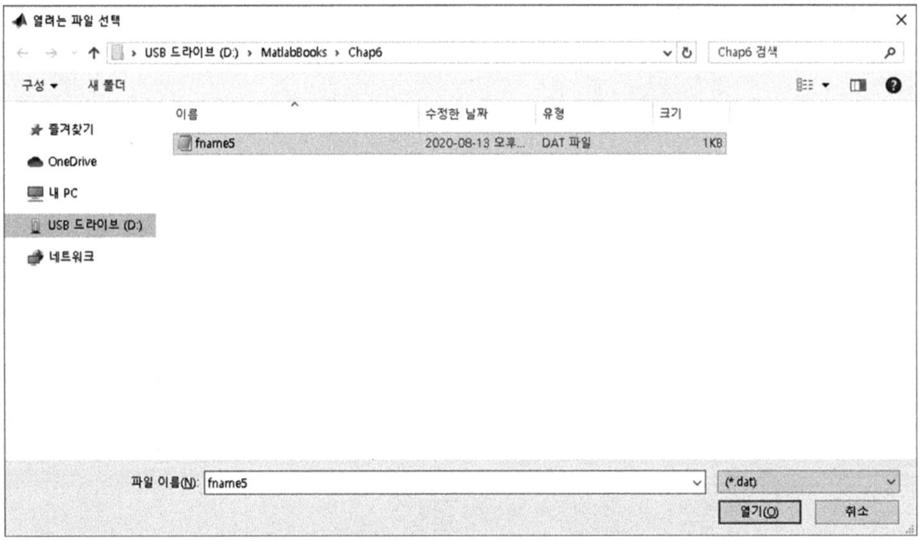

그림 6.1 파일 선택을 위한 다이얼로그 박스

6.3 작업공간의 데이터 저장과 불러오기

명령줄이나 스크립트 파일에서 변수에 값을 할당하면 작업공간(Workspace)이라는 메모리 공간에 저장되어 남아 있게 된다. 작업공간에 저장된 변수들은 clear 명령어를 사용하거나 MATLAB을 종료하면 모두 지워지므로 추후 사용할 수 있도록 몇 가지 방법으로 물리적 저장 매체에 저장할 수 있다.

6.3.1 데이터 저장하기

6.3.1.1 MAT-파일로 저장하기

작업공간에 저장되어 있는 변수 값을 MAT-파일, 즉 이진파일(Binary file)로 저장할 때에는 save 명령어를 사용하면 된다.

- save fname var1 var2 % 변수 var1, var2의 값, 변수명, 유형 등을 파일명 fname에 저장한다. 저장할 변수가 더 있으면 공백을 두고 추가할 수 있다.
- save('fname', 'var1', 'var2') % 위와 같은 결과가 나온다.

이 명령문을 실행시키면 자동적으로 확장자 '.mat'가 붙는 이진파일 fname.mat가 생성된다. 다음은 p = 10, q = cos(p) 값을 fname1.mat에 저장해주는 예이고, ls는 생성된 파일의 목록을 보여준다.

```
>> p = 10; q = cos(p);
>> save fname1 p q
>> save('fname1', 'p', 'q') % 위의 명령문과 같음
>> ls

.          ..          fname1.mat
```

MAT-파일은 텍스트 파일에 비해 입출력 처리 속도가 빨라 대용량의 데이터를 읽고 쓸 때 효과적이다. 하지만 일반적인 파일 편집기로는 열어볼 수 없음을 유념해야 한다.

6.3.1.2 ASCII 파일로 저장하기

한편 명령이 save는 ASCII 또는 텍스트 형식의 파일 저장에도 쓸 수 있으며, 이때는 다음과 같은 형식으로 쓰면 된다.

- save fname var1 var2 -ascii % 변수 var1, var1의 값을 파일명 fname에 ASCII 형식으로 저장해준다.
- save('fname', 'var1', 'var2', '-ascii') % 위의 명령과 결과는 같다.

예컨대 결합된 변수 buf의 값을 파일명 fname2에 ASCII 형식으로 저장하고 싶으면 다음과 같이 하면 된다.

```
>> p = 10; q = cos(p); buf = [p q];
>> save fname2 buf -ascii
>> save('fname2', 'buf', '-ascii') % 위의 명령어와 같음
>> ls

.          ..          fname1.mat  fname2
```

ASCII 형식으로 저장된 파일 내용은 type 명령어로 볼 수 있다.

```
>> type fname2
  1.0000000e+01  -8.3907153e-01
```

6.3.2 데이터 불러오기

6.3.2.1 MAT-파일 불러오기

save의 반대 개념으로써 load는 저장된 파일로부터 데이터를 읽어주는 명령어이다. 먼저 MAT-파일을 읽기 위해서는 다음 형식을 사용하면 된다.

- load fname % fname.mat 파일로 저장된 변수들을 읽는다. 실행이 되면 파일의 모든 변수들이 저장 당시의 이름, 유형, 값을 가지고 작업공간에 추가된

다. 확장자 '.mat'는 디폴트 값으로 생략 가능하다.

- load('fname') % 위와 같다.

fname에 어떤 변수가 저장되어 있는지를 알고 싶을 때에는 who 명령어를 사용하면 된다.

```
>> p = 10; q = cos(p); buf = [p q];
>> save fname2 buf -ascii
>> clear all  % 이전에 사용했든 모든 작업변수들을 지움
>> load fname1  % fname1.mat 파일을 읽음
>> who  % 변수명을 보여줌

사용자의 변수:

buf

>> buf
buf =
   10.0000   -0.8391
```

6.3.2.2 ASCII 파일 불러오기

ASCII파일을 읽는 방법도 MAT-파일을 읽을 때와 유사하며, 그 형식은 다음과 같다.

- load fname % ASCII파일 fname으로부터 데이터를 불러온다. 불러온 데이터는 파일명과 같은 이름의 변수에 할당된다.
- load('fname') % 위와 같다.
- var = load('fname') % fname에서 불러온 데이터가 var에 할당된다.

다음 예는 buf의 내용을 ASCII 형식으로 파일 fname2에 저장한 다음 이를 다시 읽고 그 내용을 확인해준다.

```
>> p = 10; q = cos(p); buf = [p q];
```

```
>> save fname2 buf -ascii  % fname2를 생성함
>> clear all
>> load fname2  % fname2에서 불러온 데이터가 fname2에 저장됨
>> fname2
fname2 =
   10.0000   -0.8391
>> r= load('fname2')  % fname2에서 불러온 데이터가 r에 저장됨
r =
   10.0000   -0.8391
```

6.4 엑셀 문서 만들고 읽기

MATLAB은 Microsoft 엑셀 문서 파일을 만들 수 있고 또 엑셀 문서 파일로부터 데이터를 읽어 연산처리에 사용할 수 있다.

6.4.1 엑셀 문서 만들기

MATLAB 명령어로 엑셀 문서 파일을 만들 때에는 xlswrite를 사용하면 된다.

- xlswrite(filename, A) % filename 이름의 엑셀 문서의 첫 번째 워크시트에 셀 A1부터 행렬 A를 쓴다.
- xlswrite(filename, A, xlRange) % 첫 번째 워크시트에 xlRange로 지정된 사각 범위에 A를 쓴다.
- xlswrite(filename, A, sheet) % 지정된 워크시트에 행렬 A를 쓴다.
- xlswrite(filename, A, sheet, xlRange) % 지정된 워크시트의 지정된 범위에 A를 쓴다.

A는 숫자로만 구성될 경우에는 행렬이면 되나, 숫자와 문자열로 구성될 경우에는 셀 배열이어야 한다. xlRange는 기록할 데이터의 범위를 정하는 문자열이고, 여기에 2개의 끝 지점이 지정된다. 예로 'A3 : D5'는 워크시트에서 2개의 끝 지점 A3와 D5 사이에 있는 3×4 사각 범위를 나타낸다. sheet는 워크시트 이름을 나타내는 문자형이거나 워크시트 번호를 나타내는 양의 정수 1, 2, 3, … 등이 된다.

먼저 3×3 행렬을 엑셀 문서에 저장하는 xlswrite 명령문을 작성해본다.

```
>> fname = 'test.xlsx';
>> A = [1 2 3; 4 5 6; 7 8 9];
>> xlswrite(fname, A);  % 'test' 엑셀 문서를 만듦
```

실행 후 엑셀 파일을 열어보면 그림 6.2(a)와 같이 첫 번째 워크시트에 데이터가 저장된 것을 확인할 수 있다.

다음은 숫자와 문자열이 결합된 일반적인 엑셀 문서를 만드는 예를 보여준다.

```
>> fname = 'test.xlsx';
>> title = {'Name', 'Age', 'Grade'};  % 표 제목을 셀 배열로 표시
>> classA = {'Tom', 24, 3.2; 'James', 23, 4.1; 'Mark', 24, 2.8};  % 표 내용을 셀 배열로 표시
>> data = [title; classA];
>> xlswrite(fname, data);  % 엑셀 문서를 만듦
```

위에서 보면 title은 서로 다른 길이의 문자열로 구성된 셀 배열이고, classA는 숫자와 문자열로 구성된 셀 배열이다. 이들을 결합하기 위해서는 열의 수가 서로 같아야 함을 알 수 있다. 실행 후의 결과는 그림 6.2(b)와 같다.

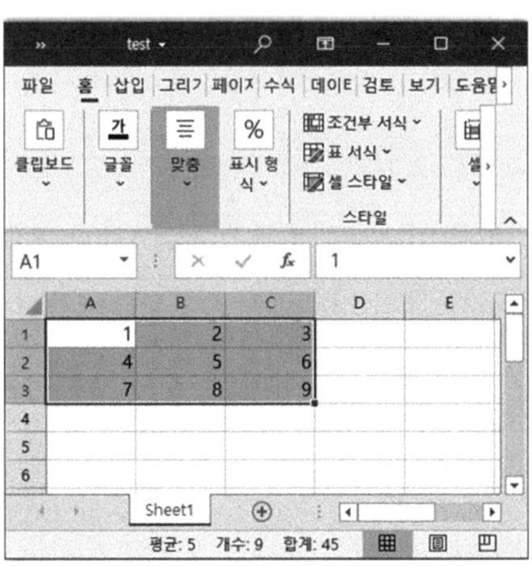

(a)

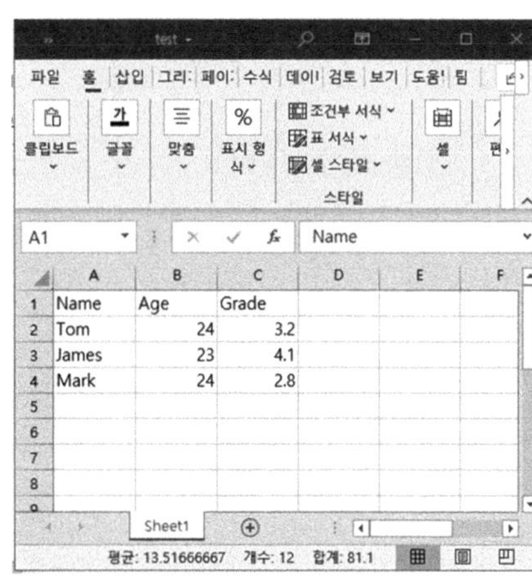

(b)

그림 6.2 한 개의 워크시트를 갖는 엑셀 문서

다음은 두 개의 워크시트로 된 엑셀 문서를 만드는 예를 보여준다.

```
>> fname = 'test.xlsx';
>> title = {'Name', 'Age', 'Grade'};  % 표 제목
>> classA = {'Tom', 24, 3.2; 'James', 23, 4.1; 'Mark', 24, 2.8};  % 표 내용
>> data = [title; classA];
>> xlswrite(fname, data);  % 워크시트 1에 data 저장
>> sheet = 2;
>> classB = {'Henry', 24, 3.2; 'Cane', 23, 4.1; 'Alex', 24, 2.8};  % 표 내용
>> data = [title; classB];
>> xlswrite(fname, data, sheet);  % 워크시트 2에 data 저장
```

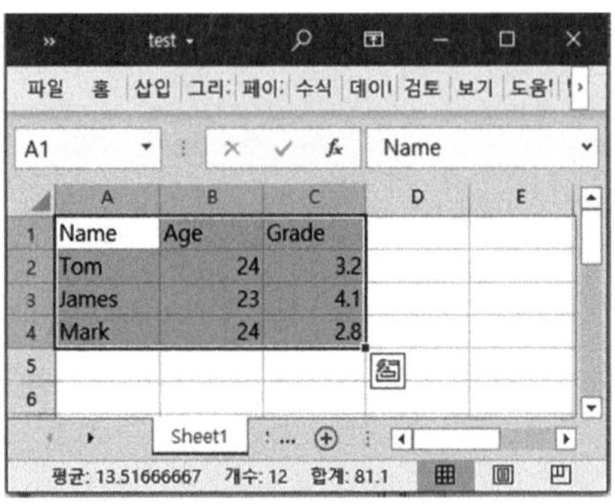

(a) Sheet1

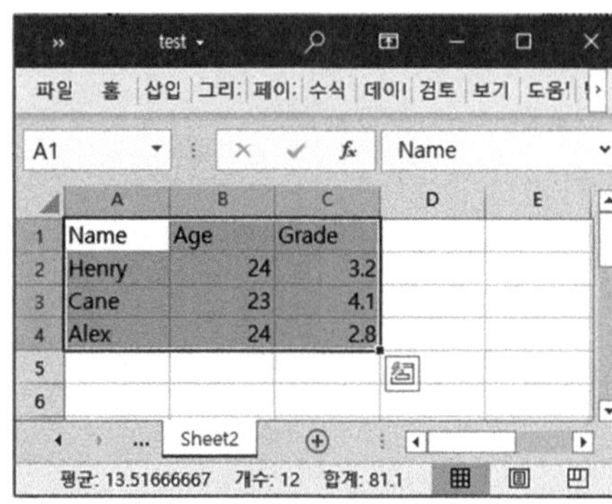

(b) Sheet2

그림 6.3 두 개의 워크시트를 갖는 엑셀 문서

6.4.2 엑셀 문서 읽기

MS엑셀 또는 MATLAB xlswrite 명령어로 만든 엑셀 문서 파일에서 데이터를 읽을 때에는 xlsread 명령어를 사용하면 된다.

- num = xlsread(filename) % filename 명의 엑셀 문서의 첫 번째 워크시트에서 숫자형 데이터를 읽어 행렬로 반환한다.
- num = xlsread(filename, xlRange) % 첫 번째 워크시트에서 지정된 범위의 숫자형 데이터를 읽어 반환한다.
- num = xlsread(filename, sheet) % 지정된 워크시트에서 숫자형 데이터를 읽어 행

렬로 반환한다.

- num = xlsread(filename, sheet, xlRange) % 지정된 워크시트에서 지정된 범위의 숫자형 데이터를 읽어 반환한다.
- [num, txt, raw] = xlsread( ) % 위 형식 중 하나를 입력 인수로 사용 때 행렬 num에는 숫자형 데이터를, 셀 배열 txt에는 문자열을, 셀 배열 raw에는 숫자형 데이터와 문자열을 반환한다.

xlRange와 sheet는 xlswrite 명령어에서 다루었던 것과 같다. 행과 열에 숫자와 문자열이 섞어 있는 엑셀 문서를 읽을 때 num에는 문자열이 NaN으로 표시되어 반환되고, txt에는 숫자형 값이 빈 문자 ' '로 표시된다.

먼저 간단한 엑셀 파일을 만들고 다시 저장된 데이터를 읽어볼 수 있다.

```
>> title = {'Name',  'Age', 'Grade'};  % 표 제목
>> class = {'Tom', 24, 3.2; 'James', 23, 4.1; 'Mark', 24, 2.8};  % 표 내용
>> xlswrite('test.xlsx', [title; class]);  % 'test' 엑셀 파일을 만듦
>> num = xlsread('test.xlsx')  % 엑셀 파일에서 숫자 데이터를 읽음. 파일 확장자는
생략 가능
num =
   24.0000    3.2000
   23.0000    4.1000
   24.0000    2.8000
>> num = xlsread('test.xlsx', 'B2 : C3') % B열의 두 번째 행부터 C열의 세 번째
행까지의 숫자 데이터를 읽음
num =
   24.0000    3.2000
   23.0000    4.1000
```

다음으로 저장된 데이터 내용을 전부 읽으면 다음과 같이 출력된다.

```
>> title = {'Name', 'Age', 'Grade'};  % 표 제목
>> class = {'Tom', 24, 3.2; 'James', 23, 4.1; 'Mark', 24, 2.8};  % 표 내용
>> xlswrite('test.xlsx', [title; class]);  % 'test' 엑셀 파일을 만듦
>> [num, str, data] = xlsread('test.xlsx') % 엑셀 파일에서 데이터를 읽음
num =
```

```
   24.0000    3.2000
   23.0000    4.1000
   24.0000    2.8000
str =
  4×3 cell 배열
    {'Name' }    {'Age'   }    {'Grade' }
    {'Tom'  }    {0×0 char}    {0×0 char}
    {'James'}    {0×0 char}    {0×0 char}
    {'Mark' }    {0×0 char}    {0×0 char}
data =
  4×3 cell 배열
    {'Name' }    {'Age'}    {'Grade' }
    {'Tom'  }    {[ 24]}    {[3.2000]}
    {'James'}    {[ 23]}    {[4.1000]}
    {'Mark' }    {[ 24]}    {[2.8000]}
```

6.4.3 엑셀 문서 정보 알기

엑셀 문서 파일의 정보를 알 때에는 xlsfinfo를 사용하면 된다.

- status = xlsfinfo(filename) % filename 명의 문서가 엑셀 문서인지를 알려준다.
- [status, sheets] = xlsfinfo(filename) % 또한 동시에 워크시트 명을 반환한다.

두 개의 워크시트를 갖는 엑셀 파일을 만들고 정보를 읽어본다.

```
>> fname = 'test.xlsx';
>> title = {'Name', 'Age', 'Grade'};  % 표 제목
>> classA = {'Tom', 24, 3.2; 'James', 23, 4.1; 'Mark', 24, 2.8};  % 표 내용
>> xlswrite('test2.xlsx', [title; classA], 1);  % 워크시트 1에 data 저장
>> classB = {'Henry', 24, 3.2;' Cane', 23, 4.1; 'Alex', 24, 2.8};  % 표 내용
>> xlswrite(fname, [title; classB], 2);  % 워크시트 2에 data 저장
>> status = xlsfinfo(fname)
status =
    'Microsoft Excel Spreadsheet'
>> [status, sheets] = xlsfinfo(fname)
```

```
status =
    'Microsoft Excel Spreadsheet'
sheets =
  1×2 cell 배열
    {'Sheet1'}    {'Sheet2'}
```

연습문제

01 섭씨온도 21°C를 화씨온도로 변환하고 다음과 같이 문자열 'F =' 다음에 6자리의 필드 폭에 소수점 아래 2자리 고정소수점으로 출력하여라. 단, F = 1.8*C+32이다.

F = 69.80

02 $t=3$일 때 $x=\cos t$, $y=\sin t$, $z=t/2\pi$를 계산한 후 다음과 같이 각각 15자리 필드 폭을 잡아 소수점 아래 6자리 지수(소문자), 지수(대문자), 고정소수점으로 출력하여라.

x = -9.899925e-001,　y = 1.411200E-001,　z = 0.477465

03 rand 함수로 5×5 난수행렬 A를 만들어 data1 파일명으로 저장하고, 다시 이를 읽어 화면에 출력하여라.

04 eye 함수로 5×5 행렬 B를 만들어 data1(앞서 만든 파일명)의 끝에 추가하고, 다시 이를 읽어 A와 B를 화면에 출력하여라.

05 0~10 사이에서 등간격을 갖는 200×1 벡터 x를 생성하고, y와 z를 계산한 다음 Q = [x y z]를 data2.mat 파일로 저장하여라.

$y=e^{-x}$, $z=xe^{-x}$

06 eye 함수로 200×200 행렬 I를 만든 다음 문제를 풀어라.

(1) load 명령어로 data3.mat 파일에 저장하여라.

(2) 다시 희소행렬 S로 변환해서 저장하여라.

(3) whos 명령어로 I와 S의 크기를 확인하여라.

07 아래 표를 'clothesize' 명의 엑셀 파일을 만들고 읽어 보아라.

나이	신장	몸무게	옷 사이즈
7	118	25	140
8	125	28	150
9	133	30	160

CHAPTER

7 함수 m-파일 만들기

이 장은 함수 m-파일과 함수 함수 m-파일을 생성하고 또 가변인수를 사용하는 방법에 대해 다룬다.

7.1 함수 m-파일

앞서 우리는 예제를 통해 스크립트 파일을 작성하는 방법과 줄 수가 많을 때 사용상의 편리성에 대해서도 살펴보았다. 하지만 이 파일 또한 모듈화되지 않아 향후 반복 사용이 어렵고 일회성으로 사용하다 버리는 경우가 허다하다. 사용자가 작성한 유용한 프로그램도 MATLAB의 내장함수들처럼 반복 사용이 가능하도록 모듈화 해놓으면 필요할 때마다 불러 쓸 수 있다. 이를 위해 도입된 것이 함수이다. 함수의 주요 특징은 입출력 인수들을 가진다는 점이고 이들을 통해 외부 프로그램과 데이터를 주고받게 된다.

함수 파일도 그림 2.1의 편집기에서 작성된다. 데스크탑창에서 〈새로 만들기〉 → 〈함수〉를 누르면 편집기가 열리고 빈 틀이 생긴다. 입출력 인수명을 수정하고 function과 end 사이에 사용자 코드를 넣어주면 된다. 이때 end는 굳이 쓰지 않아도 된다. 수정과 삭제가 번거로우면 〈새로 만들기〉 → 〈새 스크립트〉를 눌러 깨끗한 창에서 작업하는 것도 괜찮다.

여기서는 네 가지 타입의 함수에 대해 살펴본다.

7.1.1 함수 m-파일이란?

수식이나 알고리즘의 전부 또는 일부를 모듈화해서 반복적으로 사용할 필요가 있다면 사용자 정의 함수(User-defined function)를 만들어 놓으면 큰 도움이 된다. 사용자 정의 함수란 사용자가 함수 형태로 작성해 놓은 프로그램을 말하며 이를 파일에 저장해 놓은 것을 함수 m-파일(간단히 함수 파일)이라 한다. '사용자 정의 함수'라는 용어는 사용자가 만든 함수를 MATLAB에서 제공하는 함수, 즉 내장함수와 구분하기 위한 것이지만, 가끔 구분 없이 둘 다 그냥 함수라 칭하기도 한다.

7.1.1.1 함수의 형식

함수의 첫 실행문은 반드시 function으로 시작되며 일반적인 형식은 아래와 같이 출력인수, 등호(=), 함수명과 입력인수 순으로 되어 있다.

```
• function [out_arg1, out_arg2] = function_name(in_arg1, in_arg2)
          statements;
```

여기서 **function_name**은 함수명(Function name)을, **in_arg1**과 **in_arg2**는 입력인수(Input argument)를, **out_arg1**과 **out_arg2**는 출력인수(Output argument)를 뜻한다. 입력인수는 외부 프로그램으로부터 함수 내로 데이터를 전달받는 역할을 해주고, 출력인수는 계산된 결과를 함수 밖으로 전달해주는 역할을 해준다.

함수 작성 시 유의 사항은 다음과 같다.

- 함수는 입력인수와 출력인수를 전혀 갖지 않거나, 하나 또는 여러 개를 가질 수 있다. 2개 이상이면 콤마로 구분하고 나열하면 된다.
- 만약 입력인수를 갖지 않을 때는 `'(in_arg1, in_arg2)'`를, 출력인수를 갖지 않을 때는 `'[out_arg1, out_arg2,…] ='`를 생략하면 된다. 또 출력인수가 1개뿐일 때는 대괄호([ ]) 없이 나타낼 수 있다.
- 출력인수들을 가질 경우에는 이들은 함수 프로그램 내에서 반드시 값을 할당받아야 한다.
- 함수를 파일에 저장할 때는 파일명이 함수명과 서로 같도록 해줘야 다음에 함수명으로 호출할 수 있다.

함수 사용법에 대한 몇 가지 예를 들어 살펴보자. 벡터 노름(Vector norm) 중 하나는 다음 식으로 정의되며 그 결과는 스칼라이다.

$$\|\mathbf{x}\| = \sum_{i=1}^{n} |x_i| \tag{7.1}$$

이를 계산해주는 함수를 작성해본다. 입력은 벡터 x가 되고, 출력은 노름 $\|\mathbf{x}\|$가 된다. MATLAB의 내장함수 norm과 중복되지 않도록 함수명을 MyNorm으로 하고, 입력인수를 x, 출력인수를 xnorm으로 한 함수를 작성하면 다음과 같다. 이때 합산을 위해 함수 sum이 사용된다.

Function file: MyNorm.m

```
%% 함수 MyNorm.m
% 벡터 x의 norm을 계산한다.
function xnorm = MyNorm(x)
xnorm = sum(abs(x));
```

명령창에서 벡터 [−3 2 5 9]을 입력하고 노름을 구하면 다음 값을 얻는다.

```
>> MyNorm([-3, 2, 5, 9])
ans =
    19
```

다음은 m×n 행렬 A를 입력받아 화면에 지정된 형식으로 출력해주는 함수를 정의해본다. 이 경우에는 A를 입력받아 화면에 출력해주기만 하면 되므로 출력인수가 필요 없다. 작성한 함수는 다음과 같다.

Function file: MOut.m

```
%% 함수 MOut.m
% m x n 행렬을 입력 받아 화면에 지정된 형식으로 출력한다.
function MOut(A)
[m, n] = size(A);
for i = 1 : m
    for j = 1 : n
        fprintf('%15.6f', A(i, j))  % 15자리의 필드폭에 소수점 이하 6자리
```

```
        % 고정소수점으로 출력
    end
    fprintf('\n')  % 한 행을 출력하고 줄을 바꿈
end
```

명령창에서 $\mathbf{A} = \begin{bmatrix} 3 & -5 \\ 1 & 9 \end{bmatrix}$를 출력해보자. 다음 결과를 얻을 것이다.

```
>> MOut([3 -5; 1 9])
      3.000000      -5.000000
      1.000000       9.000000
```

다음은 컴퓨터 시스템으로부터 날짜 벡터를 받아 시, 분, 초만 출력해주는 함수를 작성해보자. 이 경우에는 외부로부터 입력을 받을 필요가 없고, 출력인수 3개만 내주면 된다. 시스템으로부터 날짜를 받는 명령어는 clock이다. clock은 6개의 원소 [year month day hour minute second]로 된 날짜 정보를 벡터로 반환해주므로 이를 이용하면 된다. 작성한 함수는 다음과 같다.

Function file: MyTime.m

```
%% 함수 MyTime.m
% 날짜 벡터를 받아서 시, 분 초만 출력한다.
function [hr, min, sec] = MyTime
c = clock;
hr = c(4);
min = c(5);
sec = c(6);
```

다음은 실행 결과이다.

```
>> [hr,min,sec] = MyTime
hr =
    14
min =
    11
```

```
sec =
   19.0710
```

7.1.1.2 함수 파일의 저장

편집기에서 새로운 함수를 작성하였으면 저장해줘야 한다. 저장 아이콘( ) 또는 〈저장〉 → 〈다른 이름으로 저장〉를 누르면 파일명을 입력하라는 별도의 창이 나타난다. 여기에 파일명을 입력하고 아래쪽의 〈저장〉버튼을 누르면 저장된다. 이때 파일명은 함수명과 일치되도록 해주어야 한다. 함수를 새로 만들어 저장할 때는 함수명이 박스에 자동으로 나타나므로 〈저장〉버튼을 누르기만 하면 된다. 파일 저장 시 입력한 파일명에는 확장자(.m)가 자동으로 첨부되고, 사용자가 별도로 폴더를 지정하지 않는 한 현재의 폴더에 저장된다.

일반적으로 함수 파일에는 함수 하나만 있지만, 예속된 함수가 있을 때는 이들을 묶어 한 파일에 담기도 한다. 한 파일에 두 개 이상의 함수가 들어 있으면 맨 앞에 나오는 함수를 주함수(Primary function), 나머지 함수들을 부함수(Subfunction)라고 한다(prog7_4.m 참조). 주함수는 명령창이나, 스크립트나, 외부 함수에서 불러 쓸 수 있지만, 부함수는 파일 내의 주함수와 다른 부함수에서만 불러 쓸 수 있다. 이 경우에도 파일을 저장할 때 파일명이 주함수명과 일치되도록 해주어야 한다.

7.1.1.3 함수의 호출

함수를 만들어 파일에 저장해 놓으면 사용자는 이를 내장함수(cos, sqrt, exp 등)와 똑같이 언제든지 불러 쓸 수 있다. 함수 호출은 명령창이나 스크립트 또는 다른 함수에서 할 수 있다. 입출력 인수를 준비해서 함수명으로 호출하면 제어권이 피호출 함수(호출되는 함수)로 넘어가게 되고, 피호출 함수에서 실행이 완료되면 제어권은 다시 호출한 곳으로 되돌아온다.

함수 호출문과 피호출 함수에서 사용하는 입출력 인수명은 서로 달라도 상관없고, 함수 파일을 호출할 때에는 함수가 현재의 작업 폴더에 저장되어 있든지 아니면 저장된 경로가 설정되어 있어야 오류가 발생하지 않는다(1.3.2 경로 설정 참조).

예제 7.1

벡터 x = [2 4 1 0 5 2]를 입력받아 평균(ave)과 표준편차(dev)를 계산해주는 함수를 작성하고 호출해보아라.

풀이 벡터 x를 입력인수, ave와 dev를 출력인수로 하면 된다. 먼저 numel로 벡터 x의 길이를 계산하고 다음 sum과 sqrt로 평균과 표준편차를 구하면 된다. 작성한 프로그램은 다음과 같고 저장할 때 파일명을 MyStat로 한다.

Function file: MyStat.m

```
%% 함수 MyStat.m
% 예제 7.1: 벡터 x를 입력 받아 평균과 표준편차를 계산한다.
function [ave, dev] = MyStat(x)
n = numel(x);
ave = sum(x) / n;
dev = sqrt(sum(x.^2) / n - ave^2);
```

먼저 명령창에서 호출해 보자. 벡터 x를 정의하고 MyStat를 호출하면 x 값이 함수 내부로 전달되고 평균과 표준편차 값이 계산되어 mean과 stdev를 통해 명령창으로 반환된다(그림 7.1 참조).

```
>> x = [2 4 1 0 5 2];
>> [mean, stdev] = MyStat(x)
mean =
    2.3333
stdev =
    1.6997
```

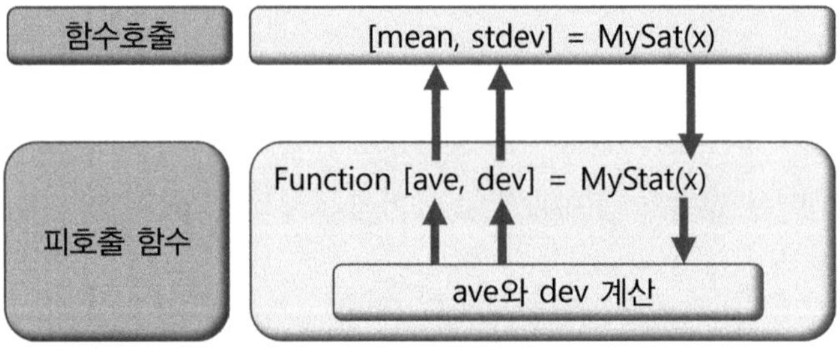

그림 7.1 함수 호출문과 피호출 함수 간의 데이터 전달

다음은 스크립트에서 호출해보자. 편집기로 다음 스크립트를 작성한 다음 실행 버튼을 누르면 똑같은 결과를 얻는다.

Script file: prog7_1.m

```
%% Program prog7_1.m
% 스크립트에서의 MyStat 함수 호출
x = [2 4 1 0 5 2];
[ave, dev] = MyStat(x)
```

```
>> prog7_1
ave =
    2.3333
dev =
    1.6997
```

예제 7.2 x–y 좌표계에서 점(x0, y0)은 원점을 기준으로 축을 반시계 방향으로 θ만큼 회전시킨 새로운 x'–y' 좌표계에서는 점(x, y)로 표시되며 두 점간의 관계식은 다음과 같다.

$$x = x0\cos(\theta) + y0\sin(\theta) \tag{7.2a}$$

$$y = -x0\sin(\theta) + y0\cos(\theta) \tag{7.2b}$$

(x0, y0)와 θ를 입력 받아 (x, y)로 변화해주는 함수 파일을 작성하고 x0 = 1, y0 = 0, ang = $\pi/4$일 때의 값을 구하여라.

풀이 입력인수는 좌표점(x0, y0)와 회전각 ang이고 출력인수는 새 좌표점(x, y)가 된다. 작성한 함수는 다음과 같다.

Function file: AxisRotation.m

```
%% 함수 AxisRotation.m
% 예제 7.2 : 점(x0, y0)를 원점에 대하여 반시계 방향으로 ang만큼 회전한 점을 출력한다.
function [x, y] = AxisRotation(x0, y0, ang)
x = x0 * cos(ang) + y0 * sin(ang);
y = -x0 * sin(ang) + y0 * cos(ang);
```

x0 = 1, y0 = 0, ang = $\pi/4$를 입력하고 AxisRotation을 호출하면 다음 결과를 얻을 수 있다.

```
>> [x, y] = AxisRotation(1, 0, pi/4)
x =
    0.7071
y =
   -0.7071
```

예제 7.3 중심이 (x_0, y_0)이고 반경이 r인 원을 그릴 때 극좌표와 직교좌표 간의 관계식은 아래와 같다. 중심(x_0, y_0)와 반경 r을 입력받아 원의 좌표 벡터(x, y)를 생성해주는 함수를 작성하고 호출해보아라.

$$x = x_0 + r\cos(\theta) \tag{7.3a}$$

$$y = y_0 + r\sin(\theta)\ (0 \leqq \theta \leqq 2\pi) \tag{7.3b}$$

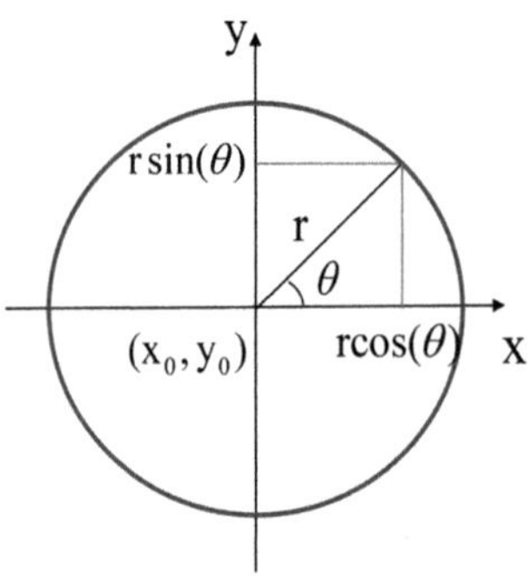

풀이 함수 MyCircle은 θ가 0에서 2π까지 변할 동안 원을 그리는데 필요한 데이터 쌍(x, y)를 만들어 반환해준다.

Function file: MyCircle.m

```
%% 함수 MyCircle.m
% 0부터 2pi까지 변할 때 원을 그리는데 필요한 데이터를 생성한다.
function [x, y] = MyCircle(x0, y0, r)
t = 0 : pi/20 : 2*pi;
x = x0 + r*cos(t);
y = y0 + r*sin(t);
```

함수 MyCircle을 호출해 원을 그려본다. 그림창의 크기와는 상관없이 항상 동그란 원을 그리려면 axis equal을 사용하면 된다. 2차원 그래픽 함수와 명령어는 8장을 참조 바란다.

```
>> x0 = 0; y0 = 0; r = 1;
>> [x, y] = MyCircle(x0, y0, r);
>> plot(x, y, 'k', 'linewidth', 2)
>> axis equal
>> axis([-3 3 -2 2])
```

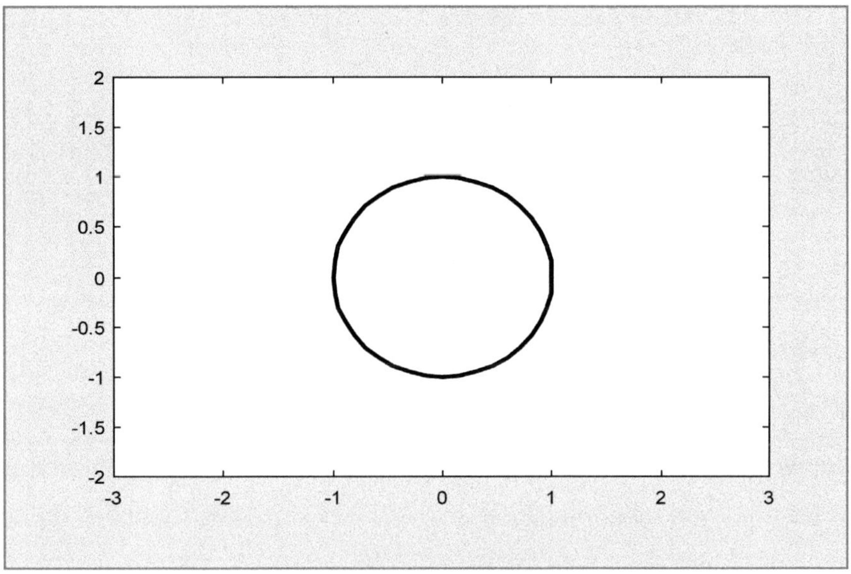

그림 7.2 원 그래프

예제 7.4 윷가락의 곡면과 평면이 나올 확률은 각각 1/2이다. 4개의 윷가락을 동시에 던져 도, 개, 걸, 윷, 모가 나오면 각각 1, 2, 3, 4, 5를 반환해주는 함수를 작성한 다음, 이를 1,000번 호출하여 도, 개, 걸, 윷, 모가 나올 실험적 확률을 구하여라.

풀이 5.5절에서 작성했던 prog5_16.m의 스크립트를 함수로 변환하면 다음과 같다. 함수의 입력인수는 필요치 않고, 출력인수 r를 통해 도, 개, 걸, 윷, 모에 대응되는 정수 1, 2, 3, 4, 5를 반환하면 된다.

Function file: MyYut.m

```
%% 함수 MyYut.m
% 랜덤 숫자를 발생하여 도개걸윷모에 대응되는 정수로 변환 출력한다.
function r = MyYut
v = fix(2 * rand(1, 4));
switch sum(v)
    case 1
        r= 1;
    case 2
        r= 2;
    case 3
        r= 3;
    case 4
        r= 4;
    case 0
        r= 5;
end
```

다음은 함수 MyYut를 1,000번 호출해서 도, 개, 걸, 윷, 모가 나올 실험적 확률을 구하는 스크립트이다. 반복 실행하더라도 같은 결과가 나오게 먼저 함수 rand를 초기화한다. for-end 문 시작 전에 각 경우의 수를 저장할 배열 n을 0으로 초기화하고, 루프 안에서 k 값에 대응되는 n(k)가 1씩 증분된다. 도, 개, 걸, 윷, 모가 나올 수학적 확률은 각각 4/16, 6/16, 4/16, 1/16, 1/16이고 계산된 실험적 확률과 함께 출력하였다. 반복횟수를 더 높여 실험적 확률이 수학적 확률에 더 근접해 가는지를 확인해보라.

Script file: prog7_2.m

```
%% Program prog7_2.m
% 함수 MyYut을 1000번 호출하여 실험적 확률을 구한다.
rand('seed', 6413);
n = zeros(1, 5); n_trial = 1000;
for i = 1 : n_trial
    k = MyYut;
    n(k) = n(k) + 1;
end
px = n/n_trial  % 실험적 확률
pm = [4, 6, 4, 1, 1]/16  % 수학적 확률
```

```
>> prog7_2
px =
   0.2620    0.3630    0.2440    0.0680    0.0630
pm =
   0.2500    0.3750    0.2500    0.0625    0.0625
```

7.1.2 로컬 변수와 전역 변수

MATLAB은 사용자의 편의를 위해 모든 프로그램과 데이터 저장공간을 자동적으로 할당하고 처리해준다. 메모리를 어떻게 할당하고 있는지를 알고 싶으면 명령줄에 memory를 입력하면 된다. 이 결과는 사용자의 컴퓨터 사양에 따라 다를 수 있다.

```
>> memory
사용 가능한 최대 배열:          4320 MB (4.529e+09 bytes) *
모든 배열에 사용 가능한 메모리:  4320 MB (4.529e+09 bytes) *
MATLAB이 사용하는 메모리:       2262 MB (2.372e+09 bytes)
물리적 메모리(RAM):             16245 MB (1.703e+10 bytes)

*  사용 가능한 시스템 메모리(물리적 파일 + 스왑 파일)에 제한이 있습니다.
```

MATLAB은 명령창과 스크립트 파일이 사용하는 메모리 공간인 작업공간(Workspace)과는 별도로 함수 내부에서 정의되는 변수들을 위한 별도 메모리 공간을 지정하고 있다. 이런 분리된 메모리 공간을 사용하는 함수 내의 변수들을 로컬 변수(Local variable)라 한다. 함수는 입력인수를 통해 값을 전달받고, 전달받은 값과 함수 내에서 정의되는 변수를 써서 구한 결과를 출력인수를 통해 전달하고 실행을 종료한다. 함수가 종료될 때 사용된 메모리는 해제되고 운영체제에 반납된다. 이 때문에 작업공간과 함수 간, 함수와 다른 함수 간에는 서로 사용 중인 변수를 인식할 수 없으므로(접근할 수 없음) 호출문과 피호출 함수에서 사용하는 변수명이 서로 달라도 상관없다.

그러나 가끔 작업공간과 함수 간 혹은 함수 간에 서로 변수를 공유할 필요가 있으면 다음 형식으로 전역변수(Global variable)라고 선언해서 사용하면 된다.

- global var1 var2 var3

공유할 변수가 2개 이상이면 공백으로 분리하고 추가하면 되고, 변수들은 사용 전에 반드시 값을 할당받아야 한다. 이 때문에 global 명령어는 프로그램의 상단에 두는 것이 바람직하다.

다음 표는 MATLAB변수들의 사용공간을 요약 정리한 것이다.

메모리	설명	비고
작업공간	명령창과 스크립트에서 정의되는 변수들의 저장공간	명령창과 스크립트는 서로 공유 가능하지만, 함수는 접근이 불가
로컬변수공간	함수에서 정의되는 변수들의 저장공간	개별 함수에서 정의된 변수들은 명령창과 스크립트 그리고 다른 함수에서는 접근이 불가
전역변수공간	전역변수들의 저장공간	전역변수가 선언된 명령창, 스크립트 그리고 함수에서만 접근이 가능함

다음은 스크립트와 작업공간 간에 변수를 공유하는 간단한 예를 보여준다. 스크립트 **prog7_3.m**가 실행되면 작업공간에는 변수 n, x, s가 생성되어 여기에 데이터가 저장되므로 명령창에서 항상 이들을 불러 쓸 수 있다.

Script file: prog7_3.m

```
%% Program prog7_3.m
% 스크립트와 작업공간간의 변수를 공유하는 예
n = 3;
x = 2.45;
s = log10(x)
```

```
>> prog7_3
s =
   0.3892
```

```
>> y = x^n;  % 스크립트가 사용했던 x와 n을 재사용
>> q = cos(y) + 1
q =
   0.4612
```

다음 그림은 이들 관계를 도식적으로 나타낸 것이다. 여기서 양방향 화살표는 스크립트

와 명령창은 작업공간에 데이터를 읽고 쓸 수 있음을 의미한다.

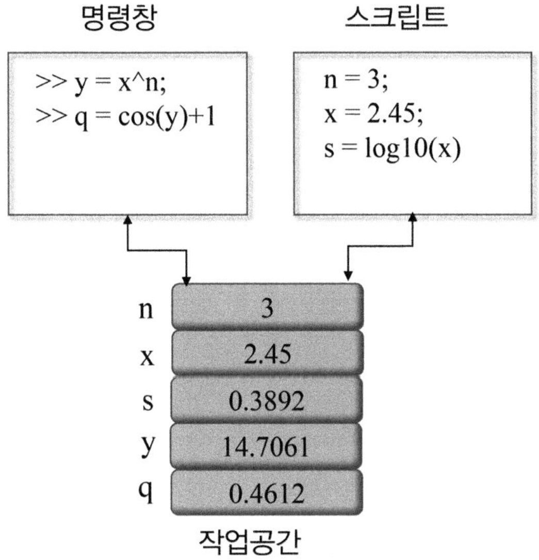

그림 7.3 명령창과 스크립트가 공유하는 작업공간

다음 예를 살펴보자. 설명을 위해 의도적으로 3개의 함수로 작성한 비효율적인 프로그램이다. **prog7_4**는 주함수이자 호출함수, MyStat는 부함수이자 호출함수 또 피호출 함수, Sum은 부함수이자 피호출 함수이다. 두 부함수에 n이 전역변수로 선언되어 있으므로 이들은 n을 공유할 수 있고 또 변경할 수도 있다. 함수 MyStat에서 보면 x의 크기를 계산하여 먼저 전역변수 n을 설정하고 있다. 앞서 언급한 바와 같이 호출함수와 피호출 함수의 저장공간은 서로 다르고 또 인수들간에는 값만 전달하고 전달받기 때문에 인수명이 서로 달라도 상관없다.

Function file: prog7_4.m

```
%% 주함수 prog7_4.m, 부함수 AveDev, Sum
% 주함수/부함수와 호출함수/피호출함수의 비교
function prog7_4  % 주함수(Primary function)
x = 1 : 4;
[ave, dev] = AveDev(x)

function [av, dv] = AveDev(x)  % 부함수(Subfunction)
global n  % 전역변수 n을 Sum과 공유
```

```
n = length(x);  % 전역변수 n을 초기화
av = Sum(x) / n;
dv = sqrt(Sum(x.^2) / n - av^2);

function s = Sum(x)  % 부함수(Subfunction)
global n  % 전역변수 n을 부함수 AveDev와 공유
s = 0;
for i = 1 : n
    s = s + x(i);
end
```

실행하면 다음 결과를 얻는다.

```
>> prog7_4
ave =
    2.5000
dev =
    1.1180
```

다음 그림은 이들 관계를 도식적으로 나타낸 것이다.

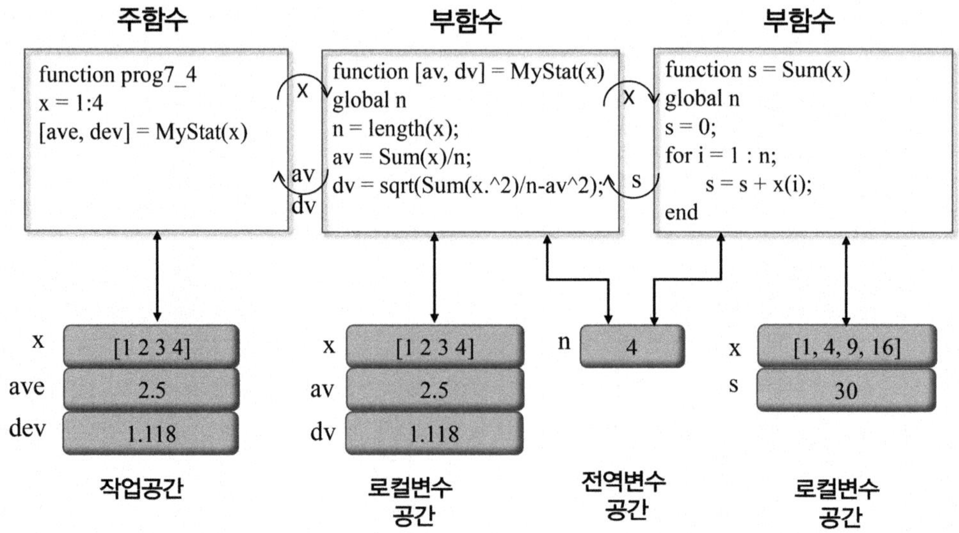

그림 7.4 주함수와 부함수의 저장공간 사용 예

7.1.3 영속변수

함수 내에서 사용되는 로컬변수들은 제어권이 호출함수로 넘어갈 때 모든 변수가 지워지므로 특정 변수들을 지우지 않고 계속 사용하고 싶으면 다음 형식으로 영속변수(Persistent variable)로 선언해주면 된다.

- persistent var1 var2 var3

이렇게 선언하면 var1, var2, var3 변수는 선언한 함수 m-파일을 저장공간에서 지울 때까지 남아 있게 되고, 선언할 당시에는 빈 배열로 초기화된다. 호출 프로그램에서 영속변수를 지울 때는 영속변수를 선언하고 있는 함수명을 clear 명령어로 지워주면 된다(prog7_5 참조).

영속변수와 전역변수는 별도의 메모리 영역을 사용한다는 점에서는 비슷하지만, 차이점은 영속변수는 선언된 함수 내에서만 접근이 허용되지만, 전역변수는 선언된 곳에서는 모두 공유된다. 다시 말하면 영속변수는 명령창이나 스크립트나 다른 함수에서는 변경할 수 없지만, 전역변수는 선언된 곳이라면 어디서든 변경할 수 있다.

예로 다음 이산시간 방정식에서

$$x_k = 0.2x_{k-1} + u_k, x_0 = 0, k = 1, \ 2, 3, 4, \ \ldots$$
$$y_k = x_k$$

입력 u_k를 받아 출력 y_k를 구해 반환하는 함수를 작성해보자. $u_k = 1\,(k > 0)$일 때 수작업으로 y_k를 구해보면 아래와 같다.

$$\begin{aligned} &k = 1, x_1 = 0.2x_0 + u_1 = 0.2 \times 0 + 1 = 1, y_1 = 1 \\ &k = 2, x_2 = 0.2x_1 + u_2 = 0.2 \times 1 + 1 = 1.2, y_2 = 1.2 \\ &k = 3, x_3 = 0.2x_2 + u_3 = 0.2 \times 1.2 + 1 = 1.24, y_3 = 1.24 \\ &\qquad\qquad\vdots \end{aligned}$$

수식에서 보면 x_k의 계산에 이전의 x_{k-1}이 쓰이므로 현재 값을 영속변수에 저장해 놓으면 제어권이 호출 프로그램으로 넘어가더라도 지워지지 않게 되므로 다음 호출 시 계산에 쓸 수 있다. 이 점을 고려해서 입력인수를 u, 출력인수를 y로 하고 또 편의상 x_k 대신 x_1, x_{k-1} 대신 x0를 사용하고, x0를 영속변수로 선언해서 함수 MySys를 자성해보자. x0는 MySys를 처음 호출할 때만 빈 배열이 되고 이때 isempty(x0)가 참이 되어, if-end 문 내의 x0 = 0이 수행되면서 초기화된다. 이후로는 x0에 값이 들어 있게 되므로 isempty(x0)가 거짓이어서 if-end 문은 수행되지 않는다. x1과 y가 구해진 다음에는 x0가 x1으로 갱신되면서 호출문으로 되돌아가게 된다.

Function file: MySys.m

```
%% 함수 MySys.m
% 함수에서의 영속 변수의 이용 예
function y = MySys(u)
persistent x0
if isempty(x0)
    x0 = 0;
end
x1 = 0.2 * x0 + u;
y = x1;
x0 = x1;
```

이 함수를 호출하여 y를 구해본다. 먼저 clear MySys를 하였다. 이렇게 하면 기억공간에 함수 MySys가 남아 있다면 삭제되고 또 내부에 선언된 영속변수 x0도 함께 삭제된다. for-end 문으로 MySys를 3번 호출해본다. 수작업으로 구했던 결과를 얻게 될 것이다. 이제 clear MySys문을 주석처리하고 반복해보라. 예기치 못한 결과를 얻게 될 것이다.

Script file: prog7_5.m

```
%% Program 7_5.m
% 영속 변수의 확인
clear MySys  % 함수 MySys와 내부에 선언된 영속변수를 모두 삭제
for i = 1 : 4
    u = 1;
    y = MySys(u)
end
```

```
>> prog7_5
```

```
y =
     1
y =
    1.2000
y =
    1.2400
y =
    1.2480
```

다음 그림은 스크립트 prog7_5.m과 함수 MySys의 저장공간 사용 예와 첫 번째 루프가 수행되고 난 후의 저장된 변수와 데이터들을 보여준다. 앞에서도 언급하였지만 영속변수 공간은 함수가 사용하는 로컬변수 공간과는 별도로 할당됨에 유의한다.

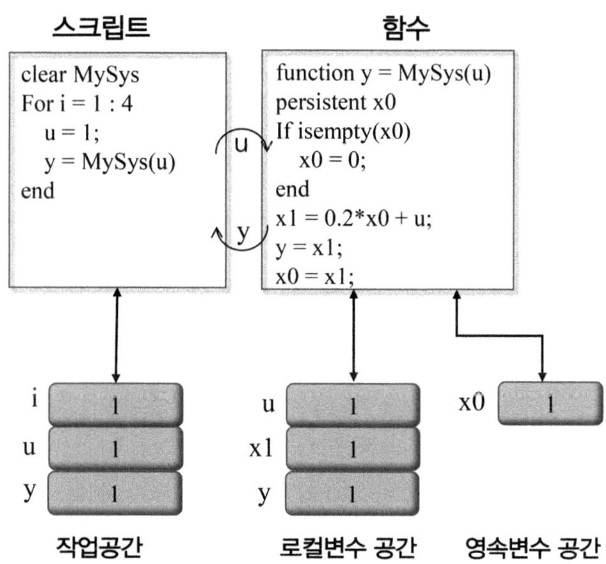

그림 7.5 스크립트와 함수의 저장공간 사용 예

예제 7.5 다음은 간단한 IIR 저역통과 필터식이고 $y[0] = x[0] = 0$이다.

$$y[k] = 0.1584\,y[k-1] + 0.4208\,x[k] + 0.4208\,x[k-1],\quad k = 1, 2, \cdots, 126 \tag{7.4}$$

입력 $x[k] = \cos(\pi k) + n[k]$를 받아 필터링해주는 함수 MyFilter를 작성하

고 호출해보아라. n[k]는 평균이 0이고 분산이 0.01인 정규잡음이고, 샘플링시간은 0.05초이다

풀이 MyFilter는 x를 입력받아 필터링한 후 y를 반환하면 된다. 현재의 입출력 x[k], y[k]와 이전의 입출력 x[k−1], y[k−1]대신 각각 변수 x, y와 dx, dy를 사용하며, dx와 dy는 영속변수로 선언된다. 두 영속변수는 MyFilter가 처음 호출될 때 빈 배열이 되므로 if-end 문 안에 두어 0으로 초기화한다. 첫 호출 여부는 dx가 비어 있는지의 여부, 즉 isempty(dx)로 판단하면 된다. y가 계산된 다음에는 dx를 x로, dy를 y로 갱신하고 호출문으로 되돌아 간다.

Function file: MyFilter.m

```
%% 함수 MyFilter.m
% 예제 7.5: 간단한 IIR 필터 함수
function y = MyFilter(x)
persistent dx dy
if isempty(dx)
    dx = 0;
    dy = 0;
end
y = 0.1584 * dy + 0.4208 * x + 0.4208 * dx;
dx = x;
dy = y;
```

다음은 MyFilter를 써서 x[k]를 필터링해주는 스크립트이다. MyFilter 호출 전에 반드시 루프 밖에서 clear 명령어로 MyFilter를 지워줘야 반복하더라도 문제가 일어나지 않는다. 스크립트를 여러 번 반복 실행해보라.

Script file: prog7_6.m

```
%% Program prog7_6.m
% 함수 MyFilter를 이용하여 입력 신호 x를 필터링한다.
clear MyFilter;  % MyFilter가 저장공간에 남아 있으면 삭제해주고 dx, dy도 삭제
randn('seed', 9);  % 난수발생기의 초기화
buf= [ ];
```

```
Ts = 0.05;
for k = 1 : 126
    t = k * Ts;
    x = cos(pi * t) + 0.1 * randn;
    y = MyFilter(x);
    buf = [buf; t x y];
end
plot(buf(:, 1), buf(:, 2), 'r:' ,buf(:, 1), buf(:, 3), 'k')
```

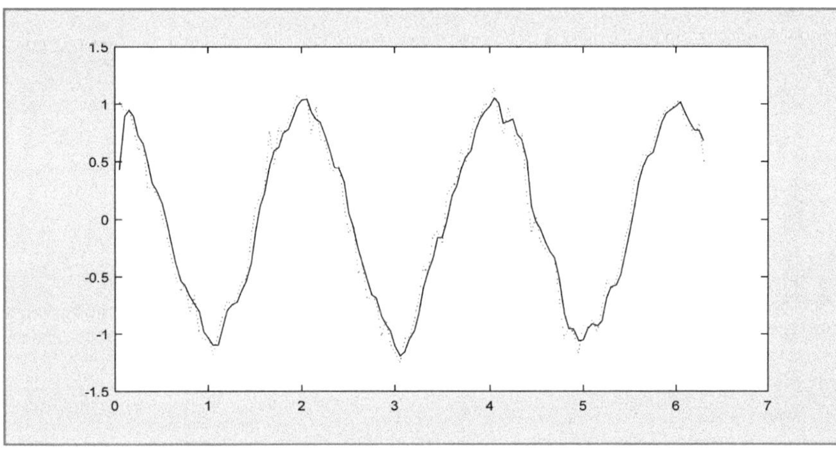

그림 7.6 필터링 전(점선)과 후(실선)의 신호

7.2 익명함수

MATLAB은 수식이 비교적 간단한 경우에 한 줄의 문장으로 간결하게 정의해서 사용할 수 있는 익명함수(Anonymous function)를 갖고 있고 사용법은 다음과 같다.

- f = @(arg1, arg2) expression

여기서 arg1와 arg2는 입력인수, f는 익명함수명이면서 핸들(7.3.2절 참조)이고, expression은 수식을 의미한다. arg1와 arg2를 통해 전달받는 값으로 수식을 계산하고 그 결과를 f를 통해 전달한다. 입력인수가 더 있으면 콤마로 구분하고 그 뒤에 추가하면 된다. 익명함수는 항상 사용 전에 정의되어야 하고, 명령창이나 스크립트나 함수 안에서 사용될 수 있다.

예로 $f(t) = t^3 \cos(\pi t)$는 다음과 같이 쓸 수 있고 $t = 1$이면 $f(1) = -1$이 된다.

```
>> f = @(t) t^3 * cos(pi * t)
f =
  다음 값을 갖는 function_handle:
    @(t)t^3*cos(pi*t)
>> y = f(1)
y =
    -1
```

만일 t가 배열이면 위의 방법은 쓸 수가 없다. 각 원소에 대해 함수값을 계산하려면 아래와 같이 배열 연산을 써서 프로그래밍해 두면 스칼라, 벡터 둘 다 적용할 수 있다. t = [1 2 3 4 5]이면 다음 결과를 얻는다.

```
>> f = @(t)  t .^ 3 .* cos(pi * t);
>> y = f(1 : 5)
y =
    -1     8   -27    64  -125
```

예를 들어 $g(x, y) = x^a \exp(-bx) \cos(\pi y)$와 같이 변수 x, y와 상수 a, b가 같이 들어 있는 함수는 두 가지 방법으로 쓸 수 있다. 하나는 익명함수 선언 전에 상수 a와 b를 알려주고 x와 y만 입력인수로 해서 호출하는 방법이다.

```
>> a = 1; b = 1;
>> g = @(x, y) x .^ a .* exp(-b .* x) .* cos(pi * y);
>> y = g(3, 7) % x = 3, y = 7일 때
y =
   -0.1494
```

다른 하나는 상수 a, b도 변수로 취급하여 입력인수로 넣는 방법이다. $g(x, y, a, b) = x^a \exp(-bx) \cos(\pi y)$로 쓸 수 있고 x = 3, y =7, a = 1, b = 1일 때와 x = [1 2 3], y

= [4 5 6], a = 1, b = 1일 때의 계산은 각각 다음과 같이 하면 된다.

```
>> g = @(x, y, a, b) x .^ a .* exp(-b .* x) .* cos(pi * y);
>> y = g(3, 7, 1, 1) % x= 3, y= 7, a= 1, b= 1일 때
y =
   -0.1494
>> y = g(1 : 3, 4 : 6, 1, 1)  % x= [1 2 3], y = [4 5 6], a = 1, b = 1일 때
y =
    0.3679   -0.2707    0.1494
```

물론 익명함수는 스크립트나 사용자 정의 함수 내에서도 정의해서 사용할 수 있다. 다음은 스크립트에서 사용한 예이다. 스크립트와 익명함수는 서로 다른 저장공간을 쓰고 서로 간에는 데이터만 전달되므로 변수를 달리해도 된다. 실행 결과는 아래와 같다.

Script file: prog7_7.m

```
%% Program prog7_7.m
% 스크립트 내에서 익명함수의 사용
f = @(t) t .^ 3 .* cos(pi * t);
x = 0 : 0.2 : 1;
y = f(x)
```

```
>> prog7_7
y =
         0    0.0065    0.0198   -0.0667   -0.4142   -1.0000
```

7.3 함수 함수

어떤 함수가 변수뿐만 아니라 다른 함수명을 자신의 입력인수로 가질 때 이를 다른 함수와 구분해서 함수 함수(Function function)라 부른다. 하지만 이 또한 사용자가 작성하였으면 사용자 정의 함수이고, MATLAB에서 제공하는 함수이면 내장함수이다. 내장함수를 쓰다 보면 이런 형의 함수를 자주 접하게 된다. 이들은 사용자로부터 풀고자 하는 수식을 받아야 문제 해결이 가능한 것들이고 quad, fzero, fsolve, fminbnd, fminunc를 포함한 많은 내장함수들이 여기에 해당한다.

정적분 $\int_a^b f(x)dx = \int_0^2 e^{-x^2}dx$를 계산하는 예제를 통해 함수 함수의 원리를 살펴보자. Simpson 공식은 다음 식으로 주어진다.

$$\int_a^b f(x)dx = \frac{h}{3}\{f(x_0) + 4[f(x_1) + f(x_3) + \cdots + f(x_{n-1})] + 2[f(x_2) + f(x_4) + \cdots + f(x_{n-2})] + f(x_n)\} \tag{7.5}$$

단, $h = \frac{b-a}{n}$이고 n은 짝수

먼저 피적분함수 $f(x) = e^{-x^2}$값을 계산해주는 함수 fun1을 작성해보자. fun1은 x를 입력받아 $y = f(x)$를 계산해서 반환한다. 이때 fun1이 아닌 다른 함수명을 써도 된다. 물론 수식이 간단하면 호출문 안에서 익명함수로도 쓸 수 있다. 이런 프로그램은 문제에 종속되므로 결과를 얻고 나면 대개 필요가 없게 된다.

Function file: fun1.m

```
%% 함수 fun1.m
% 사용자 정의함수 (User-defined function) 예
function y = fun1(x)
y = exp(-x .^ 2);
```

다음 함수 SimpInt는 식 (7.5)를 코딩한 것이고, fun과 적분구간 a, b와 구간 등분수 n을 받아 적분값 s를 계산해서 반환한다. 만약 함수 안에 피적분식을 직접 쓰게 된다면 문제마다 해당 문장을 수정해줘야겠지만, 함수핸들을 받아 간접적으로 외부에서 정의되는 함수 fun1에 접근할 수 있게 해놓으면 더는 손댈 필요 없이 내장함수와 같이 불러 쓰기만 하면 된다. 특히 이런 형태의 알고리즘을 코딩해서 라이브러리에 저장해놓기 위해서는 반드시 함수 함수로 작성해야 한다.

Function file: SimpInt.m

```
%% 함수 SimpInt.m
% 함수 f(x)를 a 부터 b까지 적분하는 사용자 정의함수
% User-defined function for integrating f(x) from a to b
function s = SimpInt(fun, a, b, n)
```

```
h = (b - a) / n;
x = linspace(a, b, n + 1);
fodd = fun(x(2 : 2 : n));
feven = fun(x(3 : 2 : n - 1));
s = h * (fun(a) + 4 * sum(fodd) + 2 * sum(feven) + fun(b)) / 3;
```

이제 a, b, n과 fun1의 핸들 @fun1을 가지고 SimpInt를 호출해보자. 이렇게 하면 @fun1과 fun을 통해 실제 fun1 함수가 SimpInt 내부로 전달되어 적분값 산출에 사용된다. 다른 정적분 문제를 풀려면 fun1과 호출문만 새로 작성하면 된다. 기호(@)의 의미는 다음 절의 함수핸들을 참조 바란다.

```
>> a = 0; b = 2; n = 20;
>> s = SimpInt(@fun1, a, b, n)
s =
    0.8821
```

7.3.1 함수 함수의 형식

함수 함수의 형식은 앞서 살펴보았던 함수의 형식과 비슷하지만, 입력인수로 다른 함수의 함수명을 가진다는 점이 다르다.

- function [out_arg1, out_arg2] = function_name(fun, in_arg1, in_arg2)
  statements;

여기서 fun은 호출문에서 쓰이는 사용자 정의 함수, 익명함수 또는 내장함수의 핸들을 받기 위한 변수이며 대응함수라고도 한다.

7.3.2 함수핸들

함수핸들(Function handle)은 관련된 함수를 간접적으로 호출하기 위해 MATLAB에서 사용하는 데이터 형식 중의 하나이고, C 언어의 포인터와 유사하다. 함수핸들은 사용자 정의 함수, 익명함수 또는 내장함수의 이름을 함수 함수의 입력인수로 전달해줄 뿐만 아니라, 함수 함수 내부에서 이들을 호출할 수 있게 해준다.

함수핸들은 다음 형식으로 선언된다.

- @functionname % 사용자 정의 함수 또는 내장함수
- handle = @(arg1, arg2) expression % 익명함수

- 사용자 정의 함수와 내장함수의 경우 함수명 앞에 기호(@)를 붙이면 함수핸들이 만들어진다. 예로 앞서 살펴본 사용자 정의 함수 fun1의 핸들은 @fun1이고, 내장 함수 sqrt의 핸들은 @sqrt가 된다.
- 함수핸들은 다른 변수에 저장해 놓았다 사용되기도 한다. 예로 myfun = @fun은 함수 fun의 핸들을 myfun에, mysin = @sin는 내장함수 sin의 핸들을 mysin에 할당한다.
- 익명함수의 경우에는 익명함수명 그 자체가 함수핸들이므로 앞에 따로 @를 붙일 필요가 없다.

7.3.3 함수 함수의 호출

앞의 예에서도 살펴보았듯이 함수 함수에서 쓰이는 대응함수명(fun)과 f(x)를 계산해주는 함수명(fun1)은 서로 달라도 되지만 동일한 개수의 입출력인수를 가져야 하고 또 그 유형도 같아야 한다.

앞서 작성한 SimpInt를 써서 $\int_0^2 x\sqrt{2x+1}\,dx$ 의 적분값을 구해본다. 피적분함수를 익명함수로 정의해서 전달하면 다음과 같이 프로그래밍할 수 있다.

```
>> a = 0; b = 2; n = 20;
>> f = @(x) x .* sqrt(2 * x + 1); % 배열 연산 적용
>> s = SimpInt(f, a, b, n) % 익명함수는 @ 없이 f를 직접 사용
s =
   3.7934
```

배열 연산을 써서 $f(x) = x\sqrt{2x+1}$ 를 익명함수로 정의하고, 그 핸들을 a, b와 함께

SimpInt에 전달하면 된다. 이때 f는 @없이 사용됨에 유의하라.

다음 예로 $\int_0^2 \sin(x)\,dx$를 계산해본다. 피적분함수가 내장함수이므로 SimpInt을 호출할 때 핸들 @sin을 전달하면 된다.

```
>> a = 0; b = 2; n = 20;
>> s = SimpInt(@sin, a, b, n) % 내장함수 sin의 핸들 사용
s =
    1.4161
```

다음은 $\int_2^4 \frac{1}{\sqrt{x-1}}dx$의 피적분함수를 사용자 정의 함수로 작성하고 그 핸들을 SimpInt에 전달해 본다. 실행하면 다음 결과를 얻는다.

Function file: prog7_8.m

```
%% 함수 prog7_8.m
% 함수를 이용한 함수의 호출
% Primary function
function prog7_8
a = 2; b = 4; n = 20;
s = SimpInt(@fx, a, b, n)  % 함수핸들 @fx를 사용

% Subfunction
function y = fx(x)
y = 1 ./ sqrt(x - 1); % 배열 연산 적용
```

```
>> prog7_8
s =
    1.4641
```

예제 7.6 내장함수 fzero는 비선형 방정식의 해를 구할 때 사용된다. 초기값 $x_0 = 0$으로 하여 다음 함수의 해를 구하여라.

$$f(x) = \sqrt{2} - x = 0 \tag{7.6}$$

풀이 f(x)를 사용자 정의 함수로 정의하고, 그 핸들과 초기값을 fzero에 전달하면 다음의 해를 얻을 수 있다. 비선형 방정식의 해를 얻는 문제는 12장을 참조한다.

Function file: prog7_9.m

```
%% 함수 prog7_9.m
% 예제 7.6: 사용자 정의함수를 이용한 함수의 해 구하기
% Primary function
function prog7_9
x = fzero(@fx, 0)

% Subfunction
function f = fx(x)
f = sqrt(2) - x;
```

```
>> prog7_9
x =
   1.4142
```

예제 7.7 quadgk는 극한 적분을 수행해주는 내장함수이다. 이를 써서 다음 적분 값을 구하여라.

$$s = \int_0^\infty te^{-t}dt \tag{7.7}$$

풀이 다음은 피적분함수를 익명함수로 나타내고 스크립트에서 호출한 것이다. SimpInt와 같이 내부에서 배열 연산이 수행되므로 배열 연산자를 사용하여야 한다. 적분 상한값 ∞ 대신 inf를 사용하고 실행하면 아래 결과를 얻는다. 적분 문제는 12장을 참조한다.

Script file: prog7_10.m

```
%% 함수 prog7_10.m
% 예제 7.7: quadgk 함수를 이용한 적분 계산
fun = @(t) t .* exp(-t);
s = quadgk(fun, 0, inf)
```

```
>> prog7_10
s =
   1.0000
```

다음은 다시 피적분함수를 사용자 정의 함수로 나타내고 함수에서 호출한 예를 보여준다.

Script file: prog7_11.m

```
%% 함수 prog7_11.m
% 예제 7.7: 피적분함수를 사용자 정의함수로 나타내고 호출함.
function prog7_11
s = quadgk(@fun, 0, inf)

function y= fun(t)
y = t .* exp(-t);
```

```
>> prog7_11
s =
   1.0000
```

7.4 가변인수의 사용

7.4.1 입출력인수의 수

일반적으로 함수는 입출력인수를 가지며, 호출문과 피호출 함수 간에는 인수를 통해 데이터를 전달하고 또 전달받다. 실제 프로그래밍 환경에서는 사용자의 편의를 위해 호출문의 입출력인수 수는 피호출 함수에 정의된 입출력인수 수보다 적을 수도 있다. 다시 말하면 피호출 함수는 입출력인수의 전부 또는 일부 또는 아무것도 갖지 않고 호출될 수 있다. 이렇게 하면 사용자 입장에서는 선택의 폭이 넓어서 좋지만 피호출 함수의 입장에서는 호출문으로부터 몇 개의 입력인수가 전달될지 또 호출문에 몇 개의 출력인수를 전달해야 할지 그 정보를 미리 알고 대처할 필요가 있다. 이럴 때 사용하는 명령어가 nargin과 nargout이다. 그 형식은 다음과 같고 해당 함수 내에서만 유효하다.

- nargin % 호출함수로부터 전달되는 입력인수의 수를 읽어 반환한다.
- nargout % 호출함수에 전달해줄 출력인수의 수를 읽어 반환한다.

간단한 예를 통해 살펴본다. **prog7_12**는 2개의 입력인수와 1개의 출력인수를 가지는 함수이다. 실제 호출 시 입력인수의 수는 0, 1 또는 2개가, 출력인수의 수는 0 또는 1개가 될 수 있다. 이 함수는 실제 전달되는 입력인수의 수를 출력한 다음 그 수가 1이면 x값을, 2이면 x + y값을, 그 외의 값이면 0을 z에 넣어 반환해준다.

Function file: prog7_12.m

```
%% 함수 prog7_12.m
% 입력인수의 수에 따른 프로그램 실행 예
function z= prog7_12(x,y)
fprintf('Number of arguments: %d. \n', nargin);  % 입력인수의 수를 출력함
switch nargin
    case 1
        z = x;
    case 2
        z = x + y;
    otherwise
        z = 0;
end
```

명령줄에서 이를 호출해본다. 호출문의 입력인수의 갯수에 따라 그 결과가 달라짐을 알 수 있을 것이다.

```
>> z = prog7_12  % 입력인수 없이 호출
Number of arguments: 0.
z =
     0
>> z = prog7_12(2)  % 입력인수 x만으로 호출
Number of arguments: 1.
z =
     2
>> z = prog7_12(2, 4)  % 입력인수 x, y로 호출
```

```
Number of arguments: 2.
z =
     6
```

또 다음 예를 살펴본다. 함수 prog7_13은 실제 반환할 출력인수의 수를 출력한 다음, 그 수가 0이면 그냥 되돌아가고, 1이면 add에 x + y값을, 2이면 add와 sub에 각각 x + y와 x − y의 계산 값을 반환해준다.

Function file: prog7_13.m

```
%% 함수 prog7_13.m
% 출력 인수의 갯수에 따른 프로그램 실행 예
function [add, sub]= prog7_13(x, y)
fprintf('Number of output arguments: %d. \n', nargout);
if nargout == 0  % 출력인수가 없으면 되돌아감
    return;
end
add = x + y;  % 출력인수가 1 또는 2개 일 때
if nargout == 2
    sub = x - y;  % 출력인수가 2개 일 때
end
```

명령줄에서 이 함수를 호출하면 다음 결과를 얻는다.

```
>> prog7_13(2, 4)  % 출력인수 없이 호출
Number of output arguments: 0.
>> ad = prog7_13(2, 4)  % 출력인수 ad만으로 호출
Number of output arguments: 1.
ad =
     6
>> [ad, su] = prog7_13(2, 4)  % 출력인수 ad, su로 호출
Number of output arguments: 2.
ad =
     6
su =
    -2
```

예제 7.8

구간 [a, b]에서 정수로 이루어진 균등난수를 발생하는 함수를 작성하여라. 이 함수는 a, b와 난수의 개수 n을 입력받아 r을 반환한다. 이때 a≧b이거나 입력인수가 한 개이면 오류를 내고, 두 개면 난수 하나를, 세 개면 1×n 난수 벡터를 반환하여야 한다.

풀이 입력 인수의 갯수에 따라 기능이 달라져야 하므로, nargin을 사용하여야 하며, 이를 이용하여 작성한 함수는 다음과 같다.

Function file: MyiRand.m

```
%% 함수 MyiRand.m
% 예제 7.8: 균등 난수 발생 함수
function r = MyiRand(a, b, n)
if a >= b || nargin == 1  % a>=b이거나 입력인수가 한 개이면 오류
    error('Error: check the arguments');
elseif nargin == 2  % 입력인수가 2 개면, 즉 n을 생략하면 n = 1로 설정
    n = 1;
end
r = floor((b - a + 1) * rand(1, n)) + a;
```

만일 1과 6 사이의 난수를 1개 또는 10개를 발생하고 싶으면 명령줄에서 다음과 같이 입력하면 된다.

```
>> MyiRand(1, 6)  % 1과 6 사이의 난수 1개를 발생
ans =
     2
>> MyiRand(1, 6, 10)  % 1과 6 사이의 난수 10개를 발생
ans =
     5     2     2     6     6     2     2     5     3     3
```

예제 7.8

구간 [1, 45]에서 6개의 lotto 번호를 발생시키는 함수를 작성하여라.

풀이 함수의 입력인수는 rand를 초기화하는 시드값 rseed이고, 출력인수는 6개의 정수 난수가 저장된 벡터 num이다. 알고리즘의 원리는 다음과 같다. 사

용자가 rseed를 입력하지 않으면 난수발생기는 시스템에 의해 초기화된다. 먼저 1 ~ 45의 수를 순서대로 buf에 넣고, 1과 45 사이의 난수를 발생시켜 나오는 수를 인덱스로 하여 buf에서 숫자를 골라 num에 저장하고 또 buf에서 이를 지워주고, 다시 1과 44 사이의 난수를 발생시켜 전과 같이 buf에서 골라 저장하고 buf에서 지워주는 일련의 과정을 6번 반복하게 된다. 이때 앞서 살펴본 MyiRand 함수를 사용하였다.

Function file: MyLotto.m

```
%% 함수 MyLotto.m
% 예제 7.8: 로또 번호를 발생하는 함수
function num = MyLotto(rseed)
if nargin == 1
    rand('seed', rseed);
end
N = 45;
buf = 1 : N;
for i = 1 : 6
    k = MyiRand(1, N);
    num(i) = buf(k);
    buf(k) = [ ]; % buf[k]를 지우고 오른쪽 원소들을 왼쪽으로 이동
    N = N - 1;
end
```

명령창에서 시드값 없이 반복 호출하면 다른 번호가 나오고, 같은 시드값을 주면 같은 결과를 얻게 된다.

```
>> MyLotto
ans =
     5    31    42     7    15    12
>> MyLotto
ans =
    28    35     7    25    26    44
>> MyLotto(777)
ans =
    24    37    12    39    44     4
```

```
>> MyLotto(777)
ans =
   24    37    12    39    44     4
```

7.4.2 가변 입출력인수

가변 입력인수(Variable length input argument)와 가변 출력인수(Variable length output argument)도 함수에서 선언되는 인수로서 그 길이가 가변되는 특징을 갖는다. 이들은 입출력인수의 수에 제한이 없는 함수를 만들고 싶을 때 종종 쓰인다. 이들의 사용 형식은 다음과 같다.

```
• function [oarg1, oarg2, varargout] = function_name(iarg1, iarg2, varargin)
        statements;
```

- 가변 입력인수 varargin은 명시적 입력인수 iarg1과 iarg2 다음에, 가변 출력인수 varargout는 명시적 출력인수 oarg1과 oarg2 다음에 와야 한다. 추가할 명시적 입출력인수가 더 있으면 가변 입출력인수 앞에 콤마를 두고 나열하면 된다.
- varargin과 대응된 호출문의 입력인수들의 값은 varargin을 통해 함수 내부로 전달되고, 이때 varargin은 셀 배열이 된다. 예를 들어 그림 7.7과 같이 호출문의 iarg3과 iarg4 값들은 셀 배열 varargin = {iarg3, iarg4}에 저장된다.
- varargout에 저장된 셀 값은 varargout를 통해 호출문의 출력인수에 전달되고, 이때 보통 값으로 변환된다. 예를 들어 그림 7.7과 같이 varargout가 호출문으로 전달되면 oarg3 = varargout{1}, oarg4 = varargout{2}가 된다. 따라서 가변 출력인수를 통해 함수 내부로부터 호출문으로 변수값을 내보내려면 varargout의 셀에 저장해줘야 한다.

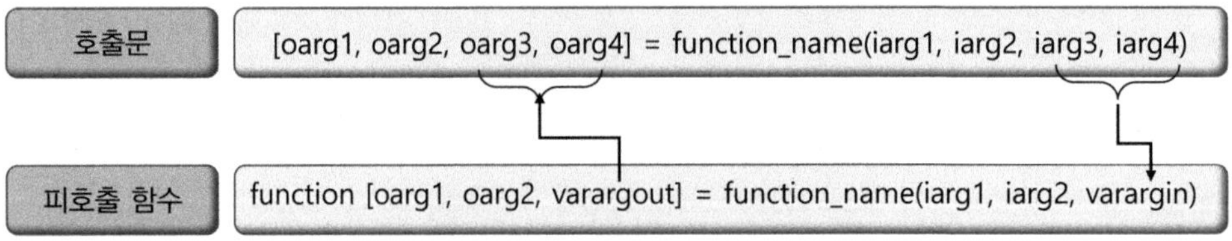

그림 7.7 가변 입출력인수의 전달

먼저 varargin의 사용 예를 살펴본다. 이 함수가 호출되면 전달되는 입력인수의 수 nargin이 제일 먼저, varargin을 통해 전달되는 입력들의 수가 그 다음에, 셀 배열 varargin의 내용이 그 다음에 출력되고, 마지막으로 전달받은 모든 값을 합산하고 z에 반환한다. 여기서 cell2mat는 셀을 배열로 변환해주는 함수이다.

Function file: prog7_14.m

```
%% 함수 prog7_14.m
% varargin의 사용 예
function z = prog7_14(x, y, varargin)
fprintf('Number of arguments: %d. \n', nargin); % 입력인수의 수를 출력
no_of_varargin = numel(varargin); % 가변 입력인수를 통해 전달되는 입력 수
fprintf('Input numbers in varargin: %d. \n', no_of_varargin)
celldisp(varargin) % 셀 배열 varargin을 화면에 출력
s = cell2mat(varargin); % 셀 배열을 벡터로 변환
z = x + y + sum(s);
```

명령줄에서 이 함수를 몇 가지 방법으로 호출해본다. 첫 번째 호출에서는 1과 2만 x, y를 통해 전달되므로 가변 입력인수의 수는 0이고 $z = 1 + 2 = 3$이 되지만, 두 번째 호출에서는 1, 2는 x, y를 통해서 3, 4, 5는 varargin를 통해 전달되므로 가변 입력인수의 수는 3이고 $z = 1 + 2 + 3 + 4 + 5 = 15$가 된다. 다시 말하지만 3, 4, 5는 함수 내부로 전달될 때 셀 배열 varargin에 저장되므로 수식에 적용하기 위해서는 셀 배열을 배열로 변환하거나 스칼라로 분해해줘야 한다. 이때 cell2mat와 같은 함수를 사용하거나 아니면 중괄호를 사용하면 된다.

```
>> z = prog7_14(1, 2)
Number of arguments: 2.
Input numbers in varargin: 0.
z =
     3
>> z = prog7_14(1, 2, 3, 4, 5)
Number of arguments: 5.
Input numbers in varargin: 3.
varargin{1} =
     3
varargin{2} =
```

```
    4
varargin{3} =
    5
z =
   15
```

varargout의 사용하는 예제로 예제 7.1에서 다루었던 MyStat 함수를 수정해본다. 평균과 표준편차뿐만 아니라, 사용자가 필요로 할 수도 있는 분산과 입력 데이터의 개수와 합도 가변 출력인수를 통해 반환해본다. 마지막 문장에서 보면 이 값들을 중괄호를 써서 셀 배열을 만들고 varargout를 통해 내보내고 있는 것을 볼 수 있다.

Function file: MyVarStat.m

```
%% 함수 MyVarStat.m
% 평균, 표준편차, 분산, 입력 데이터의 갯수와 합 계산
function [ave, dev, varargout] = MyVarStat(x)
n = numel(x);
total = sum(x);
ave = total / n;
var = sum(x .^ 2) / n - ave^2;
dev = sqrt(var);
varargout = {var, n, total};  % 가변 출력인수로 전달되는 데이터는 셀 배열에 저장
```

이 프로그램을 명령창에서 호출하면 다음 결과를 얻게 될 것이다.

```
>> x = 1 : 0.2 : 10;
>> [ave, dev] = MyVarStat(x)  % ave, dev만 반환
ave =
   5.5000
dev =
   2.6552
>> [ave, dev, var] = MyVarStat(x)  % ave, dev뿐만 아니라 var도 반환
ave =
   5.5000
dev =
   2.6552
```

```
var =
    7.0500
>> [ave, dev, var, n, total] = MyVarStat(x)  % ave, dev뿐만 아니라 var, n,
total도 반환
ave =
    5.5000
dev =
    2.6552
var =
    7.0500
n =
    46
total =
   253
```

호출문에는 가변 입력인수로 데이터들을 전달할 때도 셀 변수를 쓰지 않았듯이, 가변 출력인수로부터 데이터들을 전달받을 때도 셀 변수를 쓰지 않고 일반 변수 var, n, total을 나열하면 된다.

예제 7.10 비례+적분+미분 동작을 구현해주는 PID 알고리즘은 다음 식으로 표시된다.

$$u(t) = K_p e(t) + K_i \int e(t)dt + K_d \frac{de(t)}{dt}$$

$$\text{단, } e(t) - r(t) - y(t) \tag{7.8}$$

여기에서 $r(t)$는 설정치, $y(t)$는 출력, $e(t)$는 오차이고 K_p, K_i, K_d는 각각 비례, 적분, 미분이득이다. 근사적분 계산을 위한 초기값 z와 근사미분 계산을 위한 초기 오차 ee를 전역변수로 선언해서 함수를 작성하여라.

풀이 함수 MyPID는 오차 $e(t)$와 샘플링 시간 h와 세 이득 $gains = [K_p, K_i, K_d]$를 입력받아 제어입력 u를 계산하고 반환하도록 작성한다. PID 제어기 구현 시 출력이 0인 상태에서 설정치를 변경할 때는 적분동작의 초기값 z를 0으로 설정하면 되지만, 출력이 0이 아니면 사용자가 사전에 계산해서 설정해주어야 한다. 두 변수 z와 ee의 현재 값은 다음 계산에 사용되므로 전역변수로 선언되어 저장되고 호출 프로그램에서 변경할 수 있게 공유하였다. 또 세 제어동작의 변화를 알고 싶을 때를 대비해서 이들은 varargout를 통해 전달한다.

Function file: MyPID.m

```
%% 함수 MyPID.m
% 예제 7.10: global 명령을 이용한 PID 알고리즘 구현
function [u, varargout] = MyPID(e, h, gains)
global z ee
z = z + 0.5 * h * (e + ee); % 근사 적분
ce = (e - ee) / h; % 근사 미분
ee = e; % 오차의 경신
Kp = gains(1); Ki = gains(2); Kd = gains(3); % 세 이득
up = Kp * e;  % P 제어동작
ui = Ki * z;  % I 제어동작
ud = Kd * ce;  % D 제어동작
u = up + ui + ud;  % PID 제어동작
varargout = {up, ui, ud};  % 추가 정보로 세 제어동작을 반환
```

다음은 설정치 $r(t)=1$, 출력 $y(t)=0$, 비례이득 $K_p=1$, 적분이득 $K_i=1$, 미분이득 $K_d=1$, 샘플링 시간 $h=0.02$, 초기 적분값 $z=0$으로 하여 u, up, ui, ud를 구한 결과이다. 이 함수의 구체적인 사용 예는 12장을 참조바란다.

```
>> global z ee
>> r = 1; y = 0; h = 0.02; ee = r - y; z = 0;  % 전역변수 z, ee의 초기화
>> [u, up, ui, ud] = MyPID(r - y, h, [1 1 1])
u =
   1.0200
up =
    1
ui =
   0.0200
ud =
    0
```

7.5 재귀 함수

MATLAB에서 어떤 함수들은 함수 안에서 자기 자신을 호출하는데 이러한 함수를 재귀 함수(Recursive function) 또는 되부름 함수라 한다. 처음 접하는 사용자들은 프로그래밍하기도 힘들고 또 남이 작성해 놓은 것도 이해하기 쉽지 않지만, 재귀적으로 코딩하면 프로그램이 간결해지고 또 유지보수가 쉬운 장점이 있다. 재귀 함수는 조건에 따라 자기 자신을 호출하거나 아니면 일련의 값 또는 레벨을 반환하도록 작성된다. 값 또는 레벨을 반환한다는 것은 종료 시점을 의미한다.

먼저 팩토리얼 계산에 재귀 함수를 적용해보자. 팩토리얼 계산에 재귀 함수를 쓰는 것은 약간 비효율적이지만 구현이 간단하고 또 원리를 이해하기가 쉬워 관련 문헌에 자주 인용된다. $n! = n \circ (n-1) \circ \cdots \circ 2 \circ 1$을 순환식으로 나타내면 다음과 같다.

$$\mathrm{Facto}(n) = \begin{cases} 1 & , n = 0 \\ n \cdot \mathrm{Facto}(n-1) & , n > 0 \end{cases} \tag{7.9}$$

$n = 0$에서 초기값 $\mathrm{Facto}(0) = 1$이고, $n = 1$이면 $\mathrm{Facto}(1) = 1 \times \mathrm{Facto}(0) = 1$, $n = 2$이면 $\mathrm{Facto}(2) = 2 \times \mathrm{Facto}(1) = 2$, 이와 같이 재귀적으로 계산할 수 있다.

다음 함수 MyFacto는 식 (7.9)를 재귀적으로 작성한 것이다. n을 입력받아 음이면 오류 메시지를 내면서 끝내고, 아니면 n!을 계산해서 반환한다. if-end 문에서 보면 $n = 0$이면 정지조건으로 1이 반환되고, $n > 0$인 동안에는 계속 자기 자신을 호출한다.

Function file: MyFacto.m

```
%% 함수 MyFacto.m
% 재귀함수를 이용한 팩토리얼 계산
function y= MyFacto(n)
if n < 0
   error('Error in MyFacto: Check n!');
end
if n == 0
   y = 1;
else
   y = n * MyFacto(n-1);  % 자기 자신을 호출함
end
```

명령줄에 MyFacto(3)을 입력하고 실행해보자. 결과 6을 얻을 것이다.

```
>> MyFacto(3)
ans =
     6
```

이 함수의 동작 원리는 다음과 같다. 처음 $n = 3$이 함수 MyFacto에 전달되면 if-else-end 문의 논리식이 거짓($n \neq 0$)이므로 else-end 블록의 명령문 y = n * MyFacto(n-1)의 등호 오른쪽 식, 즉 3 * MyFacto(2)가 수행된다. 하지만 이 시점에서 MyFacto(2)는 아직 모르는 상태라 곱셈을 못하고 3을 스택에 넣고 MyFacto(2)를 호출하게 된다. 이제는 $n = 2$이고 아직도 $n \neq 0$이므로 역시 else-end 블록의 2 * MyFacto(1)을 계산하고자 2를 스택에 저장하고 MyFacto(1)을 호출하게 된다. 이제는 $n = 1$이고 아직도 $n \neq 0$이므로 else-end 블록의 1*MyFacto(0)을 계산하고자 1을 스택에 넣고 MyFacto(0)을 호출하게 된다. 이제는 $n = 0$이고 논리식이 참(n = 0)이 되어 if-else 블록의 명령문 y = 1이 수행되면서 MyFacto(0) = 1이 반환된다. 더는 MyFacto가 호출되지 않는 시점에서 스택에 쌓아 두었던 값들을 하나씩 꺼내서 y = 3*2*1*1을 곱한 다음 6을 되돌리게 된다. 다음 그림은 재귀 연산을 도식적으로 나타낸 것이다.

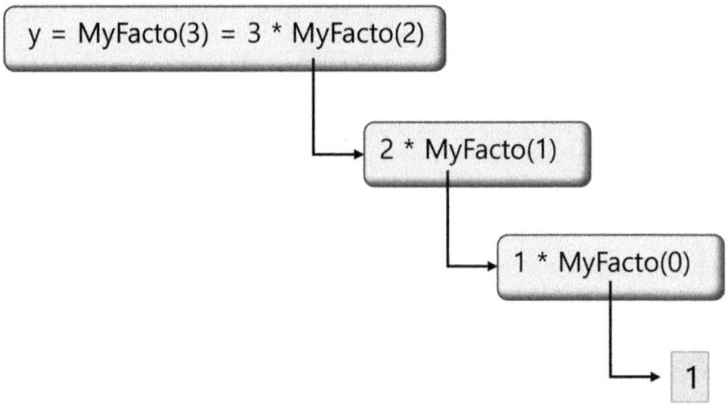

다른 예로 재귀 함수를 써서 피보나치(Fibonacci) 수열을 만들어보자. 피보나치 수열을 생성하는 기본 규칙은 앞의 두 항의 수를 더해서 현재 항의 수를 만들어내는 것이다. 처음 두 항은 0과 1이고, 다음 항은 0과 1을 더한 값인 1이 되고, 그다음 항은 1과 1을 더한 값인 2가 되고, 이런 절차로 만들면 표 7.1을 얻는다.

표 7.1 피보나치 수열

n	0	1	2	3	4	5	6	7	8	9
F_n	0	1	1	2	3	5	8	13	21	34

피보나치 수열을 순환식으로 나타내면 다음과 같다.

$$F_n = \begin{cases} 0 & , n = 0 \\ 1 & , n = 1 \\ F_{n-1} + F_{n-2} & , n \geqq 2 \end{cases} \tag{7.10}$$

함수 MyFib는 식 (7.10)을 재귀 함수로 나타낸 것이다. 물론 이 경우에도 사용자가 실수로 음의 값을 입력할 수도 있으므로, 이런 경우에 입력 값이 음이면 오류가 뜨고 정지된다.

Function file: MyFib.m

```
%% 함수 MyFib.m
% 재귀 함수를 이용한 피보나치수열 계산
function fn = MyFib(n)
if n < 0
    error('Error in MyFib: Check n!')
end
if n == 0
    fn = 0;
elseif n == 1
    fn = 1;
else
    fn = MyFib(n-1) + MyFib(n-2);
end
```

구체적으로 명령줄에 MyFib(4)를 입력하고 실행해보자. 결과로 3을 출력하는 것을 확인할 수 있다.

```
>> MyFib(4)
ans =
     3
```

이 함수의 동작 원리도 앞의 것과 유사하다. n-1 = 3, n-2 = 2를 가지고 자기 자신을 부르다 보면 마지막 단계로 MyFib(1) + MyFib(0)이 수행될 때 MyFib(1) = 1, MyFib(0) = 0이 되면서 합산 fn = 1+0+1+1+0 = 3이 계산되고 반환된다. 다음 그림은 재귀 연산을 도식적으로 나타낸 것이다.

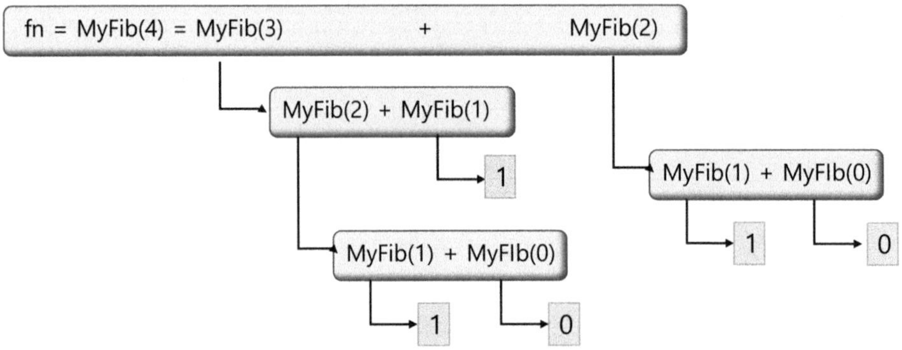

재귀 함수 작성 시 유의 사항은 다음과 같다:

- 정지조건이 잘못 설정되면 함수가 자기 자신을 무한히 호출하게 되고 결과를 반환 못할 수도 있다.
- 일반적으로 재귀 연산은 추가적인 메모리를 요구하고, 처리한 내용을 다시 반복 처리하는 경우가 많아 일반 코드보다 처리시간이 더 걸릴 수 있다.

재귀 함수를 실제 문제에 적용한 예는 12.7.5절을 참조한다.

7.6 명령어와 함수의 차이

현재까지 우리는 여러 가지 명령어와 함수의 형식과 그 호출에 대해서 살펴보았다. MATLAB에서 제공하는 명령어들은 함수 형식으로 작성되고 또 함수와 유사하게 호출되므로 이 둘을 명확하게 구분하는 것 자체가 쉽지 않다. 이 때문에 전문가조차도 가끔 명령어와 함수를 혼동해서 부르기도 한다. 저자도 예전에 〈MATLAB Central〉 → 〈Ask &Answer〉을 통해 질문을 올려 답변을 받았던 기억이 나서 적어본다.

There is no difference between functions and commands in terms of their functionality. The difference is in the syntax of how they are called, not in the functionality of what they do. The different syntax is useful in different situations (command syntax is much more limited in what it can do). As an example,

```
>> str2double 32 % command syntax (without parentheses)
ans =  32
>> str2double('32') % function syntax (with parentheses)
ans =  32
```

any function may be called using function syntax, and also command syntax. To make your life easier just call them all "functions", and just ignore the different name "command".

기본적으로 명령어들은 함수이므로 기능적으로는 구분이 안 되고, 다만 호출하는 형식에 따라 구분될 뿐이다. 앞의 예 str2double와 같이 같은 함수명이라도 명령어 형식으로 호출되면 '명령어', 함수 형식으로 호출되면 '함수'라 부르면 된다.

7.6.1 명령어 형식의 호출

명령어 형식의 호출 방식은 다음과 같다.

```
>> functionname arg1 agr2  % command syntax
```

함수명 다음에 입력인수가 필요하면 공백으로 구분된 한 개 이상의 인수들을 두면 된다. 이 형식의 입력인수들은 대부분 문자열이고, 인수 좌우에 아포스트로피(' ')를 두어도 되고 생략해도 무방하다.

다음은 save, clear, load를 명령어 형식으로 호출한 예이다.

```
>> x = 1;
>> save 'testfile' x  % x를 testfile 파일에 저장
>> clear all
>> load testfile
>> x
```

```
x =
     1
```

7.6.2 함수 형식의 호출

앞서 함수 작성 시 입력인수가 요구되면 괄호를 두고, 여러 개의 인수는 콤마로 구분하며, 문자열은 좌우에 아포스트로피(' ')를 두며 또 필요하면 출력인수를 두며, 2개 이상일 경우에는 대괄호 ([ ])를 두고 콤마로 구분하는 등의 문법과 그 호출 형식에 대해서도 살펴보았다. 함수 형식의 호출 방법은 일반적으로 다음과 같다.

```
>> functionname('arg1', 'agr2')  % function syntax
>> [o_arg1, o_arg2] = functionname(i_arg1, i_agr2)  % function syntax
```

첫 번째 문장은 앞서 살펴본 명령어들을 함수 형식으로 호출하는 문장이며, 두 번째 문장은 일반적인 함수의 호출형식이며 입출력인수를 통해 여러 형식의 데이터(배열, 셀, 문자 등)를 전달할 때 사용된다. 다음은 앞서 살펴보았던 세 명령어를 다시 함수 형식으로 호출한 예이다.

```
>> x = 1;
>> save('testfile', 'x')  % x를 testfile명의 파일에 저장
>> clear('all')
>> load('testfile')
>> x
x =
     1
```

이 경우에는 save, clear, load는 함수 형식으로 호출되었기 때문에 함수라 해도 무방하지만 혼란스러울 수 있다. 따라서 사견이지만 주로 문자열의 입력인수를 가지고 명령어 형식으로 호출되는 함수는 어떤 형식으로 호출하든 그냥 명령어라 해도 무방하지 않을까 생각한다.

연습문제

01 벡터 x를 입력받아 원소의 합과 원소의 제곱근 값들의 합을 반환하는 함수를 작성하고, $x = [1\ \ 2\ \ 3]$일 때의 값을 구하여라.

function [sumx, sumsqx] = MySumSq(x)

02 삼각형의 세 변의 길이 a, b, c가 주어지면 그 넓이 A는 헤론의 공식으로 구할 수 있다. a, b, c를 입력받아 넓이를 반환하는 함수 A = MyArea(a, b, c)를 작성하고, a = 4, b = 4, c = 3일 때의 값을 구하여라.

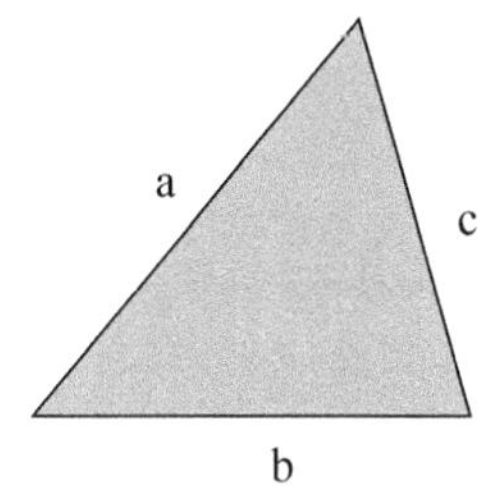

$$A = \sqrt{s(s-a)(s-b)(s-c)}$$

단, $s = \dfrac{a+b+c}{2}$

03 저항 R_1, R_2, $\cdots$, R_n이 병렬로 연결된 회로에서 저항값이 저장된 벡터 R을 입력받아 등가 저항값 Req를 반환하는 함수를 작성하여라.

$$\frac{1}{R_{eq}} = \frac{1}{R_1} + \frac{1}{R_2} + \cdots + \frac{1}{R_n}$$

04 감마분포의 확률밀도함수는 다음 식으로 주어진다.

$$f(x) = \begin{cases} \dfrac{1}{\Gamma(\alpha)\beta^{\alpha}} x^{\alpha-1} e^{-x/\beta} & , x \geq 0 \\ 0 & , x < 0 \end{cases}$$

단, $\Gamma(\alpha) = \displaystyle\int_0^{\infty} t^{\alpha-1} e^{-t} dt$

(1) 양수 a, b와 벡터 x에 대해 $f(x)$를 계산해서 반환하는 함수를 작성하여라. 단, $\Gamma(\alpha)$계산은 함수 gamma를 사용하여라.

(2) $\alpha = 2$, $\beta = 2$이고 벡터 $x = 0 : 0.05 : 20$일 때 $f(x)$를 구하여라.

05 rand 함수를 이용하여 원소들이 $[a, b]$ 사이의 정수 난수를 갖는 1×n 벡터를 발생시키는 함수 irand를 작성하여라.

```
function v = irand(a, b, n)
```

06 다음 함수를 각 변수에 대한 익명함수로 작성하되 배열 연산이 가능하도록 하여라.

(1) $y = \sqrt{5x^2 + 6}$

(2) $f(x) = x^{\frac{3}{5}}(6 - 7x)$

(3) $g(x, y) = 2x^3y + 3x^2 + y - 6$

(4) $f(\alpha, \beta) = \alpha^2 e^{(1-\beta)}$

(5) $f(x,y) = \dfrac{xy}{\sqrt{x^2 + y^2 + 1}}$

(6) $f(\theta) = \theta \sin\theta \cos(2\theta + 1)$

(7) $y = \cot x \ln(\sin x)$

(8) $f(t) = \dfrac{6t - 1}{t^2 - 2t + 4}$

(9) $f(v) = \dfrac{\cos v}{|v| + 2}$

07 사다리꼴적분 공식은 다음과 같이 주어진다.

$$\int_a^b f(x)dx = \frac{h}{2}[f(x_0) + 2f(x_1) + 2f(x_2) + \cdots + 2f(x_{n-1}) + f(x_n)]$$

단, $h = \dfrac{b-a}{n}$, $x_k = a + kh\,(k = 0, 1, 2, \ldots, n)$

적분구간 a, b와 등분수 n과 $f(x)$를 계산하는 사용자 정의 함수 fun을 입력받아 정적분값 S를 반환하는 함수 함수를 작성하고 다음 적분값을 구하여라.

(1) $\displaystyle\int_0^3 e^{-x^2}dx$

(2) $\displaystyle 2\pi\int_1^2 x\sqrt{1 + 4x^2}\,dx$

08 1계 미분방정식의 수치해를 얻는 Euler법은 다음 식으로 주어진다.

$$y_{k+1} = y_k + hf(t_k, y_k),\ a \leqq t \leqq b,\ y(a) = y_0$$

단, $h = \dfrac{b-a}{n}$, $x_k = a + kh\,(k = 0, 1, 2, \ldots, n)$

$t = a$에서의 초기값 y_0, 스텝크기 h와 도함수 $f(t_k, y_k)$를 계산하는 익명함수 fun을 입력받아 근사해를 구해 반환하는 함수 함수를 작성하고 다음 초기값 문제를 풀어라.

(1) $y' = -2ty + \sin(t), -0 \leqq t \leqq 10, y(0) = 0$, 단, $h = 0.02$

(2) $y' = -y + e^{-t}, 0 \leqq t \leqq 10, y(0) = 0$, 단, $h = 0.02$

09 위 문제의 미분방정식에서 $f(t_k, y_k)$를 사용자 정의 함수 fun으로 작성하고 초기값 문제를 풀어라.

10 다음 거듭제곱 식이 주어진다.

$y = a^n$, 단, $n \geqq 0$

(1) 재귀식으로 표시해서 재귀 함수로 작성하여라.

(2) 이를 호출하여 2^{10}, $(-4)^5$, 7.25^3을 구하여라.

CHAPTER

8 2차원 그래프

MATLAB의 탁월한 장점 중 하나는 다양하면서도 정교한 그래프를 누구나 손쉽게 그릴 수 있고 또 사용자의 요구에 따라 맞춤화(Customization)가 가능하도록 사용자 인터페이스를 제공하고 있다는 점이다. 여기서는 2차원 그래프를 그리는 다양한 함수와 명령어에 대해 살펴본다.

8.1 선 그래프

8.1.1 Plot 그래프

2차원 평면상의 곡선식이 $y = f(x)$ $(a \leq x \leq b)$로 주어지거나 혹은 곡선상의 좌표 (x, y)가 매개변수 t의 함수 $x = f(t)$, $y = g(t)$ $(c \leq t \leq d)$로 표시될 때 이들의 선 그래프를 그려주는 기본 함수는 plot이며 그 형식은 다음과 같다.

- plot(y) % y의 그래프를 그린다.
- plot(x, y) % x에 대한 y의 그래프를 그린다. 단, x와 y는 같은 길이의 벡터이여야 한다.
- plot(x, y, 'Specifier', 'PropertyName', 'PropertyValue') % 추가적인 옵션을 가지고 x에 대한 y의 그래프를 그린다.
- h = plot(…) % 그래프를 그려주고 핸들을 반환한다. 여기에서 '…'은 앞서 사용한 입력형식 중 하나가 될 수 있다.

사용자가 추가적인 옵션을 설정하지 않거나 혹은 다른 방법으로 속성 제어를 하지 않으면 축은 자동으로 스케일 되고 또 선색, 선의 종류, 선폭 등도 자동 설정되어 그려진다.

앞 장에서도 언급하였지만, 그래픽 명령문이 실행될 때 그 결과는 그림창에 반영되기 때문에 명령문 뒤쪽에 ' ; '를 생략해도 무방하다. 문법 오류가 일어나는 경우를 제외하고 명령창에 어떤 메시지도 나타나지 않는다.

8.1.1.1 지정자(Specifier)

추가적인 옵션으로 사용되는 지정자는 선의 종류, 선색과 표식(Marker)을 지정하는 기호들의 조합으로 이루어진 문자열이고, 다음은 지정자가 가질 수 있는 기호들을 요약한 것이다.

선의 종류

기호	선의 종류	기호	선의 종류
-	실선(solid)	:	점선(dotted)
--	단선(dashed)	.-	일점쇄선(dashdot)

선색

기호	선색	기호	선색
b	파란색(blue)	m	자홍색(magenta)
g	녹색(green)	y	노랑색(yellow)
r	빨간색(red)	k	검은색(black)
c	청록색(cyan)	w	흰색(white)

표식

기호	표식	기호	표식
.	점(point)	v	삼각형(downward)
o	원(circle)	^	삼각형(upward)
x	x 표시(x-mark)	〈	삼각형(left-pointing)
+	덧셈 기호(plus)	〉	삼각형(right-pointing)
*	별표(star)	p	5점 별(pentagram)
s	정방형(square)	h	6점 별(hexagram)
d	다이아몬드(diamond)		

8.1.1.2 속성명(Property name)과 속성값(Property value)

속성명과 속성값은 선과 표식의 굵기, 표식의 테두리 선과 배경색 등을 지정하는 데 사용된다. 다음은 자주 사용되는 몇 가지만 요약한 것이다. 속성값은 그래프를 그리고 난 후에도 그래프의 핸들과 함수 set을 써서 변경할 수 있는데 자세한 사항은 10장을 참조 바란다.

속성명과 속성값

속성명	설명	속성값
LineWidth	선폭 지정	point 단위의 수
MarkSize	표식의 크기 지정	point 단위의 수
MarkerEdgeColor	표식의 테두리 선 지정	선색표 상의 기호 사용
MarkerFaceColor	표식의 배경색 지정	선색표 상의 기호 사용

특히 지정자에는 기호들을 한 개, 두 개 또는 세 개를 다 포함하거나 혹은 하나도 포함하지 않아도 되고 순서와 상관없이 둘 수 있다. 또 속성명을 적을 때 대문자, 소문자를 구분할 필요는 없다. 다음은 몇 가지 예들이다.

```
>> x = 0 : 0.1 : 10;
>> y = sin(x);
>> plot(x, y)  % 파란색의 실선을 그려줌
>> plot(x, y, 'b')  % 위와 같음
>> plot(x, y, '--')  % 파란색의 단선을 그려줌
>> plot(x, y, 'k')  % 검정 실선을 그려줌
>> plot(x, y, ':')  % 검점 점선을 그려줌
>> plot(x, y, 'o')  % 데이터 점에 표식 'ㅇ'만 그려줌
>> plot(x, y, '-rs')  % 데이터 점에 표식 'ㅁ'을 그리고 빨간색의 실선을 그려줌
>> plot(x, y, 'k', 'LineWidth', 2)  % 2 point 선폭으로 검정 실선을 그려줌
```

두 함수 $y_1 = \sin(t)$와 $y_2 = \cos(t)$ $(0 \leqq t \leqq 10)$에 대하여 y_1을 검정 실선으로, y_2를 검정 점선으로 그려본다.

Script file: prog8_1.m

```
%% Program prog8_1.m
% plot 명령을 이용한 그래프 그리기.
```

```
t = 0 : 0.02 : 10;
y1 = sin(t);
y2 = cos(t);
plot(t, y1, 'k', t, y2, 'k:')
```

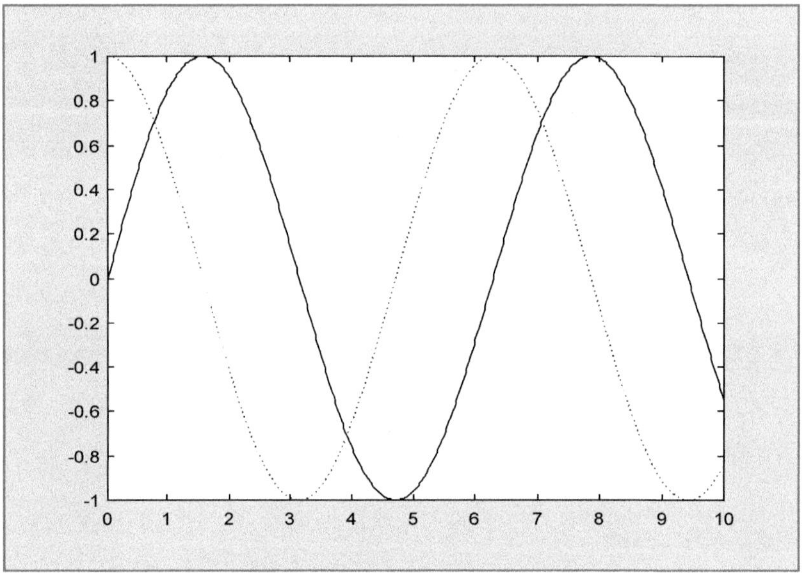

그림 8.1 sin(t)와 cos(t)의 그래프

앞과 같이 plot 함수로 하나의 축에 여러 개의 도형을 그릴 수 있는데, 이때는 첫 번째 도형을 그리는 형식과 유사하게 반복해서 적어주면 된다.

예제 8.1 **함수 $y = |\sin(t)|\ (0 \leq t \leq 3\pi)$의 그래프를 검정 점선으로 그리되, 빨강색으로 표식 'o'를 추가해보아라.**

풀이 도형 위에 표식을 추가할 때는 도형을 그릴 때보다 데이터 간의 간격을 충분이 넓혀줘야 하고 또, 지정자로는 선색과 표식 기호만 사용해야 한다. 데이터 간의 간격이 너무 좁으면 도형이 지저분하게 되고 또, 선 기호를 포함시키면 도형이 왜곡되어 보인다. 작성된 스크립트에서 보면 'o'를 그리기 위해 t2는 $\pi/6$ 간격으로 샘플링되고, 지정자로는 'ro'만 사용되고 있음에 유의한다.

Script file: prog8_2.m

```
%% Program prog8_2.m
% 예제 8.1: plot명령에서의 마커 사용
t1 = 0 : pi/50 : 3*pi;
y1 = abs(sin(t1));
t2 = 0 : pi/6 : 3*pi;
y2 = abs(sin(t2));
plot(t1, y1, 'k:', t2, y2, 'ro')
```

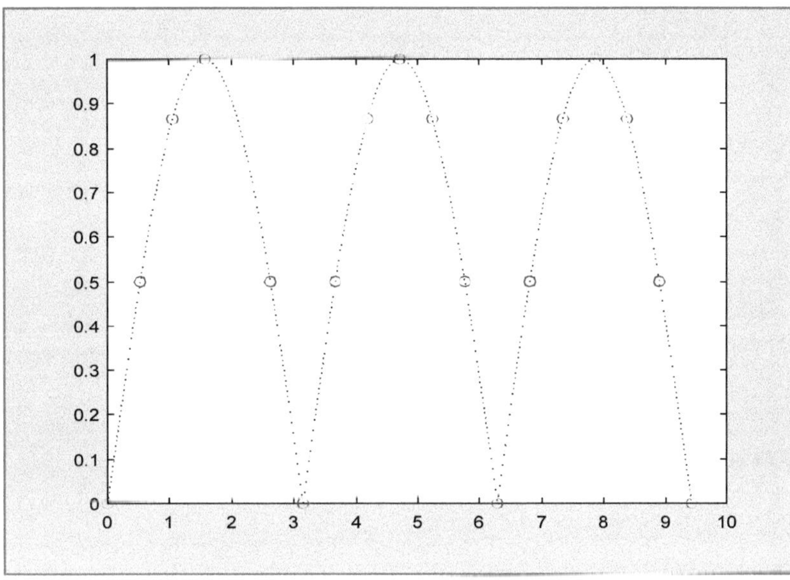

그림 8.2 표식이 추가된 |sin(t)| 그래프

8.1.2 그래프 형식 지정

8.1.2.1 제목, 축 라벨 등

plot 함수는 MATLAB에서 제공하는 기본적인 그래프만 그려주므로, 여기에 그래프의 제목, 축 라벨(Axis label), 문자열, 눈금 격자(Grid) 등을 추가하거나 지정하고 싶을 때는 다음과 같이 하면 된다.

- title('string') % 그래프의 제목을 추가한다.
- xlabel('string') % x축의 라벨을 추가한다.
- ylabel('string') % y축의 라벨을 추가한다.
- text(x, y, 'string') % x, y 위치에 문자열을 추가한다.
- gtext('string') % 마우스로 원하는 위치에 문자열을 추가한다.
- grid on % 눈금 격자를 그린다.
- grid off % 눈금 격자를 지운다.
- box on % 그래프 박스를 그린다.
- box off % 그래프 박스를 지운다.

아래첨자와 윗첨자

MATLAB은 문자열 입력 시 첨자, 그리스 문자와 특수기호를 제한적으로 쓸 수 있게 해준다. 아래첨자는 첨자 글자 앞에 '_'를, 윗첨자는 첨자 글자 앞에 '^'를 두면 출력되고, 연속글자인 경우에는 중괄호 { }속에 표시하면 된다. 예로 아래첨자 y_1과 y_{ij}는 각각 y_1과 y_{ij}로, 윗첨자 y^n과 $y^{(n)}$은 각각 y^n과 y^{(n)}으로 입력하면 된다.

그리스 문자와 기호

그리스 문자

문자열	그리스 문자	문자열	그리스 문자	문자열	그리스 문자
\alpha	α	\mu	μ	\omega	ω
\beta	β	\nu	ν	\Gamma	Γ
\gamma	γ	\xi	ξ	\Delta	Δ
\delta	δ	\pi	π	\Theta	Θ
\epsilon	ε	\rho	ρ	\Lamda	Λ
\zeta	ζ	\sigma	σ	\Xi	Ξ
\eta	η	\tau	τ	\Pi	Π
\theta	θ	\upsilon	υ	\Sigma	Σ
\iota	ι	\phi	φ	\Psi	Ψ
\kappa	κ	\chi	χ	\Omega	Ω
\lamda	λ	\psi	ψ		

그리스 문자와 몇 가지 특수 기호들은 문자열을 입력하면 된다. 더 자세한 것은 도움말창에서 'greek symbols'로 검색한 다음 'table of available TEX'를 찾아 클릭하면 된다.

특수 기호

문자열	기호	문자열	기호
\pm	±	\sim	~
\times	×	\infty	∞
\div	÷	\partial	∂
\neq	≠	\Re	ℜ
\approx	≈	\Im	ϑ
\geq	≥	\supset	⊃
\leq	≤	\subset	⊂
\int	∫	\supseteq	⊇
\surd	√	\subseteq	⊆
\mid	|	\cap	∩
\wedge	∧	\cup	∪
\vee	∨	\in	∈
\oplus	⊕	\neg	¬
\nabla	∇	\0	∅

다시 그림 8.1에 title, xlabel, ylabel, grid를 추가해보자. 아래와 같이 하면 그래프에 제목과 라벨과 점선의 그리드 선이 나타나게 될 것이다.

Script file: prog8_3.m

```
%% Program prog8_3.m
% title, x, y labe 및 grid 추가하기
t = 0 : 0.02 : 10;
w = 1;
y1 = sin(w*t);
y2 = cos(w*t);
plot(t, y1, 'k', t, y2, 'k:')
title('Sine and Cosine Graphs(\omega=1 rad/s)')  % 제목에 그리스 문자 w 입력
xlabel('t')  % x축 라벨 입력
ylabel('y_1 and y_2')  % y축 라벨에 아래 첨자를 사용
grid on
```

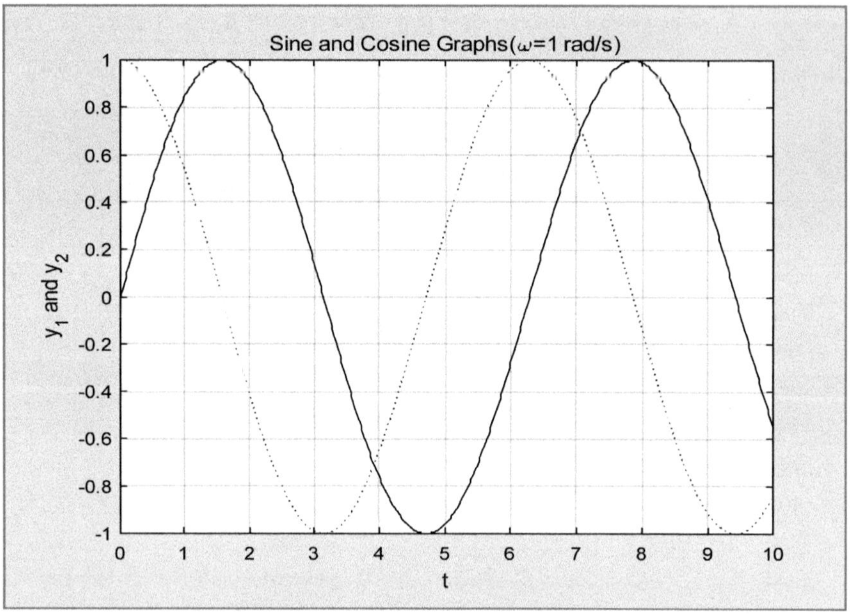

그림 8.3 sin(t)과 cos(t)의 그래프

8.1.2.2 축 변경

plot이 수행되면 입력되는 x, y 데이터의 최소, 최대값과 그림창의 크기에 따라 자동으로 설정된 좌표축에 그림을 그리게 된다. 사용자가 축의 하한과 상한의 범위를 조절하여 그림 크기를 변경하고 싶을 때는 axis를 사용하면 된다. axis는 여러 가지 목적으로 쓰이며 몇 가지 형식은 다음과 같다.

- axis([xmin xmax ymin ymax]) % x, y축의 범위를 설정한다. 여기서 xmin과 xmax는 각각 x축의 하한과 상한값을, ymin과 ymax는 각각 y축의 하한과 상한값을 의미한다.
- axis equal % x, y축의 눈금(스케일)을 같게 설정한다.
- axis square % 그래프 박스가 정사각형이 되도록 설정한다.
- axis tight % 축 범위를 데이터 범위와 같게 설정한다.
- axis ij % 그래프의 원점을 좌상단으로 변경해주며, 토글식으로 동작한다.
- axis on % 그래프 축을 그려준다.
- axis off % 그래프 축을 지운다.

MATLAB은 그릴 도형의 데이터 범위를 분석한 후 자동으로 축의 한계를 설정해서 그래프를 그려준다. 이것은 처음부터 그래프의 축 한계를 잘 모를 수밖에 없는 사용자의 입장에서는 대단히 편리하다. 하지만 축의 한계를 재설정하고 싶을 때가 종종 있다. 이때는 axis를 사용하면 된다. 그림 8.3의 그래프에서 x축을 최소 0과 최대 10, y축을 최소 −1.2와 최대 1.2로 하여 좌표축을 설정해보자.

Script file: prog8_4.m

```
%% Program prog8_4.m
% 측 한계의 지정과 axis 명령
t = 0 : 0.02 : 10;
y1 = sin(t);
y2 = cos(t);
plot(t, y1, 'k', t, y2, 'k:')
axis([0 10 -1.2 1.2])  % 축의 한계를 재설정
xlabel('t'); ylabel('y_1 & y_2')
title('Graphs(\omega= 1rad/sec)')
grid on
```

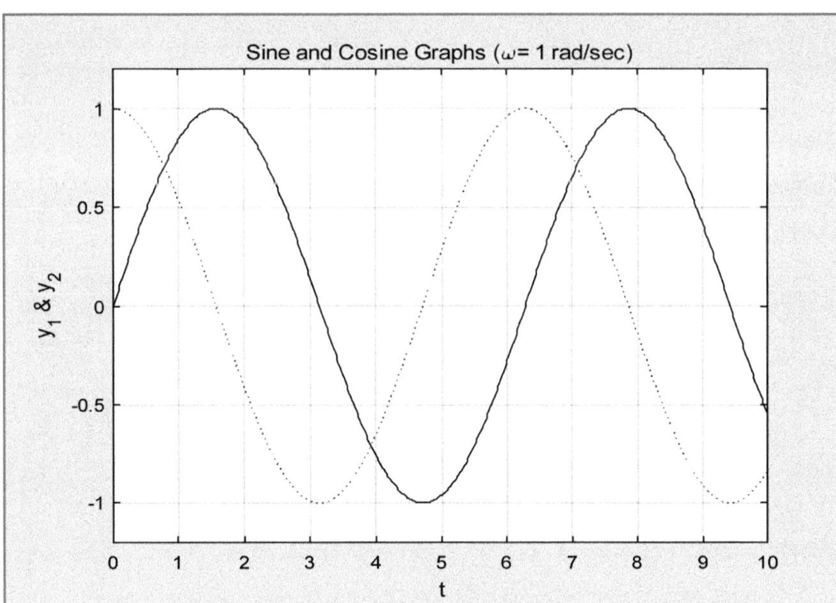

그림 8.4 sin(t)과 cos(t)의 그래프

8.1.2.3 눈금값과 눈금값 라벨

그래프를 그린 다음 마우스로 그림창의 크기를 조절하면 눈금값(Tick) 위치와 눈금값 라벨이 자동으로 변경되고, 설령 axis로 축의 최대값과 최소값을 설정하더라도 마찬가지이다. 이것은 내부적으로 관련 속성이 자동모드로 되어 있기 때문이다.

이럴 때는 축의 최대값과 최소값, 눈금값 위치와 눈금값 라벨 등을 사용자가 새로 지정하면 수동모드로 전환되면서 그림창의 크기를 달리해도 변하지 않는다. 설정은 set 함수를 쓰면 되고 gca는 현재 작업 중인 축의 핸들을, xmin과 xmax는 x축의 최소값과 최대값을, v1, v2, v3는 눈금값 위치와 눈금값 라벨을 의미한다. y축의 설정도 x축과 같이하면 되고 더 자세한 사항은 10장의 그래프 속성 바꾸기를 참조 바란다.

- set(gca, 'XLim', [xmin, xmax], 'XTick', [v1, v2, v3], 'XTickLabel', [v1, v2, v3]) % x축 설정
- set(gca, 'YLim', [ymin, ymax], 'YTick', [w1, w2, w3], 'YTickLabel', [w1, w2, w3]) %y축 설정

이렇게 함으로써 사용자가 원하는 눈금값 위치에 눈금값 라벨을 달 수도 있고, 그림창의 크기를 달리해도 변하지 않는다.

Script file: prog8_5.m

```
%% 프로그램 prog8_5.m
% 눈금값 생성하기
clf
t = 0:0.02:10;
y1 = sin(t);
y2 = cos(t);
plot(t, y1, 'k', t, y2, 'k:')
set(gca, 'XLim', [0, 10], 'XTick', [0,2,4,6,8,10],...
    'XTickLabel', [0, 2, 4, 6, 8, 10])
set(gca, 'YLim', [-1.2, 1.2], 'YTick', [-1, 0, 1], ...
    'YTickLabel', [-1, 0, 1])
xlabel('t'); ylabel('y_1 & y_2');
title('Graphs(\omega= 1rad/sec)')
grid on
```

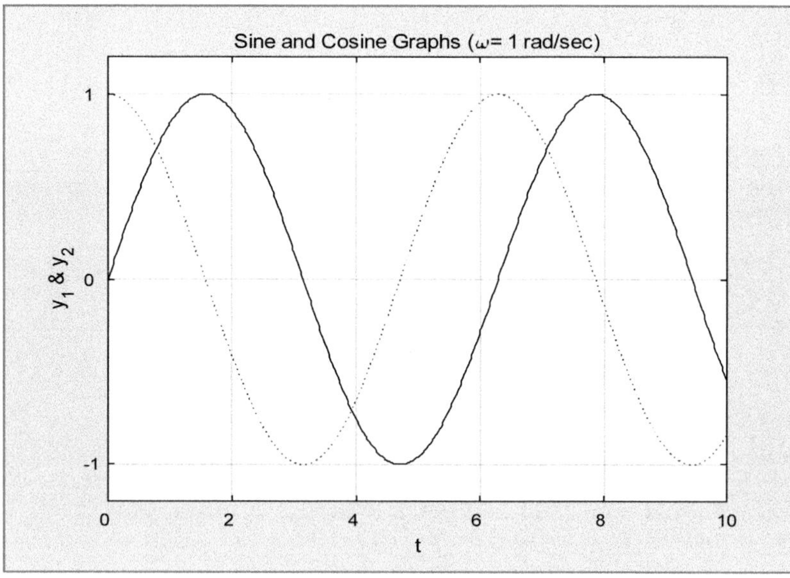

그림 8.5 sin(t)과 cos(t)의 그래프

8.1.2.4 범례

범례(Legend)는 하나의 축에 여러 개의 선을 그릴 때 이들을 쉽게 구분할 수 있도록 사용한 선의 모양과 사용자가 지정한 라벨을 작은 사각 상자에 표시해주는 것을 말하며, 범례를 추가할 경우에는 legend를 사용하면 된다.

```
• legend('string1', 'string2', 'Location', 'location'), % 그래프에 범례를 추가한다.
```

범례 내의 문자열은 plot에서 그려지는 그래프의 개수만큼 순서대로 입력해주면 되고, 범례가 놓이는 위치는 문자열 'location'에 의해 결정된다. 다음 표는 몇 개만 요약한 것이고 'location'을 생략하면 2D 그래프의 경우 'NorthEast'가 기본값이 된다. 더 자세한 것은 도움말창에서 'legend'로 검색하면 된다.

Location	축 상의 위치	Location	축 상의 위치
North	박스 내부의 정북(위)	NorthEast	박스 내부의 북동
South	박스 내부의 정남(아래)	NorthWest	박스 내부의 북서
East	박스 내부의 정동(오른쪽)	SouthEast	박스 내부의 남동
West	박스 내부의 정서(왼쪽)	SouthWest	박스 내부의 남서

앞서 다룬 그림 8.5에 범례를 입력해본다. 그래프가 그려진 이후라도 범례 위치를 변경하고 싶으면 마우스로 끌어서 적당한 곳으로 옮기면 된다.

Script file: prog8_6.m

```
%% 프로그램 prog8_6.m
% 범례의 생성
t = 0 : 0.02 : 10;
w = 1;
y1 = sin(w*t);
y2 = cos(w*t);
plot(t, y1, 'k', t, y2, 'r:')
set(gca, 'XLim', [0, 10], 'XTick', [0, 2, 4, 6, 8, 10], ...
    'XTickLabel', [0, 2, 4, 6, 8, 10])
set(gca, 'YLim', [-1.2, 1.2], 'YTick', [-1, 0, 1], ...
    'YTickLabel', [-1, 0, 1])
title('Sine and Cosine Graphs(\omega=1 rad/s)')
xlabel('t')
ylabel('y_1 and y_2')
legend('sin(t)', 'cos(t)', 'Location', 'SouthEast');  % 범례 입력
```

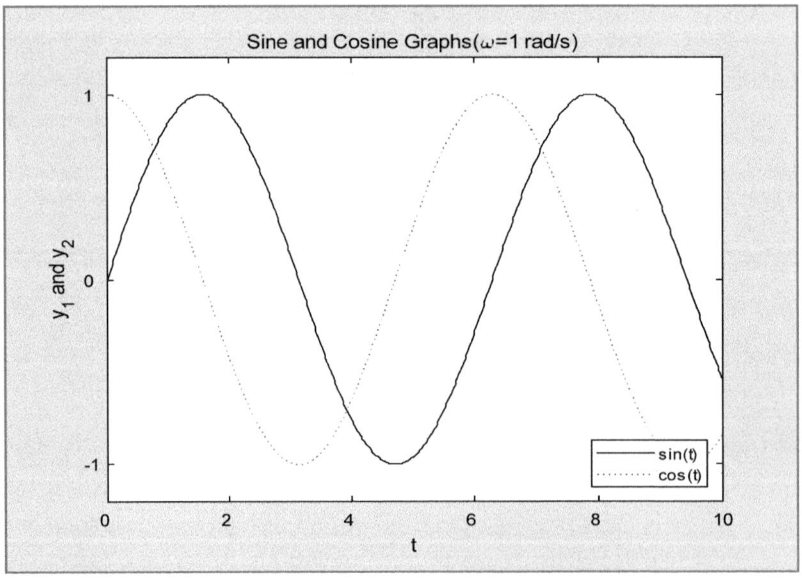

그림 8.6 범례가 추가된 sin(t)과 cos(t) 그래프

예제 8.2 형상모수 α와 척도모수 β에 대해 확률변수 X의 확률밀도함수가 다음 식으로 주어지면 이를 감마분포라 한다.

$$f(x) = \begin{cases} \dfrac{1}{\Gamma(\alpha)\beta^{\alpha}} x^{\alpha-1} e^{-x/\beta}, & x \geq 0 \\ 0, & x < 0 \end{cases} \tag{8.1}$$

단, $\Gamma(\alpha) = \int_0^{\infty} t^{\alpha-1} e^{-t} dt$

$\alpha = 2$, $\beta =$ 2, 4, 6일 때의 곡선을 구간 $0 \leq x \leq 20$에서 그려보아라. 단, $\Gamma(\alpha)$ 계산은 내장함수 gamma를 사용한다.

풀이 스크립트에서 x가 벡터 처리되므로 익명함수 작성 시 $x^{\alpha-1}e^{-x/\beta}$의 곱셈은 배열 곱셈연산이 되도록 해줘야 한다. 익명함수를 쓸 경우에는 호출 전에 x, α, β 값은 미리 알려져야 한다.

Script file: prog8_7.m

```
%% 프로그램 prog8_7.m
% 예제 8.2: 확률 밀도 함수의 그래프 그리기
x = 0 : 0.02 : 20;  % 벡터 x의 정의
f = @(x, a, b) x.^(a - 1) .* exp(-x/b) / gamma(a) / b^a;
a = 2;
b = 2;
fx1 = f(x, a, b);
b = 4;
fx2 = f(x, a, b);
b = 6;
fx3 = f(x, a, b);
plot(x, fx1, 'k', x, fx2, 'b--', x, fx3, 'r:')
title('Gamma Distribution')
xlabel('x'), ylabel('f(x)')
legend('\alpha=2, \beta=2', '\alpha=2, \beta=4', ...
    '\alpha=2, \beta=6', 'Location', 'NorthEast')
```

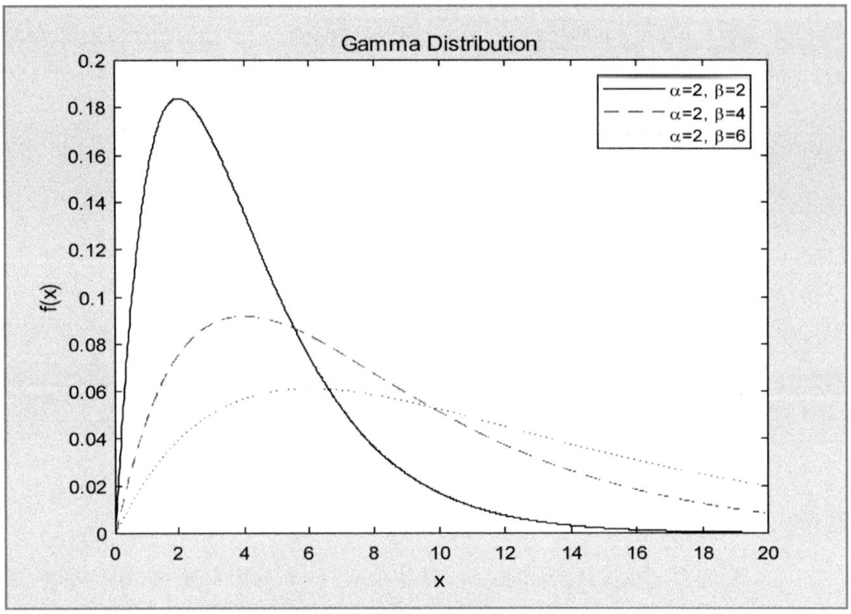

그림 8.7 α, β에 대한 감마분포 그래프

8.1.3 그래프 추가하기

그림창에 그래프를 그릴 때, plot와 같은 명령이 실행되면 그려져 있던 그래프는 지워지고 새로운 그래프를 그린다. 만일 기존에 그려진 그래프를 지우지 않고 그 위에 다른 그림을 추가하고자 하는 경우에는 hold 또는 hold on을, 추가모드를 해제할 경우에는 다시 hold를 실행하거나 hold off를 사용하면 된다. hold 명령은 토글 모드로 동작하므로 확실하게 동작하게 하기 위해서는 hold on과 hold off를 사용하는 것이 바람직하다.

- hold on % 그래프에 추가모드를 설정한다.
- hold off % 추가모드를 해제한다.
- hold % hold on과 hold off 사이를 토글한다.

hold on은 추가될 그래프가 그려지기 전에 선언되어야 하고, hold off는 그래픽 도형을 그리는 마지막 명령문 다음에 두면 된다. 만약 hold off를 생략하면 다른 스크립트를 수행할 때도 hold on의 속성이 그대로 유지되어 원치 않은 결과를 얻게 된다.

plot으로 $y = e^{-0.3t}\cos(t)\,(0 \leqq t \leqq 10)$의 그래프를 그린 다음, t = 0, 1, 2, 3, …, 10에서 표식 'o'를 추가해본다. hold on의 위치는 두 번째 표식이 그려지기 이전에만 두면 된다.

Script file: prog8_8.m

```
%% 프로그램 prog8_8.m
% hold 명령의 사용
t = 0 : 0.2 : 10;
y = exp(-0.3*t) .* cos(t);
hold on  % 추가모드를 설정
plot(t, y, 'k')
% 두번째 그래프
t = 0 : 10;
y = exp(-0.3*t) .* cos(t);
plot(t, y, 'ko')  % 'O' 표식을 그림
axis([0 10 -0.5 1.2])
xlabel('x'), ylabel('y')
hold off  % 추가모드를 해제
```

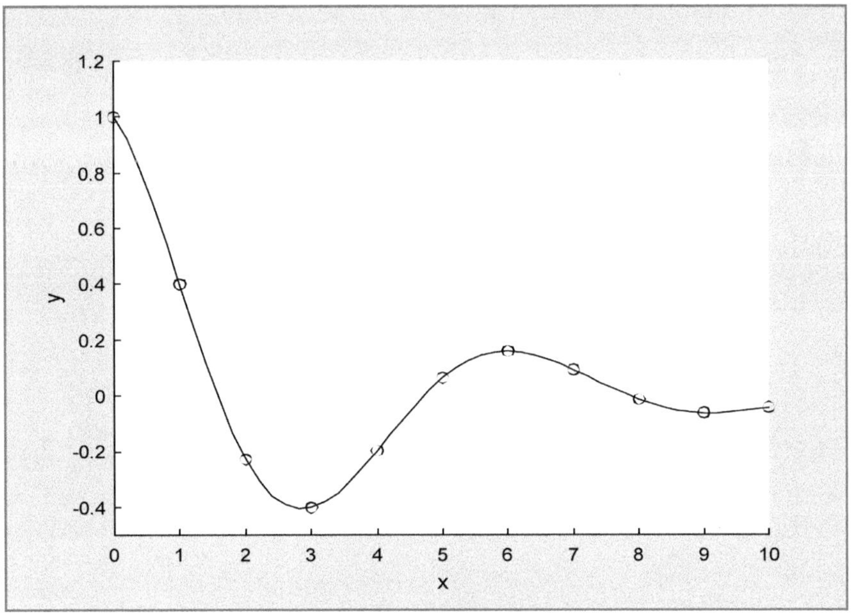

그림 8.8 그래프 추가하기

8.1.4 그림창 분할

그림창의 화면을 m×n의 작은 사각형으로 분할한 다음, 분할된 축에 서로 다른 도형을 그리고 싶으면 subplot를 사용하면 된다. 그 형식은 다음과 같다.

- subplot(m, n, p) % 그림창을 m×n으로 분할하고 p번째 그래프를 활성화한다. p는 분할된 그래프를 좌우상하 순으로 셀 때 해당되는 순서이다.
- subplot mnp % 위와 동일하다.
- h = subplot(m, n, p) % 그림창을 m×n으로 분할해서 p번째 그래프를 활성화한 다음 그 핸들을 반환한다.

다음 그림 8.9는 아래 명령을 실행하여 그림창을 2×2로 나눠 4개의 그래프를 갖는 화면을 만든 예이다.

```
>> subplot(2, 2, 1)
>> subplot(2, 2, 2)
>> subplot(2, 2, 3)
>> subplot(2, 2, 4)
```

다음 그림 8.10은 역시 그림창을 2×2로 나눈 다음, 첫 번째와 세 번째를 합쳐 세 개의 축 화면으로 만든 예이다.

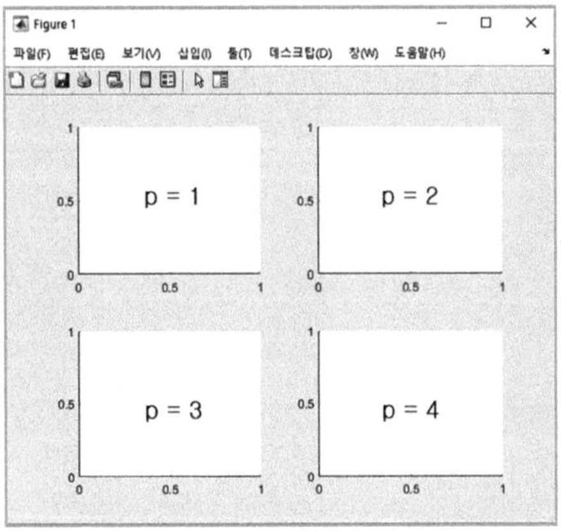

그림 8.9 그림창을 4개로 분할

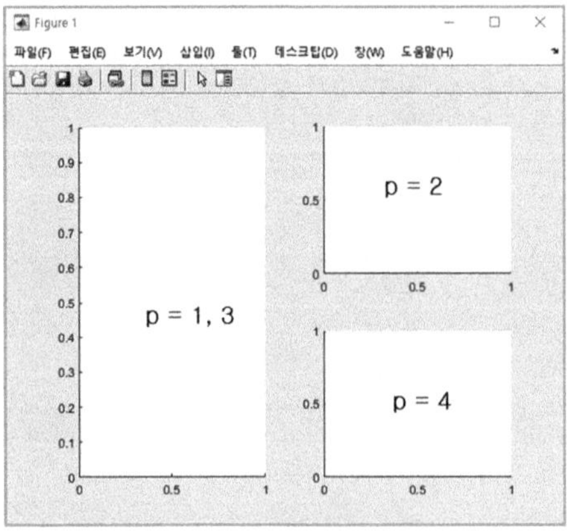

그림 8.10 그림창을 3개로 분할

```
>> subplot(2, 2, [1 3])
>> subplot(2, 2, 2)
>> subplot(2, 2, 4)
```

다음 그림 8.11은 역시 그림창을 2×2로 나눈 다음 세 번째와 네 번째를 합쳐서 세 개의 그래프를 만든 결과이다. subplot(m, n, p)이 실행되면 p번째 축이 현재축이 되고 다른 subplot 함수가 나타나기 전까지 실행되는 그래픽 명령문들의 결과는 p번째 축에만 나타나고, 다른 축에는 영향을 주지 않는다.

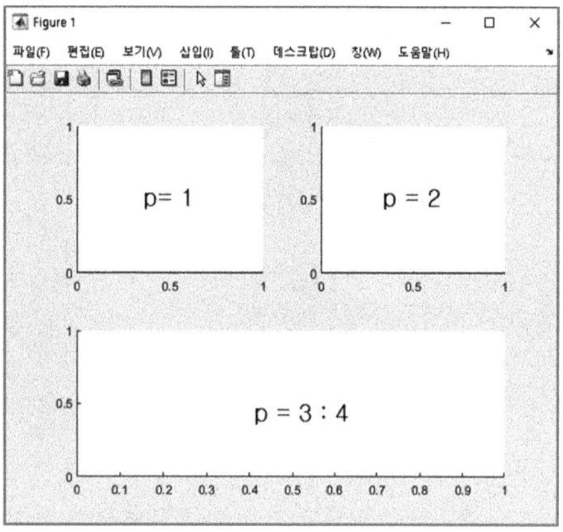

그림 8.11 그림창을 3개로 분할

```
>> subplot(2,2,1)
>> subplot(2,2,2)
>> subplot(2,2,3:4)
```

예제 8.3 그림창을 2×2로 분할하고 m =0.5, 0.65, 1.4, 1.8일 때의 그래프를 각 분할 화면에 그려라.

$$x = (m-1)\cos(t) + \cos((m-1)t) \quad (8.2a)$$

$$y = (m-1)\sin(t) - \sin((m-1)t)\,(0 \leqq t \leqq 40\pi) \quad (8.2b)$$

풀이 익명함수를 사용하고 분할된 첫 번째 축에는 m =0.5, 두 번째 축에는 m =0.65, 세 번째 축에는 m =1.4, 마지막 축에는 m =1.8일 때의 도형을 그려본다. axis equal off 는 axis equal과 axis off를 한 줄로 묶은 명령문이고, axis equal은 그림창의 크기와는 관계없이 반듯한 원을 그려주고, axis off는 축을 그리지 않는다.

Script file: prog8_9.m

```
%% 프로그램 prog8_9.m
% 예제 8.3: 그래프 분할로 4 함수의 그래프 그리기
fx = @(t, m) (m-1) * cos(t) + cos((m-1)*t);  % 익명함수 fx의 선언
fy = @(t, m) (m-1) * sin(t) - sin((m-1)*t);  % 익명함수 fy의 선언
% 첫번째 함수의 그래프 m = 0.5
subplot 221
t = 0 : pi/50 : 4*pi; m = 0.5;
x = fx(t, m); y = fy(t, m);
plot(x, y, 'k')
axis equal off
title('(a) m = 0.5')
% 두번째 함수의 그래프 m = 0.65
subplot 222
t = 0 : pi/50 : 40*pi; m = 0.65;
x = fx(t, m); y = fy(t, m);
plot(x, y, 'k')
axis equal off
title('(b) m = 0.65')
% 세번째 함수의 그래프 m = 1.4
subplot 223
t = 0 : pi/50 : 10*pi; m = 1.4;
x = fx(t, m); y = fy(t, m);
plot(x, y, 'k')
axis equal off
title('(c) m = 1.4')
% 네번째 함수의 그래프 m = 1.8
subplot 224
t = 0 : pi/50 : 10*pi; m = 1.8;
x = fx(t, m); y = fy(t, m);
plot(x, y, 'k')
axis equal off
title('(d) m = 1.8')
```

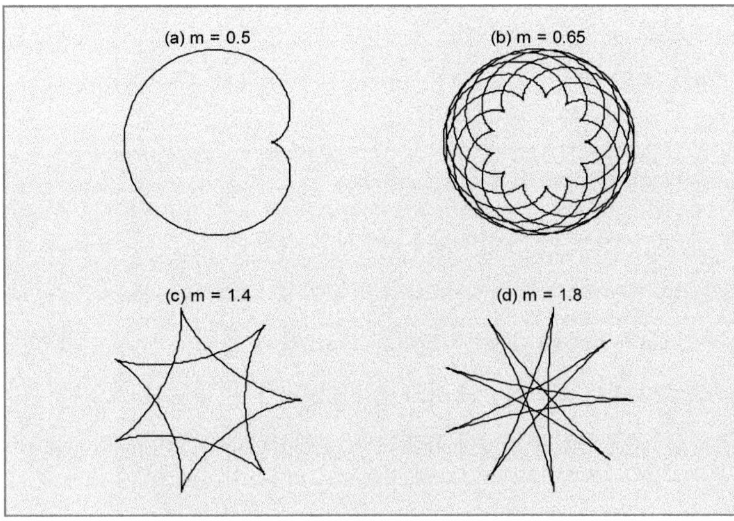

그림 8.12 분할 화면에 그래프 그리기

HCoil과 VCoil은 각각 수평 코일과 수직 코일을 그리도록 x, y 데이터 쌍 {xx, yy}를 반환해주는 함수이다. HCoil 함수의 입력인수 중에서 x0와 y0는 수평 코일 좌단의 중심 좌표를, L은 코일의 길이를, R은 코일의 반경을, N은 코일의 권수를 의미한다. 한편 VCoil 함수에서 x0와 y0는 수직 코일 하단의 중심 좌표를 의미한다.

Function file: HCoil.m

```
%% 함수 HCoil.m
% 수평코일의 데이터를 계산한다. .
function [xx, yy] = HCoil(x0, y0, L, R, N)
t = [0 : pi/50 : (2 * N - 1) * pi] + 3 * pi / 2;
x = linspace(0, 1, numel(t));
xx = x + (sin(t) + 1) / (2 * N);
xx = L * xx / max(xx) + x0;
yy = y0 + R * cos(t);
```

Function file: VCoil.m

```
%% 함수 VCoil.m
% 수직 코일의 데이터를 계산한다.
function [xx, yy] = VCoil(x0, y0, L, R, N)
t = [0 : pi/50 : (2 * N - 1) * pi] + 3 * pi / 2;
```

```
y = linspace(0, 1, numel(t));
yy = y + (sin(t) + 1) / (2 * N);
yy = L * yy / max(yy) + y0;
xx = x0 + R * cos(t);
```

하나의 예로 (x0, y0) = (−1, 0)이고 L, R, N이 각각 3, 1, 5 인 수평 코일과 (x0, y0) = (0, 1)이고 L, R, N이 각각 3, 1.5, 6인 수직 코일을 그려본다. 또한 기준선과 연결선도 같이 그려보려고 한다. **prog8_10**은 HCoil과 VCoil을 호출해서 1×2 분할 화면에 이들을 그려주는 스크립트이다. 그림창의 크기와 상관없이 항상 반듯한 코일을 그리려면 axis equal을 사용하면 된다. 각 블록마다 hold on, hold off가 쓰이고 있음에 유의한다.

Script file: prog8_10.m

```
%% 프로그램 prog8_10.m
% 수평 코일과 수직 코일의 그래프를 그린다.
clf
% 수평 코일 그래프 그리기
subplot 121
hold on
plot([-2, -2], [-2, 2], 'k', 'linewidth', 2) % 굵은 기준선을 그려줌
plot([-2, -1], [0, 0], 'k')  % 연결선을 그려줌
x0 = -1; y0 = 0; L = 3; R = 1;N = 5;
[xx, yy] = HCoil(x0, y0, L, R, N);
plot(xx, yy, 'k') % 수평 코일을 그려줌
axis equal
axis([-2.5 2.5 -2.5 2.5])
hold off
% 수직코일 그래프 그리기
subplot 122
hold on
plot([-2, 2], [0, 0], 'k', 'linewidth', 2) % 굵은 기준선을 그려줌
plot([0, 0], [0, 1], 'k')  % 연결선을 그려줌
x0 = 0; y0 = 1; L = 3; R = 1.5; N = 6;
[xx, yy] = VCoil(x0, y0, L, R, N);
plot(xx, yy, 'k') % 수직 코일을 그려줌
axis equal
axis([-2.5 2.5 -0.5 4.5])
hold off
```

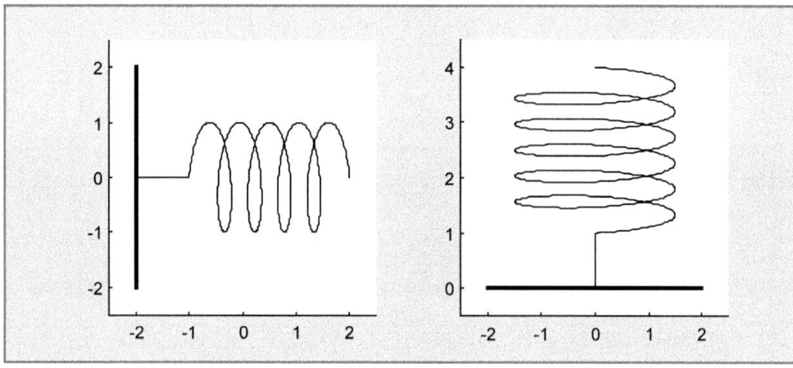

그림 8.13 수평 코일과 수직 코일 그래프

HCoil과 VCoil은 L이 양이면 각각 오른쪽과 위쪽 방향으로 진행하지만, 반대 방향으로 진행하는 코일을 그리고 싶으면 L을 음으로 하면 된다.

8.1.5 그림창 열고 닫기

그래픽 명령문을 실행할 때 만약 그림창이 열려 있지 않으면 자동으로 생성되고 여기에 그래프가 그려진다. 그러나 미리 열려 있는 그림창들이 있으면 새로운 그래프는 활성창(Active window) 또는 현재창(Current window)의 이전 그래프를 모두 지우고(hold on을 사용하지 않을 때) 그려진다. 열려 있는 여러 개의 그림창 중에서 활성화하고 싶은 그림장이 있으면 그 위의 한 곳을 마우스로 클릭하면 현재창이 되고, 창틀 색깔이 짙어지면서 맨 앞으로 튀어나온다.

추가로 그림창을 열 때는 데스크탑창 또는 명령창에서 〈새로 만들기〉 → 〈Figure〉를 클릭하거나 명령줄에서 figure를 입력하면 된다. 또 열려 있는 그림창을 닫고 싶으면 마우스로 〈닫기〉를 하거나 명령줄에서 close를 입력하면 된다. figure와 close 명령어의 형식은 다음과 같다.

- figure % 새로운 그림창을 생성한다.
- figure(n) % n번째 그림창을 생성한다.
- close % 활성화되어 있는 그림창을 닫는다.
- close(n) % n번째 그림창을 닫는다.
- close all % 모든 그림창을 닫는다.

여기에서 n은 그림창을 의미하는 Figure 객체의 핸들이며, 객체에 대한 자세한 것은 10장을 참조 바란다.

8.1.6 그림창의 내용 지우기

활성화되어 있는 그림창, 즉 활성창에 그려진 객체(축, 선, 타이틀 등) 들의 전부 또는 일부를 지우고 싶을 때 사용하는 명령어는 다음과 같다. clf는 활성창을 깨끗하게 지워주며 cla는 축, 타이틀, 라벨, 범례 등은 지우지 않고 현재축에 그려진 객체(선, 표식 등)들만 지워준다.

- clf % 현재 그림창의 모든 객체들을 지움
- cla % 현재축에 그려져 있는 모든 객체들을 지움

8.1.7 매개방정식의 그래프

가끔 어떤 곡선을 $y = f(x)$ 형태로 나타내기는 어렵지만, 대신 그 곡선상의 점의 좌표 (x, y)를 매개변수 t의 함수

$$x = f(t),\ \ y = g(t)\,(c \leqq t \leqq d) \tag{8.3}$$

로 나타낼 때 이를 매개방정식(Parametric equation)이라 한다. 이런 형태의 방정식의 그래프를 plot 함수를 이용하여 그려보도록 한다.

예제 8.4 매개방정식 $x = \cos^3(\theta),\ y = \sin^3(\theta)\ (0 \leqq \theta \leqq 2\pi)$에 대하여 곡선의 그래프를 그려보아라.

풀이 구간 0~2π에서 등간격으로 100개의 데이터를 취해 x, y를 생성한 후 그래프를 그려주면 된다. 다음 스크립트를 실행하면 아래 그림을 얻는다.

Script file: prog8_11.m

```
%% 프로그램 prog8_11.m
% 예제 8.4: 매개방정식의 그래프 그리기
```

```
t = linspace(0,2*pi, 100);
x = cos(t) .^ 3; y = sin(t) .^ 3;
plot(x, y, 'k', 'LineWidth', 2)
xlabel('x'), ylabel('y')
axis equal
```

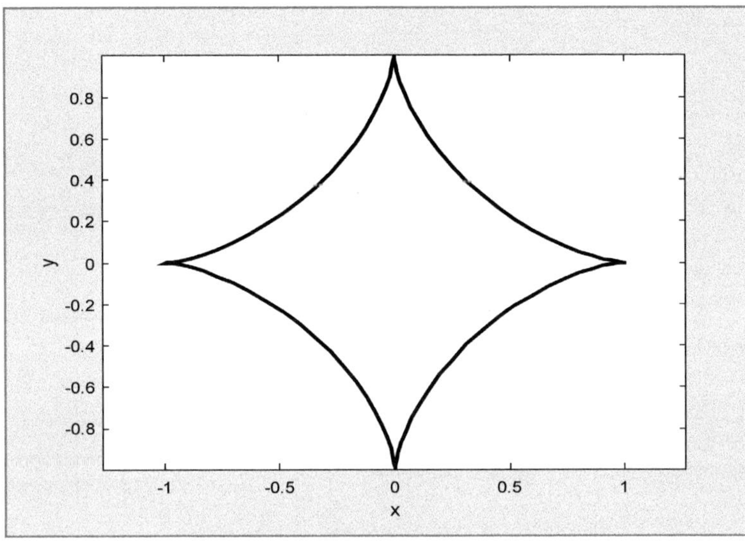

그림 8.14 예제 8.4의 그래프

8.1.8 불연속 그래프

가끔 불연속 선을 그리거나 아니면 의도적으로 연속선을 어느 위치에서 끊어 그려야 할 때가 있다. 물론 plot을 여러 번 써도 되지만 대신 프로그램이 길어질 수밖에 없다. 이런 경우에는 변수 inf(무한대를 의미)를 사용하면 간단하게 그릴 수 있다. plot은 데이터 x, y의 원소 중에 하나라도 inf가 들어 있으면 그 점을 생략하고 나머지 점들을 연결해 그려 준다. 다음 예를 본다.

Script file: prog8_12.m

```
%% 프로그램 prog8_12.m
% 불연속 함수의 그래프 그리기
% 첫번째 그래프
subplot 121
```

```
x = [-7 -5 inf 0 5 inf 6 8];  % 3 번째와 6 번째 원소가 inf임
y = [0 0 0 0 0 0 0 0];
plot(x, y, 'k', 'LineWidth', 2)
axis([-10 10 -10 10])
% 두번째 그래프:
subplot 122
x = [-5 0 0 0 5];
y = [-5 -5 inf 5 5];  % 3 번째 원소가 inf임
plot(x, y, 'k', 'LineWidth', 2)
axis([-10 10 -10 10])
```

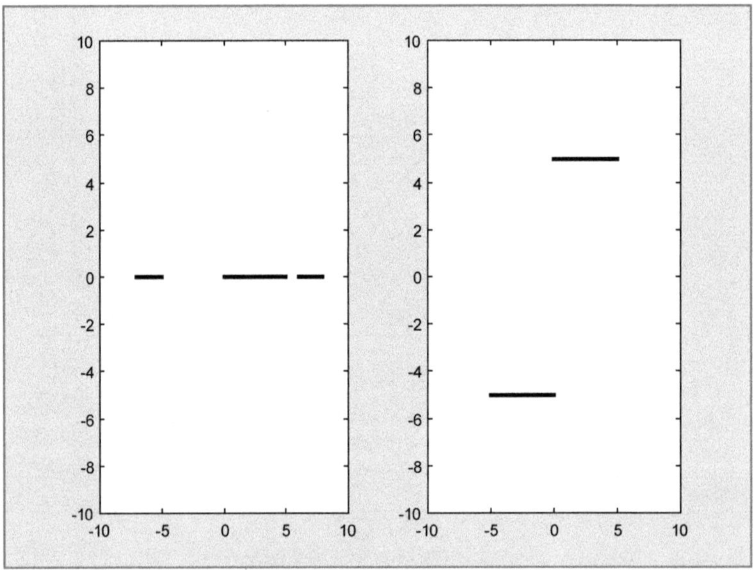

그림 8.15 불연속 선 그리기

다음 예는 x = 0 위치에서 절단된 sin(x) $(-\pi \leqq x \leqq \pi)$ 그래프를 그리는 스크립트이고 실행 결과는 그림 8.16에 보인다.

Script file: prog8_13.m

```
%% 프로그램 prog8_13.m
% 불연속 sin 그래프 그리기
x = -pi : pi/20 : pi;
y = sin(x);
```

```
i = find(x == 0);  % x= 0인 위치를 찾아 변수 i에 저장
y(i) = inf;  % i 번째의 원솟값을 inf로 설정
plot(x, y, 'k', 'LineWidth', 2)
axis([-5 5 -1.2 1.2])
```

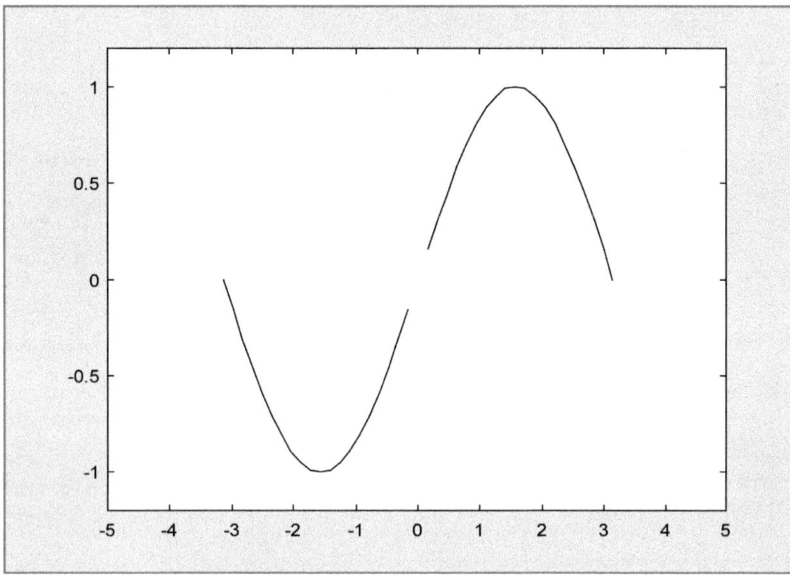

그림 8.16 불연속 sin(x) 그래프 그리기

8.1.9 Plotyy 그래프

수치값의 크기가 확연히 다른 두 데이터 계열을 같은 눈금의 축에 그리면 하나는 매우 작아 모양이 좋지 못하게 된다. 이런 경우를 위해 그래프의 왼쪽과 오른쪽의 y축을 서로 달리해서 다중 스케일 그래프를 그려주는 함수가 plotyy이다. 일례로 두 데이터 세트 {x, y1}, {x, y2}가 주어지면 하나는 왼쪽을, 다른 하나는 오른쪽을 y축으로 하여 그래프를 그릴 수 있다.

- plotyy(x, y1, x, y2) % {x, y1}와 {x, y2}의 다중 스케일 plot 그래프를 그린다.
- plotyy(x, y1, x, y2, 'function1', 'function2') % {x, y1}는 function1, {x, y2}는 function2 함수로 그래프를 그린다. 함수로는 plot, semilogx, semilogy, loglog, stem 등이 사용될 수 있다.

- [ax, h1, h2] = plotyy(x, y1, x, y2, 'function1', 'function2') % 다중 스케일 plot 그래프를 그려주고 또 2×1 축 핸들 ax와 선 핸들 h1, h2를 반환한다.

예제 8.5

$y1 = e^x x^5$, $y2 = e^{-0.3x}\sin(x)$ $(0 \le x \le 20)$에 대하여 다중 스케일의 그래프를 그리되 y1은 semilogy로, y2는 plot로 그려보아라.

풀이 작성한 스크립트는 y1을 semilogy로, y2를 plot으로 그리면서 plotyy로부터 3개의 그래픽 핸들 h1, h2, ax(배열)를 받는다. h1과 h2는 set 함수와 함께 두 선의 종류, 색, 선폭 등을 변경하는 데 사용되고, ax(1)은 왼쪽 y축의, ax(2)는 오른쪽 y축의 라벨과 눈금값 위치와 눈금값 라벨과 또 색을 변경하는 데 사용된다. set 함수에 대한 자세한 것은 10장을 참조 바란다.

Script file: prog8_14.m

```
%% 프로그램 prog8_14.m
% 예제 8.5: 선형 및 로그 스케일의 그래프를 한 화면에 그리기
x = linspace(0, 20, 100);
y1 = exp(x) .* x.^5;
y2 = exp(-0.3*x).*sin(x);
[ax, h1, h2] = plotyy(x, y1, x, y2, 'semilogy', 'plot');
set(h1, 'LineStyle', '-', 'Color', 'b', 'LineWidth', 2) % 핸들 h1을
갖는 객체의 속성 변경
set(h2, 'LineStyle', ':', 'Color', 'g', 'LineWidth', 2) % 핸들 h2를
갖는 객체의 속성 변경
title('Multiple Scale Plots')
xlabel('x')

set(get(ax(1), 'Ylabel'), 'String', 'e^x x^5') % 핸들 ax(1)을 갖는 객
체의 y축 라벨 추가
set(get(ax(2), 'Ylabel'), 'String', 'e^{-0.3x}sin(x)') % 핸들
ax(2)을 갖는 y축 라벨 추가
set(ax(2), 'YTick', [-0.5 0 0.5 1], 'YTickLabel', [-0.5 0 0.5 1]) %
눈금값 위치와 라벨 변경
set(ax(2), 'Ycolor', 'k') % 핸들 ax(2)을 갖는 객체의 y축 라벨을 검정으로
변경
```

이를 실행하면 그림 8.17의 그래프를 얻는다.

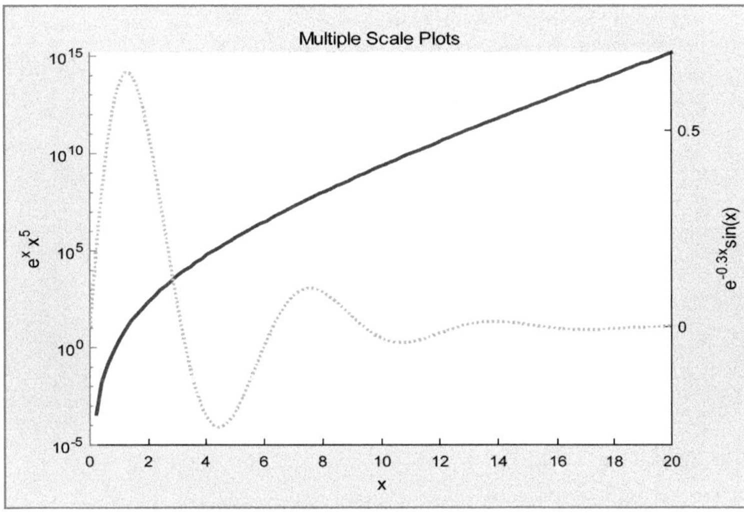

그림 8.17 다중 스케일 그래프

8.1.10 Log 그래프

로그는 가장 작은 수와 가장 큰 수간의 차이가 큰, 즉 스케일 변화가 큰 수들을 다룰 때 유용한 수단이다. 다시 말하면 로그 눈금은 큰 수를 줄여 표시하거나, 작은 수를 확대해서 표시해줄 수 있다. 로그 그래프를 그려주는 함수는 3가지가 있다. 이들은 기본적으로 plot와 비슷하지만 상용로그(밑이 10) 눈금의 좌표축에 적용한다는 점이 다르다.

- semilogx(x, y) % x 축이 상용로그 눈금인 좌표계에서 그래프를 그린다.
- semilogy(x, y) % y 축이 상용로그 눈금인 좌표계에서 그래프를 그린다.
- loglog(x, y) % 두 축이 모두 상용로그 눈금인 좌표계에서 그래프를 그린다.

예제 8.6 다음과 같이 두 식 (a), (b)가 주어졌을 때, (a)는 y축을 로그 스케일로 (b)는 x축에 로그 스케일로 적용하여 1×2 분할 화면에 그래프를 그려라.

(a) $y = e^x x^5 \, (0 \leq x \leq 20)$ (8.4a)

(b) $|G(\omega)| = \dfrac{1}{\sqrt{(9-\omega^2)^2 + 4\omega^2}} \, (10^{-2} \leq \omega \leq 10^2)$ (8.4b)

풀이 (a)는 x에 비해 y의 변화되는 스케일이 상대적으로 크므로 semilogy를, 반대로 (b)는 $|G(\omega)|$에 비해 ω의 변화되는 스케일이 상대적으로 크므로 semilogx를 사용한다. x는 linspace 함수로 0~20 사이에 100개의 데이터를, ω는 logspace 함수로 $10^{-2} \sim 10^{2}$ 사이에서 100개의 데이터를 취해 그래프를 그리면 된다. 실행 결과는 그림 8.18에 보였다.

Script file: prog8_15.m

```
%% 프로그램 prog8_15.m
% 예제 8.6 (a)의 그래프 그리기
subplot 121
x = linspace(0, 20, 100);
y = exp(x) .* x .^ 5;
semilogy(x, y, 'k', 'LineWidth', 1)
grid on
% 예제 8.6 (b)의 그래프 그리기
subplot 122
w = logspace(-2, 2, 100);
gw = 1 ./ sqrt((9 - w.^2) .^ 2 + 4*w .^2);
semilogx(w, gw, 'k', 'LineWidth', 1)
grid on
```

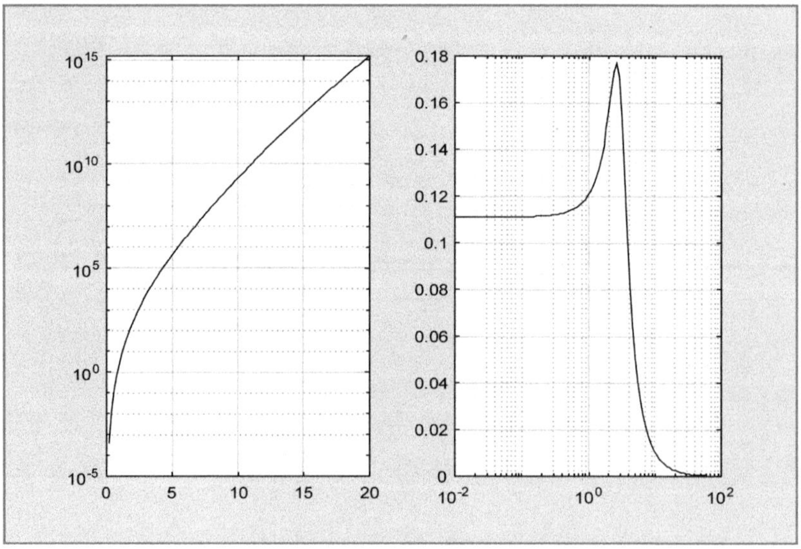

그림 8.18 $y = e^x x^5$와 $|G(\omega)| = \dfrac{1}{\sqrt{(9-\omega^2)^2 + 4\omega^2}}$ 그래프

8.1.11 Stairs 그래프

계단 그래프(Stairs graph)는 통계학, 디지털 제어, 신호처리 분야에서 이산신호를 나타낼 때 자주 사용되며 stairs를 사용하면 그릴 수 있다.

- stairs(y) % 벡터 y의 계단 그래프를 그린다.
- stairs(x, y) % 벡터 x의 위치에 높이 벡터 y의 계단 그래프를 그린다.

예제 8.7 아래의 이산시간 방정식에서 $u[k]=1(1 \leqq k \leqq 20)$일 때의 응답을 구해 계단 그래프로 그려보아라.

$$y[k]-0.2y[k-1]+0.5y[k-2]=0.2u[k-1]+0.4u[k-2] \tag{8.5}$$

풀이 응답은 내장함수 filter를 사용하면 쉽게 구할 수 있다. 이때 입력은 u = ones(20, 1)로 하면 된다.

Script file: prog8_16.m

```
%% 프로그램 prog8_16.m
% 예제 8.7: 이산시간 시스템의 출력 및 그래프 그리기
a = [1 -0.2 0.5]; b = [0.2 0.4];
u = ones(20, 1);
y = filter(b, a, u);
stairs(y, 'k', 'LineWidth', 1)
axis([0 20 0 1])
```

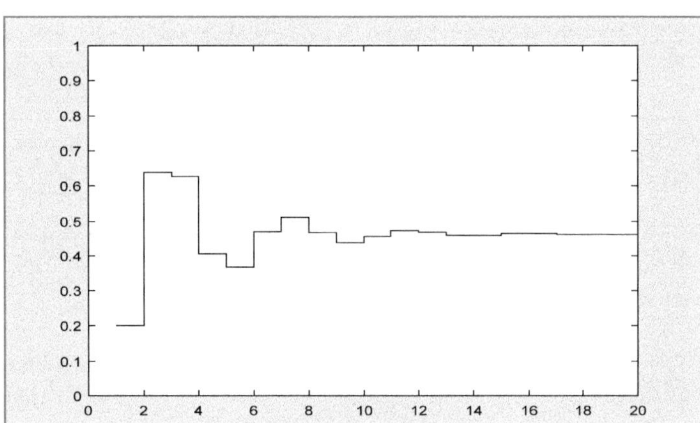

그림 8.19 계단 그래프

8.1.12 Contour 그래프

3차원 곡면의 높이가 같은 지점을 연결하여 높낮이와 기복을 나타낸 곡선을 등고선(Contour)이라 하며, 이를 2차원 평면에 나타내고자 할 경우에는 contour 함수를 사용하면 된다.

- contour(Z) % 행렬 Z의 등고선을 그린다.
- contour(Z, n) % 행렬 Z의 등고선 n개를 그린다.
- contour(X, Y, Z) % 행렬 X, Y 위치에서 행렬 Z의 등고선을 그린다.
- contour(X, Y, Z, n) % 행렬 X, Y 위치에서 Z의 등고선 n개를 그린다.
- contour(X, Y, Z, v) % 벡터 v에 지정된 높이를 갖는 Z의 등고선을 그린다.
- contour(…, 'color') % 등고선을 지정한 색으로 그린다.
- [C, h] = contour(…) % 등고선을 그려줌과 동시에 등고선 행렬 C와 핸들 h를 반환한다.
- contourf(…) % Z의 높이에 따라 색으로 채워진 등고선을 그린다.
- [C, h] = contourf(…) % 채워진 등고선을 그려줌과 동시에 등고선 행렬 C와 핸들 h를 반환한다.

한편 등고선에 라벨을 달고 싶을 때는 contour나 contourf에서 받은 등고선 행렬 C와 핸들 h를 가지고 clabel을 호출하면 된다.

- clabel(C, h) % C, h 정보로 등고선 라벨을 그린다.
- clabel(C, h, 'Property', PropertyValue) % C, h 정보와 지정한 속성으로 등고선 라벨을 그린다.

예제 8.8 쌍곡 포물면 $z = x^2 - y^2 (-2 \leq x, y \leq 2)$의 검은색 등고선과 색으로 채워진 등고선을 그려보아라.

풀이 3차원 곡면의 높이 값을 계산하기 위해서는 x-y 평면을 등간격으로 분할한 격자점(Grid point)의 (x, y)좌표가 필요한데 meshgrid로 만들 수 있다.

meshgrid에 대한 자세한 설명은 9.2절을 참조 바란다. 등고선을 그리는 스크립트는 다음과 같다. 좌측의 그래프는 주어진 높이 벡터 [−2 −1 −0.5 0.01 0.5 1.5 3]에서 등고선을 그린 것이고, 우측은 6개의 등고선을 그린 후 라벨 간격을 165로 하여 라벨을 그린 것이다.

Script file: prog8_17.m

```
%% 프로그램 prog8_17.m
% 쌍곡 포물선의 그래프와 등고선 그래프
% 등고선 그래프
x = -2 : 0.2 : 2; y = x;
[X, Y] = meshgrid(x, y);
Z = X.^2 - Y.^2;
subplot 221
contour(X, Y, Z, [-2 -1 -0.5 0.01 0.5 1.5 3], 'k')  % 주어진 높이의 등
고선을 그려줌
xlabel('(a) 등고선')
% 등고선과 라벨
subplot 222
[C, h]= contour(X, Y, Z, 6, 'k');  % 6개의 등고선을 그려줌
clabel(C, h, 'LabelSpacing', 165)
xlabel('(b) 등고선과 라벨')
% 채워진 등고선
subplot 223
contourf(X, Y, Z, [-2 -1 -0.5 0.01 0.5 1.5 3], 'k')  % 채워진 등고선을
그려줌
xlabel('(c) 채워진 등고선')
% 차워진 등고선과 라벨
subplot 224
[C, h] = contourf(X, Y, Z, 6, 'k');  % 채워진 등고선을 그려줌
clabel(C, h, 'LabelSpacing', 165)
xlabel('(d) 채워진 등고선과 라벨')
```

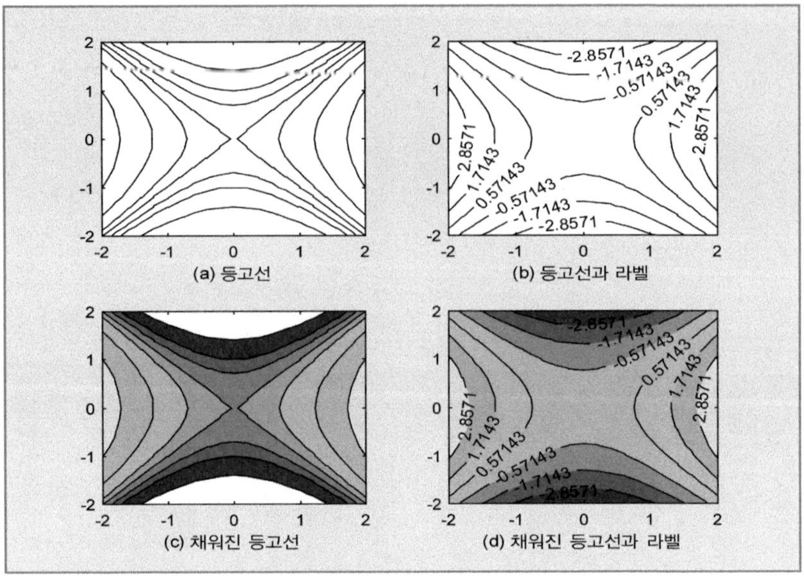

그림 8.20 쌍곡 포물면의 등고선

8.2 막대형 그래프

8.2.1 Bar 그래프

통계학에서 자주 사용되는 수직막대 그래프를 그릴 때는 bar를 사용하면 되고,

- bar(y) % 벡터 y의 수직막대 그래프를 그린다.
- bar(x, y) % 벡터 x의 위치에 벡터 y의 수직막대 그래프를 그린다.
- bar(x, y, width) % 설정 폭을 갖는 수직막대 그래프를 그린다.
- bar(x, y, 'grouped') % 그룹 수직막대 그래프를 그린다.
- bar(x, y, 'stacked') % 쌓은 수직막대 그래프를 그린다.
- h = bar(…) % 수직막대 그래프를 그리고 또 핸들 h를 반환한다.

수평막대 그래프를 그릴 때는 barh를 사용하면 그릴 수 있다.

- barh(y) % 벡터 y의 수평막대 그래프를 그린다.
- barh(x, y) % 벡터 x의 위치에 벡터 y의 수평막대 그래프를 그린다.
- barh(x, y, width) % 설정 폭을 갖는 수평막대 그래프를 그린다.
- barh(x, y, 'grouped') % 그룹 수평막대 그래프를 그린다.
- barh(x, y, 'stacked') % 쌓은 수평막대 그래프를 그린다.
- h = barh(…) % 수평막대 그래프를 그리고 또 핸들 h를 반환한다.

예제 8.9 균등난수 발생기로 5×4 데이터를 만들어 수직 및 수평막대 그래프를 그려라.

풀이 5×4 균등난수를 발생하여 스케일링한 후 Y에 저장하고 수직, 수평 막대그래프를 그렸다. 이때 난수발생기는 시드값 126으로 초기화하였다.

Script file: prog8_18.m

```
%% 프로그램 prog8_18.m
% 예제 8.9: 수직 및 수평 막대그래프그리기
rand('seed', 126);  % 난수발생기를 초기화
Y = round(rand(5,4) * 5);  % [0,5] 사이에 분포하는 5×4 정수난수 발생
% 수직막대그래프
subplot 221
bar(Y, 'grouped')  % 그룹 수직막대 그래프를 그려줌
xlabel('(a) Grouped Graph')
% 겹쳐진 수직막대그래프
subplot 222
bar(Y, 1.5)  % 설정 폭이 1.5인 그룹 수직막대 그래프를 그려줌
xlabel('(b) Grouped Graph (Width= 1.5)')
% 쌓은 수직 막대그래프
subplot 223
bar(Y, 'stacked')  % 쌓은 수직막대 그래프를 그려줌
xlabel('(c) Stacked Graph')
% 수평 그래프
subplot 224
barh(Y, 'stacked')  % 쌓은 수평막대 그래프를 그려줌
xlabel('(d) Stacked Graph')
```

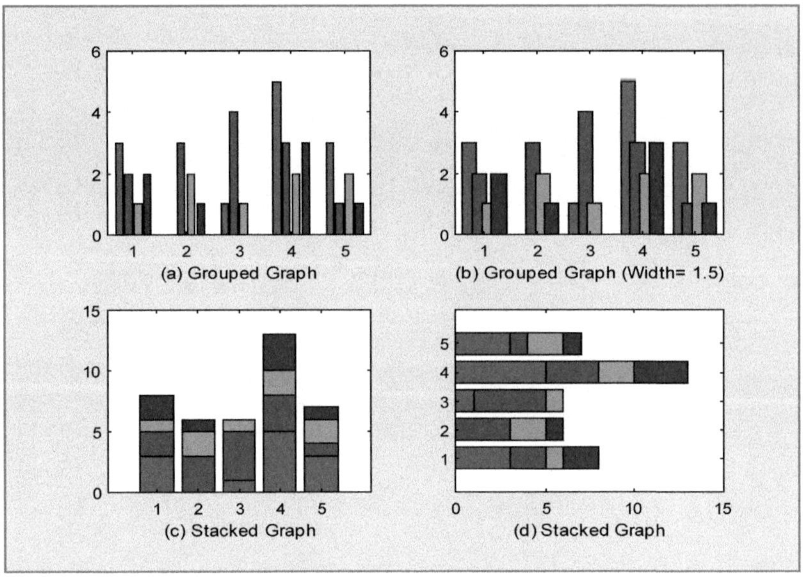

그림 8.21 막대 그래프

예제 8.10 기준선을 갖는 막대그래프를 그려보아라.

풀이 기준선을 갖는 막대그래프를 그리려면 핸들 h를 받은 다음 속성값을 변경해줘야 한다. set 문에서 쓰인 get(h(1), 'BaseLine')는 기준선의 핸들을 얻는 명령문이다. 왼쪽 그림은 0을 기준선으로 하되 실선으로 그렸고, 오른쪽 그래프는 점선으로 그렸다.

Script file: prog8_19.m

```
%% 프로그램 prog8_19.m
% 예제 8.10: 기준선을 갖는 막대그래프 그리기
randn('seed', 612);
X = [10 20 30];
Y = randn(numel(X), 5);
% 기준선을 가지는 수직막대 그래프
subplot 121
h = bar(X, Y); % 기준선을 가지는 수직막대 그래프
set(get(h(1), 'BaseLine'), 'LineWidth', 1, 'LineStyle', '-')
 % 기준선을 가지는 수평막대 그래프
subplot 122
```

```
h = barh(X,Y);  % 기준선을 가지는 수평막대 그래프
set(get(h(1), 'BaseLine'), 'LineWidth', 1, 'LineStyle', ':')
```

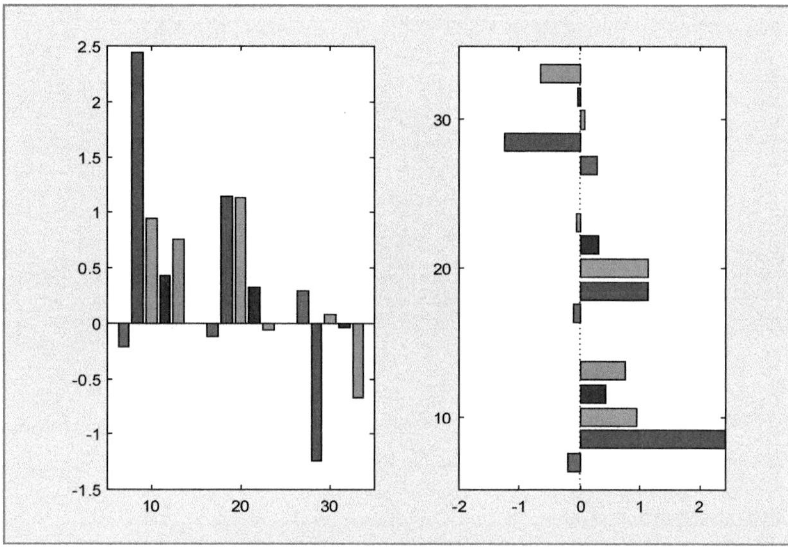

그림 8.22 기준선을 갖는 막대 그래프

8.2.2 Histogram

히스토그램(Histogram)은 도수 분포의 상태를 기둥 모양의 그래프로 나타낸 그래프이며 통계 데이터의 분포를 보여줄 때 자주 이용된다. 히스토그램은 hist 함수로 그리며 그 형식은 다음과 같다.

- hist(y) % 벡터 y의 히스토그램을 그린다.
- n = hist(y) % 각 계급에 포함된 원소의 개수를 출력한다.

예제 8.11 정규분포하는 난수 200개를 발생시켜 히스토그램을 그려라.

풀이 randn를 부르기 전에 난수발생기를 초기화해주기 때문에 반복 수행해도 동일한 그래프가 그려진다.

```
>> randn('seed', 1715);
>> y = randn(200, 1);
>> hist(y)
```

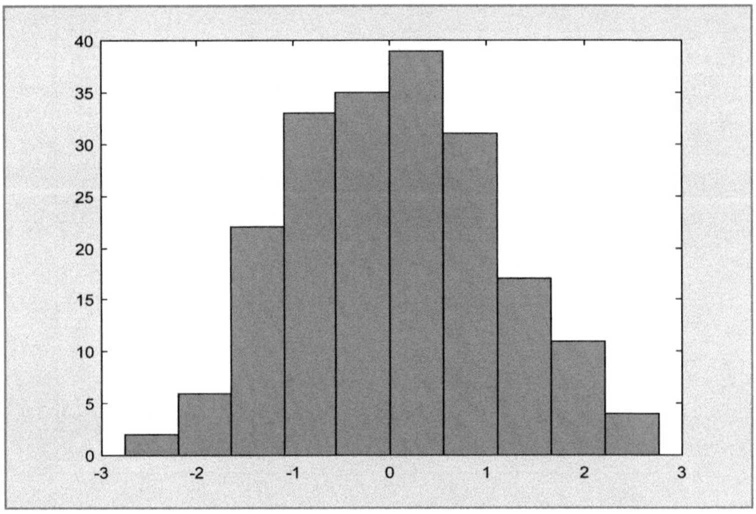

그림 8.23 히스토그램

8.2.3 Rectangle 그래프

사각형 그래프(Rectangle graph)는 rectangle 함수로 그릴 수 있으며 그 형식은 다음과 같다.

- rectangle('Position', [x, y, wh, ht]) % 축의 좌하단 (x, y) 위치로부터 넓이가 wh이고, 높이가 ht인 사각형 그래프를 그린다.
- rectangle('Position', [x, y, wh, ht], 'FaceColor', 'color') % 지정한 색으로 채운 사각형 그래프를 그린다.
- h = rectangle(…) % 사각형 그래프를 그리고, 핸들 h를 반환한다.

예제 8.12 rectangle 함수와 8.1.4절에서 살펴본 VCoil 함수를 사용하여 그림과 같이 막대에 매달린 스프링+질량 도형을 그려라. 각 치수는 그래프로부터 얻도록 한다.

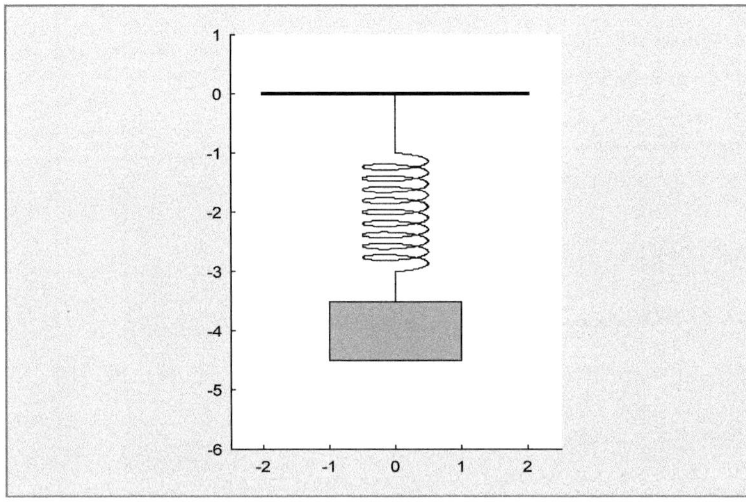

그림 8.24 스프링+질량 도형

풀이 도형은 처음 원점을 기준으로 해서 막대를, 다음 연결선을, 다음 스프링과 연결선을, 마지막으로 사각형 그래프 순으로 그리면 된다. 앞에서 언급하였듯이 VCoil 함수에서 L을 음으로 하면 스프링은 아래쪽 방향으로 그려진다. rectangle 함수는 축의 좌하단 (x, y)점을 기준으로 넓이가 wh이고, 높이가 ht인 사각형을 그려주기 때문에 연결선과의 접점을 잘 고려할 필요가 있다. 그림 8.24의 그래프를 그리는 스크립트는 다음에 보였다.

Script file: prog8_20.m

```
%% 프로그램 prog8_20.m
% 예제 8.12: 수직 코일과 상자의 도형 그리기
clf
hold on
L1 = 1; L2 = 2; L3 = 0.5; L4 = 1; wh = 2; ht = 1;
x0 = 0; y0 = -L1; R = 0.5; N = 10;
plot([-2, 2], [0, 0], 'k', 'linewidth', 2)  % 막대를 그림
plot([0, 0], [0, -L1], 'k')  % 윗쪽 연결선을 그림
[xx, yy] = VCoil(x0, y0, -L2, R, N);
plot(xx, yy, 'k')  % 스프링을 그림
plot([0, 0], [-L1-L2, -L1-L2-L3], 'k')  % 아래쪽 연결선을 그림
rectangle('position', [-wh/2, -L1-L2-L3-ht, wh, ht], 'facecolor', 'g') %
채워진 사각형을 그림
```

```
axis equal
axis([-2.5 2.5 -6 1])
hold off
```

8.2.4 Box 그래프

통계학에서 사분위수(Quartiles)는 n개의 자료 $x_1, x_2, \ldots, x_n$을 작은 쪽으로부터 크기 순으로 정렬했을 때 이를 25%씩 등간격으로 구분하는 척도로써, 제1사분위수를 Q_1, 제2사분위수 또는 중위수를 Q_2, 제3사분위수를 Q_3로 나타낸다.

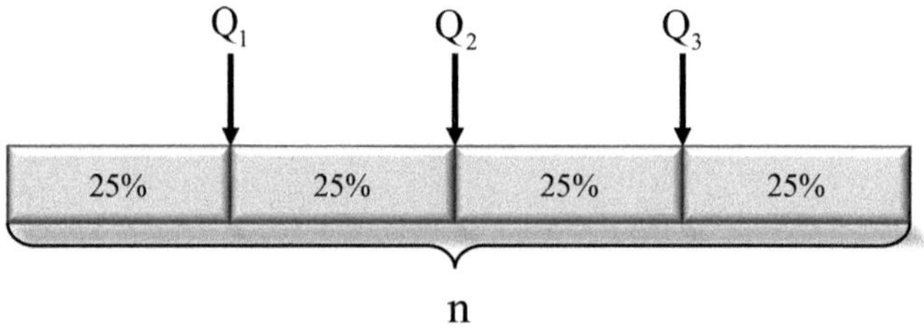

극단값의 영향을 받지 않는 두 중심 사분위수의 범위를 사분위범위(Interquartile range: IQR)라 하고 다음과 같이 정의한다.

$$IQR = Q_3 - Q_1 \tag{8.6}$$

Box 그래프 또는 상자그림은 통계학에서 자주 사용되는 도형으로써 데이터들의 중앙값, 제1사분위수, 제3사분위수, 극단값 등의 정보를 그래프적으로 나타내주고 또 다음과 같은 정보를 제공한다:

- **사분위수**: 제1사분위수 Q_1에서 제3사분위수 Q_3까지 직사각형 모양의 상자를 그리고, 중위수 Q_2 위치에 선이 나타나도록 그린다.
- **수염(Whisker)**: 수염은 각 상자로부터 위와 아래로 연장되는 선들을 의미하며, 상자의 끝으로부터 수염길이 안에서 (인접값들까지에서) 가장 끝에 있는 관측값까지 그려진다. 즉 사분위수 Q_1과 Q_3으로부터 각각 $w \times IQR$ 만큼 떨어져 있는 위치, 즉, $Q_1 - w \times IQR$과 $Q_3 + w \times IQR$를 뜻한다. 여기에서 w는 최대 수염길이(whisker length)로서 디폴트값은 1.5이며, 수정가능하다.

- **인접값**: 수염안에 놓이는 가장 극단적인 자료값(즉 아래쪽 안울타리보다는 크면서 가장 작은 자료값과 위쪽 안울타리보다는 작으면서 가장 큰 자료값)을 말하며, 그 위치에 기호 ' | '가 표시되고 Q_1과 Q_3로부터 인접값까지 선분이 연결된다.
- **이상값(Outlier)**: 수염길이를 벗어나는 자료값을 말하며, 빨간색의 기호 '+'로서 표시된다.

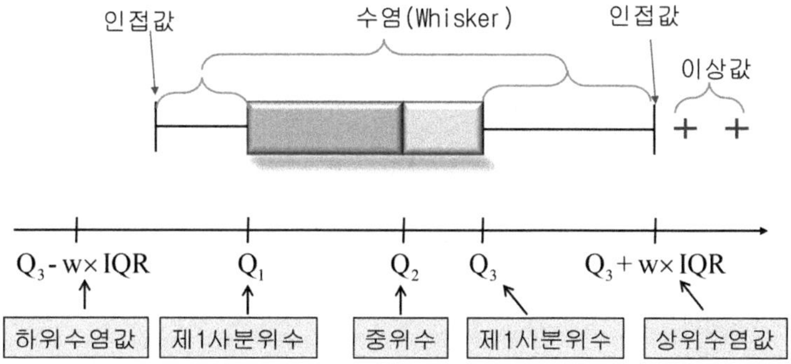

상자그림을 그리는 boxplot의 형식은 다음과 같다.

- boxplot(z) % 열벡터 z의 상자그림을 그린다.
- boxplot(Z) % 행렬 Z의 열들의 상자그림을 그린다.

정규난수 $N(75, 2^2)$, $N(60, 3^2)$, $N(60, 5^2)$을 각각 100개 만들어 이들 데이터의 상자그림을 그려본다. 스크립트는 각각의 난수를 만든 다음 이들을 행렬로 결합해서 boxplot를 호출하는 순서로 실행된다.

Script file: prog8_21.m

```
%% 프로그램 prog8_21.m
% Box 그래프 그리기
z1 = 75 + 2 * randn(100, 1);  % 100 x 1 정규난수 벡터 생성
z2 = 60 + 3 * randn(100, 1);  % 100 x 1 정규난수 벡터 생성
z3 = 60 + 5 * randn(100, 1);  % 100 x 1 정규난수 벡터 생성
Z = [z1, z2, z3];
boxplot(Z, 'notch', 'on')  % on으로 하면 중위수 위치에 안쪽으로 노치가 파임
```

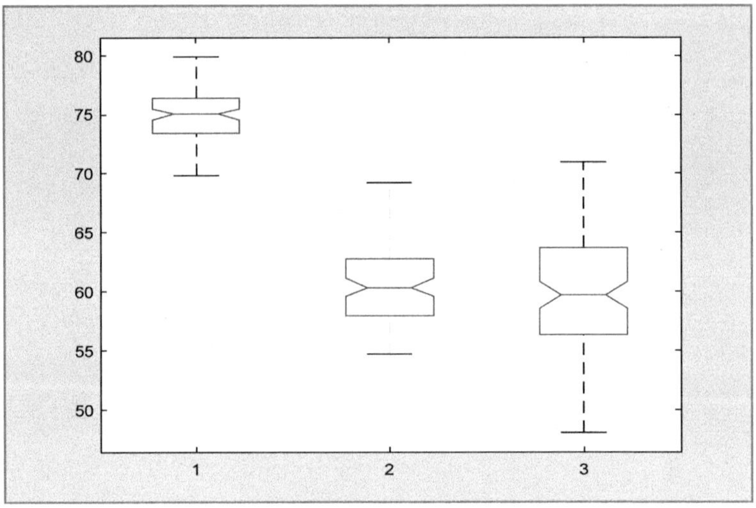

그림 8.25 박스 그래프

8.2.5 Stem 그래프

줄기 그래프(Stem graph)도 통계학, 디지털 제어나 디지털 신호처리 분야에서 이산시간 신호를 나타낼 때 자주 사용되며, 이를 그릴 때는 stem을 사용하면 된다.

- stem(y) % 벡터 y의 줄기 그래프를 그린다.
- stem(x, y) % 벡터 x의 위치에 벡터 y의 줄기 그래프를 그린다.

예제 8.13 예제 8.7에서 다루었던 이산시간 방정식의 응답을 다시 stem 그래프로 그려보아라.

풀이 작성한 스크립트는 다음과 같고, 이를 실행하면 그림 8.26의 결과를 얻는다.

Script file: prog8_22.m

```
%% 프로그램 prog8_22.m
% 예제 8.13: 막대사탕 (롤리팝), stem 그래프 그리기
a = [1 -0.2 0.5];
b = [0.2 0.4];
u = ones(20, 1);
```

```
y = filter(b, a, u);
stem(y, 'k')
xlabel('k'), ylabel('y(k)')
```

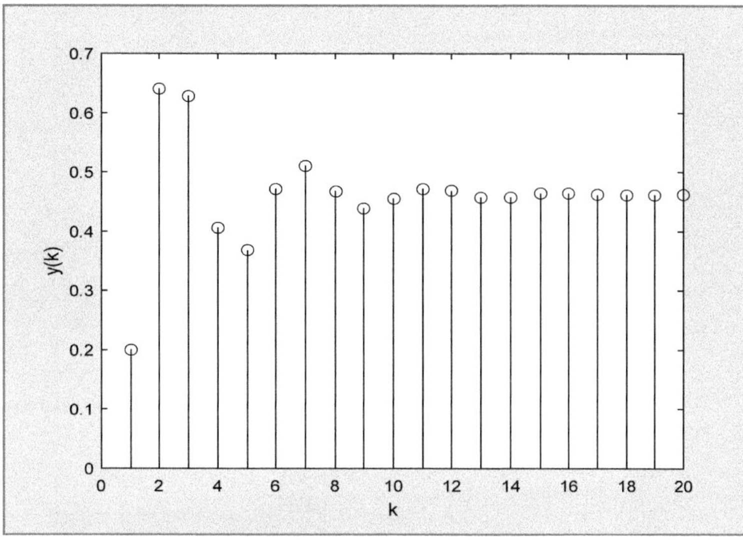

그림 8.26 줄기 그래프

8.3 면적 그래프

8.3.1 Area 그래프

함수 area는 곡선과 y = level로 포획되는 면을 색으로 채울 때 사용되며, 그 사용법은 다음과 같다.

- area(x, y) % 곡선과 y = 0으로 포획되는 면을 색으로 채움
- area(x, y, level) % 곡선과 y = level로 포획되는 면을 색으로 채움

$y = e^{-0.25x}\sin(x)(0 \leq x \leq 15)$가 주어질 때 2×1 분할 화면에 곡선과 $y = 0$, 곡선과 $y = 0.3$으로 포획되는 면 그래프를 각각 그려본다. 작성한 스크립트는 다음과 같고, 이를 실행시키면 그림 8.27을 얻는다.

Script file: prog8_23.m

```
%% 프로그램 prog8_23.m
% 면적의 그래프 그리기
x = linspace(0, 15, 100);  % 0과 15사이에 100개의 데이터를 취함
y= exp(-0.25 * x) .* sin(x);
subplot 121
area(x, y)  % 곡선과 y = 0으로 포획되는 면을 색으로 채움
% 기준선을 y=0.3으로 수정
subplot 122
area(x, y, 0.3)  % 곡선과 y = 0.3으로 포획되는 면을 색으로 채움
```

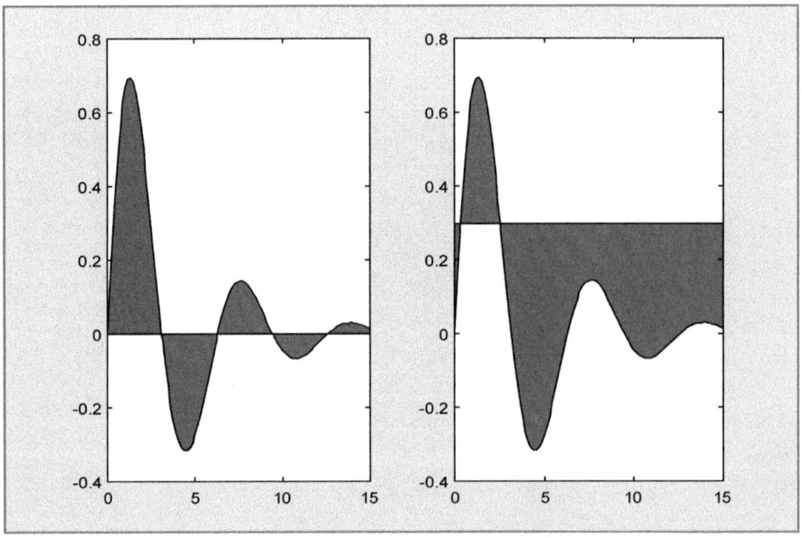

그림 8.27 면적 그래프

두 함수 f(x)와 g(x)가 주어질 때 이들 함수와 x = 0, x = 5로 둘러싸인 도형의 넓이를 녹색으로 색칠해보려고 한다.

$$f(x) = 2\sin\left(\frac{1}{\pi}x\right) + 5 \tag{8.7}$$

$$g(x) = \cos\left(\frac{1}{\pi}x\right) + 2 \quad (-5 \leqq x \leqq 10)$$

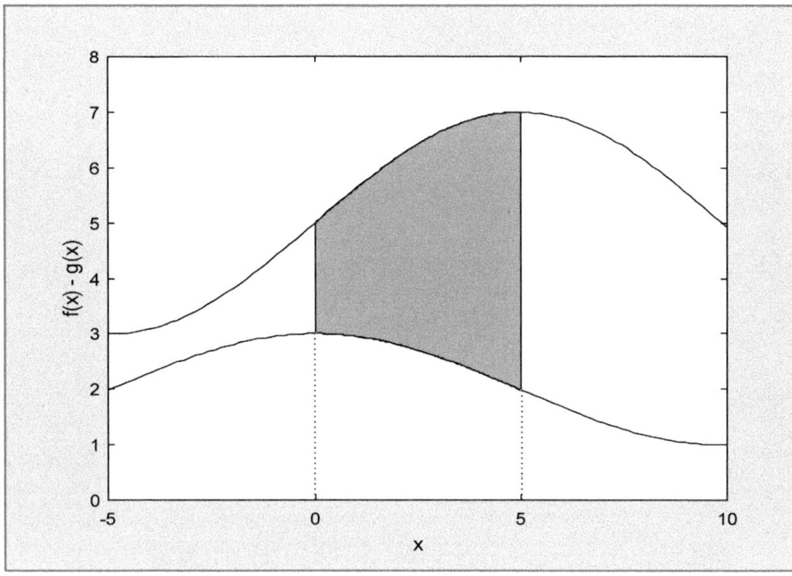

그림 8.28 함수 f(x), g(x)와 x = 0, x = 5로 둘러싸인 도형

함수 area는 곡선과 y = 0으로 포획되는 면을 색으로 채워줄 뿐만 아니라 x = 0, x = 5에서 경계선을 그리게 된다. 위와 같은 그림을 그리기 위해서는 [0, 5]에서 f(x)의 면적그래프를 그린 다음, g(x) 곡선 아래쪽 면을 흰색으로 지워줘야 한다. 또 g(x) 곡선 이하의 경계선을 점선으로 그려야 하므로 먼저 그려진 실선을 지우고 다시 점선으로 그리면 된다.

Script file: prog8_24.m

```
%% 프로그램 prog8_24.m
% 두 곡선과 경계선 사이의 영역 구하기
f = @(x) 2 * sin(x/pi) + 5;  % f(x)의 익명함수 정의
g = @(x) cos(x/pi) + 2;  % g(x)의 익명함수 정의
x = linspace(0, 5, 100);
% 영역 나타내기
area(x, f(x), 'facecolor', 'g')  % f(x), 0 <= x <= 5의 면적 그래프를 녹색으로 그림
hold on
area(x, g(x), 'facecolor', 'w')  % g(x), 0 <= x <= 5의 면적 그래프를 흰색으로 덮음
x = linspace(-5, 10, 100);
plot(x, f(x), 'k', x, g(x), 'k', 'linewidth', 1)  % f(x), g(x), -5 <= x
<= 10의 선들을 그림
```

```
% 경계선 그리기
x1 = 0; x2 = 5;
plot([0 0], [0.01 g(x1)], 'w', [5 5], [0.01 g(x2)], 'w') % g(x) 아래 x =
0, x = 5 경계선을 지움
plot([0 0], [0.01 g(x1)], 'k:', [5 5], [0.01 g(x2)], 'k:') % x = 0, x =
5 경계선을 점선으로 그림
axis([-5 10 0 8])
xlabel('x')
ylabel('f(x) - g(x)')
hold off
```

예제 8.14 확률변수 X가 표준정규분포 N(0, 1)를 따를 때 확률 $P(-2 \leqq X \leqq 2)$를 나타내는 면적을 그려보아라. 단, X의 확률밀도함수는 아래 식으로 주어진다.

$$f(x) = \frac{1}{\sqrt{2\pi}} e^{-\frac{x^2}{2}} \quad (-\infty < x < \infty) \tag{8.8}$$

풀이 작성한 스크립트는 다음과 같고, 이를 실행하면 그림 8.29의 결과를 얻는다.

Script file: prog8_25.m

```
%% 프로그램 prog8_25.m
% 예제 8.14: 정규분포함수에서의 영역 표시하기
x = linspace(-2, 2, 50);  % -2와 2 사이에 50개의 데이터를 취함
fx = exp(-x .^ 2 / 2) / sqrt(2 * pi);
area(x, fx, 'facecolor', 'g') % P(-2 <= X <= 2)를 나타내는 면적 그래프를 그림
hold on
x = linspace(-4, 4, 100);  % -4와 4 사이에 100개의 데이터를 취함
fx = exp(-x .^ 2 / 2) / sqrt(2 * pi);
plot(x, fx, 'k', 'linewidth', 1) %  f(x)의 선 그래프를 그림
axis([-4 4 0 0.5])
xlabel('x')
ylabel('f(x)')
hold off
```

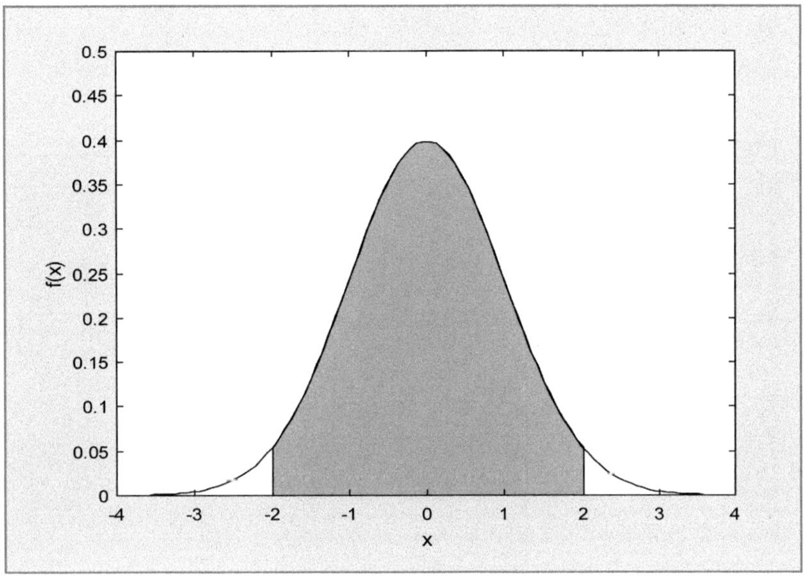

그림 8.29 면 그래프

8.3.2 Pie 그래프

함수 pie는 파이 그래프를 그릴 때 사용되며, 그 형식은 다음과 같다.

- pie(x) % 벡터 x의 피이 그래프를 그린다.
- pie(x, label) % 파이 그래프와 라벨을 그린다. label은 셀 벡터이고 그 길이는 x와 같아야 한다.

예제 8.15 x = [20 40 35 5]로 주어질 때 파이 그래프를 그려보아라.

풀이 작성한 스크립트와 실행 결과는 다음과 같다.

```
>> x = [20 40 35 5];
>> pie(x, {'서울(20%)', '부산(40%)', '대구(35%)', '인천(5%)'})
```

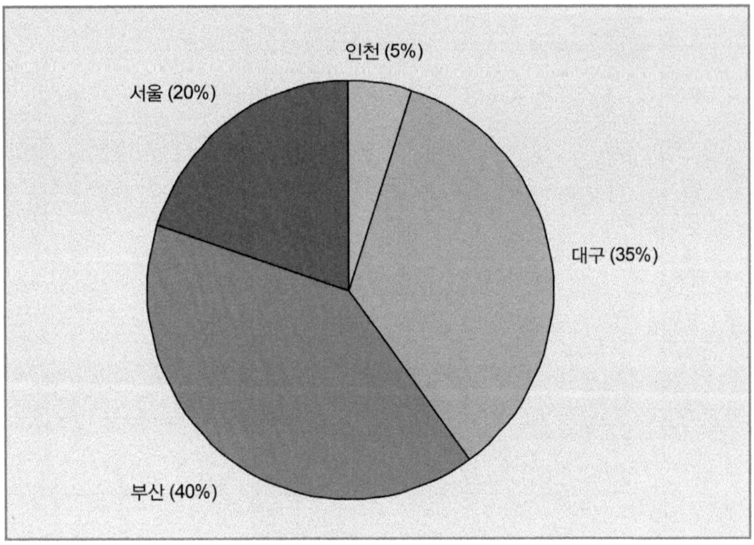

그림 8.30 파이 그래프

8.3.3 Fill 그래프

함수 fill은 닫힌 다각형의 내부를 지정한 색으로 채울 때 사용되며, 사용법은 다음과 같다.

- fill(x, y, 'color') % 벡터 x, y로 그려지는 닫힌 다각형을 색으로 채운다.
- h = fill(x, y, 'color') % 벡터 x, y로 그려지는 닫힌 다각형을 색으로 채우고 또 핸들 h를 반환한다.

일방통행과 정지신호 교통 표지판을 그려주는 프로그램은 다음과 같다.

Script file: prog8_26.m

```
%% 프로그램 prog8_26.m
% 일방통행과 정지신호 교통 표지판 그리기
% 일방통행 표지판
subplot 121
t = linspace(0, 2 * pi, 100);
x = sin(t);
y = cos(t);
```

```
hold on
fill(x, y, 'r')  % 빨간색으로 채운 원을 그림
plot(0.95 * x, 0.95 * y, 'w', 'LineWidth', 2)  % 흰색 테두리를 그림
rectangle('Position', [-0.8 -0.2 1.6 0.4], 'FaceColor', 'w'); % 흰색 사각형을 그림
text(-0.5, 0.45, 'DO  NOT', 'Color', 'w', 'FontSize', 18);
text(-0.4, -0.44, 'ENTER', 'Color', 'w', 'FontSize', 18);
axis square off
hold off
% 정지신호 표지판
subplot 122
t = [0 : pi/4 : 2 * pi] + pi/8;
x = cos(t);
y = sin(t);
hold on
fill(x, y, 'r')  % 빨간색으로 채운 팔각형 도형을 그림
plot(0.9 * x, 0.9 * y, 'w', 'LineWidth', 3)  % 내부 흰색 팔각형 테두리를 그림
text(-0.5, 0, 'STOP', 'Color', 'w', 'FontSize', 25);
axis square off
hold off
```

그림 8.31 다각형 내부 색으로 채우기

예제 8.16 다음은 시간지연을 가지는 1차 시스템의 전달함수이다. 시간지연 $L = 0.5$ 이고, 정상이득 K와 시정수 T가 불확실성을 가지고 아래 범위에서 변할 때 Nyquist band [5]를 그려보아라. 단, $\omega = 10^{-2} \sim 10^{1}$이다.

$$G(s) = \frac{Ke^{-Ls}}{1+Ts} \tag{8.9}$$

$$L = 0.5$$

$$0.5 \leqq K, T \leqq 1.5$$

풀이 위 식에 $s = j\omega$를 대입하고 주파수 전달함수를 구하면 다음과 같다.

$$G(s)|_{s=j\omega} = \left.\frac{Ke^{-Ls}}{1+Ts}\right|_{s=j\omega} = \frac{Ke^{-j\omega}}{1+jT\omega} = \mathrm{Re}[G(j\omega)] + j\,\mathrm{Im}[G(j\omega)]$$

따라서 주어진 구간에서 ω가 변할 동안 K와 T를 허용 범위 내에서 변경하면서 $G(j\omega)$의 실수부 계수와 허수부 계수를 구해 복소평면에 그려주면 된다. 작성한 스크립트는 다음과 같다.

Script file: prog8_27.m

```
%% 프로그램 prog8_27.m
% 예제 8.16 Nyquist band그리기
clear all, clf
w = [0.03 0.05 0.1 0.2 [0.3 : 0.25 : 8]]; % w= logspace(-2, 1, 40);
L = 0.5; K = [0.5 0.5 1.5 1.5 0.5]; T = [0.5 1.5 1.5 0.5 0.5];
for n = 1 : numel(w);
    s = w(n) * j;
    buf = [ ];
    for m = 1 : numel(K)
        g = K(m) * exp(-L * s) ./ (1 + T(m) * s);
        buf = [buf; real(g) imag(g)];
    end
    fill(buf(:, 1), buf(:, 2), 'g')
    hold on
    set(gca, 'XLim', [-1.5 1.7], 'XTick', [ -1 0 1], 'XTickLabel', [ -1 0 1]);
    set(gca, 'YLim', [-1.5 1.5], 'YTick', [-1 0 1], 'YTickLabel', [-1 0 1]);
end
hold off
```

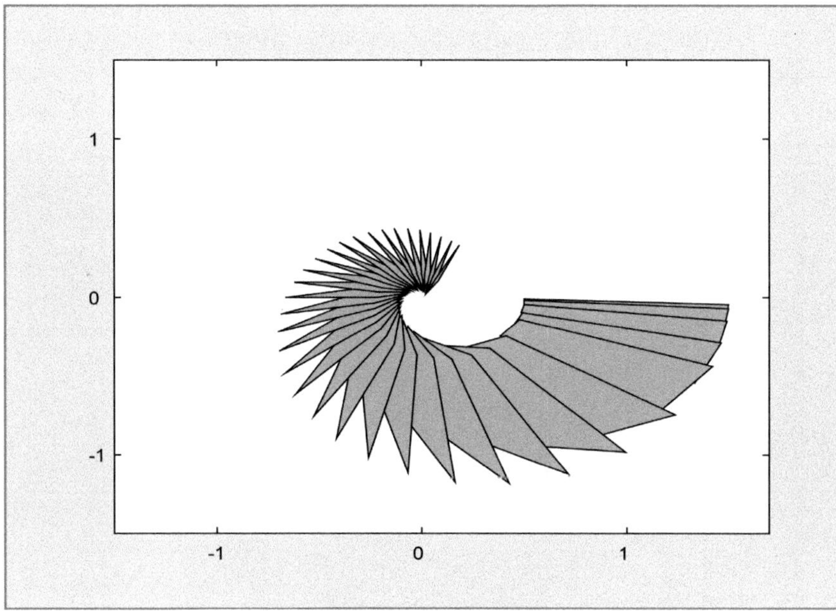

그림 8.32 Nyquist band

8.3.4 Patch 그래프

patch 함수도 하나 이상의 채색된 다각형(Polygon) 그래프를 그릴 때 사용되며, 일반적으로 두 가지 방법으로 호출된다. 하나는 꼭짓점들의 x-y좌표값들로 x, y 배열을 만들어서 호출하는 방법이고, 다른 하나는 x-y좌표값들로 꼭짓점 행렬 V와 꼭짓점들을 연결해주는 모서리 행렬 F를 만들어 호출하는 방법이다. 3차원 patch 그래프는 9장을 참소바란다.

- patch(x, y, c) % 다각형 꼭지점들의 x와 y좌표값을 원소로 하는 두 배열과 색 지정자 c로 그래프를 그린다.
- patch('Vertices', V, 'Faces', F, c) % 꼭지점 행렬 V와 이들을 연결해주는 모서리 행렬 F와 색 지정자 c를 가지고 그래프를 그린다.
- patch('Vertices', V, 'faces', F, 'FaceVertexCData', c, 'Facecolor', 'interp') % 꼭지점 행렬 V와 모서리 행렬 F와 색 지정자 c를 가지고 색변화가 제어되는 그래프를 그린다.

예제 8.17 patch를 써서 다음 그림과 같은 돛단배를 그려보아라. 그림에 나타난 번호 순으로 꼭짓점의 좌표는 각각 (1, 0), (4, 0), (5, 1), (0, 1), (2.5, 1), (3.5, 1.2), (2.5, 4)이다.

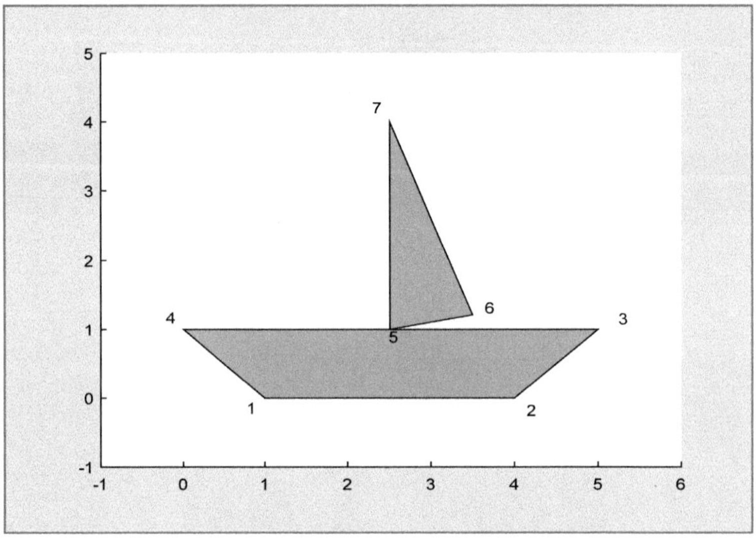

그림 8.33 돛단배 그리기

풀이 먼저 명령창에서 x, y 행렬을 만들어 초록색의 돛단배를 그린다. 행렬 x, y의 첫 번째 열은 아래쪽 배를 그리는 ①, ②, ③, ④점의 좌표, 두 번째 열은 윗쪽 돛을 그리는 ⑤, ⑥, ⑦, ⑤점의 좌표이다. 행렬의 차원을 맞추기 위해 돛을 그릴 때 ⑤가 두 번 사용되었음에 유의한다.

```
>> x = [1 2.5; 4 3.5; 5 2.5; 0 2.5]
x =
    1.0000    2.5000
    4.0000    3.5000
    5.0000    2.5000
         0    2.5000
>> y = [0 1; 0 1.2; 1 4; 1 1]
y =
         0    1.0000
         0    1.2000
```

```
    1.0000    4.0000
    1.0000    1.0000
>> patch(x, y, 'g')
>> axis([-1 6 -1 5])
```

여러 개의 다각형을 그릴 때 면마다 다른 색을 지정할 수 있으며, 이 예제에서는 다각형이 두 개이므로 면색을 달리하고 싶으면 두 개의 원소를 가지는 벡터 c를 지정해서 호출하면 된다. 그림 8.34(a)는 각 면이 단색으로 면색된 결과를 보여준다.

다시 꼭지점 행렬 V와 모서리 행렬 F를 만들어 색 변화를 제어하도록 작성한 것이 다음 스크립트이고 실행 결과는 그림 8.34(b)이다. 행렬 F의 1 2 3 4는 꼭짓점 ①, ②, ③, ④로 이루어지는 면을 지정하였고, 5 6 7 5는 꼭짓점 ⑤, ⑥, ⑦로 이루어지는 면을 지정한 것이다. 차원을 맞추기 위해 5가 두 번 사용되었음에 유의한다.

Script file: prog8_28.m

```
%% 프로그램 prog8_28.m
% 예제 8.17: 돛단배 그리기
% (a) 단색 돛단배
subplot(1,2,1)
x = [1 2.5; 4 3.5; 5 2.5; 0 2.5];
y = [0 1; 0 1.2; 1 4; 1 1];
c = [0 20];
patch(x, y, c)
colorbar % 오른쪽에 색지도를 그려줌
axis([-1 6 -1 5])
xlabel('(a) 단색 돛단배')
% (b) 색변화가 있는 돛단배
subplot(1,2,2)
V = [1 0; 4 0; 5 1; 0 1; 2.5 1; 3.5 1.2; 2.5 4];  % 꼭짓점 좌표로부터 행렬 정의
F = [1 2 3 4; 5 6 7 5];  % 모서리 행렬의 정의
c = [0; 1; 3; 4; 3; 5; 4];  % 색 지정
patch('Vertices', V, 'faces', F, 'FaceVertexCData', c, 'Facecolor', 'interp')
colorbar
axis([-1 6 -1 5])
xlabel('(b) 색변화를 제어한 돛단배')
```

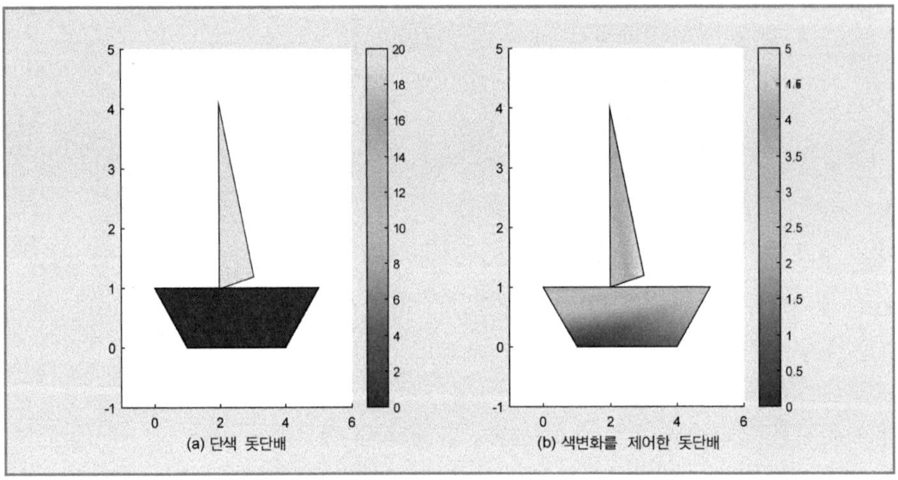

그림 8.34 면색이 다른 돛단배

8.3.5 Pseudocolor 그래프

행렬 C의 의사칼라(Pseudocolor) 또는 체크보드(Checkerboard) 그래프는 다음과 같은 방법으로 그린다.

- pcolor(C) % 행렬 C의 원소 값들을 색지도 원소에 선형적으로 매핑시켜 의사칼라 그래프를 그린다. 색지도는 9.1.1.2절을 참조한다.
- pcolor(x, y, C) % 벡터 x, y로 정의되는 격자에 의사칼라 그래프를 그린다.

예제 8.18 $C = e^{-(x^2+y^2)} (-2 \leq x, y \leq 2)$의 의사칼라 그래프와 10×10 균등난수를 발생시켜 의사칼라 그래프를 그려라.

풀이 작성한 스크립트와 실행 결과는 다음과 같다.

Script file: prog8_29.m

```
%% 프로그램 prog8_29.m
% 예제 8.18:  의사칼라 그래프 그리기
% 지수함수의 의사칼라 그래프 그리기
subplot 121
```

```
x = -2 : 0.25 : 2; y = -2 : 0.25 : 2;
[X, Y] = meshgrid(x, y);
C = exp(-X .^ 2 - Y .^ 2);
pcolor(x, y, C);
axis equal off
axis([-2 2 -2 2]);
colormap gray
% 랜덤수 행렬의 의사칼라 그래프 그리기
subplot 122
m = rand(10);
pcolor(m)
axis equal off
```

그림 8.35 다각형 내부 색으로 채우기

8.4 기타 그래프

8.4.1 Quiver 그래프

벡터필드를 그래프에 나타낼 때에는 함수 quiver와 gradient를 사용하면 되고 그 형식은 다음과 같다.

- quiver(U, V) % (U, V) 원소로 벡터 필드를 그린다.
- quiver(X, Y, U, V) % (X, Y) 위치에 (U, V) 원소로 벡터필드를 그린다.

- [U, V] = gradient(Z, dx, dy) % 행렬 Z의 x, y 방향의 그래디언트, 즉 U = dZ / dx, V = dZ / dy를 반환한다.

예제 8.19 $f(x, y) = x \cdot \exp(-x^2 - y^2)(-2 \le x, y \le 2)$의 등고선과 벡터필드를 동시에 그려보아라. 단, $\Delta x = \Delta y = 0.25$이다.

풀이 작성한 스크립트와 실행 결과는 다음과 같다.

Script file: prog8_30.m

```
%% 프로그램 prog8_30.m
% 벡터필드 그래프그리기
clf
dx = 0.25; dy = 0.25;
x = -2 : dx : 2; y = -2 : dy : 2;
[X, Y] = meshgrid(x, y);
Z = X .* exp(-X .^ 2 - Y .^ 2);
[PX, PY] = gradient(Z, dx, dy); % Z의 그래디언트를 계산함
hold on
contour(X, Y, Z, 10, 'k') % 등고선을 그려줌
quiver(x, y, PX, PY, 1, 'k'); % 벡터필드를 그림
axis equal
axis([-2 2 -2 2])
hold off
```

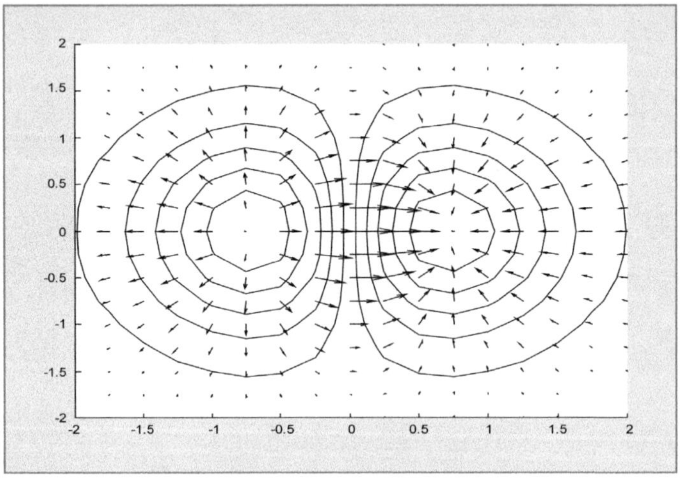

그림 8.36 벡터필드 그래프

8.4.2 Polar 그래프

각 θ와 반경 r로 정의되는 극좌표상의 함수 $r = f(\theta)$의 그래프를 그릴 때에는 함수 polar를 사용한다. 그 사용법은 다음과 같고 θ는 0과 2π 사이의 값이고 라디안(Radian) 단위이다.

- polar(theta, rho) % 각 theta와 반경 rho의 극좌표 그래프를 그린다.
- polar(theta, rho, 's') % 선 속성 s를 가지고 극좌표 그래프를 그린다.

예제 8.12 다음 두 극좌표 그래프를 그려라.

(a) $r = \cos(2\theta)$ (8.10a)

(b) $r = 1 + 2.5\cos(\theta)\,(0 \leqq \theta \leqq 2\pi)$ (8.10b)

풀이 다음은 0~2π 사이에 100개의 데이터를 취해 극좌표 그래프를 그리는 스크립트이고, 이를 실행한 결과는 다음 그림과 같다.

Script file: prog8_31.m

```
%% 프로그램 prog8_31.m
% 극좌표 그래프 그리기
% 그림 8.38(a) 그래프 그리기
subplot 121
th = linspace(0, 2*pi, 100);
r =  cos(2 * th);
polar(th, r, 'r') % 그림 8.38(a)
xlabel('(a)')
% 그림 8.38(b) 그래프 그리기
subplot 122
r = 1 + 2.5 * cos(th); % 그림 8.38(b)
polar(th, r, 'r')
xlabel('(b)')
```

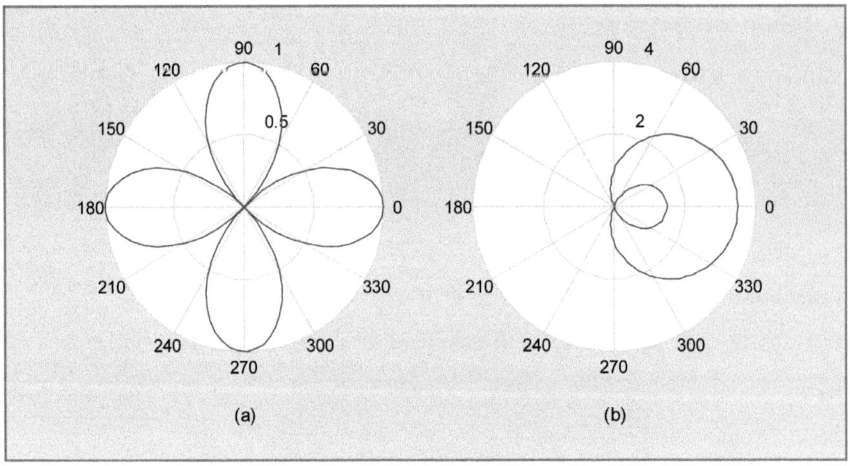

그림 8.37 극좌표 그래프

8.4.3 gplot 그래프

그래프(Graph)란 유한개의 노드(점)들로 이루어진 집합과 노드간의 연결 관계를 나타내주는 집합간의 순서쌍을 말한다. 이들의 연결 관계를 그래프로 나타내주는 MATLAB 함수가 gplot이며 그 형식은 다음과 같다.

- gplot(A, C) % 노드간의 연결행렬 A와 노드 좌표행렬 C로 그래프를 그린다.
- gplot(A, C, 'LineSpec') % 노드간의 연결행렬 A와 노드 좌표행렬 C로 지정된 선 속성으로 그래프를 그린다.

여기서 노드 수를 n이라 하면 연결행렬 A는 n×n 행렬이 되고, 노드 좌표 C는 n×2 행렬이 된다.

예를 들어 다음 그림과 같은 연결 그래프를 생각해보자.

전체 노드수가 8이므로 그림 8.38을 참조해서 행렬 A와 C를 작성하면 다음과 같다. A에서 1은 노드와 노드가 서로 연결되

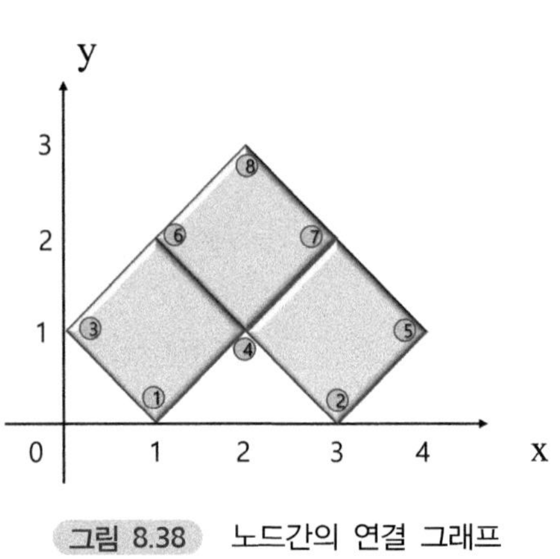

그림 8.38 노드간의 연결 그래프

어 있음을, 0은 서로 연결되어 있지 않음을 의미한다. C의 첫 행은 노드 ①의 x, y 위치를 마지막 행은 노드 ⑧의 x, y 위치를 의미한다.

$$A = \begin{bmatrix} 1 & 0 & 1 & 1 & 0 & 0 & 0 & 0 \\ 0 & 1 & 0 & 1 & 1 & 0 & 0 & 0 \\ 1 & 0 & 1 & 0 & 0 & 1 & 0 & 0 \\ 1 & 1 & 0 & 1 & 0 & 1 & 1 & 0 \\ 0 & 1 & 0 & 0 & 1 & 0 & 1 & 0 \\ 0 & 0 & 0 & 1 & 0 & 1 & 0 & 1 \\ 0 & 0 & 0 & 1 & 1 & 0 & 1 & 1 \\ 0 & 0 & 0 & 0 & 0 & 1 & 1 & 1 \end{bmatrix}, \quad C = \begin{bmatrix} 1 & 0 \\ 3 & 0 \\ 0 & 1 \\ 2 & 1 \\ 4 & 1 \\ 1 & 2 \\ 3 & 2 \\ 2 & 3 \end{bmatrix}$$

데이터를 입력하고 실행하면 다음 결과를 얻는다. 선 속성 'k-o'는 노드와 노드를 검은 색의 실선으로 연결하고 노드 위치에 표식 'o'을 그리라는 의미를 갖는다.

Script file: prog8_32.m

```
%% 프로그램 prog8_32.m
% 노드간 연결 그래프 그리기
A =[1 0 1 1 0 0 0 0; 0 1 0 1 1 0 0 0; 1 0 1 0 0 1 0 0; 1 1 0 1 0 1 1 0; ...
    0 1 0 0 1 0 1 0; 0 0 0 1 0 1 0 1; 0 0 0 1 1 0 1 1; 0 0 0 0 0 1 1 1];
C = [1 0; 3 0; 0 1; 2 1; 4 1; 1 2; 3 2; 2 3];
gplot(A, C, 'k-o')
axis equal off
```

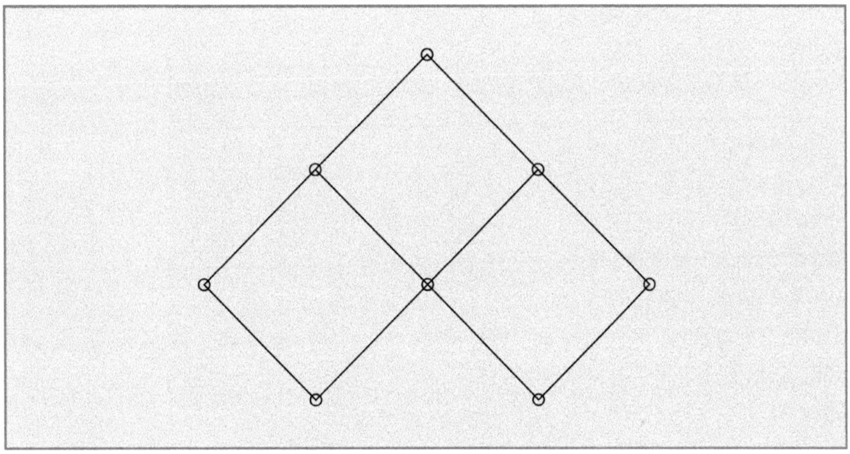

그림 8.39 노드간의 연결 그래프

다음은 MATLAB에서 제공하는 bucky데이터를 불러와 연결 그래프를 그려준다.

```
>> [A, C] = bucky;
>> gplot(A, C, 'k-');
>> axis equal off
```

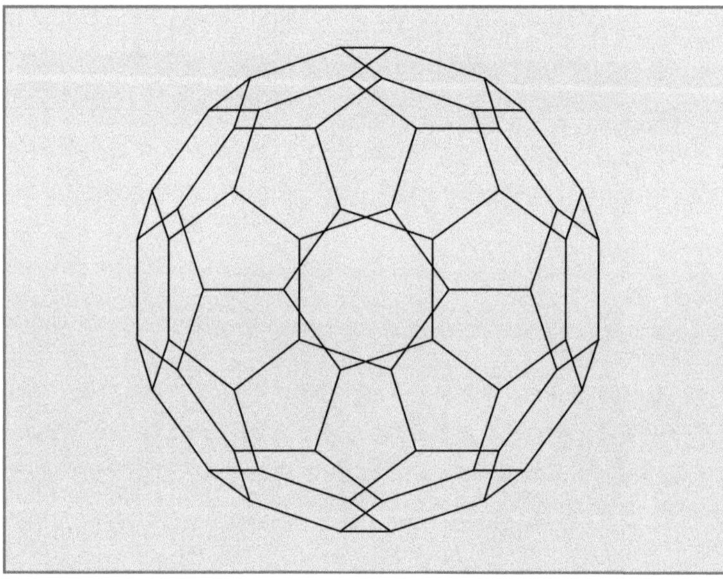

그림 8.40 축구공 노드간의 연결 그래프

다음은 MATLAB에서 제공하는 NASA airfoil데이터를 불러와 연결 그래프와 spy그래프를 그려준다.

```
>> A = load('airfoil');
>> S = sparse(A.i, A.j, 1);
>> subplot 121
>> gplot(S, [A.x A.y])
>> axis equal
>> xlabel('(a) gplot')
>> subplot 122
>> spy(S)
>> xlabel('(b) spy')
```

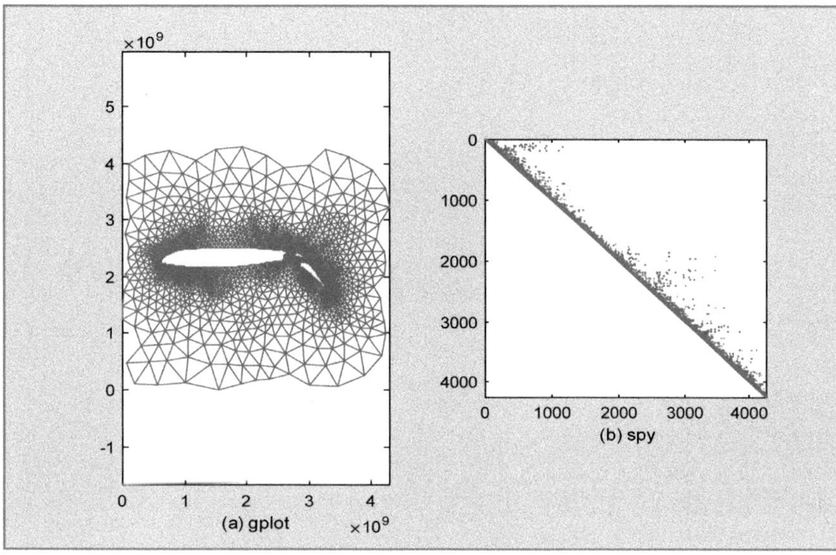

그림 8.41 노드간의 연결 그래프

8.4.4 Triplot 그래프

Delaunay삼각화는 평면상의 노드(점)들이 주어질 때 이웃 노드들을 연결해서 만들어지는 삼각형들의 집합을 의미한다. 이때 삼각형 내부에는 어떤 노드도 포함되지 않는다. 삼각화 도형을 그려주는 MATLAB 함수와 그 형식은 다음과 같다.

- TRI = delaunary(X, Y) % 벡터 X, Y로 이루는 노드들이 주어질 때 각 노드를 이웃 노드와 연결해서 삼각형 집합을 반환한다.
- triplot(TRI, X, Y) % TRI에 들어있는 삼각형 집합과 벡터 X, Y로 삼각화 도형을 그린다.

여기에서 X와 Y는 노드의 위치를 담은 벡터이며, TRI는 m×3 행렬이고, m은 만들어진 삼각형의 수를 의미한다.

예로 다음 그림을 고려해 본다. 그림과 같이 각 노드의 위치를 입력한 다음 delaunay 함수를 호출한다. 그러면 3개의 삼각형 노드 정보가 담긴 tri를 반환하게 된다. 그 다음 tri와 x, y를 가지고 triplot를 부르면 삼각화 도형을 그릴 수 있다.

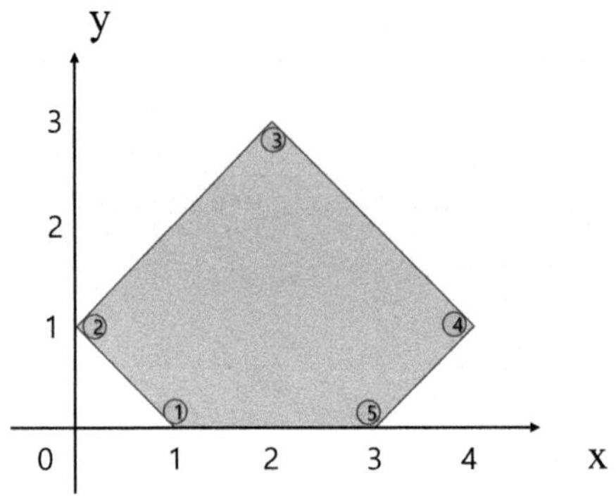

그림 8.42 노드간의 연결 그래프

Script file: prog8_33.m

```
%% 프로그램 prog8_33.m
% 삼각화 도형 그래프 그리기
x = [1 0 2 4 3]; y = [0 1 3 1 0];
tri = delaunay(x, y)
triplot(tri, x, y, 'k');
axis([-1 5 -1 5])
axis equal off
```

```
>> prog8_33
tri =
     2     1     3
     1     5     3
     5     4     3
```

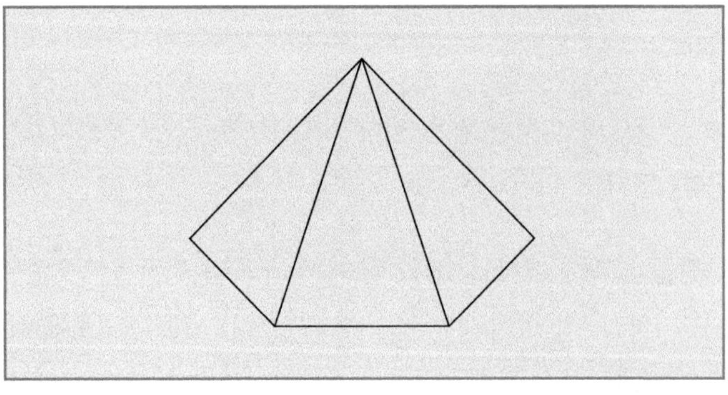

그림 8.43 삼각화 도형

다음은 MATLAB에서 제공하는 seamount데이터를 불러와 삼각화 도형을 그리는 스크립트이다.

```
>> cell = load('seamount');
>> tri = delaunay(cell.x, cell.y);
>> triplot(tri, cell.x, cell.y, 'k');
>> axis equal off
```

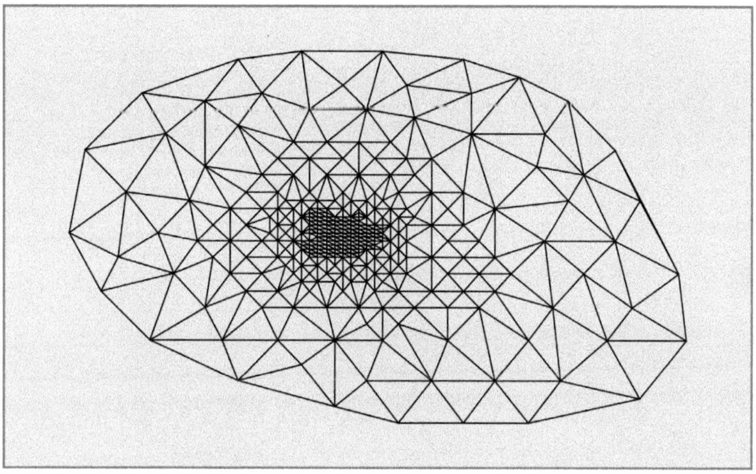

그림 8.44 seamount 데이터의 삼각화 도형

8.4.5 Voronoi 도표

보로노이 다각형(Voronoi polygon)이란 공간에 점들이 배치되어 있을 때 공간을 각각의 점에 가장 가까운 영역에서 나눌 때 얻어지는 다각형을 말하며, 이 다각형 집합을 그린 것이 보로노이 도표(Voronoi diagram)라 한다. 보로노이 도표는 이를 본격적으로 연구한 수학자 G. Voronoy의 이름을 딴 것이다.

보로노이 도표를 그려주는 MATLAB 함수가 voronoi이며 그 형식은 다음과 같다.

- voronoi(X, Y) % 배열 X, Y에 대한 보로노이 도표를 그린다.
- voronoi(X, Y, 'LineSpec') % 배열 X, Y에 대한 보로노이 도표를 LineSpec에 지정된 선 속성으로 그린다.

다음은 앞서 사용한 seamount데이터를 다시 불러와 보로노이 도표를 그리는 스크립트이다.

```
>> cell = load('seamount');
>> voronoi(cell.x, cell.y, 'k')
>> axis off
```

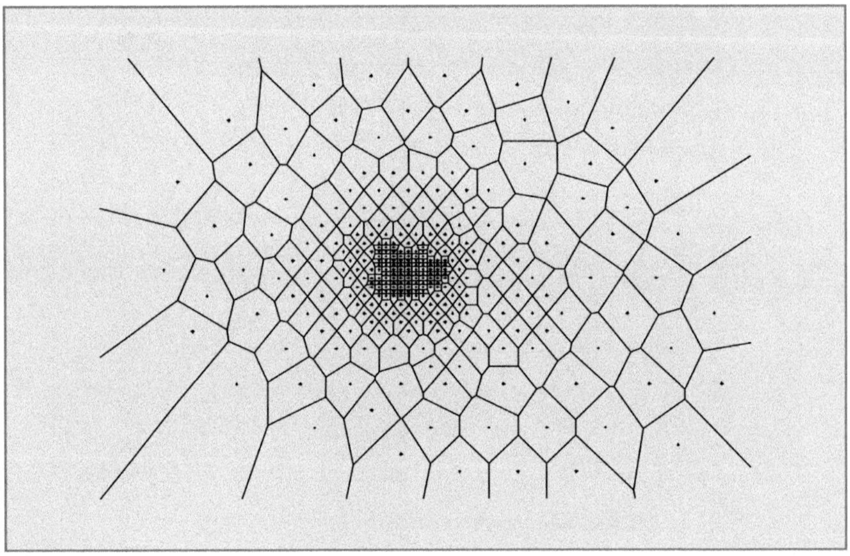

그림 8.45 보로노이 도표

연습문제

01 다음 함수의 그래프를 그려라.

(1) $y = x^4 - 2x^2 + 1 \ (-2 \leqq x \leqq 2)$ (2) $y = x\sqrt{1-x^2}\ (0 \leqq x \leqq 1)$

(3) $y = \dfrac{1}{2+\cos x}\ (0 \leqq x \leqq 2\pi)$ (4) $y = x\sin x - e^{-x}\ (0 \leqq x \leqq 10)$

(5) $y = \mathrm{sgn}(\theta)e^{\cos\theta}\ (-\pi \leqq \theta \leqq \pi)$ (6) $y = \ln(|x|+1)\sqrt{|x|}\ (-\pi \leq x \leq \pi)$

(7) $y = \tan(x)\left(-\dfrac{\pi}{2}+0.1 \leqq x \leqq \dfrac{\pi}{2}-0.1\right)$

(8) $y = \dfrac{2}{1+x^2}\ (-5 \leqq x \leqq 5)$

(9) $y = xe^{-x^2}\ (-5 \leqq x \leqq 5)$

(10) $y = \dfrac{e^x - e^{-x}}{e^x + e^{-x}}\ (-10 \leqq x \leqq 10)$

(11) $\mu_A(x) = \exp\left(\dfrac{-(x-m)^2}{2\sigma^2}\right), m = 0, \sigma = 1.5\ (-5 \leqq x \leqq 5)$

(12) $\mu_B(x) = \dfrac{1}{1+\exp(-a(x-c))}, a = 2, c = 0\ (-5 \leqq x \leqq 5)$

02 다음 매개 방정식의 그래프를 그려라.

(1) $x = t^2,\ y = t^3 - 3t\ (-2 \leqq t \leqq 2)$

(2) $x = \sin(2t),\ y = \cos(2t)\ (0 \leqq t \leqq 4\pi)$

(3) $x = \ln(\theta+1),\ y = \sin 5\theta \cos\theta\ (0 \leqq \theta \leqq 2\pi)$

(4) $x = 2(\theta - \sin\theta),\ y = 2(1-\cos\theta)\ (0 \leqq \theta \leqq 2\pi)$

03 다음은 구간 내에 극한값이 존재하는 함수들이다. eps를 사용하지 않고 그린 그래프와 사용해서 그린 그래프와 어떻게 다른지 비교하여라.

(1) $y = \dfrac{x^2+2x-3}{x^2-1}\ (0 \leqq x \leqq 2)$ (2) $y = \dfrac{e^x - 1}{x}\ (-1 \leqq x \leqq 1)$

04 양수 α, β에 대해 확률변수 X의 확률밀도함수가 다음 식으로 주어지면 베타분포(Beta distribution)라 한다.

$$f(x) = \begin{cases} \dfrac{1}{\mathrm{Beta}(\alpha,\beta)} x^{\alpha-1}(1-x)^{\beta-1}, & 0 < x < 1 \\ 0 & , \mathrm{elsewhere} \end{cases}$$

단, $\mathrm{Beta}(\alpha,\beta) = \int_0^1 x^{\alpha-1}(1-x)^{\beta-1}dx$

내장함수 beta를 사용하여 모수 $\beta=1.5$이고 $\alpha=2$, 4일 때의 곡선을 그려라.

05 어떤 발사체를 $v_0=200$ m/s의 초기 속도로 지평선과 θ의 각도로 쏜다. 공기저항을 무시하면 t 시각에서 발사체의 위치는 다음 식으로 주어진다.

$$x = v_0 t\cos\theta,\ y = v_0 t\sin\theta - \frac{1}{2}gt^2$$

여기에서 중력가속도 $g = 9.8\,\mathrm{m/s^2}$이다. 발사각도 θ가 30°와 45°일 때 발사체가 지면에 떨어질 때까지 그 궤적을 그리고, 대략 몇 초 후에 땅에 떨어지며, 최대 도달 높이가 얼마인지를 구하여라.

06 주파수 전달함수의 크기 $|G(j\omega)|$의 로그 그래프를 그려라. 단, $s=j\omega, \omega=10^{-2}$ ~10^2이다.

(1) $G(s) = s+1$

(2) $G(s) = \dfrac{s+4}{(s^2+2s+1)(s+3)}$

07 다음 함수의 등고선 그래프를 그려라.

(1) $f(x,y) = -2x^2 - 3y^2 + 2xy + 3xy^2 - y^3 \ (-1 \leq x, y \leq 1)$

(2) $f(x,y) = x^3 - 3xy^2 \ (-1 \leq x, y \leq 1)$

08 다음 자료집단에 대한 상자그림(Box plot)을 그려라.

7.8	4.5	5.5	6.4	4.5	8.3	4.5	2.8	7.7	10.8	3.5	7.4

09 어떤 확률변수 X가 프와송 분포를 따른다. $\lambda=0.5$ 2, 5인 경우에 $x=$ 0, 1, 2, ⋯, 20의 확률을 구해 stem 함수로 분할화면에 그려라.

$$P(X=x)=e^{-\lambda}\frac{\lambda^x}{x!}$$

10 구간 [−2, 1]에서 두 함수 $y=-x^2+2$, $y=x$와 x축으로 이루어지는 영역을 그려라.

11 다음 삼각형의 면적을 나타내는 도형을 그려라.

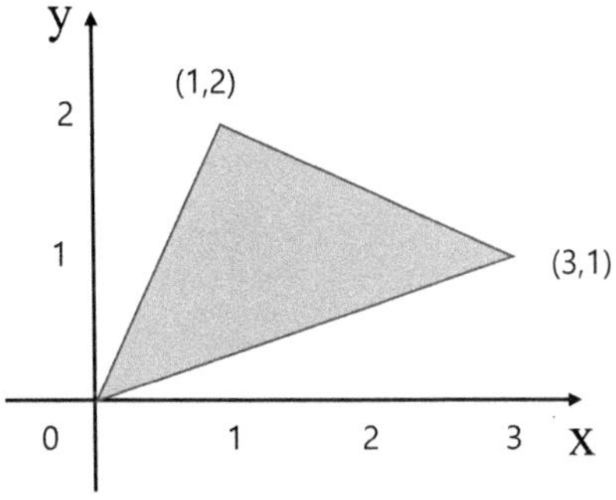

12 patch 함수로 다음 퍼즐을 그려라. 단 면색은 적절히 선택하어라.

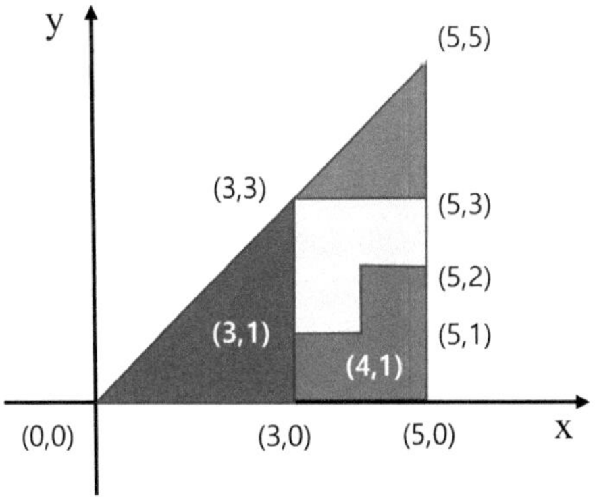

13 다음 극방정식의 극좌표 그래프를 그려라.

(1) $r=\cos(2\theta)\,(0\leq\theta\leq 2\pi)$ (2) $r=\cos^4\theta+\sin^4\theta\,(0\leq\theta\leq 2\pi)$

(3) $r=1+\sin(\theta)\,(0\leq\theta\leq 4\pi)$ (4) $r=\sqrt{5\theta}\,\,(0\leq\theta\leq 4\pi)$

CHAPTER

9 3차원 그래프

앞 장에서 우리는 여러 가지 2차원 그래프를 그려주는 MATLAB그래픽 함수에 대해 살펴보았고, 이들의 사용법을 어느 정도 익혔으리라 생각된다. 이 장에서는 앞서 배운 지식을 기반으로 공학, 과학 분야에서 자주 활용되는 3차원 그래프를 그려주는 함수에 대하여 살펴본다. 높은 수준의 그래픽 기능을 활용하기 위한 핸들 사용과 속성 설정은 다음 장에서 다룰 것이다.

3차원 곡선이나 곡면의 식은 일반적으로 두 독립변수 x, y의 함수 $z = f(x, y)$나 매개변수의 함수 $x = f(t)$, $y = g(t)$, $z = h(t)$ $(a \leq t \leq b)$로 표시되므로, 이장에서는 이러한 식들을 그래프로 그리는 문제를 다룬다.

9.1 선 그래프

9.1.1 Plot3 그래프

plot3은 2차원 plot 함수를 확장해서 3차원 선 도형을 그릴 수 있게 한 것이며, 그 형식은 다음과 같다. 곡선식이 매개변수의 함수로 표시되는 경우의 그래프 작성법은 9.5절을 참조한다.

- plot3(z) % z의 3 차원 선 그래프를 그린다.
- plot3(x, y, z) % x, y에 대한 z의 3차원 선 그래프를 그린다. 단 x, y, z는 같은 길이의 벡터이어야 한다.
- plot3(x, y, z, 'Specifier', 'PropertyName', 'PropertyValue') % 추가 옵션을 사용해 x, y에 대한 z의 3차원 선 그래프를 그린다.
- h = plot3(…) % z의 3차원 선 그래프를 그리고 또 핸들 h를 반환한다.

예제 9.1 다음과 같은 3차원 곡선식이 주어질 때 선 그래프를 그려주는 스크립트를 작성하여라.

$$z = \frac{\sin(\sqrt{(x^2 + y^2)})}{\sqrt{x^2 + y^2}} (-3\pi \leqq x, y \leqq 3\pi) \tag{9.1}$$

풀이 $x = y = 0$에서 극한값 1을 갖지만, $x = y = 0$이면 NaN이 반환되므로 극한값 계산에 eps를 사용한다. x벡터를 생성한 후 0인 원소의 위치를 찾아 eps로 수정하고, y벡터는 이를 복제해서 사용한다. 스크립트를 실행하면 다음 그래프를 얻는다.

Script file: prog9_1.m

```
%% 프로그램 prog9_1.m
% 예제 9.1: 3차원 곡선의 그래프 그리기
x = linspace(-3*pi, 3*pi, 100);
x(find(x == 0)) = eps; % x = 0이면 x = eps로 설정
y = x;
r = sqrt(x .^ 2 + y .^ 2);
z = sin(r) ./ r;
plot3(x, y, z, 'k', 'LineWidth', 1)
grid on
xlabel('x'), ylabel('y'), zlabel('z')
view(-25, 30)  % 방위각 -25°, 고도각 30°의 시야각 설정
```

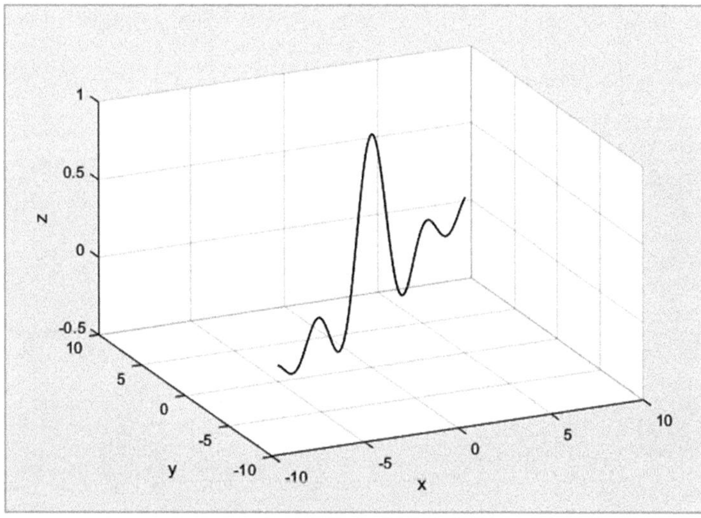

그림 9.1 plot3 그래프

9.1.1.1 시야각

3차원 도형의 시야각을 설정할 때 이용되는 함수는 다음과 같다.

- view(az, el) % 3차원 그래프에서 시야각을 설정한다.
- view(3) % 3차원 그래프에서 시야각을 기본값 view(−37.5, 30)으로 설정한다.

view는 방위각과 고도각으로 그래프를 보는 시야각(Viewing angle)을 설정해주며, az는 음의 y축을 기점으로 z축을 중심으로 수평 회전한 방위각(Azimuth)이며, 반시계방향이 양이고 도(°) 단위이다. el은 x-y 평면으로부터 측정한 고도각(Elevation)이며, 위쪽이 양이고 도(°) 단위이다. 그림 9.2는 이를 보여준다.

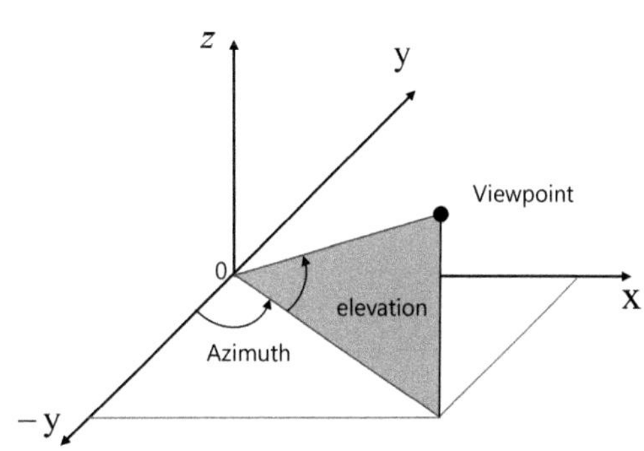

그림 9.2 시야각

또한 시야각은 그림창에서도 쉽게 변경할 수 있다. 마우스를 그림창 위로 이동하면 그림창의 오른쪽 위부분에 아이콘(원 부분)이 생기며, 이것을 클릭한 다음 그래프의 한 부분을 마우스로 누른 상태에서 좌우상하로 회전시키면 된다. 이때 그림창의 왼쪽 아래 모서리(타원 부분)에 방위각(Az)과 고도각(El)이 나타난다. 물론 프로그램을 다시 실행하거나 또는 제일 오른쪽의 버튼을 누르면 프로그램에서 설정된 시야각 또는 기본 시야각으로 다시 그려지게 된다.

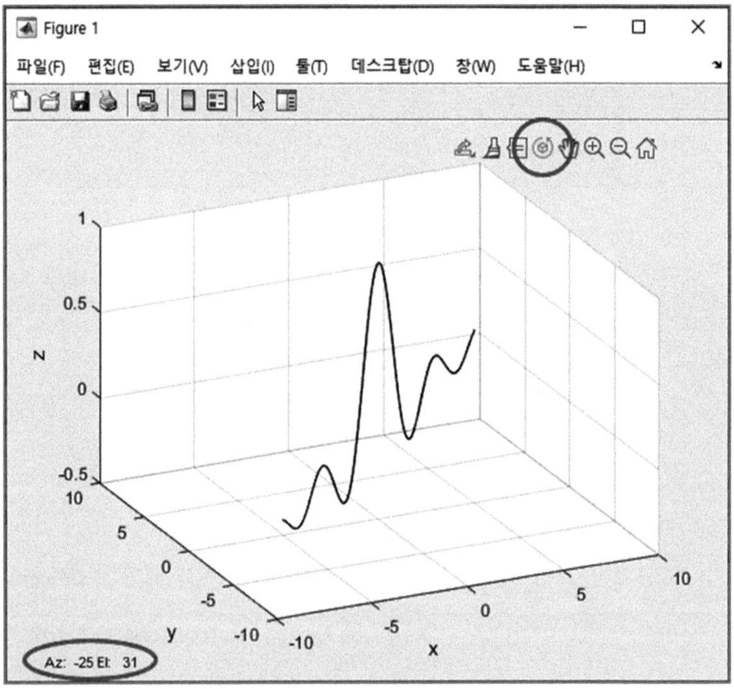

그림 9.3 마우스로 시야각 변경

9.1.1.2 색지도

MATLAB은 생성된 그래프의 입체적인 시각효과를 더하기 위하여 데이터의 크기(또는 Z의 높이)에 따라 색을 부여하는 수단으로 색지도(Colormap)를 사용하고 있다. 명령어 colormap은 기본값으로 0과 1 사이의 원소값을 갖는 256×3 행렬을 만드는데, 각 행의 세 원소는 빨강(red), 초록(green), 파랑(blue)의 RGB 강도를 나타내며, 이에 따른 고유의 색을 나타낸다고 보면 된다. 세 값을 적절히 변경해서 원하는 색을 지정할 수 있다. 다음은 기본색들의 RGB 값들이다.

| 표 9.1 | 기본색들의 RGB 값

RBG 값	기호	기본 색
0 0 0	k	검은색(Black)
0 0 1	b	파란색(Blue)
0 1 0	g	초록색(Green)
0 1 1	c	청록색(Cyan)
1 0 0	r	빨간색(Red)
1 0 1	m	자홍색(Magenta)
1 1 0	y	노랑색(Yellow)
1 1 1	w	흰색(White)

색지도가 설정되면 사용자 데이터는 색지도에 지정된 색만으로 표현되는데, 색지도를 변경하려면 다음 명령어를 이용하면 된다.

- colormap(map) % 행렬 map으로 현재의 색지도를 설정한다.
- colormap map % 위와 동일하다.
- colormap default % 현재의 색지도를 내장된 기본 색지도로 설정한다.
- map = colormap % 현재의 색지도를 읽어 map에 저장한다.

다음과 같이 3×3 map 행렬을 만들고 색지도를 설정해보자. 앞에서 언급하였지만 모든 원소는 0과 1 사이의 값을 가져야 한다. 그러고 나서 x = [1, 2, 3]의 데이터를 입력하고 imagesc 함수를 불러보자. imagesc는 주어진 데이터를 이미지화해서 화면에 보여주는 함수이다.

```
>> map = [0 0 0; 0.5 0.5 0.5; 1 1 1]  % 3 x 3 색지도 행렬의 정의
map =
         0         0         0
    0.5000    0.5000    0.5000
    1.0000    1.0000    1.0000
>> colormap(map)  % 행렬 map으로 현재의 색지도를 설정 (3색만 표현 가능)
>> x = 1 : 3;
>> imagesc(x)
```

실행되면 x = 1은 map(1, :)에 매핑되어 검은색으로, x = 2는 map(2, :)에 매핑되어 회색으로, 마지막 x = 3은 map(3, :)에 매핑되어 흰색으로 보이게 된다. imagesc 함수의 사용 형식은 12.7.6절을 참조한다.

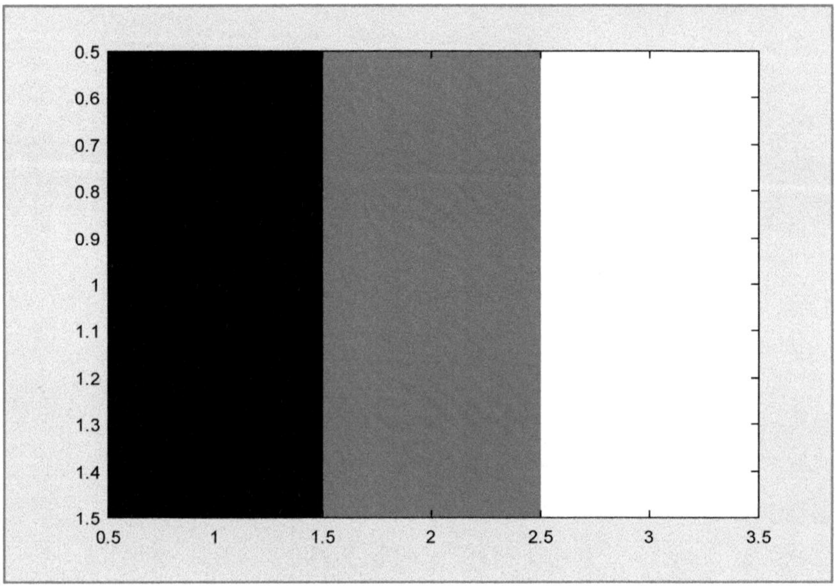

그림 9.4 데이터 x를 3색으로 표현

색지도 설정은 현재 사용 중인 그림창 전체에 영향을 주기 때문에 subplot 명령어를 써서 그림창을 여러 개로 분리하고 한 축에서 색지도를 새로 설정하더라도 다른 축에도 같은 설정 효과가 나타나게 된다.

일반적으로 사용자가 색지도를 정의하는 것은 쉬운 일이 아니어서, MATLAB은 사용자 편의를 위해 내장 색지도(Built-in colormap)를 만들어 제공하고 있다. 제공되는 몇 가지의 기본 패턴은 표 9.2와 같다. 세밀한 칼라로 보고 싶으면 명령창에서 help colormap을 입력하면 된다. R2014a 버전 이후부터 디폴트 색지도는 parula이고 이전 버전은 jet이다. Jet 색지도의 경우 데이터의 가장 낮은 값은 짙은 청색, 가장 높은 값은 짙은 갈색, 그 사이값은 데이터의 크기에 따라 선형적으로 색을 부여한다.

먼저 명령창에서 현재의 색지도를 jet로 설정하고, map = colormap을 입력해보자. 기본값으로 256×3 행렬이 화면에 나타나게 된다.

| 표 9.2 | MATLAB 내장 색지도[6]

Built-in colormap	문자	Built-in colormap	문자
	Jet		Winter
	HSV		Gray
	Hot		Bone
	Cool		Copper
	Spring		Pink
	Summer		Lines
	Autumn		parula

```
>> colormap jet;  % 현재의 색지도를 jet로 설정, colormap(jet)와 같음
>> map = colormap  % 현재의 색지도를 읽어 map에 저장
map =
         0         0    0.5625
         0         0    0.6250
         0         0    0.6875
         ⋮         ⋮       ⋮
    0.6250         0         0
    0.6094         0         0
    0.5938         0         0
    0.5781         0         0
    0.5625         0         0
    0.5469         0         0
    0.5313         0         0
    0.5156         0         0
    0.5000         0         0
>> size(map)
ans =
   256     3
```

colormap은 256색을 기본값으로 해서 256×3 행렬을 만들지만, 사용자가 더 듬성듬성하게 또 더 세밀하게 색 표현을 하고 싶으면 표 9.2의 내장 색지도의 괄호 내에 원하는 양의 정수를 적고 colormap으로 설정하면 된다.

- colormap(gray(m)) % gray(m)을 현재의 색지도로 설정한다.
- colormap(jet(m)) % jet(m)을 현재의 색지도로 설정한다.

예를 들어 현재의 색지도를 gray 8색으로 지정하고 map을 화면에 출력해보면 다음과 같은 결과가 나타난다.

```
>> colormap gray(8);   % gray(8)를 현재의 색지도로 설정(8색만 표현 가능)
>> map = colormap   % 현재의 색지도를 읽어 map에 저장
map =
         0         0         0
    0.1429    0.1429    0.1429
    0.2857    0.2857    0.2857
    0.4286    0.4286    0.4286
    0.5714    0.5714    0.5714
    0.7143    0.7143    0.7143
    0.8571    0.8571    0.8571
    1.0000    1.0000    1.0000
```

데이터를 칼라로 표현할 때 색지도와 더불어 고려되어야 할 한 가지 사항은 색 표현의 한계, 즉 cmin과 cmax값이다. 이 값들을 읽어주거나 설정해주는 함수가 caxis이고, 그 형식은 다음과 같다.

- [cmin, cmax] = caxis % 색지도의 처음과 마지막 행에 대응되는 데이터 값을 읽어 반환한다.
- caxis([cmin, cmax]) % 색 표현의 한계를 [cmin, cmax] 범위내의 값으로 제한한다.

이때 알아두어야 할 사항은 다음과 같다.

- cmin값은 색지도의 첫 행에, cmax값은 마지막 행에 대응되고, cmin과 cmax사이의 데이터 값들은 다음 식을 써서 선형적으로 매핑된다.

$$\mathrm{index} = \mathrm{fix}\left(\mathrm{m} \times \frac{\mathrm{x} - \mathrm{cmins}}{\mathrm{cmax} - \mathrm{cmin}}\right) + 1 \tag{9.2}$$

여기서 m은 색의 수, x는 데이터 값, index는 색지도의 인덱스를 나타낸다.

- cmin보다 작은 데이터 값은 cmin으로, cmax보다 큰 값은 cmax로 제한된다. caxis를 사용하지 않으면 기본값으로 cmin은 데이터의 최소값, cmax는 최대값으로 설정된다. 내부적으로는 다음과 같이 인덱스로 제한하기도 한다.

$$\mathrm{index}(\mathrm{index} < 1) = 1 \tag{9.3a}$$

$$\mathrm{index}(\mathrm{index} > \mathrm{m}) = \mathrm{m} \tag{9.3b}$$

예로 색지도를 gray(8)로 해서 명령줄에 명령문들을 실행해본다.

```
>> colormap gray(8);   % gray(8)을 현재의 색지도로 설정
>> map = colormap
map =
         0         0         0
    0.1429    0.1429    0.1429
    0.2857    0.2857    0.2857
    0.4286    0.4286    0.4286
    0.5714    0.5714    0.5714
    0.7143    0.7143    0.7143
    0.8571    0.8571    0.8571
    1.0000    1.0000    1.0000
>> x = 11 : 18;  % 데이터 11~18
>> imagesc(x)  % 데이터를 gray(8) 색으로 표현(그림 9.5 참조)
>> m = size(colormap, 1);  % 색의 수(colormap의 행의 수)
>> [cmin, cmax] = caxis  % 데이터의 최소값과 최대값
cmin =
    11
cmax =
    18
>> index = fix((x - cmin) / (cmax - cmin) * m) + 1;  % 식 (9.2)
>> index(index < 1) = 1;  % 식 (9.3a)
>> index(index > m) = m  % 식 (9.3b)
index =
     1     2     3     4     5     6     7     8
```

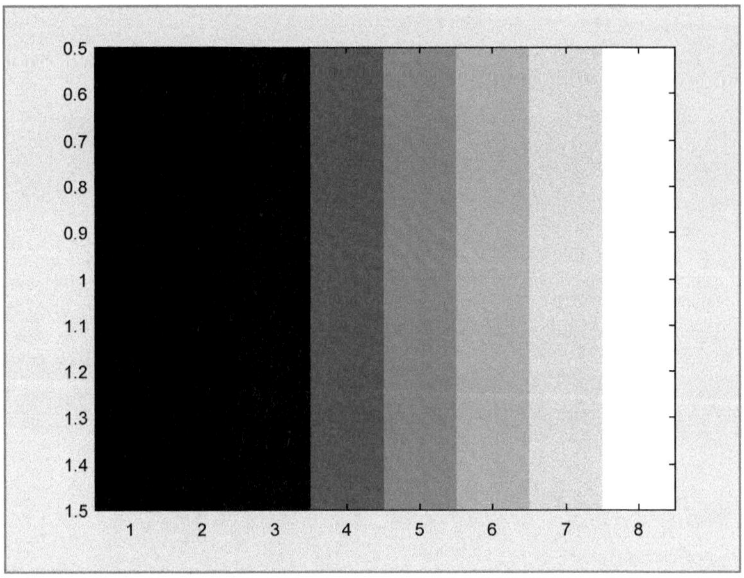

그림 9.5 데이터 x를 그레이 8색으로 표현

이때 데이터는 그림 9.6과 같은 방식으로 색지도에 매핑된다. cmin = 11이고, cmax = 18이므로 x = 11의 index = 1이고 첫 행에 매핑되어 검은색으로, x = 18의 index = 10이고 마지막 행에 매핑되어 흰색으로 표현되고 또 그사이의 값들은 1씩 커질 때마다 색지도의 index도 1씩 커지면서 중간색에 참조된다.

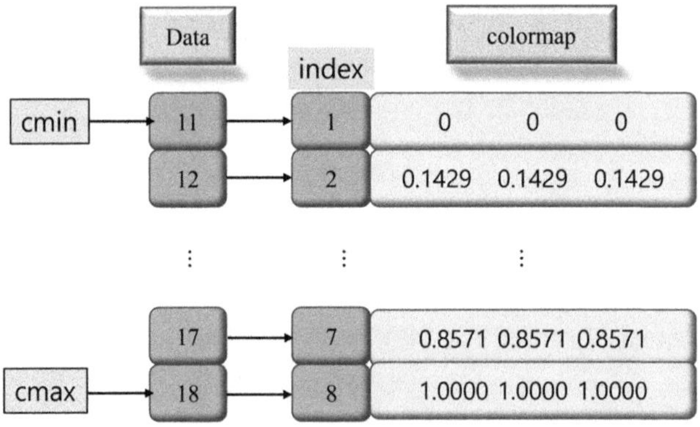

그림 9.6 데이터와 색지정

그림을 그리다 보면 특정 범위의 데이터를 더 상세하게 색으로 표현하고 싶을 때가 있다. 이때는 색 표현의 한계를 좁혀 설정하면 된다. 다음 예로 색지도를 gray(8)로 하고

caxis와 함께 명령줄에서 실행해보자. 그림 9.7(a)는 caxis를 사용하지 않았을 때의 결과이고, 그림 9.7(b)는 색 표현의 한계를 [1, 9]로 설정했을 때의 결과이다.

```
>> subplot 121
>> colormap(gray(8));  % 색지도를 gray 8색으로 설정
>> I = [-5, 1, 2, 3, 4, 5, 6, 9, 16];
>> imagesc(I)
>> caxis([-5 16])  % 색 표현의 한계를 [-5, 16]로 설정, 그림 (a)에 해당
>> xlabel('(a) caxis([-5 16])으로 설정')
>> subplot 122
>> colormap(gray(8));  % 색지도를 gray 8색으로 설정
>> I = [-5, 1, 2, 3, 4, 5, 6, 9, 16];
>> imagesc(I)
>> caxis([1 9])  % 색 표현의 한계를 [1, 9]로 설정, 그림 9.5(b)에 해당
>> xlabel('(b) caxis([1 9])로 설정')
```

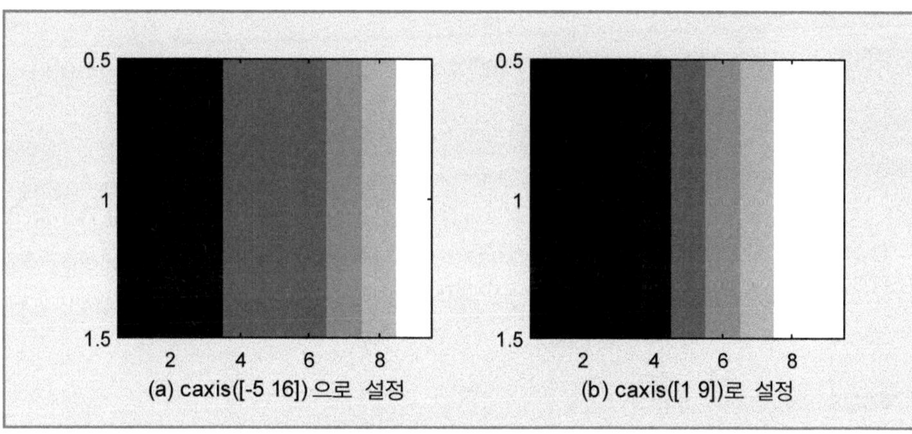

그림 9.7 색 표현의 한계 설정

가끔 그래프를 그리면서 z축의 높이와 색과의 관계를 시각적으로 보여주는 색지도를 그래프 곁에 나타내고 싶을 때가 있다. 이때는 colorbar 명령어를 사용하면 된다. 구체적인 사용은 이후 예제를 통해 살펴볼 것이다.

- colorbar % 그래프 옆에 사각형 칼라바를 그린다.

9.1.2 Contour3 그래프

3차원 등고선 그래프를 그려주는 함수는 다음과 같다.

- contour3(Z) % 행렬 Z의 3차원 등고선을 그리며, 등고선의 높이와 수는 Z의 최소, 최대값에 따라 자동 설정된다.
- contour3(X, Y, Z) % X, Y에 대한 Z의 3차원 등고선을 그린다.
- contour3(X, Y, Z, n) % X, Y에 대한 Z의 3차원 등고선을 n개 그린다.
- contour3(X, Y, Z, v) % 벡터 v에 지정된 높이에서 X, Y에 대한 Z의 3차원 등고선을 그린다.
- contour3(…, 'LineSpec') % 속성 LineSpec으로 X, Y에 대한 Z의 3차원 등고선을 그린다.
- [C, h] = contour3(…) % Z의 3차원 등고선을 그리고 또 등고선 행렬 C와 핸들 h를 반환한다.

예제 9.2 다음 함수식의 3차원 등고선 20개를 그려주는 스크립트를 작성하여라.

$$z = \frac{2}{x^2 + y^2 + 1} + \frac{1}{(x-5)^2 + y^2 + 1} \quad (-5 \leqq x,\ y \leqq 10) \tag{9.4}$$

풀이 스크립트를 작성하고 실행하면 다음 결과를 얻는다. meshgrid에 대한 자세한 설명은 다음 절을 참조한다.

Script file: prog9_2.m

```
%% 프로그램 prog9_2.m
% 예제 9.2: 3차원 등고선 그래프 그리기
x = -5 : 10; y = -5 : 10;
[X, Y] = meshgrid(x, y);
Z = 2 ./ (X .^ 2 + Y .^ 2 + 1) + 1 ./ ((X - 5) .^ 2 + Y .^2 + 1); %
배열 연산을 써서 Z를 계산
contour3(X, Y, Z, 20) % 3차원 등고선 20개를 그림
axis([-5 10 -5 10 -1 2])
colormap jet % jet를 현재의 색지도로 설정
grid off
```

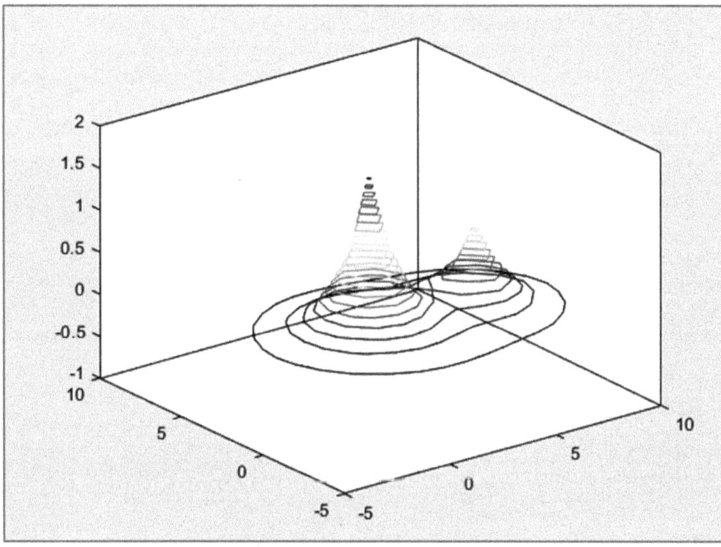

그림 9.8 3차원 등고선 그래프

9.2 그물망형 그래프

9.2.1 Mesh 그래프

mesh 그래프는 대표적인 3차원 그래프로서, 그물 형태의 그래프이며, 그물과 같은 격자선이 있으면 그 안쪽은 투명하며 색으로 채워져 있지 않다. 안쪽이 색으로 채워져서 투명하지 않은 그래프는 surf 명령으로 그릴 수 있다. 이런 3차원의 면을 그리는 과정은 3단계로 나뉠 수 있다. mesh, surf, contour 등 대부분의 3차원 그래프를 그리는 명령들은 이 3가지 단계를 이용하여 그래프를 그릴 수 있으므로 이 순서를 기억하는 것은 중요하다. 첫 번째 단계는 함수 $z = f(x, y)$의 값을 구할 격자(Grid)를 정하는 것이다. 즉 함수 $z = f(x, y)$가 정의되어 함수 값을 계산해야하는 정의구역을 구하는 것이다. 그림 9.9(a)와 같이 x-y 평면의 각 축을 등간격으로 나누어 격자점을 얻는 함수가 meshgrid이다.

- [X, Y] = meshgrid(x) % 벡터 x로부터 격자점의 좌표들로 구성되는 행렬 X, Y를 반환한다. y를 생략하면 y = x로 간주한다.
- [X, Y] = meshgrid(x, y) % 벡터 x, y로부터 좌표 행렬 X, Y를 반환한다.
- [X, Y, Z] = meshgrid(x, y, z) % 벡터 x, y, z로부터 좌표 행렬 X, Y, Z를 반환한다.

두 번째 단계는 그림 9.9(b)와 같이 각 격자점(X_{ij}, Y_{ij})에서 함숫값 $Z_{ij} = f(X_{ij}, Y_{ij})$, 즉 정의구역에 대한 치역을 구하는 것이다. 문제에 따라 배열 연산자를 쓰게 되면 쉽게 계산할 수 있다. 함수 값은 1단계에서 meshgrid 함수를 이용하여 구한 변수들을 이용하여 구하여야 한다.

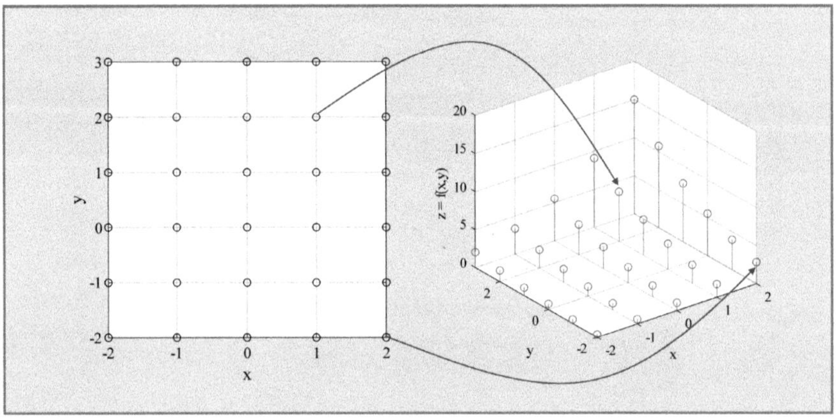

(a) (b)

그림 9.9 (X_{ij}, Y_{ij})의 설정과 $Z_{ij} = f(X_{ij}, Y_{ij})$의 계산

예를 들어 $z = x^2 + y^2 (-2 \leq x \leq 2, -1 \leq y \leq 3)$의 그래프를 그리게 격자점과 함수값을 구해보면 다음과 같다. 구체적으로 격자점이 $X_{5,5} = 2$, $Y_{5,5} = 3$이면 함수값은 $Z_{5,5} = X_{5,5}^2 + Y_{5,5}^2 = 13$이 되고, 이들은 각각 X, Y, Z의 값에서 가장 아래 오른쪽 마지막 값들이 된다.

```
>> [X, Y] = meshgrid(-2 : 2, -1 : 3)
X =
    -2   -1    0    1    2
    -2   -1    0    1    2
    -2   -1    0    1    2
    -2   -1    0    1    2
    -2   -1    0    1    2
Y =
    -1   -1   -1   -1   -1
     0    0    0    0    0
```

```
     1     1     1     1     1
     2     2     2     2     2
     3     3     3     3     3
>> Z = X .^ 2 + Y .^ 2
Z =
     5     2     1     2     5
     4     1     0     1     4
     5     2     1     2     5
     8     5     4     5     8
    13    10     9    10    13
```

마지막 단계는 행렬 X, Y, Z로 mesh로 그래프를 그리는 것이다. 3차원 mesh 그래프를 그리는 함수는 다음과 같은 것들이 있다.

- mesh(Z) % 행렬 Z의 mesh 그래프를 그린다.
- mesh(X, Y, Z) % 행렬 X, Y에 대한 행렬 Z의 mesh 그래프를 그린다.
- meshc(X, Y, Z) % 행렬 X, Y, Z의 mesh 그래프와 등고선 그래프를 같이 그린다.
- meshz(X, Y, Z) % 행렬 X, Y, Z의 mesh 그래프와 휘장(Curtain)을 같이 그린다.

예제 9.3 다음 함수식이 주어질 때 1×2 분할 화면에 흑백의 mesh 그래프와 meshz 그래프를 그려라.

$$f = -\frac{1}{1+2(x-1.5)^2+(y+1)^2} - \frac{0.6}{1+(x+1)^2+(y-1.5)^2} \tag{9.5}$$

$$(-4 \leqq x, y \leqq 4)$$

풀이 작성한 스크립트는 다음과 같다. 3D그래프를 그릴 때 격자 간격이 너무 조밀해도 또 너무 듬성듬성해도 모양이 좋지 않기 때문에 적절히 조절할 필요가 있다. 여기서는 격자 간격을 0.5로 해서 그렸다.

Script file: prog9_3.m

```
%% 프로그램 prog9_3.m
% 예제 9.3: 그물망 그래프 그리기
```

```
% 1 단계: 정의구역 지정하기
x = -4 : 0.5 : 4; y = x;
[X, Y] = meshgrid(x, y);  % 격자점의 좌표 행렬 X, Y를 얻음
% 2 단계: 정의구역에 맞는 함수 값 계산하기
F1 = 1 ./ (1 + 2 * (X - 1.5) .^ 2 + (Y + 1) .^ 2);
F2 = 1 ./ (1 + (X + 1) .^ 2 + (Y - 1.5) .^ 2);
F = -(F1 + 0.6 * F2);
% 3단계: 그래프 그리기
% (a) mesh 그래프 그리기
subplot 121
mesh(X, Y, F)  % mesh 그래프를 그려줌
axis([-4 4 -4 4 -1 1])
xlabel('x'), ylabel('y'), zlabel('f(x, y)')
colormap (zeros(size(colormap)))  % 현재의 색지도를 흑백으로 설정
xlabel('(a) mesh' )
% (b) meshz 그래프 그리기
subplot 122
meshz(x, y, F)  % 휘장이 있는 mesh 그래프를 그려줌
axis([-4 4 -4 4 -1 1])
xlabel('x'), ylabel('y'), zlabel('f(x, y)')
xlabel('(b) meshz')
```

위의 스크립트를 실행하면 다음 그래프를 얻는다.

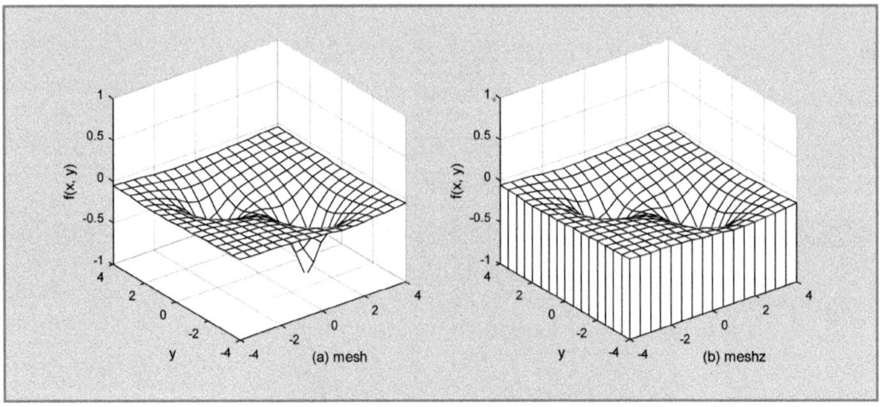

그림 9.10 mesh와 meshz 그래프

흑백 도형을 그리고 싶으면 색지도 행렬의 차원을 얻고, 같은 차원의 영 행렬을 생성한 다음, 이를 현재의 색지도로 설정해주면 된다. 스크립트에서 size(colormap)은 현재 색지도의 차원을 얻고, zeros(size(colormap))는 같은 차원의 영 행렬을 만들고, colormap (zeros(size(colormap)))는 현재의 색지도를 영 행렬로 설정해주는 명령문이다. 다음 네 줄의 명령문을 간단히 한 줄로 표현한 것이다.

```
>> map = colormap;
>> [m, n] = size(map);
>> map = zeros(m, n);
>> colormap(map)
```

예제 9.4 다음 함수의 mesh 그래프와 등고선 그래프를 동시에 그려주는 스크립트를 작성하여라.

$$z = xe^{\frac{x^2+y^2}{2}} \quad (-2 \leqq x, y \leqq 2) \tag{9.6}$$

풀이 mesh 그래프와 등고선 그래프를 한 그래프에 넣는 것은 meshc라는 명령을 이용하면 된다. 격자점 계산 시 y의 정의역이 x와 같으면 meshgrid에서 y를 생략할 수 있다. colormap(zeros(size(colormap)))은 앞의 예제와 같이 흑백 그래프를 그리기 위해 사용되었다.

Script file: prog9_4.m

```
%% 프로그램 prog9_4.m
% 예제 9.4: 그물망 그래프와 등고선그래프 그리기
x = -2 : 0.2 : 2;
[X, Y] = meshgrid(x); % 격자점의 좌표 행렬 X,Y를 얻음
F = X .* exp(-X .^ 2 - Y .^ 2);
meshc(X, Y, F) %  등고선이 있는 mesh 그래프를 그려줌
xlabel('x')
ylabel('y')
zlabel('z =f(x, y)')
colormap(zeros(size(colormap))) % 현재의 색지도를 흑백으로 설정
```

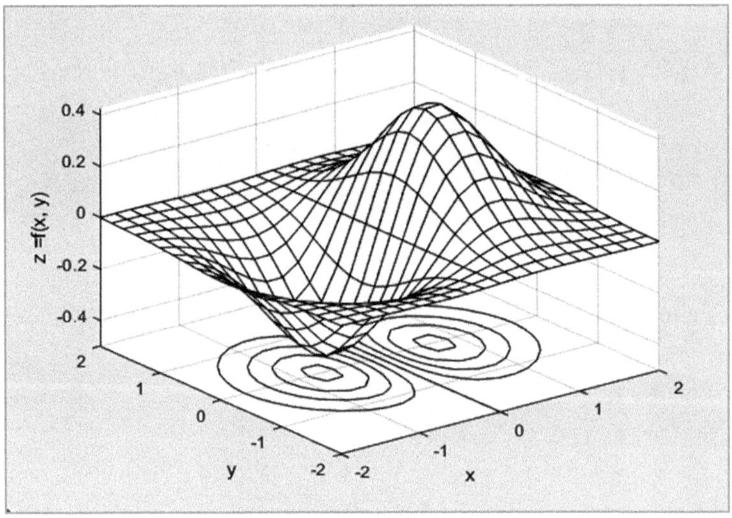

그림 9.11 meshc 그래프

9.2.2 Trimesh 그래프

앞 장에서 2차원 삼각화 도형을 그리기 위해 delaunay 함수를 사용하였는데, 이는 3차원에도 확대 적용할 수 있다. 3차원 삼각 메시(trimesh) 그래프를 그려주는 함수는 다음과 같다. 3차원의 삼각 메시 그래프를 생성하려면 마찬가지로 들로네(delaunay) 함수를 이용하여 들로네 삼각 분할 데이터를 생성하여야 한다.

- TRI = delaunay(X, Y) % X, Y로부터 n×3 면 행렬 TRI를 반환한다. TRI의 각 행은 하나의 삼각면을 의미한다.
- trimesh(TRI, X, Y, Z) % 행렬 TRI와 X, Y, Z를 가지고 삼각 mesh 그래프를 그린다.

예제 9.5 식 (9.6)을 다시 사용하여 mesh 그래프와 trimesh 그래프를 분할 화면에 그려보자.

Script file: prog9_5.m

```
%% 프로그램 prog9_5.m
% 예제 9.5: 삼각분할 그물망 그래프 그리기
x = -2 : 0.25 : 2;
```

```
[X, Y] = meshgrid(x);  % 격자점의 좌표 행렬을 얻음
Z = X .* exp(-X .^ 2 - Y .^ 2);
subplot 121
mesh(X, Y, Z)  % mesh 그래프를 그려줌
xlabel('x'), ylabel('y'), zlabel('z = f(x, y)')
colormap(zeros(size(colormap)))
grid off
% 삼각분할 그물망 그래프
subplot 122
TRI = delaunay(X, Y)  % n x 3 면 행렬 TRI를 얻음
trimesh(TRI, X, Y, Z)  % 삼각 mesh 그래프를 그려줌
xlabel('x'), ylabel('y'), zlabel('z = f(x, y)')
grid off
```

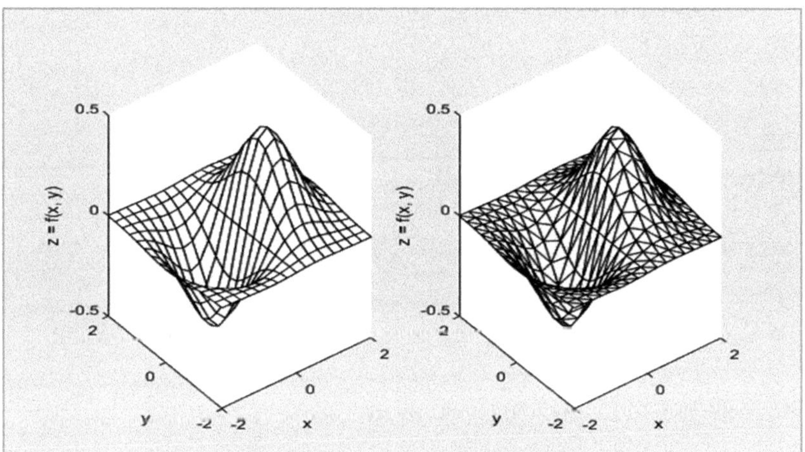

그림 9.12 mesh와 trimesh 그래프

9.2.3 Stem3 그래프

3차원 줄기 그래프(Stem graph)를 그려주는 함수는 다음과 같다.

- stem3(Z) % Z의 3차원 줄기 그래프를 그린다.
- stem3(X, Y, Z) % X, Y 위치에 Z의 3차원 줄기 그래프를 그린다.
- stem3(X, Y, Z, 'LineSpec') % 주어진 선 속성으로 X, Y 위치에 Z의 3차원 줄기 그래프를 그린다.

예제 9.6

다음 함수의 3차원 줄기 그래프와 선 그래프를 동시에 그려라.

$$z = e^{x + 2y}(0 \leqq x, y \leqq 1) \tag{9.7}$$

풀이 검은색 3차원 줄기 그래프를 그리고 또 표식을 채우도록 'filled' 속성도 사용하였다. 또한 plot3를 써서 y축 방향으로 표식들을 빨간 선으로 연결하였다. 실행 결과는 그림 9.13과 같다.

Script file: prog9_6.m

```
%% 프로그램 prog9_6.m
% 예제 9.6: 줄기 그래프와 선그래프 동시에 그리기
x = linspace(0, 1, 10);
[X, Y] = meshgrid(x); % 격자점의 좌표 행렬을 얻음, y = x일 때 생략 가능
F = exp(X + 2 * Y);
hold on
stem3(X, Y, F, 'k', 'filled') % 채운 표식을 가지는 mesh 그래프를 그려줌
plot3(X, Y, F, 'r') % 표식과 표식 간을 빨간 선으로 연결함
view(-45, 36)
xlabel('x'), ylabel('y'), zlabel('z = f(x, y)')
colormap(zeros(size(colormap))) % 현재의 색지도를 흑백으로 설정
grid off
box off
```

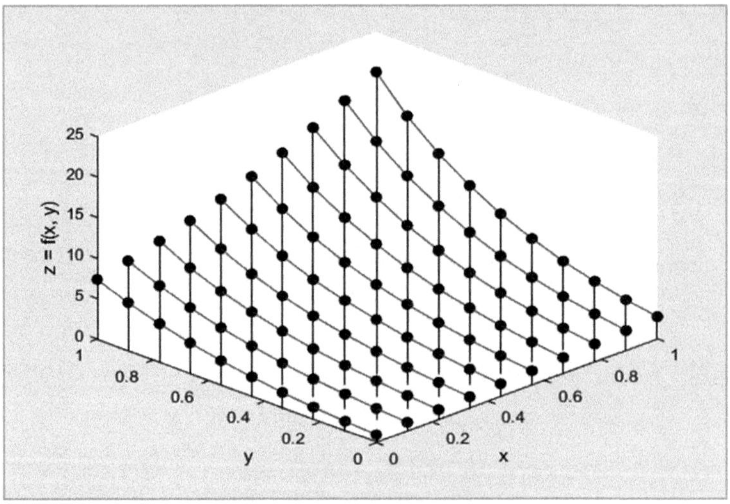

그림 9.13 stem3 그래프

9.3 면 그래프

9.3.1 Surf 그래프

surf 함수는 mesh 함수와 유사하지만 선과 선 사이를 채색한다는 점이 다르다. 3차원 표면 그래프를 그려주고 또 면의 색 변화를 한층 더 부드럽게 해주는 shading 명령어는 다음과 같다.

- surf(Z) % 행렬 Z의 표면 그래프를 그린다.
- surf(X, Y, Z) % 행렬 X, Y, Z의 표면 그래프를 그린다.
- surfc(X, Y, Z) % X, Y, Z의 표면 그래프와 등고선을 그린다.
- surfl(X, Y, Z) % 빛이 조사되는 X, Y, Z의 표면 그래프를 그린다.
- shading option % 해당 옵션으로 면의 색 변화를 제어한다.

surf 함수 다음에 shading 명령어를 쓰게 되면 도형 표면의 색 변화를 보다 부드럽게 할 수 있다. 이 명령에는 3가지 옵션(option)이 제공된다. interp는 각 segment 내의 색을 선형적으로 변경해주면서 격자선을 지워주고, flat는 색을 일정하게 해주면서 격자선을 지워주고, faceted는 flat와 같지만 격자선을 남긴다.

예제 9.7 다음 함수의 mesh와 surf 그래프를 그려라.

$$z = -5xye^{-x^2-y^2}(-4 \leq x, y \leq 4) \tag{9.8}$$

풀이 색지도를 copper로 하여 그림 9.14(a)는 mesh그래프를 그린 것이고, 그림 9.14(b)는 surf 함수로 도형 면을 채색한 결과이다.

Script file: prog9_7.m

```
%% 프로그램 prog9_7.m
% 예제 9.7: 면그래프 그리기
x = -4 : 0.3 : 4;
[X, Y] = meshgrid(x);
Z = -5 * X .* Y .* exp(-X .^ 2 - Y .^ 2);
```

```
subplot 121
mesh(X, Y, Z)
axis([-4 4 -4 4 -1 1])
xlabel('x'); ylabel('y'); zlabel('z = f(x, y)');
colormap copper % 색지도를 copper로 설정
grid off

subplot 122
surf(X, Y, Z)
axis([-4 4 -4 4 -1 1])
xlabel('x'); ylabel('y'); zlabel('z = f(x, y)');
grid off
```

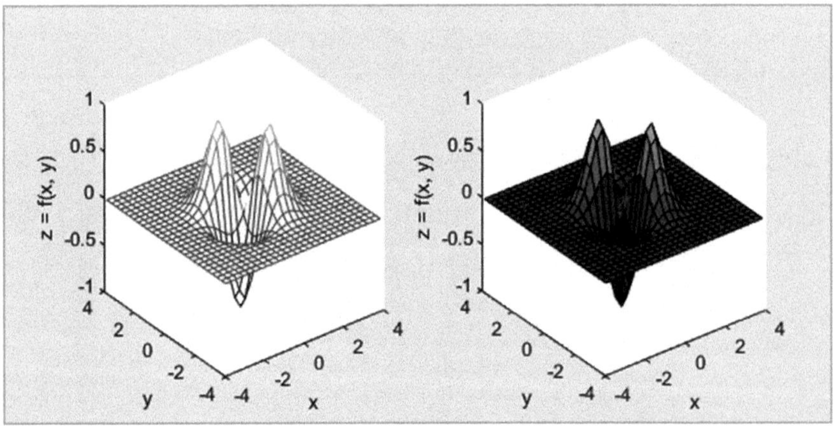

(a) mesh 그래프 (b) surf 그래프

그림 9.14 mesh 그래프와 surf 그래프

예제 9.8 아래 함수의 surfl 그래프와 색 변화를 제어한 surfl 그래프를 작성하여라.

$$z = \frac{\sin(r)}{r} \tag{9.9}$$

$$r = \sqrt{x^2 + y^2} \ (-15 \leqq x, y \leqq 15)$$

풀이 다음은 작성한 스크립트와 실행 결과를 보여준다.

Script file: prog9_8.m

```
%% Program prog9_8.m
% surfl 과 shading 명령을 이용한 그래프 그리기
% 1단계 정의구역
x = -15 : 15;
x(find(x == 0)) = eps; % x= 0이면 x= eps로 설정함
[X, Y] = meshgrid(x); % y= x이면 y를 생략할 수 있음
% 2단계 치역 데이터 구하기
R = sqrt(X .^ 2 + Y .^ 2);
Z = sin(R) ./ R;
%% surfl 그래프 그리기
% 그리드가 있는 surfl
subplot 121
surfl(X, Y, Z) % 빛이 조사되는 표면 그래프를 그려줌
colormap summer % 현재의 색지도를 summer로 설정
axis([-15 15 -15 15 -0.5 1])
axis off
% 그리드가 없이 interp 로 shading된 surfl 그래프
subplot 122
surfl(X, Y, Z) % 빛이 조사되는 표면 그래프를 그려줌
shading interp % interp로 색 변화를 제어
axis([-15 15 -15 15 -0.5 1])
axis off
```

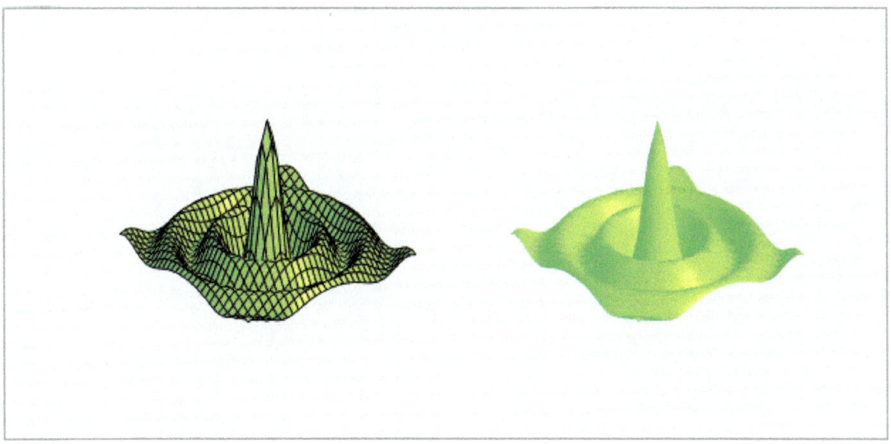

그림 9.15 surfl 그래프

예제 9.9 surf과 plot3 함수를 함께 써서 아래 두 함수가 교차되는 도형을 그려라.

$$f(x_1,\ x_2) = -x_1 + 4x_2 + 1 \tag{9.10}$$
$$g(x_1,\ x_2) = -x_1^2 + 40\,(-10 \leqq x_1,\ x_2 \leqq 10)$$

풀이 교차는 $f = g$에서 일어나므로 두 식으로부터

$$x_1^2 - x_1 + (4x_2 - 39) = 0\,(-10 \leqq x_2 \leqq 10)$$

을 얻고, x_2의 경계값 ± 10을 대입하고 풀면 실수값 $x_1 = -8.4,\ 9.4$를 얻는다. 따라서 교차가 일어나는 부분의 방정식은 다음과 같다.

$$x_2 = \frac{1}{4}(-x_1^2 + x_2 + 39)$$
$$g(x_1,\ x_2) = -x_1^2 + 40\,(-8,\ 4 \leqq x_1 \leqq 9.4)$$

다음은 작성한 스크립트이고 실행한 결과는 그림과 같다.

Script file: prog9_9.m

```
%% 프로그램 prog9_9.m
% 예제 9.9: 두함수가 교차되는 도형 그리기
x1 = -10 : 0.1 : 10; x2 = x1;
[X1, X2] = meshgrid(x1, x2);
F = 1 - X1 + 4 * X2;  % f(x1, x2)를 계산함
G = -X1 .^ 2 + 40;  % g(x1, x2)를 계산함
hold on
surf(X1, X2, F), surf(X1, X2, G)
x1 = -8.4 : 0.1 : 9.4;  % 두 함수가 겹치는 곳의 x1 벡터 생성
x2 = (-x1 .^ 2 + x1 + 39) / 4;  % 두 함수가 겹치는 곳의 x2 벡터 생성
z = -x1 .^ 2 + 40;  % 두 함수가 겹치는 곳의 z 벡터 생성
plot3(x1, x2, z, 'linewidth', 2), hold off
shading interp  % interp로 면의 색 변화를 제어
view(3)  % 시야각을 3D 디폴트값으로 설정
xlabel('x_1'), ylabel('x_2'), zlabel('f(x_1, x_2) & g(x_1, x_2)')
```

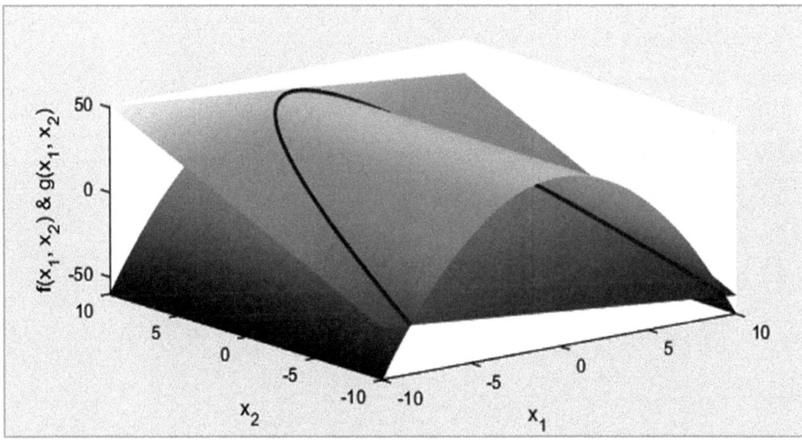

그림 9.16 두 함수의 교차 도형

9.3.2 Trisurf 그래프

함수trisurf의 사용법은 trimesh와 유사하며 다음 형식을 갖는다.

- trisurf(TRI, X, Y, Z) % TRI와 X, Y, Z 좌표 행렬로 삼각형 표면 그래프를 그린다. TRI는 delaunay 함수로 생성되며, 구문은 9.2.2절을 참조한다.

예제 9.10 예제 9.3에서 살펴본 함수식의 trimesh와 trisurf 그래프를 그려보아라.

풀이 다음은 작성한 스크립트이고, 이를 실행하면 그림 9.17을 얻는다.

Script file: prog9_10.m

```
%% 프로그램 prog9_10.m
% 예제 9.10: 3차원 삼각 표면 그래프 그리기
x1 = -4 : 0.5 : 4;
x2 = x1;
[X1, X2] = meshgrid(x1, x2);
F1 = 1 ./ (1 + 2 * (X1 - 1.5) .^ 2 + (X2 + 1) .^2 );
F2 = 1 ./ (1 + (X1 + 1) .^ 2 + (X2 - 1.5) .^ 2);
F = -(F1 + 0.6 * F2);
```

```
TRI = delaunay(X1, X2);

subplot 121
trimesh(TRI, X1, X2, F)
axis([-4 4 -4 4 -1 1])
xlabel('x_1'); ylabel('x_2'); zlabel('f(x_1, x_2)');
grid off

subplot 122
trisurf(TRI, X1, X2, F)
axis([-4 4 -4 4 -1 1])
xlabel('x_1'); ylabel('x_2'); zlabel('f(x_1, x_2)');
grid off
```

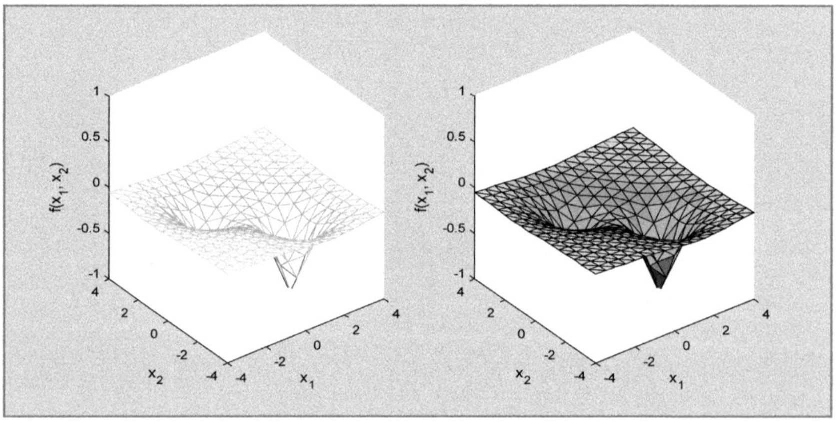

그림 9.17 trimesh와 trisurf 그래프

9.3.3 Cylinder 그래프

3차원 원기둥 그래프(Cylinder graph)는 2단계로 생성된다. 첫 번째 단계에서는 z가 0에서 1까지 등간격으로 증분되는 동안 x-y 평면에 반경이 r인 원기둥을 그리는 데이터를 생성하고, 두 번째 단계에서는 생성된 X, Y, Z 데이터로 mesh나 surf 그래프를 그리게 된다. 원기둥 그래프를 그릴 수 있도록 데이터를 만들어 주는 함수가 cylinder이고 다음 형식을 갖는다.

- [X, Y, Z] = cylinder(r) % 측면의 반경이 r인 원기둥 데이터를 생성한다.
- [X, Y, Z] = cylinder(r, n) % 측면의 반경이 r이고, 원주상에 n개의 격자수를 갖는 원기둥 데이터를 생성한다.

예제 9.11 반경 r이 다음 식으로 변하는 원기둥 그래프를 그려라.

$$r = \cos(t) + 1 \, (0 \leqq t \leqq 2\pi) \tag{9.11}$$

풀이 먼저 구간 $[0, 2\pi]$에서 t를 등간격으로 30 등분하여 벡터 r을 얻고, cylinder 함수로 X, Y, Z를 생성한 다음 mesh와 surf 그래프를 그리면 된다.

Script file: prog9_11.m

```
%% 프로그램 prog9_11.m
% 예제 9.11: 원기둥 그래프 그리기.
% 3차원 그물망 원기둥 그래프
t = linspace(0, 2*pi, 30);
r = cos(t) + 1;
[X, Y, Z] = cylinder(r); % 원기둥 데이터를 생성
colormap jet
subplot 121
mesh(X, Y, Z); % mesh 그래프를 그려줌
axis([-2 2 -2 2 0 1])
xlabel('x'); ylabel('y'); zlabel('z');
% 3차원 표면 원기둥 그래프
subplot 122
surf(X, Y, Z); % surf 그래프를 그려줌
axis([-2 2 -2 2 0 1])
xlabel('x'); ylabel('y'); zlabel('z');
```

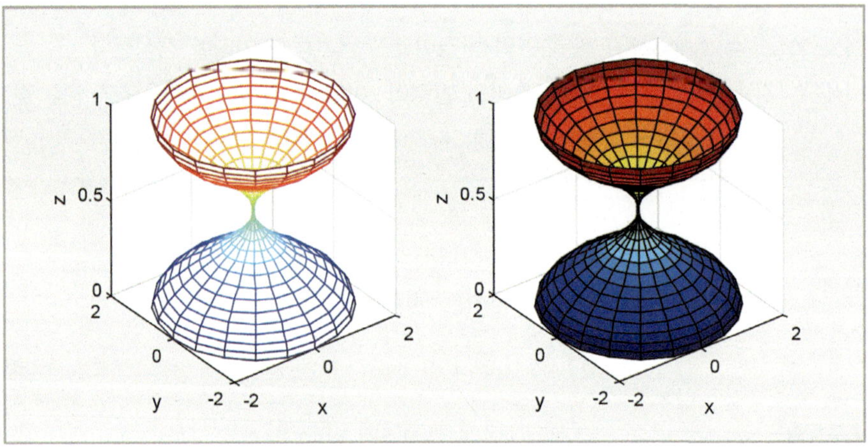

그림 9.18 원기둥 그래프

위의 그림에서도 볼 수 있듯이 cylinder 함수로 만든 원기둥 그래프는 기본적으로 0(바닥)과 1(꼭대기) 사이의 높이를 갖는다. 이를 zmin과 zmax 사이의 높이로 변환하려면 다음 식으로 매핑하면 된다.

$$Z' = (\mathrm{zmax} - \mathrm{zmin}) \times Z + \mathrm{zmin} \tag{9.12}$$

여기서 zmin과 zmax는 각각 Z′의 최소, 최대 높이를 의미한다.

예제 9.12 반경 r이 다음 식으로 변하는 원기둥 그래프를 만들어라. 다음으로 이 원기둥을 매핑하여 각각 [−1, 1], [0, 4], [0, 3] 구간의 높이를 갖도록 하고, 마지막 두 그래프는 x, y 축을 중심으로 90°회전하여라.

$$r = 2 + \cos(t) \ \ (0 \leq t \leq 2\pi) \tag{9.13}$$

풀이 그림 9.19(a)는 원래의 그래프이고, 그림 9.19(b)는 Z를 [−1, 1] 구간에 매핑시킨 그래프이고, 그림 9.19(c)는 Z를 [0, 4] 구간에 매핑시키고 또 y축을 중심으로 오른쪽으로 90°회전시킨 그래프이고, 9.19(d)는 Z를 [0, 3] 구간에 매핑시키고 또 x축을 중심으로 왼쪽으로 90°회전시킨 도형이다. y축을 기준으로 도형을 회전시킬 때 X와 Z를, x축을 기준으로 회전시킬 때 Y와 Z를 서로 바꿔주면 된다. 다음은 이 매핑에 대한 스크립트 파일이다.

Script file: prog9_12.m

```
%% 프로그램 prog9_12.m
% 예제 9.12: 원기둥 그래프
t = linspace(0, 2 * pi, 20);
r = 2 + cos(t);
[X, Y, Z] = cylinder(r);
% 원기둥 그래프
subplot 221
surf(X, Y, Z)
xlabel('x'); ylabel('y'); zlabel('z');
axis([-5 5 -5 5 0 1])
% Z를 [0, 1]에서 [-1, 1]로 매핑
subplot 222
surf(X, Y, 2 * Z - 1)  % Z를 구간 [-1, 1]로 매핑시킨 surf 그래프를 그려줌
xlabel('x'); ylabel('y'); zlabel('z');
axis([-5 5 -5 5 -1 1])
% 시계방향으로 90도 회전
subplot 223
surf(4*Z, Y, X)  % Z를 구간 [0, 4]로 매핑시키고 y축을 중심으로 시계방향으로
% 90° 회전한 surf 그래프를 그려줌
xlabel('x'); ylabel('y'); zlabel('z');
axis([0 4 -5 5 -5 5])
% 반시계 방향으로 90도 회전
subplot 224
surf(X, 3 * Z, Y)  % Z를 구간 [0,3]으로 매핑시키고 x축을 중심으로 반시계방향
으로
% 90° 회전한 surf 그래프를 그려줌
xlabel('x'); ylabel('y'); zlabel('z');
axis([-5 5 0 3 -5 5])
```

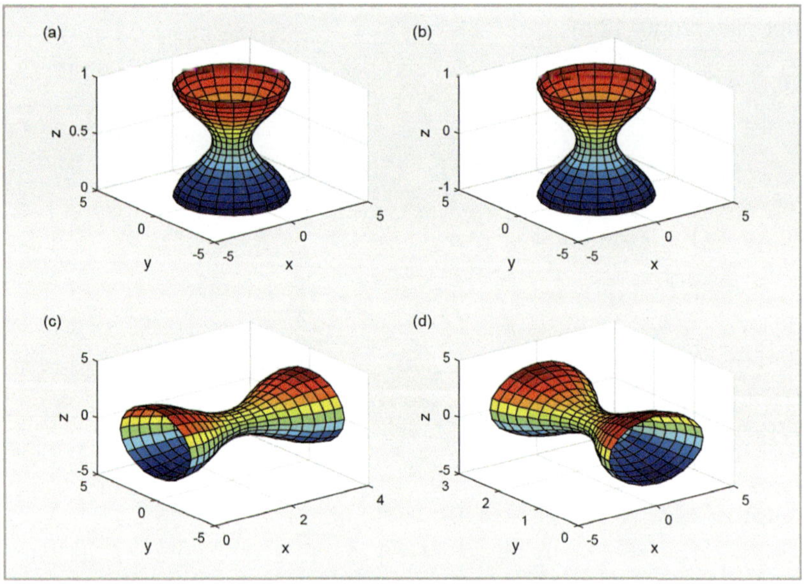

그림 9.19 원기둥 그래프

9.3.4 Sphere 그래프

구(Sphere)를 그려주는 함수는 다음과 같다.

- sphere(n) % 원점을 중심으로 하는 n개의 격자를 가진 단위 구를 그린다. n을 생략하면 기본값으로 n = 20이 설정된다.
- [X, Y, Z] = sphere(n) % 원점을 중심으로 하는 단위 구의 (n+1)×(n+1) 좌표 행렬 X, Y, Z를 반환한다. surf, mesh 등으로 구 그래프를 그릴 수 있다.
- daspect % x, y, z 축의 상대적인 스케일을 반환한다.
- daspect([x y z]) % x, y, z 축의 상대적인 스케일을 주어진 값으로 설정한다.

예로 dsapect([1 2 3])은 x축에서 0과 1 사이의 길이는 y축에서 0과 2 사이의 길이와 같고, z축에서는 0과 3 사이의 길이와 같음을 의미한다. 특히 그림창의 크기와는 상관없이 반듯한 구 도형을 그리고 싶으면 daspect([1 1 1])로 설정하면 된다.

예제 9.13 중심이 (1, 1, 1)이고 반경이 2인 구를 그리는 스크립트를 작성하여라. 단, 격자 수 n은 20으로 가정한다.

풀이 임의의 중심과 반경을 가진 구를 그릴 때는 원점을 중심으로 한 단위구 좌표 행렬 X, Y, Z를 생성한 다음, 식 (9.14)로 매핑하면 된다.

$$X' = rX + x0 \tag{9.14a}$$

$$Y' = rY + y0 \tag{9.14b}$$

$$Z' = rZ + z0 \tag{9.14c}$$

여기서 r은 구의 반경, (x0, y0, z0)는 구의 중심, X', Y', Z'는 새로 계산된 좌표 행렬이다.

작성한 스크립트와 이를 실행해서 얻은 구 그래프는 다음과 같다.

Script file: prog9_13.m

```
%% 프로그램 prog9_13.m
% 예제 9.13: 구 그리기
x0 = 1; y0 = 1; z0 = 1; r = 2;
[X, Y, Z] = sphere(20); % 20개의 격자를 가진 단위구 데이터를 생성
X = r * X + x0; Y = r * Y + y0; Z = r * Z + z0;
surf(X, Y, Z)  % 중심이 (x0, y0, z0)이고 반경이 r인 구를 그려줌
daspect([1 1 1])
colormap summer
```

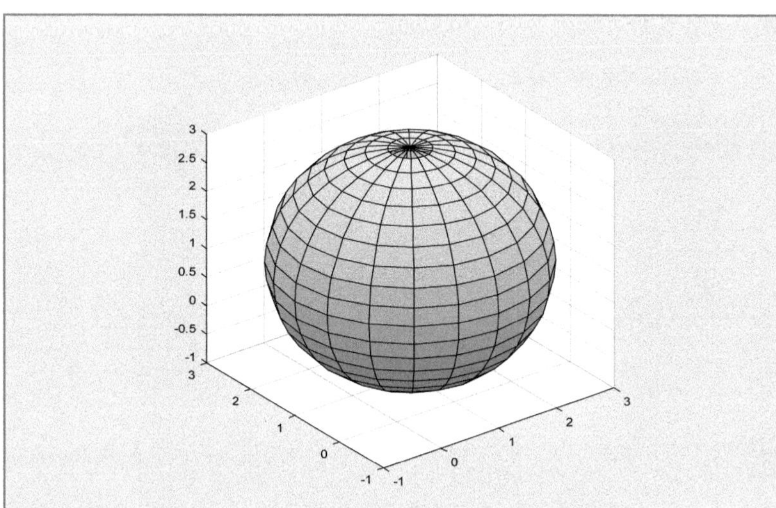

그림 9.20 구 그래프

9.4 기타 3차원 그래프

9.4.1 Patch 그래프

8장에서 살펴본 patch 함수는 2차원뿐만 아니라 3차원 닫힌 다각형 그래프를 그리는 데도 쓰이며 지정된 색으로 면을 채색할 수도 있다. 그 형식은 다음과 같다.

- patch(X, Y, Z, C) % X, Y, Z 좌표 행렬과 지정한 색 C로 다각형을 그린다.
- patch('Vertices', V, 'faces', F, 'FaceVertexCData', C, 'FaceColor', 'flat') % 꼭지점 행렬 V, 모서리 행렬 F, 색지정 행렬 C로 다각형을 그린다.

예제 9.14 그림과 같은 모양의 녹색 경사진 삼각형을 그려보아라. 번호 순으로 3개 꼭짓점의 좌표는 (0, 0, 0), (1, 0, 0), (0.5, 1, 1)이다.

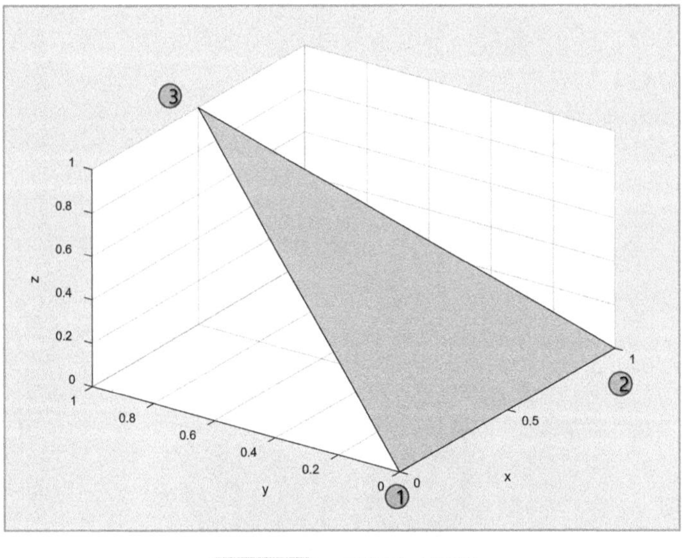

그림 9.21 경사진 삼각형

풀이 주어진 꼭지점 좌표들로부터 벡터 X, Y, Z를 만들고 patch를 부르면 된다. 그림과 대조해 보면 세 벡터의 첫 번째 원소가 꼭짓점 ①의 위치를, 마지막 원소가 꼭지점 ③의 위치를 나타냄을 쉽게 확인할 수 있을 것이다.

Script file: prog9_14.m

```
%% 프로그램 prog9_14.m
% 예제 9.14: 3차원 공간에서 삼각형 그리기
X = [0, 1, 0.5];
Y = [0, 0, 1];
Z = [0, 0, 1];
patch(X, Y, Z, 'g')
axis([0 1 0 1 0 1])
grid on
xlabel('x'), ylabel('y'), zlabel('z')
view(-45, 36)
```

예제 9.15

그림과 같이 한 면이 열린 삼각 프리즘을 3차원 공간에 그려라. 번호 순으로 5개 꼭짓점의 좌표는 (0, 0, 0), (2, 0, 0), (2, 5, 0), (0, 5, 0), (0, 0, 2), (0, 5, 2)이고, 4개 면의 색 RGB 행렬 C는 [1 0.5 0.8; 0.9 0.6 0.6; 1 1 0.8; 0.7 1 0.8]이다.

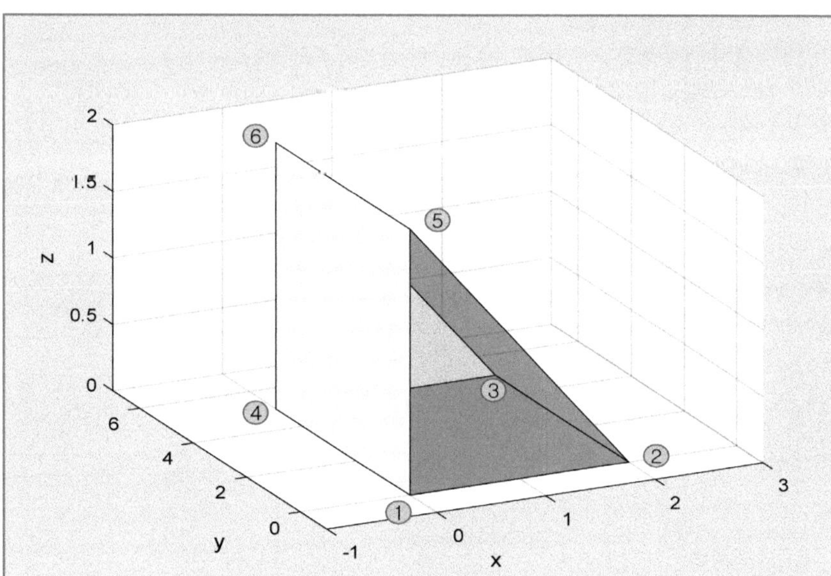

그림 9.22 열린 삼각 프리즘

풀이 주어진 좌표로부터 꼭짓점 행렬 V를 설정하고 또 면을 구성하는 모서리 행렬 F를 만들어 본다. V는 ①번부터 ⑥번 순서로 각 행에 x, y, z의 위치값을 입력하면 되고, 그림의 프리즘은 4개의 면으로 되어 있고 바닥 면은 꼭짓점 ①, ②, ③, ④로, 오른쪽과 왼쪽 측면은 각각 ②, ③, ⑥, ⑤와 ①, ④, ⑥, ⑤로, 뒷면은 ③, ④, ⑥으로 이루어지므로 F는 이 순서로 행을 달리하며 만들면 된다. 이때 뒷면은 다른 면보다 꼭짓점이 하나 더 적어 행렬의 차원을 일치시키기 위해 ③, ④, ⑥, ③과 같이 의도적으로 꼭짓점 하나를 더 추가해주었다. 물론 ④, ⑥, ③, ④로 해도 된다.

FaceVertexCData 속성으로 RGB 면색 행렬 C가 지정될 경우에는 FaceColor의 속성값으로 'flat' 또는 'interp'를 입력해줘야 한다. 더 자세한 것은 patch 함수의 도움말창을 참조한다. 각 번호의 좌표는 다음과 같다.

번호	①	②	③	④	⑤	⑥
좌표	[0 0 0]	[2 0 0]	[2 5 0]	[0 5 0]	[0 0 2]	[0 5 2]

Script file: prog9_15.m

```
%% 프로그램 prog9_15.m
% 예제 9.15: 3차원 공간에서 열린 삼각 프리즘 그리기
V = [0 0 0; 2 0 0; 2 5 0; 0 5 0; 0 0 2; 0 5 2];  % 꼭짓점 행렬
F = [1 2 3 4; 2 3 6 5; 1 4 6 5; 3 4 6 3];  % 모서리 행렬
C = [1 0.5 0.8; 0.9 0.6 0.6 ; 1 1 0.8; 0.7 1 0.8];  % 면의 색 지정 행렬
patch('Vertices', V, 'faces', F, 'FaceVertexCData', C,
'FaceColor', 'flat')
axis([-1 3 -1 7 0 2])
grid on
view(-26, 30) % 시야각의 지정
xlabel('x'), ylabel('y'), zlabel('z')
```

가끔 공학 문제에서 일어나는 v = f (x, y, z)와 같은 4차원 함수의 도형을 그리고 싶을 때가 있다. 이를 직접 그리는 것은 불가능하지만, 3차원 도형의 경우 2차원 등고선을 그려 높이의 변화를 유추하듯이, 대신 색을 입힌 등위면(Isosurface)을 3차원 공간에 그리면 4차원 도형의 변화를 유추할 수 있다. 등위면이란 함숫값 v가 같은 점들로 이루어진

집합을 일컫는다. patch 함수를 써서 4차원 함수의 등위면을 그릴 때는 아래 두 함수와 함께 사용된다.

- fv = isosurface(X, Y, Z, V, isovalue) % 함숫값 V가 기준값(isovalue)과 같은 꼭짓점 좌표와 면 정보를 반환한다.
- fvc = isocaps(X, Y, Z, V, isovalue, 'enclose') % 옵션(enclose)에 따라 최대값에서 기준값까지 혹은 최소값에서 기준값까지의 등위면 끝단의 꼭짓점 좌표, 면과 색 정보를 반환한다.

이 함수 사용 시 고려해야할 사항은 다음과 같다.

- isosurface 함수에서 X, Y, Z는 각각 격자점의 x, y, z축 좌표 행렬, V는 격자점에서의 함숫값이고, 반환되는 fv는 등위면의 꼭짓점 좌표와 면 정보를 담은 구조체 변수이다. fv는 바로 patch 함수에 전달되어 등위면을 그리는 데 사용될 수 있다.
- isocaps 함수에서 반환되는 fvc는 끝단의 꼭짓점 좌표, 면, 색 정보를 포함하는 구조체 변수이며 patch에 바로 전달될 수 있다.
- enclose는 옵션으로 above(기본값) 또는 below로 지정되고 만약 above이면 기준값 이상, below이면 기준값 이하의 데이터만 포함된다.

예로 $v(x, y, z) = x^3 + yz = 0 (-2 \leq x, y, z \leq 2)$인 등위면을 그려보자. 첫 번째부터 세 번째 명령문은 meshgrid를 써서 해당 구간의 x, y, z축 좌표 행렬을 만들고 각 격자점에서 함숫값 V를 생성시킨다. 그러고 나서 X, Y, Z, V와 기준값 0으로 isosurface 함수를 호출해서 반환되는 등위면 정보와 patch로 등위면을 그리면 된다.

Script file: prog9_16.m

```
%% 프로그램 prog9_16.m
% 등위면 그리기
x = -2 : 0.1 : 2;
[X, Y, Z] = meshgrid(x);  % y, z가 x와 같으면 생략 가능
V = X .^ 3 + Y .* Z;
FV = isosurface(X, Y, Z, V, 0);  % 기준값이 0인 등위면 정보를 반환
patch(FV, 'FaceColor', 'r', 'EdgeColor', 'none');  % 등위면을 그림
```

```
xlabel('x'), ylabel('y'), zlabel('z')
daspect([1 1 1])  % x, y, z 축의 스케일을 같게 해줌
camlight left  % 왼쪽 방향에서 빛을 조사함
lighting phong  % phong으로 빛의 효과를 냄
```

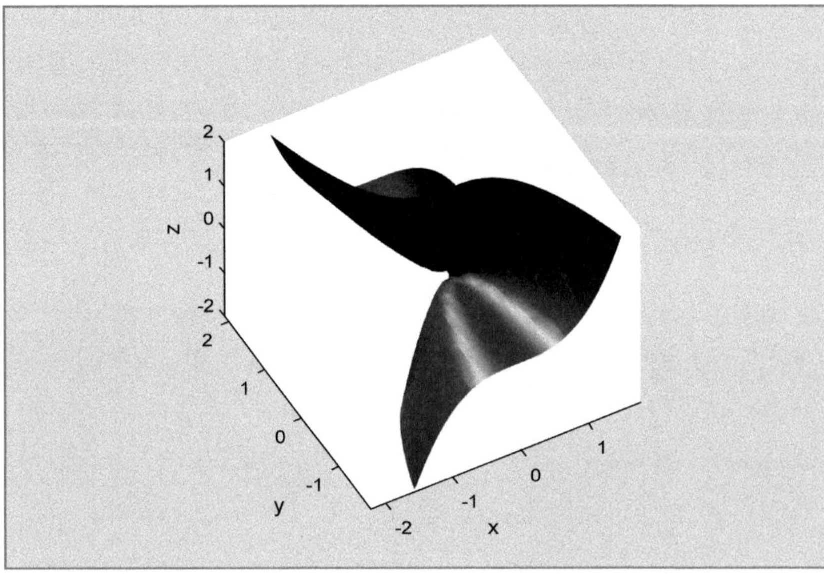

그림 9.23 $V(x, y, z) = x^3 + yz = 0$의 등위면 그래프

예제 9.16 함수 $v(x, y, z) = x^2 + y^2 + 3z^2 (-1 \leq x, y, z \leq 1)$는 3차원 공간에서 타원구를 $x = \pm 1$, $y = \pm 1$, $z = \pm 1$ 면으로 자른 모양을 나타낸다. 화면을 둘로 분할해서 한 쪽에는 기준값을 1.7로 잡아 이 함수의 등위면만 그리고, 다른 쪽에는 등위면과 끝단의 v의 변화를 함께 그려라.

풀이 제일 먼저 그려야할 데이터를 생성해야 하므로 meshgrid를 써서 좌표 행렬을 만들고 각 격자점에서 함숫값 V를 얻는 작업이 선행되어야 한다. 그 다음 등위면 만을 그리고 싶으면 기준값과 함께 isosurface 함수를 사용하고, 등위면과 끝단의 변화를 함께 그리고 싶으면 기준값과 함께 isosurface와 isocaps 함수를 써서 FV와 FVC 데이터를 만들어주면 된다. 이런 일련의 작업이 끝나면 마지막으로 patch로 도형을 그리면 된다. 일련의 과정을 다음의 스크립트에 정리하였고, 결과 그래프를 나타내었다.

Script file: prog9_17.m

```
%% 프로그램 prog9_17.m
% 예제 9.16: 잘려진 타원구 그리기
x = -1 : 0.1 : 1; y = -1 : 0.1 : 1; z = -1 : 0.1 : 1;
[X, Y, Z] = meshgrid(x, y, z);
V = X .^ 2 + Y .^ 2 + 3 * Z .^ 2;
FV = isosurface(X, Y, Z, V, 1.7) % 기준값이 1.7인 등위면 정보를 반환
FVC = isocaps(X, Y, Z, V, 1.7, 'below'); % 등위면 끝단에 V의 변화를 그려주는
% 정보 중에서 기준값 이하의 것만 반환
subplot 121
patch(FV, 'FaceColor' ,'r', 'EdgeColor', 'none'); % 등위면을 그림
xlabel('x'), ylabel('y'), zlabel('z')
daspect([1 1 1]) % x,y,z-축의 스케일을 같게 설정
view(-30, 20) % 시야각의 지정
camlight left, lighting phong
% 등위면 그래프
subplot 122
patch(FV, 'FaceColor', 'r', 'EdgeColor', 'none'); % 등위면을 그림
patch(FVC, 'FaceColor', 'interp', 'EdgeColor', 'none'); % 등위면
끝단에 V의 변화를 그림
xlabel('x'), ylabel('y'), zlabel('z')
colorbar % V 값과 색과의 관계를 보여주는 칼라바를 그림
daspect([1 1 1])
view(-30, 20) % 시야각의 지정
camlight left, lighting phong
```

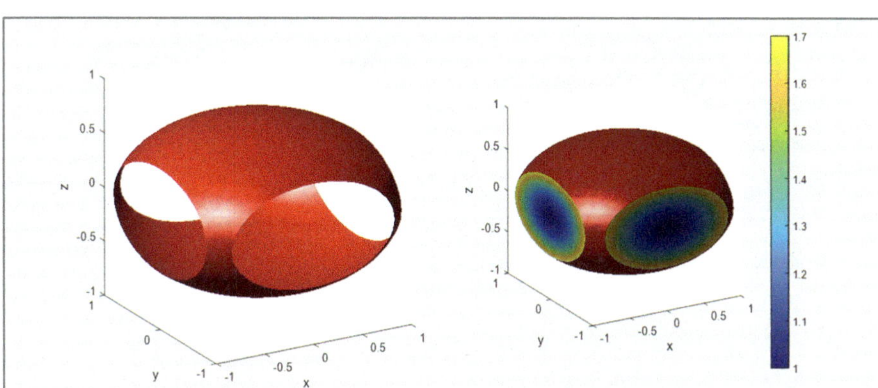

그림 9.24 $V(x, y, z) = x^2 + y^2 + 3z^2 = 1.7$의 등위면 그래프

9.4.2 Slice 그래프

4차원 함수를 주어진 위치에서 자르고 그 단면부를 들여다볼 수 있도록 3차원 공간에 칼라 그래프를 그려주는 함수는 다음과 같다.

- slice(X, Y, Z, V, Sx, Sy, Sz) % 단면 그래프를 그린다. 여기서 X, Y, Z는 좌표 행렬, V는 함숫값이고, Sx, Sy, Sz는 각각 x, y, z축 방향으로 절단할 위치 또는 위치 벡터를 의미한다.

예제 9.17 slice 함수를 써서 $v(x, y, z) = x^2 + y^2 + 3z^2 (-1 \leq x, y, z \leq 1)$의 절단면 그래프를 다음 조건에 맞게 그려라. 하나는 절단면의 위치가 x = 1이고, 다른 하나는 $x = 0, y = [-0.5\ \ 0\ \ 0.5], z = 0$라고 주어졌다고 가정한다.

풀이 스크립트와 실행으로 생성된 그래프는 다음과 같다.

Script file: prog9_18.m

```
%% 프로그램 prog9_18.m
% 예제 9.17: 절단면 그리기
x = -1 : 0.1 : 1;  y = -1 : 0.1 : 1;  z = -1 : 0.1 : 1;
[X, Y, Z] = meshgrid(x, y, z);
F = X .^ 2 + Y .^ 2 + 3 * Z .^ 2;
colormap jet
%  ------------------------
subplot 121
slice(X, Y, Z, F, 1, [ ], [ ])  % 절단면이 없으면 빈 배열로 지정
colorbar;
daspect([1 1 1])
xlabel('x'), ylabel('y'), zlabel('z')
%  ------------------------
subplot 122
slice(X, Y, Z, F, 0, -0.5 : 0.5 : 0.5, 0)
daspect([1 1 1])
xlabel('x'), ylabel('y'), zlabel('z')
colorbar;
```

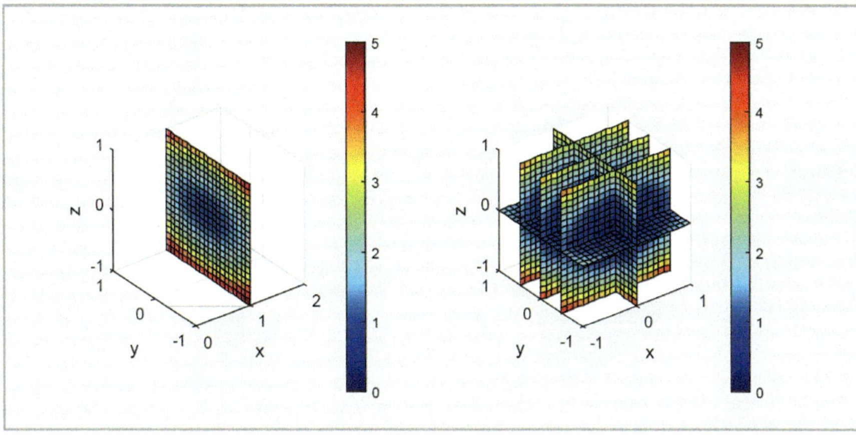

그림 9.25 $v(x, y, z) = x^2 + y^2 + 3z^2$의 설단면

9.4.3 Fill3 그래프

fill3는 면을 지정한 색으로 채운 3차원 닫힌 다각형 그래프를 그려주는 함수이며, 그 형식은 다음과 같다.

- fill3(X, Y, Z, 'ColorSpec') % X, Y, Z로 지정한 색의 다각형을 그린다.

예제 9.18 3차원 공간에서 6개의 점 (0, 0, 0), (0.5, 0.5, 0.5), (0, 1, 0), (1, 1, 0), (0.5, 0.5, 0.5), (1, 0, 0)으로 이루어진 다각형을 그리고 파란색으로 채워라.

풀이 6개의 점의 x, y, z좌표를 각각 벡터의 형태로 정리한 다음에 fill3 명령을 사용하여 내부를 색으로 채운다. 스크립트와 이를 실행하여 생성된 그래프는 다음과 같다.

Script file: prog9_19.m

```
%% 프로그램 prog9_19.m
% 예제 9.18: 3차원 공간에서 다각형 그리기
x = [0 0.5 0 1 0.5 1];
y = [0 0.5 1 1 0.5 0];
z = [0 0.5 0 0 0.5 0];
```

```
fill3(x, y, z, 'b')
axis([0 1 0 1 0 1])
view(-50, 18)
grid
```

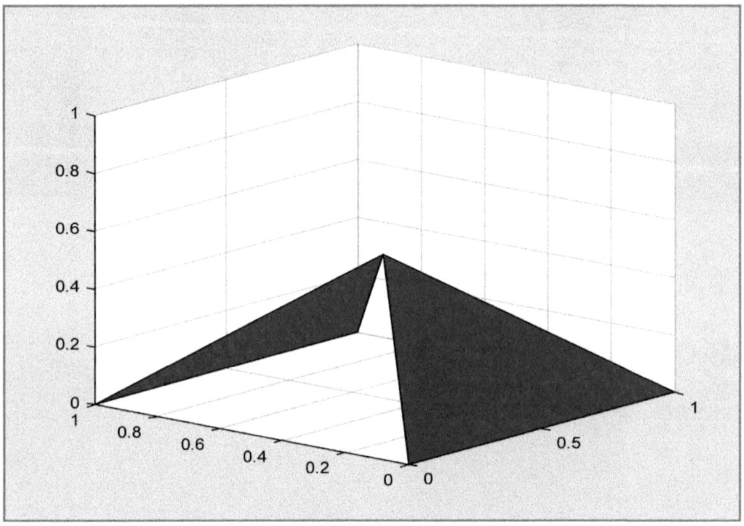

그림 9.26 fill3 그래프

9.4.4 Bar3 그래프

2차원에서와 마찬가지로 3차원에서도 막대그래프(Bar graph)를 그릴 수 있으며, bar3 명령을 이용하여 그릴 수 있다. 이 함수의 구문은 다음 형식을 갖는다.

- bar3(Z) % 행렬 Z의 각 열을 그룹으로 해서 3차원 막대그래프를 그린다.
- bar3(Y, Z) % Y 위치에서 Z의 열을 그룹으로 한 3차원 막대그래프를 그린다. 이때 벡터 Y의 원소들은 단조 증가하거나 단조 감소해야 한다.
- bar3(⋯, 'style') % style은 막대그래프의 형식을 지정해주며 detached, grouped, stacked 중 하나가 된다. 만일 생략하면 기본값으로 detached 가 설정된다.

예제 9.19 색지도 summer로부터 5×3 행렬을 취해 3차원 막대그래프를 그리는 스크립트를 작성하여라.

풀이 summer는 MATLAB의 내장된 색지도이고 summer(5)는 5×3 행렬을 취하게 된다.

```
>> size(summer)
ans =
   256     3
>> summer(5)
ans =
        0    0.5000    0.4000
   0.2500    0.6250    0.4000
   0.5000    0.7500    0.4000
   0.7500    0.8750    0.4000
   1.0000    1.0000    0.4000
```

이로부터 detached와 stacked 막대그래프를 그리는 스크립트는 아래와 같다.

Script file: prog9_20.m

```
%% 프로그램 prog9_20.m
% 예제 9.19: 3차원 막대그래프 그리기
Z = summer(5);  % summer 색지도로부터 5 x 3 행렬을 취함
subplot(1, 2, 1)
bar3(Z, 'detached')  % detached 형식으로 막대 그래프를 그려줌
title('Detached')
subplot(1, 2, 2)
bar3(Z, 'stacked')  % stacked 형식으로 막대 그래프를 그려줌
title('Stacked')
```

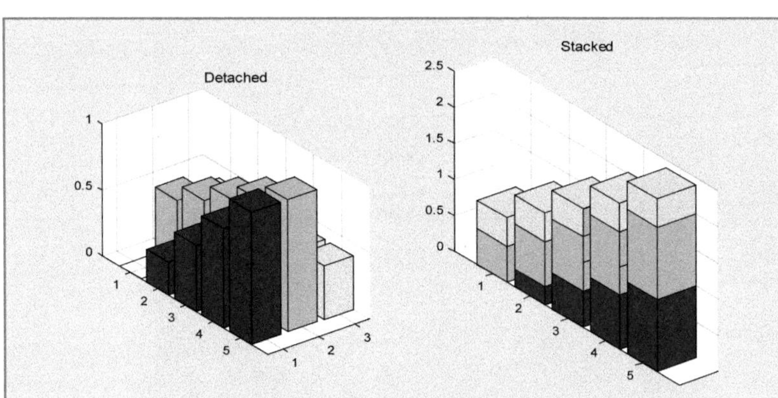

그림 9.27 3차원 막대 그래프

9.4.5 Pie3 그래프

3차원 파이 그래프(Pie graph)를 그려주는 함수는 다음과 같다.

- pie3(z) % 벡터 z의 파이 그래프를 그린다.
- pie3(z, p) % 벡터 z의 파이 그래프를 그리고, 벡터 p의 원소가 1이면 대응되는 파이 조각은 그래프의 중심으로부터 분리된다. p는 0과 1로 이루어진 벡터이고 그 길이는 z와 같아야 한다.
- pie3(…, label) % 벡터 z의 파이 그래프와 라벨을 그린다. 셀 벡터 label에는 라벨이 저장되고 그 길이는 z와 같아야 한다.

예제 9.20 z = [20 30 22 18 10] 데이터를 가지고 3차원 파이 그래프를 그리되 두 번째 파이만 분리하여라.

풀이 각 파이의 백분율 라벨을 표시하기 위하여 셀 벡터 label에는 백분율 문자열이 저장되고, 두 번째 파이가 조금 떨어져 나오도록 p의 두 번째 원소가 1로 설정된다.

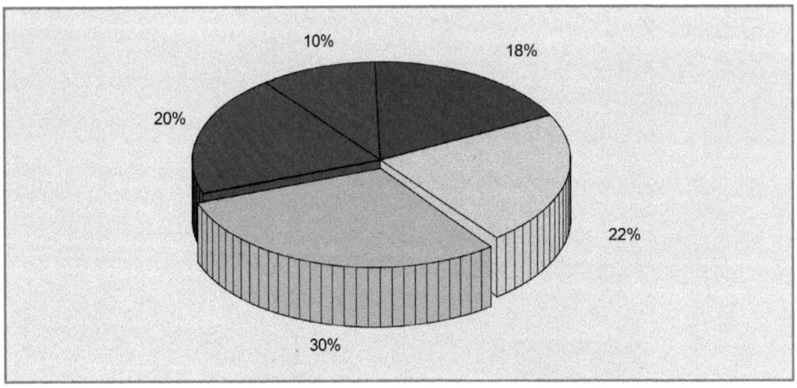

그림 9.28 3차원 파이 그래프

Script file: prog9_21.m

```
%% 프로그램 prog9_21.m
% 예제 9.20: 파이그래프 그리기.
z = [20 30 22 18 10];
p = [0 1 0 0 0]; % 다섯 개의 파이조각 중에 두 번째 것이 떨어져 나오게 함
label = {'20%', '30%', '22%', '18%', '10%'};
pie3(z, p, label);
colormap hsv % 현재의 색지도를 hsv로 설정함
```

9.4.6 Quiver3 그래프

3차원 벡터필드의 그래프를 그려주는 함수 형식은 다음과 같다.

- quiver3(x, y, z, u, v, w) % 3차원 벡터 필드의 그래프를 그린다. 여기서 u, v, w 는 각각 x, y, z방향의 그래디언트이다.
- u = gradient(x) % 벡터 x의 그래디언트를 반환한다.

예제 9.21 어떤 발사체가 초기 위치$(x_0\ y_0,\ z_0)$에서 x, y, z방향으로 각각 $v_x,\ v_y,\ v_z$ 속도를 가지고 공중을 향해 발사될 때 다음 관계식을 갖는다.

$$x = x_0 + v_x t \tag{9.15a}$$

$$y = y_0 + v_y t \tag{9.15b}$$

$$z = z_0 + v_z t - \frac{gt^2}{2}\ (0 \leqq t \leqq 2) \tag{9.15c}$$

$x_0 = y_0 = z_0 = 0,\ v_x = v_y = 2,\ v_z = 10$이고 $g = 9.8$일 때 발사체의 3차원 벡터 필드를 그려라.

풀이 매개변수 t= 0~2 사이에 0.1 간격으로 데이터를 취해 x, y, z를 얻고 이들의 그래디언트를 구한 다음 벡터필드를 그리면 된다.

Script file: prog9_22.m

```
%% 프로그램 prog9_22.m
% 예제 9.21: 3차원 벡터필드 그리기
x0 = 0; y0 = 0; z0 = 0;
vx = 2; vy = 2; vz = 10;
g = 9.8;
t = 0 : 0.1 : 2;
x = x0 + vx*t;
y = y0 + vy*t;
z = z0 + vz * t - 0.5 * g * t .^ 2;
u = gradient(x);  % x 방향의 그래디언트를 구함
v = gradient(y);  % y 방향의 그래디언트를 구함
w = gradient(z);  % z 방향의 그래디언트를 구함
quiver3(x, y, z, u, v, w)  % 3차원 벡터필드의 그래프를 그려줌
view(-10, 32)  % 시야각을 설정함
xlabel('x'); ylabel('y'); zlabel('z')
axis([0 5 0 5 0 6]);
```

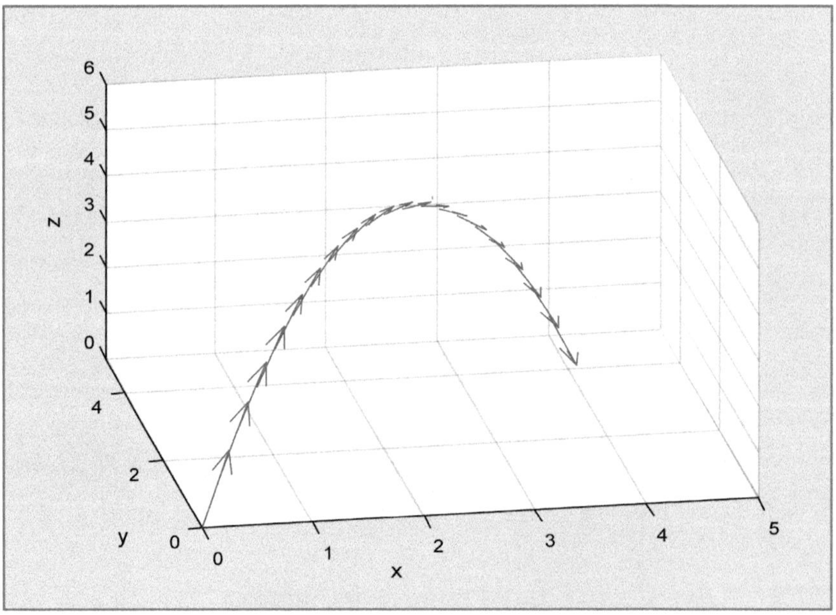

그림 9.29 발사체의 3차원 벡터필드

9.4.7 기타 명령어와 함수

Matlab 명령창에서 간단하게 입력하여 사용할 수 있는 명령으로 다음과 같은 것들이 있다.

- whitebg % 바탕화면 색을 흑백으로 전환해주며 토글식으로 동작한다. 주로 명령창에서 사용된다.
- alpha(v) % 그래프의 투명도를 조절한다. v = 0는 완전투명 (Clear), v = 1은 불투명(Opaque)을 의미한다.
- text(x, y, z, 'string') % 3차원 그래프의 (x, y, z)의 위치에 문자열을 입력한다.

예제 9.22 식 (9.6)을 이용하여 흑색 바탕에 칼라바를 가지는 표면 그래프를 그려라.

풀이 그림창을 흑색 바탕으로 하고 싶으면 whitebg명령어를 쓰면 된다.

Script file: prog9_23.m

```
%% 프로그램 prog9_23.m
% 예제 9.22: 표면 그래프 그리기
x = -2 : 0.2 : 2;
[X, Y] = meshgrid(x);
F = X .* exp(-X .^ 2 - Y .^ 2);
surf(X, Y, F)
xlabel('x'); ylabel('y'); zlabel('z = f(x, y)');
colorbar
```

프로그램을 실행한 후 그림이 나타나면 명령줄에 whitebg를 입력하고 〈Enter〉를 쳐본다. 바탕색이 검은색으로 바뀌고 다시 한번 whitebg를 실행하면 흰 바탕색으로 되돌아올 것이다.

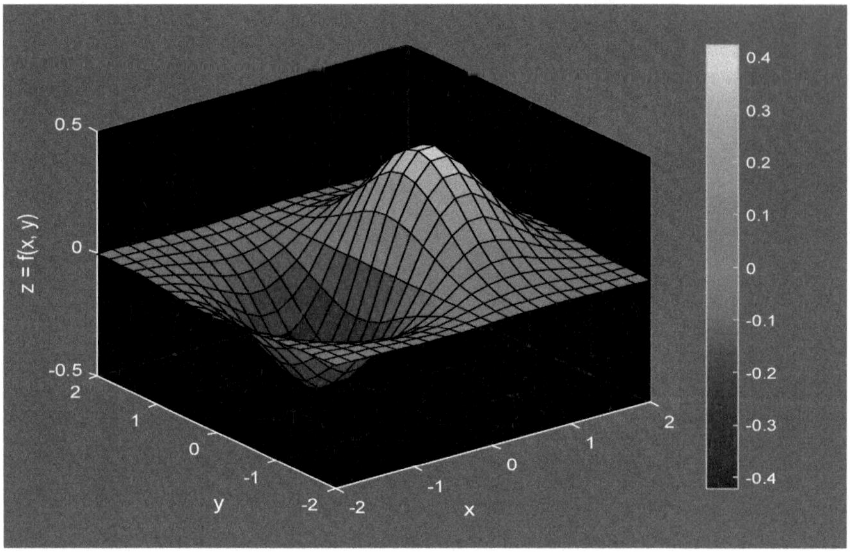

그림 9.30 흑백 바탕에 그린 그래프

예제 9.23 그래프의 투명도를 조절할 필요가 있을 때 alpha명령어를 쓰면 된다. 다음 식의 표면 그래프를 그리고, alpha명령을 이용하여 투명도를 조절해보아라.

$$z = x^2 - y^2 (-5 \leq x,\ y \leq 5) \tag{9.16}$$

풀이 그림 9.31(a)는 불투명한 일반적인 그래프, 그림 9.31(b)는 alpha(0.5)로 투명도가 조절된 그래프이다.

Script file: prog9_24.m

```
%% 프로그램 prog9_24.m
% 예제 9.23: 그래프의 투명도 조절하기
x = -5 : 1 : 5;
[X, Y] = meshgrid(x);
Z = X .^ 2 - Y .^ 2;
%  ----------------
subplot 121
surf(X, Y, Z)  % surf 그래프를 그려줌
view(-23, 8)  % 시야각을 설정함
colormap jet;  % 색지도를 jet로 설정
```

```
axis off
title('(a) 투명도 = 1')
%   ----------------
subplot 122
surf(X, Y, Z)  % surf 그래프를 그려줌
view(-23, 8)  % 시야각을 설정함
alpha(0.5)  % 그래프의 투명도를 조절함
axis off
title('(b) 투명도 = 0.5')
```

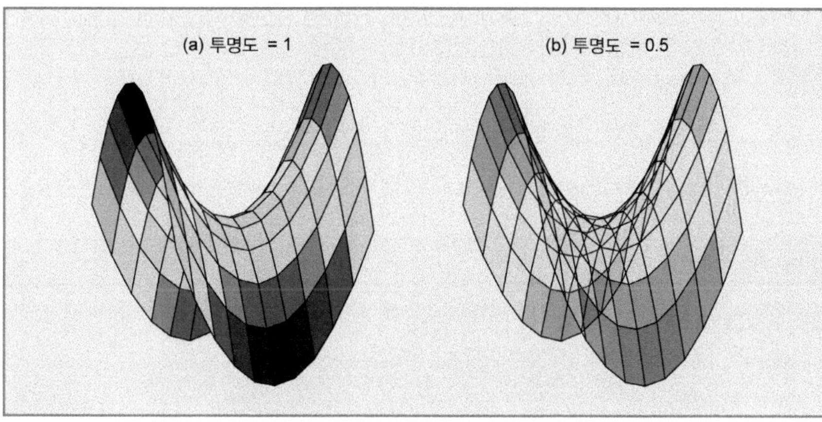

그림 9.31 surf 그래프와 투명도 조절

9.5 매개방정식의 그래프

이 절에서는 3차원 곡선 상의 좌표가 매개변수의 함수로 표시되는 방정식의 그래프를 그려본다.

9.5.1 매개방정식 $x = f(t),\ y = g(t),\ z = h(t)$

3차원 곡선 상의 한 점의 좌표 (x, y, z)가 아래와 같이 매개변수 t의 함수로 주어질 때

$$x = f(t),\ y = g(t),\ z = h(t)\,(a \leq t \leq b) \tag{9.17}$$

그래프 생성은 먼저 구간 [a, b] 사이에 등간격으로 데이터를 취해 벡터 **t**를 정의하고 이로부터 **x**, **y**, **z**를 구한 다음 plot3, fill3 등을 적용하면 된다.

예제 9.24

두 3차원 곡선식이 주어진다. 구간 $0 \leqq t \leqq 10\pi$에 대한 곡선식을 분할 화면에 그려주는 스크립트를 작성하여라.

(a) $x = (1 - t/h)\cos(at),\ y = (1 - t/h)\sin(at),\ z = t$ (9.18a)

(b) $x = \cos(at) - \cos(bt)^j,\ y = \sin(ct) - \sin(dt)^k,\ z = t$ (9.18b)

단, $h = 10\pi,\ a = 1,\ b = 1,\ c = 1,\ d = 1,\ j = 3,\ k = 3$

풀이 작성한 스크립트와 실행 결과는 다음과 같다. 식 (9.18a)는 나선형 모양의 그래프를, 식 (9.18b)는 계수 값에 따라 매우 복잡한 형상의 그래프를 그려준다.

Script file: prog9_25.m

```
%% 프로그램 prog9_25.m
% 예제 9.24: 매개변수로 나타내진 곡선식의 그래프
subplot 121
t = -4 : 0.01 : 4;
x = (2 + t .^ 2) .* cos(20 * t);
y = (2 + t .^ 2) .* sin(20 * t);
z = t;
plot3(x, y, z, 'k');
axis([-20 20 -20 20 -6 6])
xlabel('x'), ylabel('y'), zlabel('z')

subplot 122
t = linspace(0, 10*pi, 300);
a = 1; b = 1; c = 1; d = 1; j = 3; k = 3;
x = cos(a*t) - cos(b*t) .^ j; y = sin(c*t) - sin(d*t) .^ k; z = t;
plot3(x, y, z, 'k');
axis([-0.5 0.5 -0.5 0.5 0 40])
xlabel('x'), ylabel('y'), zlabel('z')
```

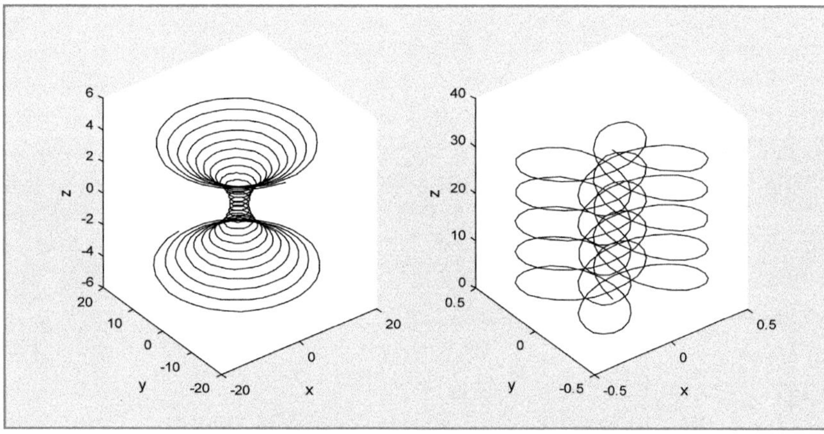

그림 9.32 식 9.18의 plot3 그래프

예제 9.25 토러스(Torus)란 평면상에 하나의 원이 주어지면 이 원과 교차하지 않는 직선을 축으로 회전시킬 때 만들어지는 튜브(또는 도넛) 모양의 곡면을 말한다. 토러스 함수는 다음 매개방정식으로 표시된다. 여기서 R은 토러스의 중심부에서 튜브 중심까지의 거리, r은 튜브의 반경, u와 v는 라디안 단위의 매개변수이다. 이 도형을 mesh명령을 이용하여 그래프로 그려라.

$$x = \cos(u)(R + r\cos(v)) \tag{9.19a}$$

$$y = \sin(u)(R + r\cos(v)) \tag{9.19b}$$

$$z = r\sin(v) \ (0 \leqq u \leqq 1.5\pi,\ 0 \leqq v \leqq 2\pi) \tag{9.19c}$$

단, $R = 1,\ r = 0.5$

풀이 u와 v를 0에서 2π까지 변경하면 완전 튜브 모양이 그려지지만, 의도적으로 u를 $0 \sim 1.5\pi$까지 진행함으로써 다음 그림과 같은 모양을 얻게 된다.

Script file: prog9_26.m

```
%% 프로그램 prog9_26.m
% 예제 9.25: 절단된 토러스 그리기
R = 1; r = 0.5;
u = linspace(0, 1.5 * pi, 40); % 0 ~ 1.5pi 사이에 40개 데이터를 취함
v = linspace(0, 2 * pi, 20);  % 0 ~ 2pi 사이에 20개 데이터를 취함
```

```
[U, V] = meshgrid(u, v); % 격자점의 좌표 행렬을 얻음
X = cos(U) .* (R + r * cos(V));
Y = sin(U) .* (R + r * cos(V));
Z = r * sin(V);

mesh(X, Y, Z) % mesh 그래프를 그려줌
xlabel('x'), ylabel('y'), zlabel('z')
axis equal % x,y,z 축의 눈금 스케일을 같게 설정
grid off
view(55, 40) % 그래프의 시야각을 설정
colormap(zeros(size(colormap)))
```

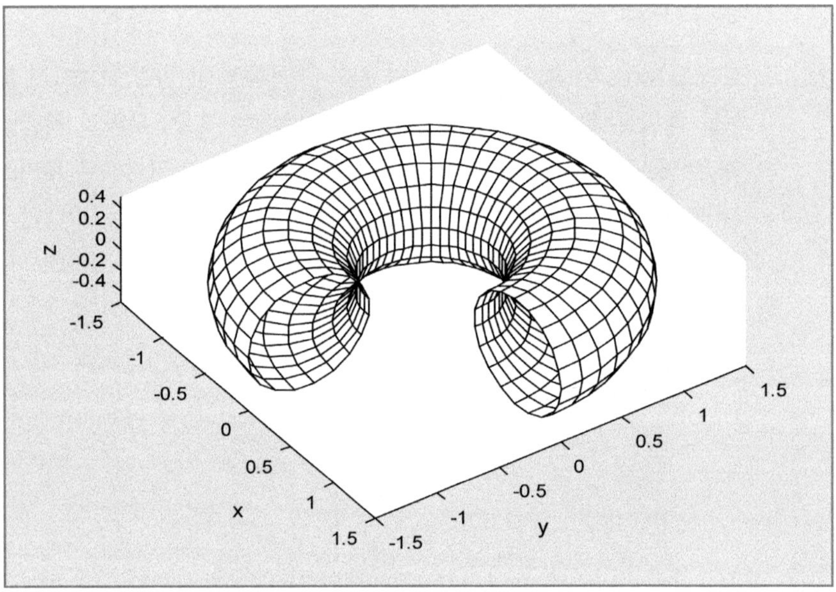

그림 9.33 토러스 함수의 mesh 그래프

예제 9.26 다음 매개방정식의 3차원 줄기 그래프를 그려보아라.

$$x = \cos(\theta) \tag{9.20a}$$

$$y = \sin(\theta) \tag{9.20b}$$

$$z = \left|\frac{\sin(4\theta)}{4\theta}\right| (-\pi \leqq \theta \leqq \pi) \tag{9.20c}$$

풀이 $\theta = 0$일 때 sin(0)/0의 연산 오류를 피하기 위해 eps를 사용하며, 3차원 줄기 그래프와 선 그래프를 동시에 그렸다. 프로그램에 의해 생성된 그래프는 다음과 같다.

Script file: prog9_27.m

```
%% 프로그램 prog9_27.m
% 예제 9.26 : 매개변수로 나타내진 3차원 줄기 그래프 그리기
theta = linspace(-pi, pi, 100);
th(find(theta == 0)) = eps; % theta = 0이면 theta = eps로 설정
x = cos(theta); y = sin(theta);
z = abs(sin(4 * theta) ./ (4*theta));
hold on
stem3(x, y, z, 'k', 'filled') % 검은색으로 표식을 채운 줄기 그래프를 그려줌
plot3(x, y, z, 'r')% 빨간색의 선 그래프를 그려줌
xlabel('x'), ylabel('y'), zlabel('z')
view(-45, 36)
grid off
box off
hold off
```

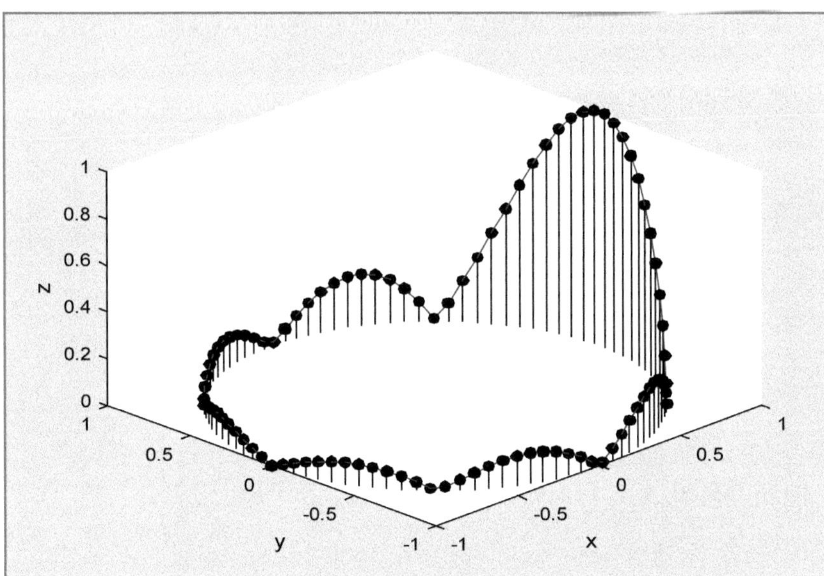

그림 9.34 stem3 그래프

예제 9.27

매개방정식 $x = \cos^3(\theta)$, $y = \sin^3(\theta)$, $z = \cos(\theta)$ $(0 \leq \theta \leq 2\pi)$로 표시되는 곡선을 그리고 내부를 초록색으로 채워라.

풀이 작성한 스크립트와 실행 결과는 다음 그래프와 같다.

Script file: prog9_28.m

```
%% 프로그램 prog9_28.m
% 예제 9.27: 매개방정식으로 나타내진 도형의 내부 그래프 그리기
t = linspace(0, 2 * pi, 100); % 0과 2pi 사이에 100 개의 데이터를 취함
x = cos(t) .^ 3; y = sin(t) .^ 3; z = cos(t);
fill3(x, y, z, 'g')
xlabel('x');  ylabel('y');  zlabel('z');
grid
```

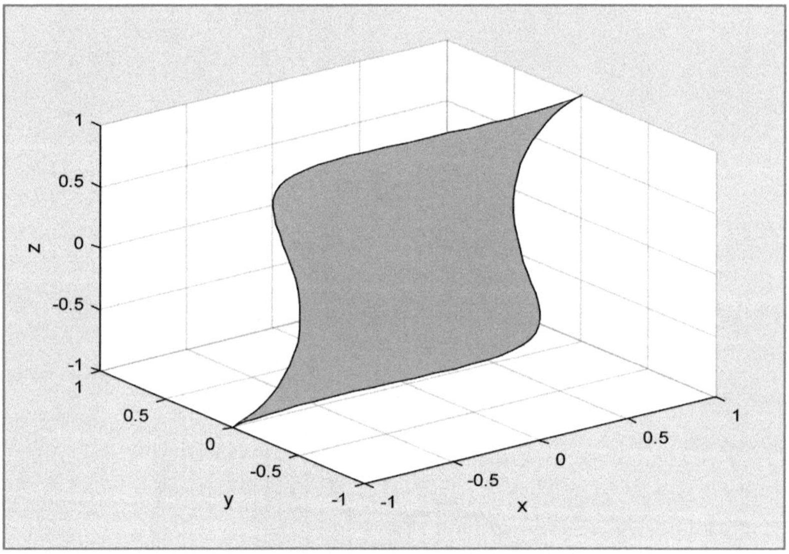

그림 9.35 예제 9.27의 그래프

9.5.2 매개방정식 $x = f(s, t)$, $y = g(s, t)$, $z = h(s, t)$

3차원 곡선 상의 한 점의 좌표 (x, y, z)가 두 매개변수 s, t의 함수로 표시되면

$$x = f(s, t), \ y = g(s, t), \ z = h(s, t) \, (a \leq s \leq b, \ c \leq t \leq d) \tag{9.21}$$

그래프 생성은 먼저 구간 [a, b]와 [c, d]에서 등간격으로 각각 n, m개의 점을 취해 벡터 $s = [s_1,\ s_2,\ \cdots,\ s_n]$, $t = [t_1,\ t_2,\ \cdots,\ t_m]$을 생성하고, s를 전치시켜 s′를 생성하고, 이것과 t로부터 행렬 X, Y, Z를 계산한다.

$$\mathbf{X} = \begin{bmatrix} f(s_1,t_1) & f(s_1,t_2) & \cdots & f(s_1,t_m) \\ f(s_2,t_1) & f(s_2,t_2) & \cdots & f(s_2,t_m) \\ \vdots & \vdots & \vdots & \vdots \\ f(s_n,t_1) & f(s_n,t_2) & \cdots & f(s_n,t_m) \end{bmatrix} \tag{9.22a}$$

$$\mathbf{Y} = \begin{bmatrix} g(s_1,t_1) & g(s_1,t_2) & \cdots & g(s_1,t_m) \\ g(s_2,t_1) & g(s_2,t_2) & \cdots & g(s_2,t_m) \\ \vdots & \vdots & \vdots & \vdots \\ g(s_n,t_1) & g(s_n,t_2) & \cdots & g(s_n,t_m) \end{bmatrix} \tag{9.22b}$$

$$\mathbf{Z} = \begin{bmatrix} h(s_1,t_1) & h(s_1,t_2) & \cdots & h(s_1,t_m) \\ h(s_2,t_1) & h(s_2,t_2) & \cdots & h(s_2,t_m) \\ \vdots & \vdots & \vdots & \vdots \\ h(s_n,t_1) & h(s_n,t_2) & \cdots & h(s_n,t_m) \end{bmatrix} \tag{9.22c}$$

다음으로 mesh나 surf 등의 함수를 적용하면 된다. 예제를 통해 살펴본다.

예제 9.28 다음 함수의 mesh 그래프를 그려라.

$$x = \sin(\pi u)^2 \cos(v) \tag{9.23a}$$

$$y = \sin(\pi u)^2 \sin(v) \tag{9.23b}$$

$$z = u \qquad (-1 \leq u \leq 1,\ 0 \leq v \leq 2\pi) \tag{9.23c}$$

풀이 식들은 두 매개변수 u, v의 함수이므로 식 (9.22)와 같은 행렬을 만들기 위해 $-1 \sim 1$과 $0 \sim 2\pi$ 사이에 등간격으로 30개의 점을 취해 벡터 u, v를 생성하고 u를 전치시킨다. 특히 z는 u만의 함수이므로 벡터 v와 차원이 같고 모든 원소가 1인 벡터를 뒤쪽에 곱해줘야 다음과 같은 행렬이 만들어진다.

$$\mathbf{Z} = \begin{bmatrix} u_1 \\ u_2 \\ \vdots \\ u_n \end{bmatrix} [1 \quad 1 \quad \cdots \quad 1] = \begin{bmatrix} u_1 & u_1 & \cdots & u_1 \\ u_2 & u_2 & \cdots & u_2 \\ \vdots & \vdots & \vdots & \vdots \\ u_n & u_n & \cdots & u_n \end{bmatrix}$$

이를 실행하면 다음 그래프를 얻는다.

Script file: prog9_29.m

```
%% 프로그램 prog9_29.m
% 예제 9.28: 매개변수로 나타내진 함수의 그물망 그래프 그리기
u = linspace(-1, 1, 30); u= u';  % 행 벡터 u를 생성한 후 열 벡터로 변환
v = linspace(0, 2 * pi, 30);   % 행 벡터 v를 생성
X = sin(pi * u) .^ 2 * cos(v);
Y = sin(pi * u) .^ 2 * sin(v);
Z = u * ones(size(v));  % [1 1 … 1]을 뒤쪽에 곱해줌
mesh(X, Y, Z)
set(gca, 'DataAspectRatio', [1 1 1]);  % 각 축의 종횡비를 같게 설정
grid off
view(135, 15);
colormap jet   % 현재의 색지도를 jet로 설정함
```

스크립트에서 현재 축의 DataAspectRatio 속성값을 [1 1 1]로 설정한 것은 각 축의 스케일을 동일하게 하라는 의미이며, 이것은 daspect([1 1 1])과 같은 의미로 사용된다.

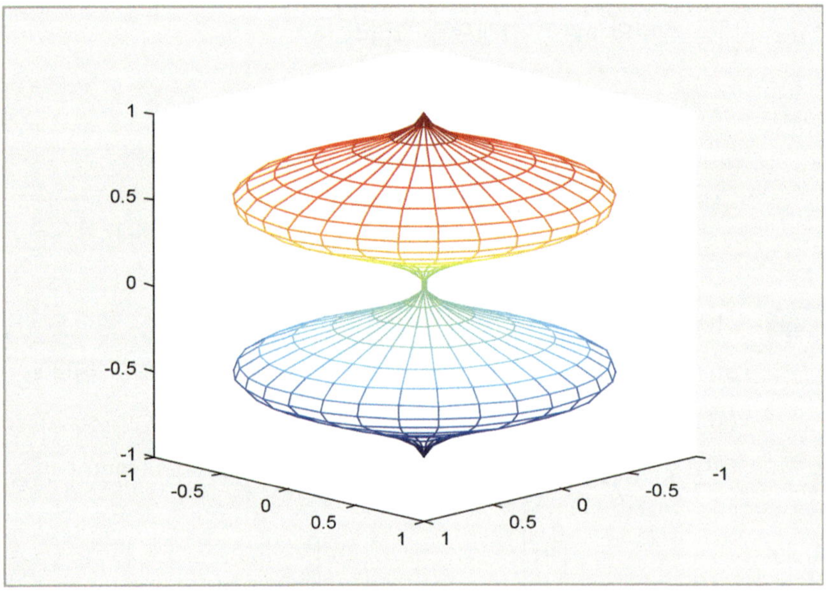

그림 9.36 식 9.23의 mesh 그래프

예제 9.29 매개방정식 $x = \cos(s)\cos(t),\ y = \sin(s)\cos(t),\ z = \cos(s)\ \ (0 \leqq s,\ t \leqq 2\pi)$의 surf 그래프를 그려보아라.

풀이 $0 \sim 2\pi$ 사이에서 80개의 데이터를 취해 행벡터 s와 t를 생성하고, s를 전치시켜 열벡터로 만든다. 이 예제에서도 z는 s만의 함수이므로 행렬 Z를 생성하기 위해서는 벡터 t와 차원이 같고 모든 원소가 1인 벡터를 뒤쪽에서 곱해준다. 스크립트를 실행하면 다음 그래프를 얻는다.

Script file: prog9_30.m

```
%% 프로그램 prog9_30.m
% 예제 9.29: 매개방정식으로 나타내지는 3차원 도형의 표면 그래프 그리기
s = linspace(0, 2 * pi, 80);  % 행 벡터 s를 생성
s = s';  % 열 벡터로 변환
t = linspace(0, 2 * pi, 80);  % 행 벡터 t를 생성
X = cos(s) * cos(t);
Y = sin(s) * cos(t);
Z = cos(s) * ones(size(t)); % [1 1 … 1]을 뒤쪽에 곱해줌
surf(X, Y, Z)
grid off
colormap jet
```

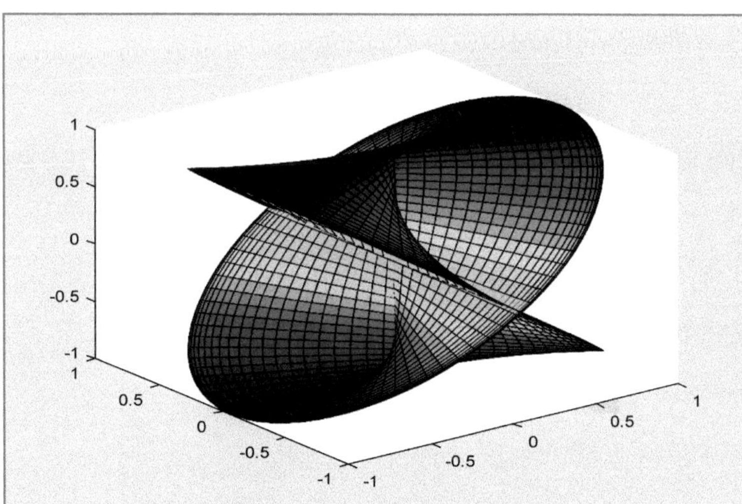

그림 9.37 예제 9.29의 surf 그래프

연습문제

01 plot3 함수를 써서 다음 3차원 곡선의 그래프를 그려라.

$$x = 3\cos(4\theta),\ y = 3\sin(4\theta),\ z = \theta^2 (0 \leqq \theta \leqq 5\pi)$$

02 mesh, meshz 함수를 써서 다음 3차원 곡선의 그래프와 휘장을 갖는 그래프를 1×2 분할화면에 그려라.

$$z = x^2 - y^2 (-10 \leqq x \leqq 10, -5 \leqq y \leqq 5)$$

03 문제 9.2에 대하여 surf와 surfc 함수를 사용하여 다시 그려라.

04 문제 9.2에 대하여 surf와 surfc 함수를 사용하여 다시 그리되 색변화를 부드럽게 보이도록 surf는 interp로, surfc는 flat로 색을 제어하여라.

05 cylinder와 surf 함수를 사용하여 반경이 다음 식과 같이 변하는 원기둥을 그려라.

$$r = 1 + 2\tan(10\theta)/3 (0 \leqq \theta \leqq 7\pi)$$

06 두 함수 f(x)와 g(x)는 구간 [−10, 10]에서 서로 교차한다. 이들의 면 그래프를 그려라.

$$f(\mathbf{x}) = 1 - x_1 + 4x_1x_2$$

$$g(\mathbf{x}) = -15x_1$$

07 다음 함수가 주어진다. 기준값이 0인 등위면을 그려라.

$$f(x,\ y,\ z) = \sin(xy) + z (-\pi \leqq x,\ y,\ z \leqq \pi)$$

08 위 함수의 기준값이 0인 등위면과 끝단에 기준값 이하의 f 변화를 동시에 그려라.

09 다음 매개방정식의 mesh 그래프를 그려라.

(1) $x = st,\ y = t, z = s^2(-2 \leqq s,\ t \leqq 2)$

(2) $x = 1 + r\cos\theta,\ y = 3 + r\sin\theta,\ z = x - 1 + y^2(0 \leqq r \leqq 2,\ 0 \leqq \theta \leqq 2\pi)$

(3) $x = \sin\theta,\ y = \cos\phi,\ z = \sin(-\theta - \phi)(-\pi \leqq \theta, \phi \leqq \pi)$

10 다음 매개방정식의 surf 그래프를 그려보아라.

(1) $x = \cosh\theta\cos\phi,\ y = \cosh\theta\sin\phi,\ z = \sinh\theta(-2 \leqq \theta \leqq 2,\ 0 \leqq \phi \leqq 2\pi)$

(2) $x = \cos\theta\cos\phi + 2\sin^2\phi,\ y = \cos\theta\sin\phi,\ z = 3\sin\phi$
$(0 \leqq \theta \leqq 2\pi,\ -\pi/2 \leqq \phi \leqq \pi/2)$

(3) $x = \left[1 - e^{\frac{\theta}{6\pi}}\right]\cos\theta\cos^2\frac{\phi}{2}$

$y = \left[-1 + e^{\frac{\theta}{6\pi}}\right]\sin\theta\cos^2\frac{\phi}{2}$

$z = 1 - e^{\frac{\theta}{3\pi}} - \sin\phi + e^{\frac{\theta}{6\pi}}\sin\phi(0 \leqq \theta \leqq 6\pi, 0 \leqq \phi \leqq 2\pi)$

(4) $x = \left(1 + \cos\frac{\theta}{2}\sin\phi - \sin\frac{\theta}{2}\sin 2\phi\right)\cos\theta$

$y = \left(1 + \cos\frac{\theta}{2}\sin\phi - \sin\frac{\theta}{2}\sin 2\phi\right)\sin\theta$

$z = \sin\frac{\theta}{2}\sin\phi + \cos\frac{\theta}{2}\cos 2\phi(0 \leqq \theta, \phi \leqq 2\pi)$

CHAPTER

10 그래프 속성 바꾸기

8장과 9장에서 2차원, 3차원 그래프를 그리는 여러 가지 함수와 명령어들의 사용법에 대하여 살펴보았다. 기본값으로 그려지는 그래프 그 자체로도 훌륭하지만, MATLAB은 더 정교하면서도 사용자의 요구를 충분히 수용해주는 그래프를 그릴 수 있게 해주는 메커니즘을 제공하고 있다. 이장에서는 그래픽 객체를 완벽하게 제어해주는 핸들 그래픽스에 대해서 알아본다. 또 핸들 그래픽스와 그래픽 객체에 대한 명확한 이해를 바탕으로, 정교한 그래프를 그릴 수 있도록 객체의 속성을 제어하는 방법에 대해서도 알아본다.

10.1 그래픽 객체와 핸들

10.1.1 그래픽 객체

핸들 그래픽스(Handle graphics)란 컴퓨터 그래픽을 생성해줄 뿐만 아니라 사용자 요구에 따라 수정할 수 있게 해주는 객체지향(Object-oriented) 그래픽 시스템을 말한다. 핸들 그래픽스의 핵심은 그래픽 객체(Graphics object)라 할 수 있다. 그래픽 객체란 8장과 9장에서 살펴본 다양한 그래프들과 사용자 인터페이스 컴포넌트들을 화면에 나타내주기 위해 사용되는 기본적인 드로잉 요소를 말한다.

그림 10.1은 MATLAB의 기본 그래픽 객체들과 이들의 계층적 구조를 보여준다. 이 외에도 더 많은 객체가 있지만 이에 대한 자세한 것은 도움말창에서 'Types of Graphics Objects'로 조회하면 볼 수 있다.

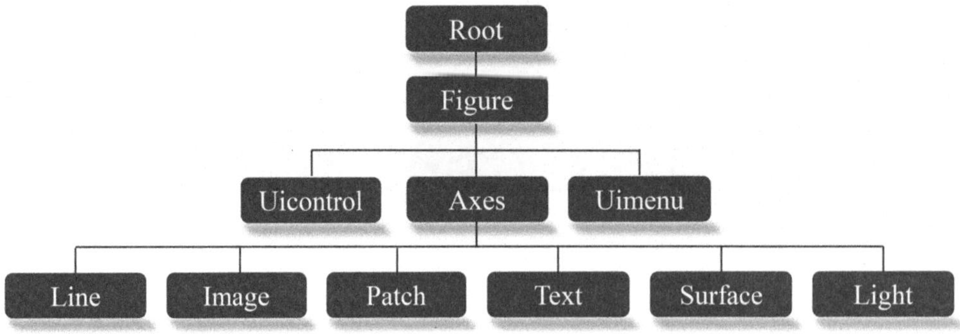

그림 10.1 그래픽 객체들의 계층적 구조

8장과 9장에서 다루었던 대부분의 그래프는 Root, Figure, Axes, Line, Image, Patch, Text, Surface, Light와 같은 기본 객체들로 그려지므로 이런 객체들을 어떻게 생성하고 또 속성을 어떻게 제어하는지를 아는 것은 대단히 중요하다. 다행히도 기본적인 생성은 대단히 간단하다. MATLAB이 실행될 때 자동으로 생기는 Root를 제외하고는, 명령줄에 객체명을 간단히 입력하고 실행만 해도 만들어진다. 명령줄에서 figure를 실행하면 Figure 객체가 만들어지고, axes를 실행하면 현재의 그림창에 Axes 객체가 만들어지고, line을 실행하면 현재의 축에 Line 객체가 그려진다.

부모(상위) 객체가 존재하지 않을 때 자식(하위) 객체를 만들면 MATLAB은 자식 객체가 필요로 하는 부모 객체들을 자동으로 만들어 준다. 예를 들어, Figure 객체가 없을 때(즉 아직 그림창이 안 만들어졌을 때) line 명령어를 실행하면 Line 객체뿐만 아니라 부모 객체인 Axes와 Figure도 만들어진다.

이 절에서는 핸들 그래픽스 시스템의 기본이 되는 그래픽 객체에 대해 간단히 살펴본다.

10.1.1.1 Root 객체

Root는 계층적 구조의 최상위 객체이며 컴퓨터 화면을 의미한다. MATLAB이 실행되면 자동으로 생성된다. 사용자가 이를 직접 생성할 수는 없지만 그 속성값을 변경해서 그래픽 표시에 영향을 미치게 할 수는 있다.

10.1.1.2 Figure 객체

Figure 객체는 그래픽 명령을 실행할 때 컴퓨터 화면에 나타나는 그림창을 의미한다. 여러 기본 그래픽 객체들이 여기에 모여 완성된 그래프를 만들게 된다. 따라서 Figure 객체 없이는 그래프를 그릴 수 없으므로 Root 다음으로 상위 객체가 된다.

명령줄에서

```
>> figure
```

를 실행하면 그림 10.2와 같은 빈 그림창이 나타나고 또 figure(2)을 입력하면 핸들이 2인 다른 그림창이 나타나게 된다. 서로 다른 정수를 입력하기만 하면 그림창의 생성에는 제한이 없다. 화면에 여러 개의 그림창이 존재하면 그중 하나가 항상 현재 그림창(Current figure window) 또는 활성 그림창(Active figure window)이 되고 그림창을 마우스로 클릭해서 활성화시킬 수 있다. 그림창이 활성화되면 타이틀 바의 색깔이 다른 것보다 짙게 나타나고, 그림창들이 포개져 있을 때는 맨 앞쪽으로 올라온다.

plot, mesh, surf 등과 같은 고급 그래픽 함수는 Figure 객체가 없으면 자동 생성하고, 항상 현재의 그림창에 도형과 문자열 등을 그리게 된다.

10.1.1.3 Axes 객체

Axes 객체는 그림창 안에 영역을 정하고 자식(하위) 객체들을 그 영역 내에 맞추어 주는 축을 의미한다. Axes 객체는 그림창 위에 그려지기 위해서는 Figure 객체가 필요하므로 그 자식이 되고 Line, Image, Patch, Text, Surface와 Light는 축 상에 그려지므로 Axes의

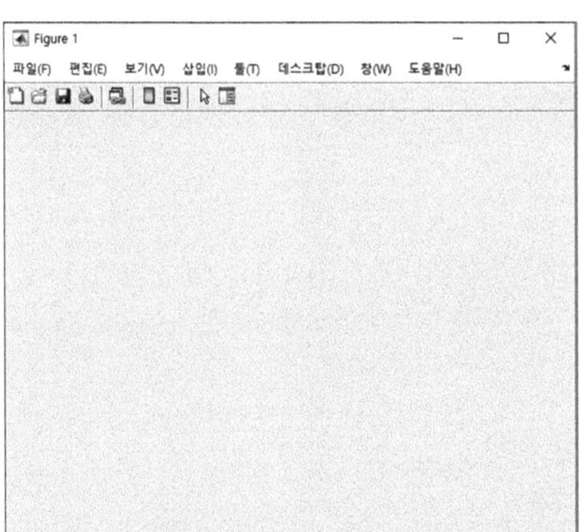

그림 10.2 Figure 객체

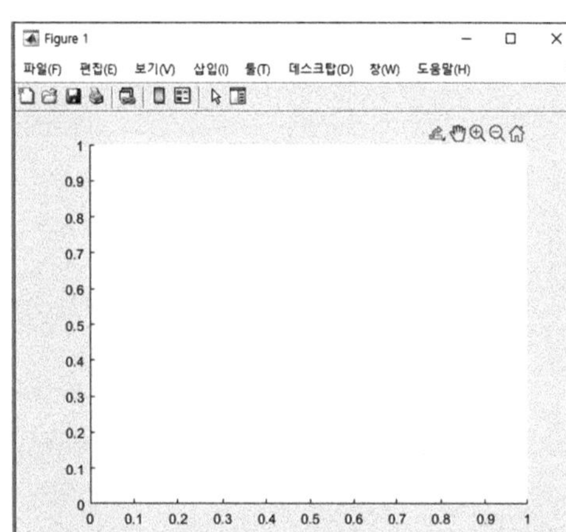

그림 10.3 Figure와 Axes 객체

자식 객체가 된다. 예를 들어 plot, mesh, surf 등과 같은 고급 그래픽 함수를 실행할 때 Axes 객체가 없으면 자동으로 만들어진다. 명령줄에서 axes를 입력하고 실행하면 그림 10.3과 같이 빈 그림창에 축이 나타나게 된다. 만약 subplot와 같은 명령어를 써서 하나의 그림창에 여러 개의 축이 있게 되면 그중 하나가 항상 현재 축(Current axis)으로 지정된다.

```
>> axes
```

10.1.1.4 Line 객체

Line 객체는 도형을 생성하는 데 있어서 가장 기본이 되는 그래픽 객체이고 선을 의미한다. plot, plot3 및 contour와 같은 고급 함수를 실행하면 Line 객체가 생성되고, 이때 부모 객체인 Axes의 좌표계가 Line 객체의 위치와 방향을 잡아준다. 명령줄에서 line을 실행하면 그림 10.4와 같이 그림창의 축 상에 선이 나타난다.

```
>> line
```

그림창이 열려 있지 않은 상태에서 이 명령을 실행해도 자동으로 그림창과 축이 나타난다. 즉 앞서 언급하였듯이 자식 객체가 호출되면 이 객체가 필요로 하는 부모 객체들이 자동으로 생성된다.

10.1.1.5 Image 객체

Image 객체는 데이터 행렬과 색지도로 표현되는 화면상의 이미지를 의미한다. 데이터 행렬 요소들을 픽셀 색상으로 표현하는 방식에 따라 세 가지 종류의 기본 이미지(인덱스, 강도 및 트루칼라)가 있다. 이미지를 그릴 때 부모 객체 Axes의 좌표계가 이미지의 위치와 방향을 정해준다.

명령줄에서 다음 명령문을 실행하면 그림창의 축 상에 그림 10.5와 같은 이미지가 나타나게 된다.

```
>> load mandrill  % mandrill.mat 파일을 읽음
>> image(X)  % 행렬 X에 이미지가 저장되어 있음
>> colormap(map)  % 행렬 map에 색지도가 저장되어 있음
>> axis equal
```

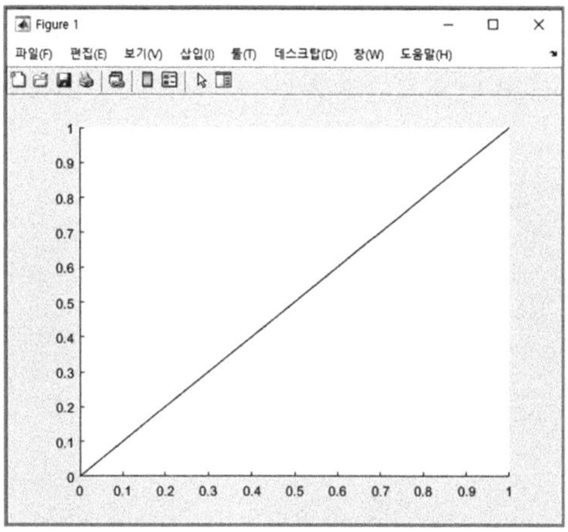

그림 10.4 Figure, Axes와 Line 객체

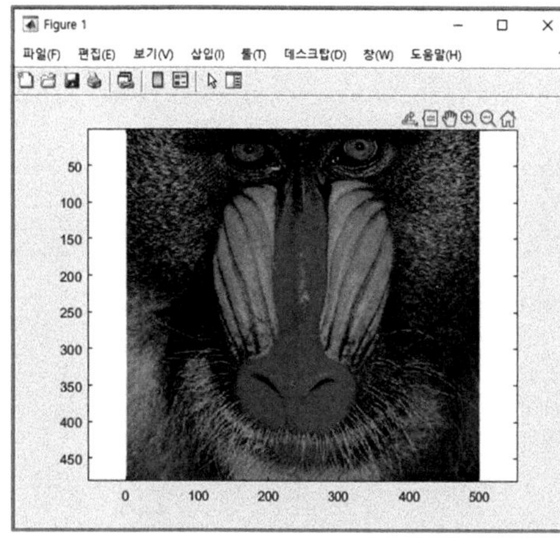

그림 10.5 Figure, Axes와 Image 객체

10.1.1.6 Patch 객체

Patch 객체란 서로 연결되거나 연결되지 않을 수도 있는 불규칙한 모양의 다각형을 말한다. Patch 객체는 비행기, 자동차와 같은 실세계 객체들을 모델링 하거나 임의 형상의 2D 또는 3D다각형을 그리는 데 유용하다. fill, fill3과 같은 고급 함수와 patch 함수 등은 Patch 객체를 생성한다. 상위의 Axes 객체의 좌표계가 패치의 위치와 방향을 정해준다.

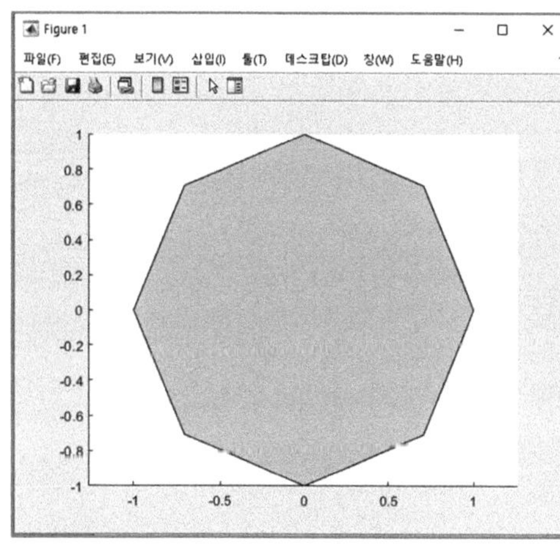

그림 10.6 Figure, Axes와 Patch 객체

명령줄에서 다음 명령문을 실행하면 그림창의 축 상에 그림 10.6과 같은 패치가 나타나게 된다.

```
>> t = 0 : pi/4 : 2*pi;
>> patch(sin(t), cos(t), 'g')
>> axis equal
```

10.1.1.7 Text 객체

Text 객체는 문자열을 의미하고 상위 객체인 Axes의 좌표계가 텍스트를 배치해준다. title,

xlabel, ylabel, zlabel, text와 gtext와 같은 함수들은 Text 객체를 생성한다.

명령줄에 다음 명령문을 실행하면 그림창의 축 상에 그림 10.7과 같은 문자열이 나타나게 된다.

```
>> text(0.2, 0.5,
'This is a text object')
```

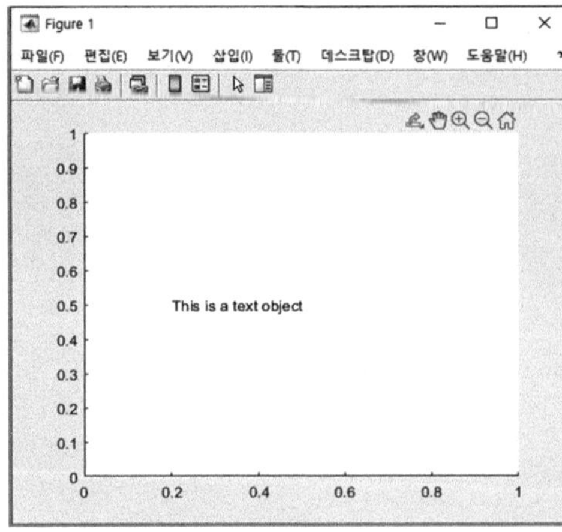

그림 10.7 Figure, Axes와 Text 객체

10.1.1.8 Surface 객체

Surface 객체는 사변형의 사각형 격자를 의미하며, 특히 함수식의 행렬 데이터로부터 도형을 표시하기에 적합하다. surf와 mesh와 같은 고급 함수는 Surface 객체를 만든다. 상위의 Axes의 좌표계가 Surface 객체의 위치와 방향을 조절해 준다.

다음 스크립트를 실행하면 그림창의 축 상에 그림 10.8과 같은 도형이 그려진다.

Script file: prog10_1.m

```
%% 프로그램 pro10_1.m
% Surf 객체의 위치 방향 조절하기
x = -15 : 15;
x(find(x == 0)) = eps;
[X, Y] = meshgrid(x);
R = sqrt(X .^ 2 + Y .^ 2);
Z = sin(R) ./ R;
%surf(X, Y, Z)  % 그림 10.8의 surf 그래프 생성
surfl(X, Y, Z)  % Light 객체를 가지는 그림 10.9의 surf 그래프 생성
axis([-15 15 -15 15 -0.5 1])
grid off
colormap summer
```

10.1.1.9 Light 객체

Light 객체란 축 상에 그려져 있는 모든 객체에 영향을 미칠 광원을 의미한다. 광원을 볼 수는 없지만 모든 그래픽 객체에 공통 광원, 색상, 위치 및 기타 속성의 스타일을 제어하는 속성을 설정할 수 있다. surfl과 light 함수는 현재 축에 Light 객체를 생성한다.

`prog10_1`의 스크립트에서 surf를 주석 처리하고, 다음 줄 surfl을 해제하고 실행하면 그림 10.9와 같이 광원을 갖는 도형이 그려진다.

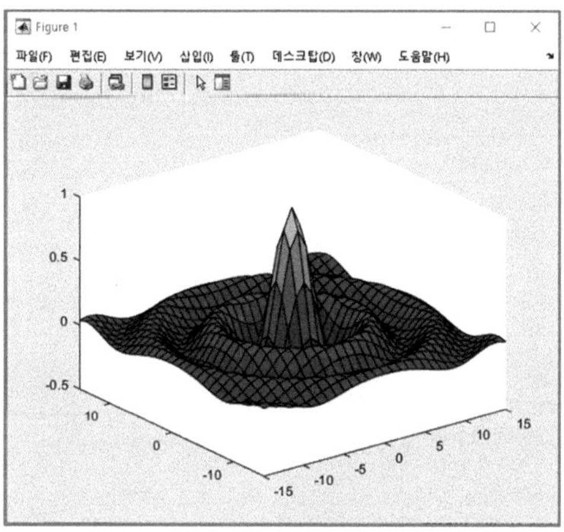

그림 10.8 Figure, Axes와 Surface 객체

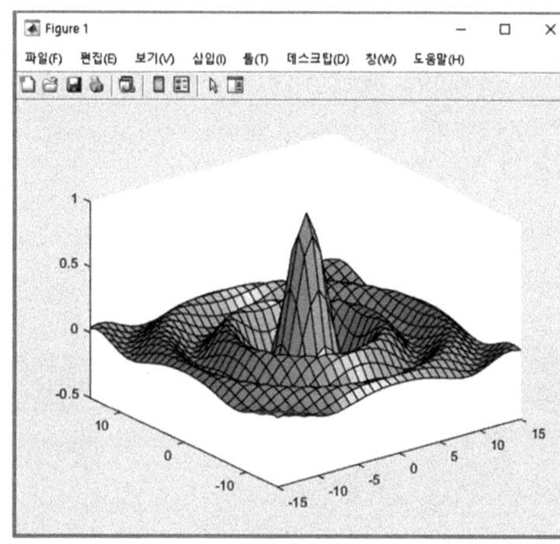

그림 10.9 Figure, Axes, Surface와 Light 객체

앞에서 살펴보았듯이 객체들은 다른 객체에 포함될 수 있다. 선은 축 상에 그려지므로 Line 객체는 Axes 객체가 필요하고 또 축은 그림창 내에 그려지므로 Axes 객체는 Figure 객체가 필요하다. plot, surf, mesh, contour 등과 같은 고급 함수들은 그래프를 표시하는 데 필요한 모든 상위 객체들을 자동으로 불러오게 된다. 하위 객체들은 상위 객체들의 속성을 상속받을 수 있고, 상위 객체들은 하위 객체들을 제어할 수 있다. 만약 한 상위 객체가 삭제되면 그와 연관된 모든 하위 객체들은 같이 사라지게 된다.

10.1.2 객체 핸들

10.1.2.1 객체 핸들의 생성

MATLAB 객체들은 생성될 때 자동으로 고유한 번호가 부여되며, 이를 핸들(Handle)이라고 한다. 이를 저장해두었다가 나중에 객체의 모양을 이루는 그래픽 속성들을 제어하는 데 사용할 수 있다. Root 객체의 핸들은 항상 0이고, Figure 객체의 핸들은 정수이고 그림창의 왼쪽 위(그림 10.2 참조)에 나타닌다. 그 외에 다른 객체들의 핸들은 부동소수점 형식으로 표시된다.

앞 장에서 출력인수를 사용해서 핸들을 받는 여러 가지 그래픽 함수들을 살펴보았다. 예를 들어 스크립트 **prog10_2.m**을 실행하면 그림창에 축과 sin(t)과 cos(t) 선이 그려진다. plot 함수에 의해 Figure, Axes와 더불어 두 Line 객체가 생성되고, Line 객체들의 핸들은 2×1 벡터 h로 반환된다. 이 두 Line 객체의 식별은 h의 'SeriesIndex' 속성으로 가능하다. 예를 들어, 그림 10.10의 두 Line 객체의 경우 sine 그래프의 SeriesIndex의 값은 1이고 sine 그래프의 값은 2이다.

Script file: prog10_2.m

```
%% 프로그램 prog10_2.m
% 그래픽에서 핸들 확인
t = 0 : 0.02 : 10;
y1 = sin(t);
y2 = cos(t);
h = plot(t, y1, 'k', t, y2, 'k:', 'LineWidth', 1)
```

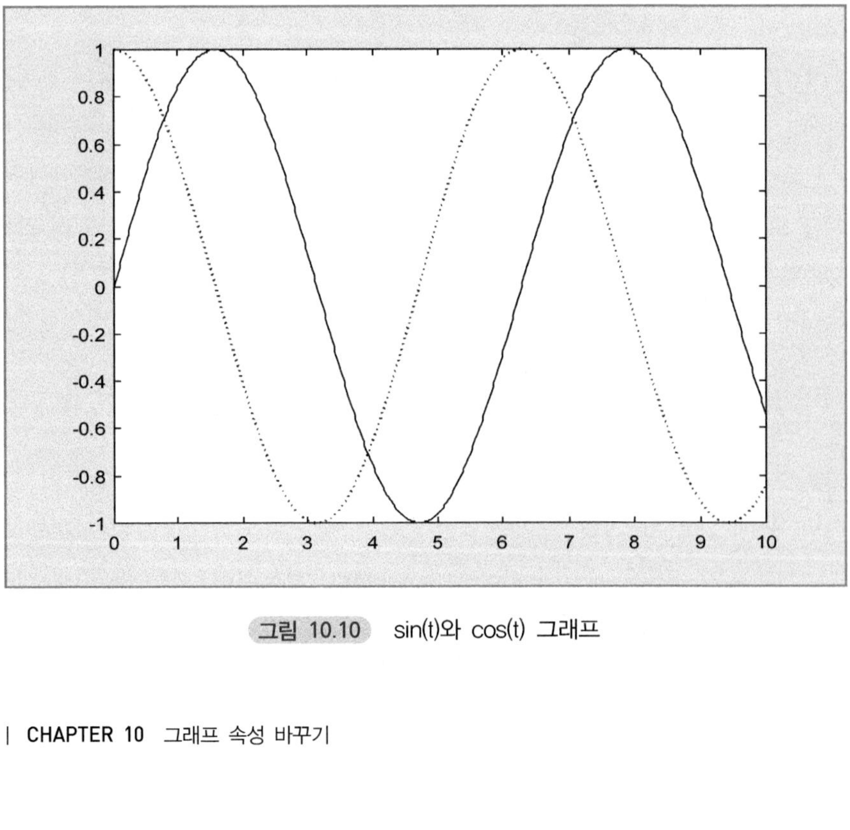

그림 10.10 sin(t)와 cos(t) 그래프

```
>> prog10_2
h =
  2×1 Line 배열:
  Line
  Line
```

10.1.2.2 핸들의 확인

현재 그림창에서 사용 중인 모든 객체와 현재 객체의 핸들은 다음 명령어로 확인할 수 있다.

- findobj % 현재 그림창에서 사용 중인 모든 객체들의 핸들을 반환한다.
- gco % 가장 최근에 만들었거나, 마우스로 클릭한 객체의 핸들을 반환한다.

`prog10_2.m`을 실행한 다음 명령창에 findobj를 입력해본다. 그러면 5개의 핸들이 출력될 것이다. 위쪽부터 아래쪽으로 Root 객체(컴퓨터 화면), Figure 객체(그림창), Axes 객체(축), Line 객체(두 개의 선)의 핸들이다. 만약 마우스로 그림창을 닫은 상태에서 findobj를 실행하면 Root 객체의 핸들만 나타나게 될 것이다.

```
>> findobj
ans =
  5×1 graphics 배열:

  Root
  Figure    (1)
  Axes
  Line
  Line
```

앞의 스크립트를 통해서도 알 수 있겠지만, Root 객체와 Figure 객체를 제외한 나머지 객체들의 핸들은 모두 부동소수점으로 표시되고 컴퓨터 시스템마다, 또는 실행할 때마다 다를 수 있다. 이때 나타나는 수치 자체의 의미보다는 이들은 생성된 객체들의 핸들이고 변수에 저장해 놓으면 객체들의 속성 조작에 쓰인다는 사실을 아는 것이 더 중요하다. 특히 plot 함수에는 두 개의 선을 그리고 있으므로 h는 2×1 벡터이고 h(1)은 sin(t)를 그린 Line 객체의 성질들에 대한 정보를, h(2)는 cos(t)를 그린 Line 객체의 성질들에 대한 정보를 갖고 있다. 이를 확인하려면 다음과 같이 프롬프트에서 h(1)이나 h(2)를 입력해본다.

```
>> h(1)
ans =
  Line - 속성 있음:
              Color: [0 0 0]
          LineStyle: '-'
          LineWidth: 1
             Marker: 'none'
         MarkerSize: 6
    MarkerFaceColor: 'none'
              XData: [1×501 double]
              YData: [1×501 double]
              ZData: [1×0 double]
  모든 속성 표시
```

이제 그림창에서 sine 선 도형의 한 곳을 마우스로 클릭한 다음 명령줄에 gco를 입력해보라. 그러면 대응되는 핸들이 나타날 것이다. 물론 다른 객체들도 같은 방법으로 확인할 수 있다.

앞서 사용한 스크립트의 h = plot(…) 문과 같이 이후에 속성값을 변경하고 싶으면 핸들을 변수에 저장해 놓아야 하지만, MATLAB은 Figure와 Axes와 같이 빈번하게 쓰이는 객체들의 핸들을 쉽게 얻을 수 있도록 다음 명령어를 제공하고 있다.

- gcf % 현재의 Figure 객체(그림창)의 핸들을 반환한다.
- gca % 현재의 Axes 객체(축)의 핸들을 반환한다.

현재의 그림창과 축의 핸들을 알려면 다음과 같이 하면 된다. 앞 장에서 살펴보았던 핸들과 비교해 보라.

```
>> gcf
ans =
```

```
  Figure (1) - 속성 있음:
      Number: 1
        Name: ''
       Color: [0.9400 0.9400 0.9400]
    Position: [137 546 560 420]
       Units: 'pixels'
  모든 속성 표시
>> gca
ans =
  Axes - 속성 있음:
             XLim: [0 10]
             YLim: [-1 1]
           XScale: 'linear'
           YScale: 'linear'
    GridLineStyle: '-'
         Position: [0.1300 0.1100 0.7750 0.8150]
            Units: 'normalized'
  모든 속성 표시
```

핸들은 속성값을 변경하기 위해 set 함수의 입력인수로 전달되기도 하고 또 delete 함수로 객체를 삭제하는데도 사용된다.

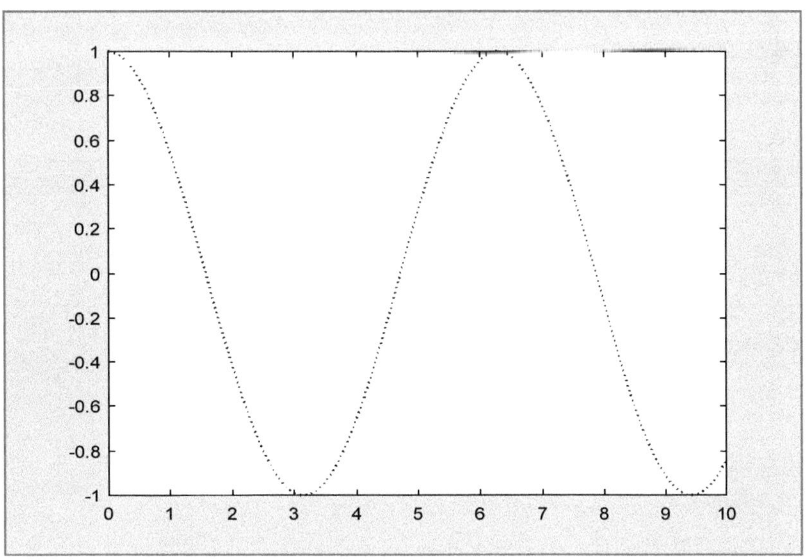

그림 10.11 cos(t) 그래프

- delete(h) % 핸들h의 객체를 삭제한다.

예를 들어, 다음은 핸들 h(1)의 객체, 즉 sin(t) 그래프를 삭제해준다.

```
>> delete(h(1))
```

현재 그림창의 현재 축에 그려진 그래프를 지우려면 다음과 같이 하면 된다. 현재 그림창에 여러 개의 축이 존재하면 다른 축의 그래프들은 영향을 받지 않는다.

```
>> delete(gca)
```

예를 들어 다음 스크립트를 실행해본다.

Script file: prog10_3.m

```
%% 프로그램 prog10_3.m
% 핸들을 이용한 그래프 삭제하기
t = 0 : 0.02 : 10;
h1 = subplot(2, 1, 1);  % 2 x 1 분할 화면에서 1번째 축의 핸들을 받음
plot(t, sin(t), 'k', 'LineWidth', 1)
% 핸들을 이용한 그래프 삭제
h2 = subplot(2, 1, 2);  % 2 x 1 분할 화면에서 2번째 축의 핸들을 받음
plot(t, cos(t), 'k:', 'LineWidth', 1)
```

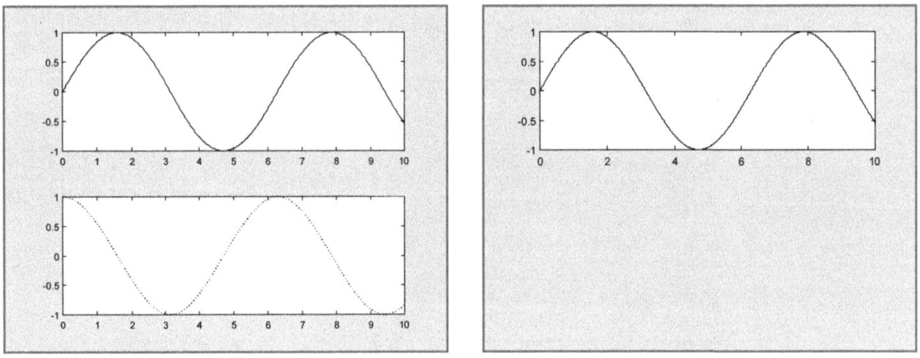

(a) 삭제 전　　(b) 2번째 축의 삭제 후

그림 10.12 sin(t)와 cos(t) 그래프

그림 10.12(a)와 같이 두 개로 분할된 화면의 각 축에 도형이 그려질 것이다. 2번째 축의 cos(t)의 그래프가 마지막으로 그려졌기 때문에 이 축이 현재 축이 된다. 다음 명령문을 실행해본다. 그림 10.12(b)와 같이 cos(t) 그래프가 사라질 것이다. 또 스크립트에서 2번째 축의 핸들을 h2에 저장해 놓았기 때문에 delete(h2)를 실행해도 같은 결과를 얻게 된다.

```
>> delete(gca)  % 현재 축에 그려진 그래프를 삭제
>> delete(h2)  % 위와 같음
```

prog10_3.m을 다시 실행한 다음 그림창에서 sin(t)가 그려진 곳을 마우스로 클릭하고 delete(gca)를 해보자. 클릭할 때 1번째 축이 현재 축으로 설정되므로 sin(t) 그래프가 사라질 것이다. 이것은 delete(h1)을 실행한 것과 같다.

현재의 그림창을 닫으려면 다음과 같이 하면 된다. 화면에 여러 개의 그림창이 열려 있으면 다른 그림창들은 영향을 받지 않는다.

```
>> delete(gcf)
```

10.2 속성값 바꾸기

10.2.1 Get 함수

MATLAB에서 다루는 모든 객체는 그들이 어떻게 표시되어야 하는지를 제어할 수 있는 여러 속성들(Properties)을 가지고 있다. 이 속성들의 값을 제어함으로써 사용자의 요구를 충분히 수용하는 그래프를 그리는 것이 가능하다. 이미 생성된 객체의 속성을 변경하려면 그 객체의 반환된 핸들이 필요하고 또 그 객체가 어떤 속성들을 가지며 어떤 속성값으로 지정되어 있는지를 먼저 알아야 한다. 이를 알고 싶으면 핸들 h와 함수 get을 사용하여 명령줄에 다음과 같이 입력하면 된다.

- get(h) % 핸들 h를 가지는 객체의 속성을 얻는다.
- v = get(h, 'PropertyName') % 핸들 h를 가지는 객체의 지정한 속성값을 v에 반환한다.

prog10_2.m을 다시 실행하고 그림 10.10의 cos(t)와 관련된 객체에 설정된 모든 속성 목록을 보고 싶으면 다음과 같이 하면 된다.

```
>> get(h(2))
    AlignVertexCenters: off
            Annotation: [1×1 matlab.graphics.eventdata.Annotation]
          BeingDeleted: off
            BusyAction: 'queue'
         ButtonDownFcn: ''
              Children: [0×0 GraphicsPlaceholder]
              Clipping: on
                 Color: [0 0 0]
             ColorMode: 'manual'
           ContextMenu: [0×0 GraphicsPlaceholder]
             CreateFcn: ''
       DataTipTemplate: [1×1 matlab.graphics.datatip.DataTipTemplate]
             DeleteFcn: ''
           DisplayName: ''
      HandleVisibility: 'on'
               HitTest: on
         Interruptible: on
              LineJoin: 'round'
             LineStyle: ':'
         LineStyleMode: 'manual'
             LineWidth: 1
                Marker: 'none'
       MarkerEdgeColor: 'auto'
       MarkerFaceColor: 'none'
         MarkerIndices: [1×501 uint64]
            MarkerMode: 'manual'
            MarkerSize: 6
                Parent: [1×1 Axes]
         PickableParts: 'visible'
              Selected: off
    SelectionHighlight: on
           SeriesIndex: 2
                   Tag: ''
                  Type: 'line'
              UserData: []
               Visible: on
```

```
            XData: [1×501 double]
        XDataMode: 'manual'
      XDataSource: ''
            YData: [1×501 double]
      YDataSource: ''
            ZData: [1×0 double]
      ZDataSource: ''
```

이 중에 특정 속성값만 알고 싶으면 get과 속성명으로 호출하면 된다.

```
>> v = get(h(2), 'LineWidth')
v =
     1
>> v= get(h(2), 'LineStyle')
v =
    ':'
```

한편 상위의 Root, Figure와 Axes 객체도 많은 상세 속성들을 가지고 있으며, 예를 들어, Root가 어떤 속성을 가졌는지 알고 싶으면 다음과 같이 get(0)하면 된다.

```
>> get(0)
          CallbackObject: [0×0 GraphicsPlaceholder]
                Children: [1×1 Figure]
           CurrentFigure: [1×1 Figure]
      FixedWidthFontName: 'GulimChe'
        HandleVisibility: 'on'
        MonitorPositions: [2×4 double]
                  Parent: [0×0 GraphicsPlaceholder]
         PointerLocation: [1754 52]
             ScreenDepth: 32
     ScreenPixelsPerInch: 96
              ScreenSize: [1 1 1920 1200]
       ShowHiddenHandles: off
                     Tag: ''
                    Type: 'root'
                   Units: 'pixels'
                UserData: []
```

Figure가 어떤 속성을 가졌는지 알고 싶으면 get(gcf)하면 되고,

```
>> get(gcf)
              Alphamap: [1×64 double]
          BeingDeleted: off
            BusyAction: 'queue'
         ButtonDownFcn: ''
              Children: [1×1 Axes]
              Clipping: on
       CloseRequestFcn: 'closereq'
                 Color: [0.9400 0.9400 0.9400]
              Colormap: [256×3 double]
           ContextMenu: [0×0 GraphicsPlaceholder]
             CreateFcn: ''
           CurrentAxes: [1×1 Axes]
      CurrentCharacter: ''
         CurrentObject: [0×0 GraphicsPlaceholder]
          CurrentPoint: [0 0]
             DeleteFcn: ''
          DockControls: on
              FileName: ''
     GraphicsSmoothing: on
      HandleVisibility: 'on'
         InnerPosition: [680 678 560 420]
         IntegerHandle: on
         Interruptible: on
        InvertHardcopy: on
           KeyPressFcn: ''
         KeyReleaseFcn: ''
               MenuBar: 'figure'
                  Name: ''
              NextPlot: 'add'
                Number: 1
           NumberTitle: on
         OuterPosition: [672 670 576 514]
      PaperOrientation: 'portrait'
         PaperPosition: [3.0917 9.2937 14.8167 11.1125]
     PaperPositionMode: 'auto'
             PaperSize: [21.0000 29.7000]
```

```
              PaperType: 'A4'
             PaperUnits: 'centimeters'
                 Parent: [1×1 Root]
                Pointer: 'arrow'
      PointerShapeCData: [16×16 double]
    PointerShapeHotSpot: [1 1]
               Position: [680 678 560 420]
               Renderer: 'opengl'
           RendererMode: 'auto'
                 Resize: on
             Scrollable: off
          SelectionType: 'normal'
         SizeChangedFcn: ''
                    Tag: ''
                ToolBar: 'auto'
                   Type: 'figure'
                  Units: 'pixels'
               UserData: []
                Visible: on
    WindowButtonDownFcn: ''
  WindowButtonMotionFcn: ''
      WindowButtonUpFcn: ''
      WindowKeyPressFcn: ''
    WindowKeyReleaseFcn: ''
   WindowScrollWheelFcn: ''
            WindowState: 'normal'
            WindowStyle: 'normal'
```

또한, Axes의 속성을 알고 싶으면 get(gca)하면 된다.

```
>> get(gca)
                   ALim: [0 1]
               ALimMode: 'auto'
             AlphaScale: 'linear'
               Alphamap: [1×64 double]
      AmbientLightColor: [1 1 1]
           BeingDeleted: off
                    Box: on
```

```
            BoxStyle: 'back'
          BusyAction: 'queue'
       ButtonDownFcn: ''
                CLim: [0 1]
            CLimMode: 'auto'
      CameraPosition: [5 0 17.3205]
  CameraPositionMode: 'auto'
        CameraTarget: [5 0 0]
    CameraTargetMode: 'auto'
      CameraUpVector: [0 1 0]
  CameraUpVectorMode: 'auto'
     CameraViewAngle: 6.6086
 CameraViewAngleMode: 'auto'
            Children: [2×1 Line]
            Clipping: on
       ClippingStyle: '3dbox'
               Color: [1 1 1]
          ColorOrder: [7×3 double]
     ColorOrderIndex: 3
          ColorScale: 'linear'
            Colormap: [256×3 double]
         ContextMenu: [0×0 GraphicsPlaceholder]
           CreateFcn: ''
        CurrentPoint: [2×3 double]
     DataAspectRatio: [5 1 1]
 DataAspectRatioMode: 'auto'
           DeleteFcn: ''
           FontAngle: 'normal'
            FontName: 'Helvetica'
            FontSize: 10
        FontSizeMode: 'auto'
       FontSmoothing: on
           FontUnits: 'points'
          FontWeight: 'normal'
           GridAlpha: 0.1500
       GridAlphaMode: 'auto'
           GridColor: [0.1500 0.1500 0.1500]
       GridColorMode: 'auto'
       GridLineStyle: '-'
```

```
        HandleVisibility: 'on'
                 HitTest: on
           InnerPosition: [0.1300 0.1100 0.7750 0.8150]
            Interactions: [1×1 matlab.graphics.interaction.interface.DefaultAxesInteractionSet]
           Interruptible: on
 LabelFontSizeMultiplier: 1.1000
                   Layer: 'bottom'
                  Layout: [0×0 matlab.ui.layout.LayoutOptions]
                  Legend: [0×0 GraphicsPlaceholder]
          LineStyleOrder: '-'
     LineStyleOrderIndex: 1
               LineWidth: 0.5000
          MinorGridAlpha: 0.2500
      MinorGridAlphaMode: 'auto'
          MinorGridColor: [0.1000 0.1000 0.1000]
      MinorGridColorMode: 'auto'
      MinorGridLineStyle: ':'
                NextPlot: 'replace'
         NextSeriesIndex: 3
           OuterPosition: [0 0 1 1]
                  Parent: [1×1 Figure]
           PickableParts: 'visible'
      PlotBoxAspectRatio: [1 0.7903 0.7903]
  PlotBoxAspectRatioMode: 'auto'
                Position: [0.1300 0.1100 0.7750 0.8150]
      PositionConstraint: 'outerposition'
              Projection: 'orthographic'
                Selected: off
      SelectionHighlight: on
              SortMethod: 'childorder'
                     Tag: ''
                 TickDir: 'in'
             TickDirMode: 'auto'
    TickLabelInterpreter: 'tex'
              TickLength: [0.0100 0.0250]
              TightInset: [0.0506 0.0532 0.0134 0.0202]
                   Title: [1×1 Text]
 TitleFontSizeMultiplier: 1.1000
         TitleFontWeight: 'normal'
```

```
             Toolbar: [1×1 AxesToolbar]
                Type: 'axes'
               Units: 'normalized'
            UserData: []
                View: [0 90]
             Visible: on
               XAxis: [1×1 NumericRuler]
       XAxisLocation: 'bottom'
              XColor: [0.1500 0.1500 0.1500]
          XColorMode: 'auto'
                XDir: 'normal'
               XGrid: off
              XLabel: [1×1 Text]
                XLim: [0 10]
            XLimMode: 'auto'
          XMinorGrid: off
          XMinorTick: off
              XScale: 'linear'
               XTick: [0 1 2 3 4 5 6 7 8 9 10]
          XTickLabel: {11×1 cell}
      XTickLabelMode: 'auto'
  XTickLabelRotation: 0
           XTickMode: 'auto'
               YAxis: [1×1 NumericRuler]
       YAxisLocation: 'left'
              YColor: [0.1500 0.1500 0.1500]
          YColorMode: 'auto'
                YDir: 'normal'
               YGrid: off
              YLabel: [1×1 Text]
                YLim: [-1 1]
            YLimMode: 'auto'
          YMinorGrid: off
          YMinorTick: off
              YScale: 'linear'
               YTick: [-1 -0.8000 -0.6000 -0.4000 -0.2000 0 0.2000 0.4000 0.6000 0.8000 1]
          YTickLabel: {11×1 cell}
      YTickLabelMode: 'auto'
  YTickLabelRotation: 0
```

```
           YTickMode: 'auto'
               ZAxis: [1×1 NumericRuler]
              ZColor: [0.1500 0.1500 0.1500]
          ZColorMode: 'auto'
                ZDir: 'normal'
               ZGrid: off
              ZLabel: [1×1 Text]
                ZLim: [-1 1]
            ZLimMode: 'auto'
          ZMinorGrid: off
          ZMinorTick: off
              ZScale: 'linear'
               ZTick: [-1 0 1]
          ZTickLabel: ''
      ZTickLabelMode: 'auto'
  ZTickLabelRotation: 0
           ZTickMode: 'auto'
```

Figure 객체의 속성 중 Position은 그림창의 위치와 크기를 설정해준다. Axes 객체의 속성 중에서 자주 변경되는 속성과 속성값들은 다음 표와 같다.

속성명	설명	속성값
FontName	폰트 지정	OS에서 지원 가능한 폰트
FontSize	폰트 크기 지정	point 단위의 수
XLim	x축의 최소, 최대값 지정	[xmin xmax]
XTick	x축의 눈금값 위치 지정	[xt1 xt2 xt3 …]
XTickLabel	x축의 눈금값 라벨 지정	[xt1 xt2 xt3 …]
YLim	y축의 최소, 최대값 지정	[ymin ymax]
YTick	y축의 눈금값 위치 지정	[yt1 yt2 yt3 …]
YTickLabel	y축의 눈금값 라벨 지정	[yt1 yt2 yt3 …]
ZLim	z축의 최소, 최대값 지정	[zmin zmax]
ZTick	z축의 눈금값 위치 지정	[zt1 zt2 zt3 …]
ZTickLabel	z축의 눈금값 라벨 지정	[zt1 zt2 zt3 …]

10.2.2 Set 함수

get 함수로 객체가 가지고 있는 속성과 속성값(Property value)을 알았으면 사용자는 세 가지 방법으로 이들 속성값을 설정하거나 수정할 수 있다.

- 객체를 생성하는 함수 내에서 직접 설정하는 방법(예를 들어, 8.1.1절의 plot 함수에서 선색, 선폭 등의 지정)
- 객체가 만들어진 이후 핸들과 set 함수로 수정하는 방법
- 객체가 만들어진 이후 그림창의 속성 편집기에서 수정하는 방법

첫 번째 방법은 8장과 9장에서 이미 살펴보았고, 세 번째 방법은 10.3절에서 다루며, 여기서는 두 번째 방법에 대해 살펴본다.

그래픽 객체의 핸들을 미리 저장해 두었다면 언제든지 그 객체의 다양한 속성들에 접근할 수 있다. 핸들과 속성명(Property name)으로 속성값을 변경하게 해주는 함수가 set이며, 그 형식은 다음과 같다. 속성명을 입력할 때 대소문자를 구분하지 않아도 된다.

- set(h, 'PropertyName', PropertyValue) % 객체 h의 지정한 속성값을 수정한다.

이 절에서는 자주 변경되는 몇 가지 속성에 대해 살펴본다.

10.2.2.1 그림창의 크기 조절

현재 그림창의 위치와 크기는 마우스로 드래그해서 원하는 위치로 옮기고 또 크기를 조절할 수도 있지만, set 함수를 통해서도 가능하다. 이렇게 하기 위해서는 먼저 Root 객체의 속성인 컴퓨터 화면의 크기를 알아낸 다음 set 함수로 Figure 객체의 Position 속성값들을 변경해주면 된다. Position 속성은 [x y wh ht]를 속성값으로 하고 있다. x와 y는 컴퓨터 화면의 왼쪽 아래를 기준으로 그림창 왼쪽 아래의 위치를, wh와 ht는 각각 그림창의 넓이와 높이를 의미한다.

다음은 명령줄에서 그림창의 크기를 조절하는 예이다.

```
>> scrsz = get(0 , 'ScreenSize')
scrsz =
         1         1      1920       1200
>> set(gcf, 'Position', [scrsz(3)/4 scrsz(4)/2 scrsz(3)/4 scrsz(4)/4])
```

현재 화면의 크기는 1920×1080 픽셀이고 핸들 gcf와 x = 1920/4 = 480, y = 1080/2 = 540, wh = 1920/4 = 480, ht = 1080/4 = 270값으로 그림창의 위치와 크기를 수정하고 있는 것을 볼 수 있다.

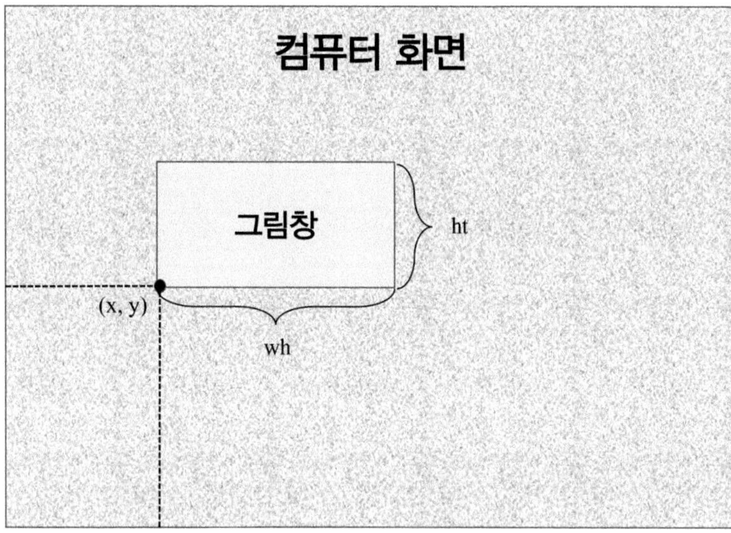

그림 10.13 그림창의 위치와 크기 수정

그러나 컴퓨터 화면의 해상도 설정은 기기마다 다를 수도 있으며, 그래서 속성값들은 직접 입력해보고 눈으로 위치를 확인할 필요가 있다.

10.2.2.2 축의 한계 설정

prog10_2.m을 수정하여 sin(t)과 cos(t) 그래프를 그리고 x와 y축의 최소, 최대값을 각각 [0 3π]와 [−1.2 1.2]로, 눈금값 위치를 각각 [0 2 4 6 8]와 [−1 −0.5 0 0.5 1]로, 눈금값 라벨 값을 각각 [0 2 4 6 8]와 [−1 −0.5 0 0.5 1]로, 폰트를 Arial 10으로 설정해보기로 한다. 또 축 라벨과 범례도 추가해본다. 여기에서는 Axes 객체의 속성만 변경되므로 핸들 gca만 쓰면 된다.

Script file: prog10_4.m

```
%% 프로그램 prog10_4.m
% 축의 한계 설정
```

```
t = 0 : 0.02 : 3*pi;
y1 = sin(t);
y2 = cos(t);
h = plot(t, y1, 'k', t, y2, 'k:', 'LineWidth', 2);
set(gca, 'XLim', [0 3*pi], 'XTick', [0 2 4 6 8], 'XTickLabel', [0 2 4 6 8])
set(gca, 'YLim', [-1.2 1.2], 'YTick', [-1 -0.5 0 0.5 1], 'YTickLabel',
[-1 -0.5 0 0.5 1]);
set(gca, 'FontName', 'Arial', 'FontSize', 10);
xlabel('t')
ylabel('y_1 and y_2')
legend('sin(t)', 'cos(t)', 'Location', 'SouthEast');
```

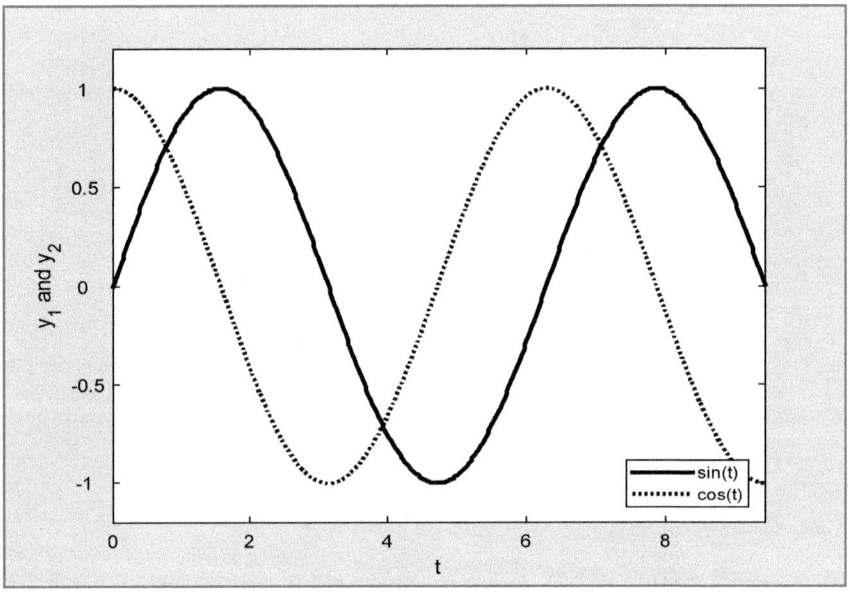

그림 10.14 sin(t)와 cos(t) 그래프의 축 한계 설정

이처럼 사용자의 기호에 따라 Axes 객체의 속성을 적절히 지정해 놓으면 자동모드가 수동으로 전환되면서 그림창의 크기를 축소하거나 확대하더라도 눈금값 위치, 눈금값 라벨, 폰트 크기 등은 변하지 않는다.

10.2.2.3 선색과 선폭의 설정

그림 10.14에서 sin(t)의 선색을 빨간색으로 선폭을 1 points로 변경하고 싶으면 핸들 h(1)

를 사용하여 다음과 같이 하면 된다. **prog10_4.m**의 세 번째 명령문에 의해 두 개의 Line 객체가 생성되면서 이들의 핸들이 h에 저장된다. 첫 번째 그려지는 선 sin(t)의 핸들은 h(1)이고, 두 번째 그려지는 선 cos(t)의 핸들은 h(2)이다.

```
>> set(h(1), 'Color', 'r', 'LineWidth', 1)
```

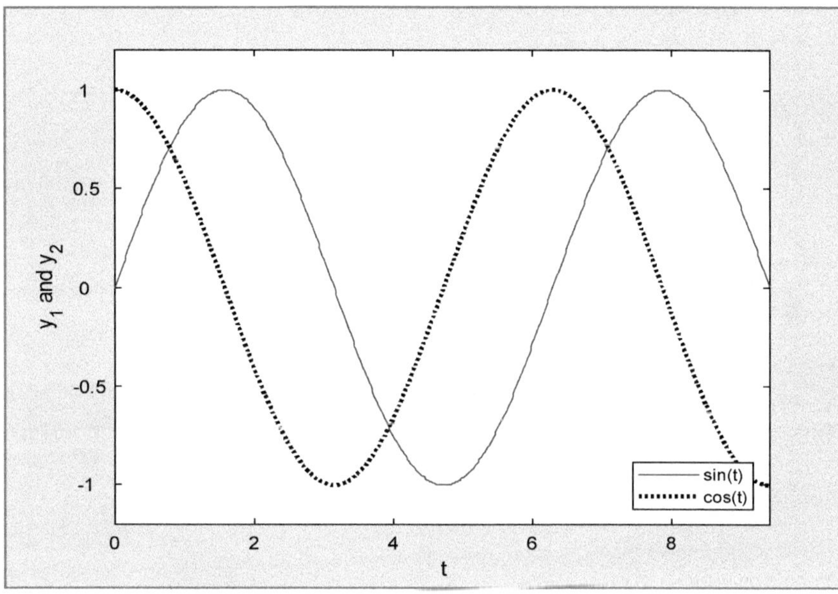

그림 10.15 sin(t)와 cos(t) 그래프의 선색과 선폭 변경

예로 식 (9.9)의 surfl 그래프를 다시 그리고 x, y와 z축의 최소, 최대값을 각각 [−15 15]와 [−0.5 1]로, 눈금값 위치를 각각 [−15 0 15]와 [−0.5 0 0.5 1]로, 눈금값 라벨값을 각각 [−15 0 15]와 [−0.5 0 0.5 1]로, 폰트를 Arial 10으로 수정하고 축 라벨도 추가해보자.

Script file: prog10_5.m

```
%% 프로그램 prog10_5.m
% 눈금값의 위치, 라베르 폰트와 같은 속성 수정
x = -15 : 15;
x(x == 1) = eps;  % x가 0이면 eps로 교체
[X, Y] = meshgrid(x);
R = sqrt(X .^ 2 + Y .^ 2);
```

```
Z = sin(R) ./ R;
surfl(X, Y, Z)
colormap summer
set(gca, 'XLim', [-15 15], 'XTick', [-15 0 15], 'XTickLabel', [-15 0 15])
set(gca, 'YLim', [-15 15], 'YTick', [-15 0 15], 'YTickLabel', [-15 0 15]);
set(gca, 'ZLim', [-0.5 1], 'ZTick', [-0.5 0 0.5 1], 'ZTickLabel', [-0.5 0 0.5 1]);
set(gca, 'FontName', 'Arial', 'FontSize', 10);
xlabel('x'), ylabel('y'), zlabel('z(x, y)')
```

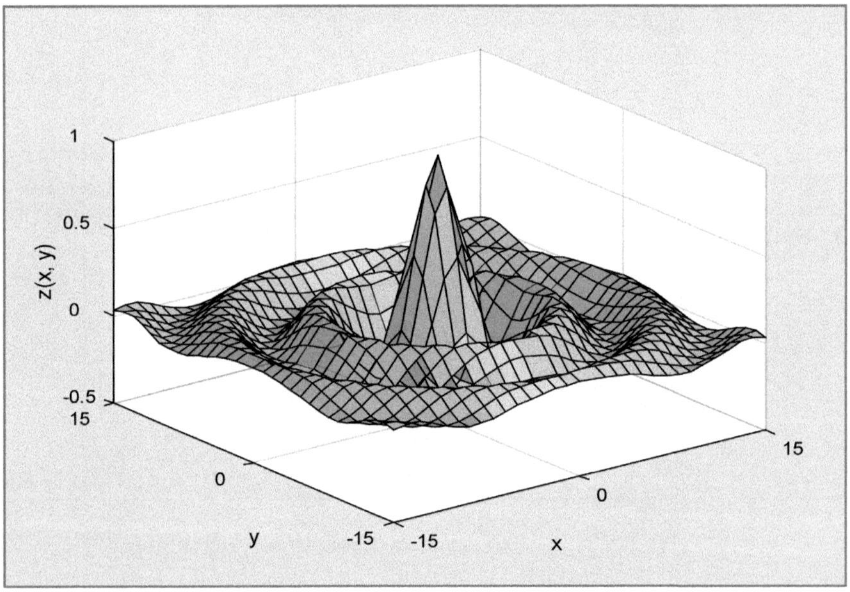

그림 10.16 surfl 그래프의 축 한계 설정

10.2.2.4 애니메이션을 위한 데이터 설정

5.6.4절에서 pause 명령어로 애니메이션을 구현했던 `prog5_22.m`을 다시 개선해보기로 한다. 먼저 다음 세 줄을 차례대로 입력한다.

```
>> t = 0;
>> buf = [t sin(t) cos(t)];
>> h = plot(buf(:, 1), buf(:, 2), 'k', buf(:, 1), buf(:, 3), 'r:');
```

t = 0이면 buf = [0 0 1]이 될 것이고 plot 함수는 [0 0]으로 sine 그래프의 점 하나를, [0 1]로 cosine 그래프의 점 하나를 찍고 핸들을 h에 저장해 주게 된다. 당연히 h(1)은 sine, h(2)는 cosine의 Line 객체의 핸들임을 알아야 할 것이다. 다음과 같이 get(h(1))을 입력해보자. 그러면 Line 객체 h(1)의 속성이 화면에 나타나고 XData와 YData 속성명에 속성값으로 각각 0과 0이 들어 있는 것을 보게 될 것이다. 지금은 하나뿐이지만 이곳에 x, y축의 데이터가 저장되게 된다. h(2)의 속성도 조사해보라.

```
>> get(h(1))
    AlignVertexCenters: off
            Annotation: [1×1 matlab.graphics.eventdata.Annotation]
......
                 Color: [0 0 0]
             ColorMode: 'manual'
......
             LineStyle: '-'
         LineStyleMode: 'auto'
             LineWidth: 0.5000
                Marker: 'none'
       MarkerEdgeColor: 'auto'
       MarkerFaceColor: 'none'
         MarkerIndices: 1
            MarkerMode: 'auto'
            MarkerSize: 6
......
              UserData: []
               Visible: on
                 XData: 0    % x축 데이터가 저장되는 변수
             XDataMode: 'manual'
           XDataSource: ''
                 YData: 0    % y축 데이터가 저장되는 변수
           YDataSource: ''
                 ZData: [1×0 double]
           ZDataSource: ''
```

따라서 애니메이션 효과를 내게 하는 핵심 기법은 매 루프마다 x, y축의 데이터를 하나 하나 쌓아 핸들과 set 함수로 XData와 YData의 속성값을 변경해주는 것이라 할 수 있다.

반복 루프 전에 Line 객체의 핸들을 받고, 루프 내에서 [t, sin(t), cos(t)]를 계산한 다음 행을 바꿔 buf에 쌓으면 첫 열은 t, 두 번째 열은 sin(t), 세 번째 열은 cos(t)의 시계열 데이터가 된다. 다음 set 함수로 Line 객체의 XData와 YData의 속성을 변경하고, 끝으로 drawnow를 실행하면 그 영향이 화면에 나타나게 된다. 속성명을 입력할 때 대소문자 구분은 하지 않아도 된다.

Script file: prog10_6.m

```
%% 프로그램 prog10_6.m
% set 함수를 이용한 속성 변경 및 애니메이션 실행
t = 0;
buf = [t sin(t) cos(t)];
h = plot(buf(:, 1), buf(:, 2), 'k', buf(:, 1), buf(:, 3), 'r:');
axis([0 10 -1.2 1.2])
title('Sine and Cosine Graphs')
xlabel('t'), ylabel('sin(t) and cos(t)')
grid on

for t = 0.02 : 0.02 : 10
    buf = [buf;t sin(t) cos(t)];
    set(h(1), 'xdata', buf(:, 1), 'ydata', buf(:, 2))  % Line 객체의 x, y
데이터를 변경
    set(h(2), 'xdata', buf(:, 1), 'ydata', buf(:, 3))  % Line 객체의 x, y
데이터를 변경
    drawnow
end
```

10.3 속성 편집기에서 속성값 바꾸기

MATLAB의 장점 중 하나가 풍부한 GUI(Graphic user interface)를 제공하고 있다는 것이다. 앞서 살펴본 바와 같이 미리 그려진 그래프의 속성을 set 함수로 적절히 제어하면 그림 크기, 선 모양, 선 색, 폰트 등을 변경할 수 있다. 하지만 원하는 모양을 얻기 위해 스크립트를 통해 일일이 속성을 지정하기에는 번거로운 면도 있다. 쉽게 변경할 수 있는 한 방법이 속성 편집기를 이용하는 것이다.

10.3.1 속성 편집기 열기

그래프 속성을 변경하고 싶을 때는 속성 인스펙터(Property inspector)를 사용하여 대화형으로 수정할 수 있다. 먼저 다음 명령문을 실행해서 그림창에 그래프를 띄워본다.

```
>> t = 0 : 0.02 : 10;
>> y1 = sin(t); y2 = cos(t);
>> plot(t, y1, 'k', t, y2, 'k:')
```

그림창에서 ⟨편집⟩ → ⟨Figure 속성⟩을 선택하고 클릭하면 속성 인스펙터가 연결되어 나타난다. 또는 Figure 도구 모음에서 속성 인스펙터 아이콘 을 클릭하거나, 또는 MATLAB명령 프롬프트에서 inspect를 입력한다. 속성 인스펙터를 닫고 싶을 때는 속성 편집기의 오른쪽 위에 있는 × 를 클릭하면 된다. 다음 그림은 그림창과 속성 인스펙터를 보여준다.

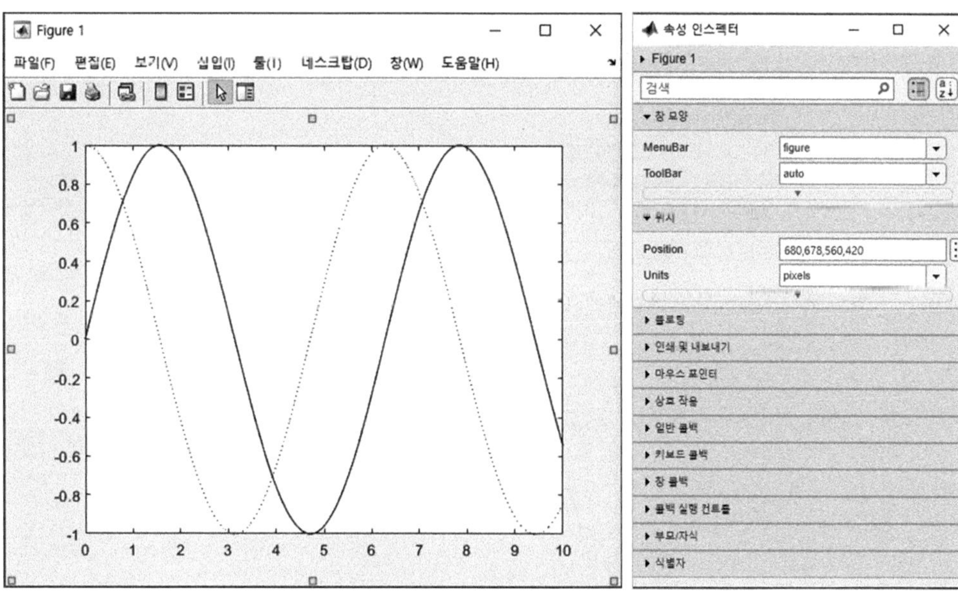

그림 10.17 그림창과 속성 편집기

10.3.2 속성값 바꾸기

속성을 변경할 객체를 마우스로 클릭하면(예로 실선을 선택) 선택이 되었음을 보여주는 사각형 표식이 중간중간에 나타나면서 속성 인스펙터에는 관련된 선 종류, 선폭, 선색, 표식 등과 같은 속성값이 나타난다. 여기에서 값을 변경하면 자동으로 그래프에 반영된다.

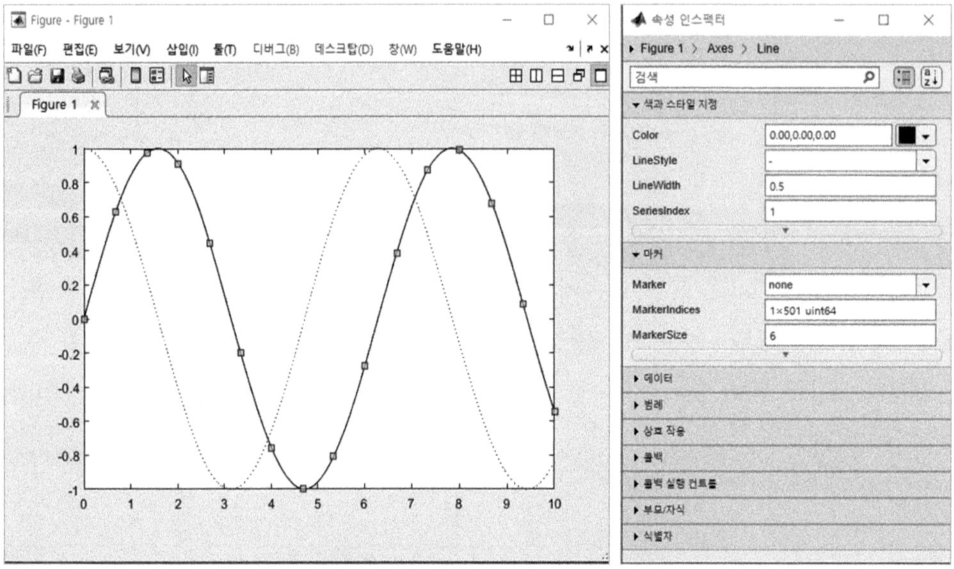

그림 10.18 도형 선택과 속성 편집기

먼저 현재 0.5로 되어 있는 선폭을 2로 변경해보자. 아래 모양으로 바뀔 것이다.

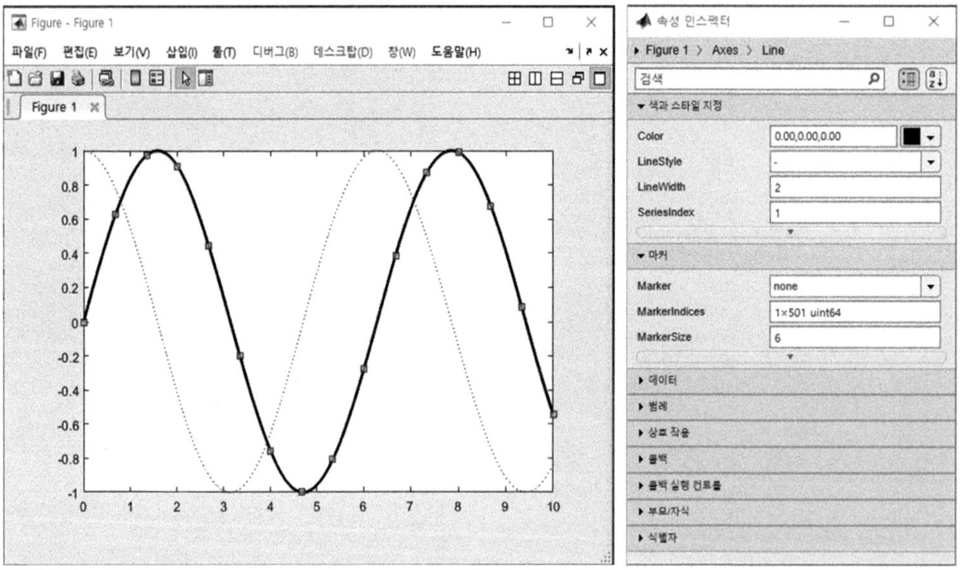

그림 10.19 선폭의 변경

다음은 y축의 한계를 −1.2 ~ 1.2로 변경하고, 눈금값 라벨을 변경해본다. 그래프의 가장자리 부분(상자)을 마우스로 클릭하면 축 변경과 관련 있는 항목들이 나타나고, 〈눈금자〉탭을 선택하면 그림 10.20과 같이 된다. 〈YLim〉 상자 값을 −1.2, 1.2로 변경한 다음 옆의 ⋮ 버튼을 클릭하면 Y축 한계가 수정된다. 다음으로 그림 10.20의 위쪽에서 보이는 것과 같이 〈눈금〉탭에는 X, Y 눈금값이 그려진 위치와 눈금값 라벨을 보여준다. YTick 옆의 ⋮ 버튼을 누르면 10.21(a)와 같은 창이 나타난다. 삭제하고 싶은 눈금값 라벨 위치를 마우스로 선택하고 〈−〉버튼을 누르면 삭제된다. 추가하고 싶으면 〈+〉버튼을 누르면 빈칸이 생기고 여기에 값을 넣으면 된다. 그림 10.21(b)는 −0.5와 0.5를 삭제한 경우이고, 그림 10.22는 최종적으로 변경된 그래프를 보여준다.

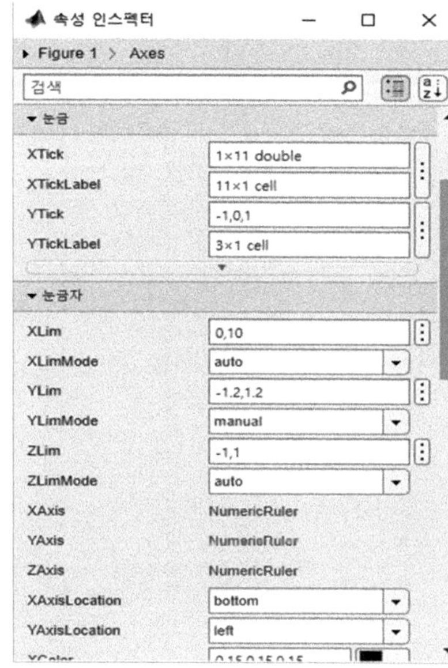

그림 10.20 속성 인스펙터의 Axes 속성

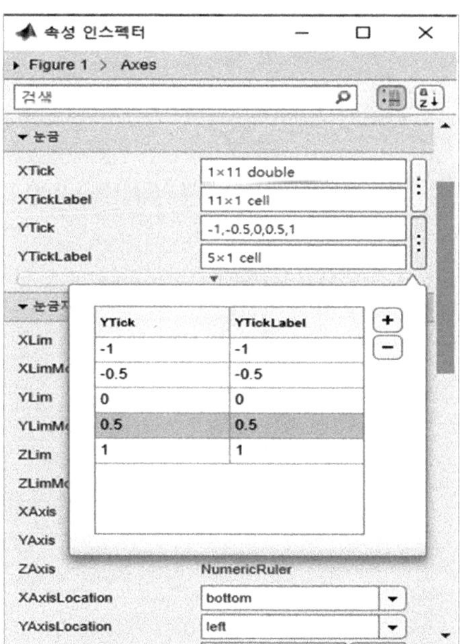

(a) 변경 전

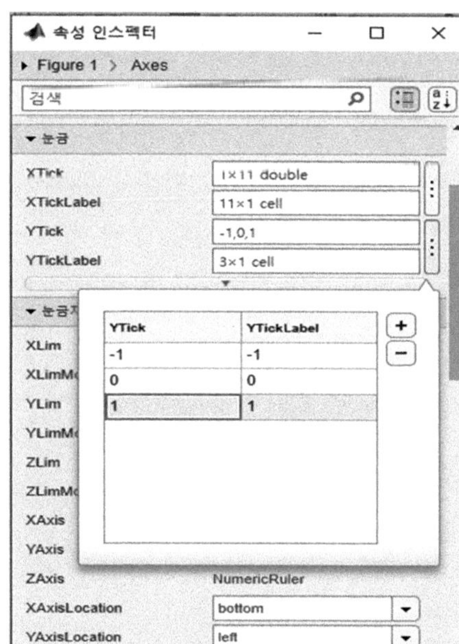

(b) 변경 후

그림 10.21 축 눈금 편집

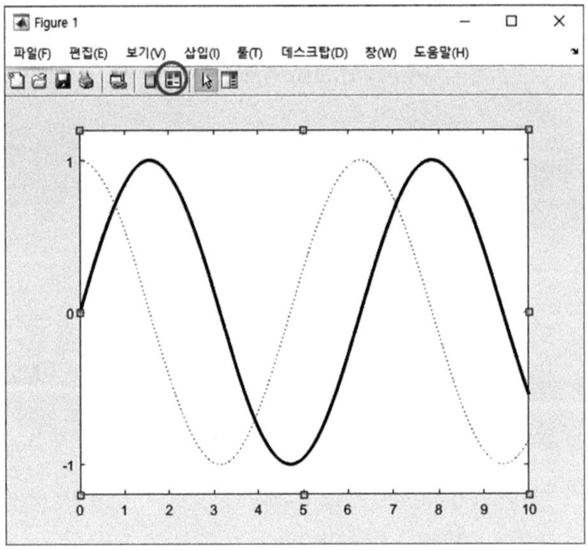

그림 10.22 축 한계와 눈금이 변경된 그래프

10.3.3 범례추가하기

다음은 범례를 추가해본다. 그림 10.22의 원 부분을 클릭하면 기본 범례가 나타나며 자동으로 나타나는 문자열은 마우스로 더블 클릭해서 변경할 수 있다. 범례의 위치는 마우스 왼쪽 버튼을 누른 상태에서 드래그해서 원하는 곳으로 옮길 수 있다.

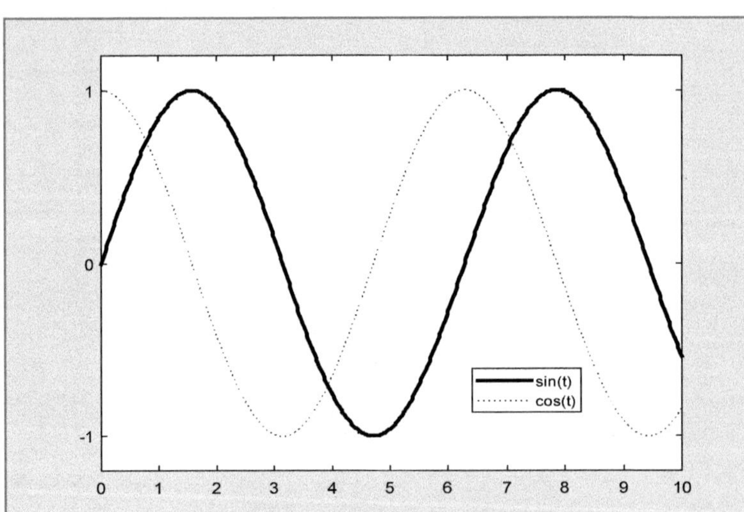

그림 10.23 범례가 추가된 그래프

10.3.4 그림파일 저장하고 열기

속성 편집기에서 수정한 그림은 나중에 사용하도록 파일에 저장할 수 있다. 그림창에서 〈파일〉 → 〈다른 이름으로 저장〉을 누르든지 아니면 저장 아이콘 을 누르면 파일명을 입력하라는 창이 나타난다. 여기에 파일명을 입력하면 그림은 확장자 '. fig'를 갖는 파일에 저장된다. 반대로 저장된 파일을 열 경우에는 〈열기〉에서 파일을 찾아 선택하면 열린다.

10.3.5 그림파일 내보내기

지금까지 본 많은 그림들은 창의 메뉴 정보도 함께 전달해야 하는 필요성 때문에 간편하면서도 유용한 '알캡처'를 써서 화면 캡처한 후에 붙여넣기를 한 것들이다. 하지만 창틀이 없는 그림 파일만 아래아한글이나 MS Word와 같은 문서 편집기에 내보내야 할 때가 종종 있다. 이때에는 그림창에서 〈편집〉 → 〈Figure 복사〉를 클릭하면(그림 10.24 참조) 그림은 클립보드(Clipboard)에 저장되고 〈붙여넣기〉만 하면 문서 편집기에서 가져올 수 있다(그림 10.25 참조).

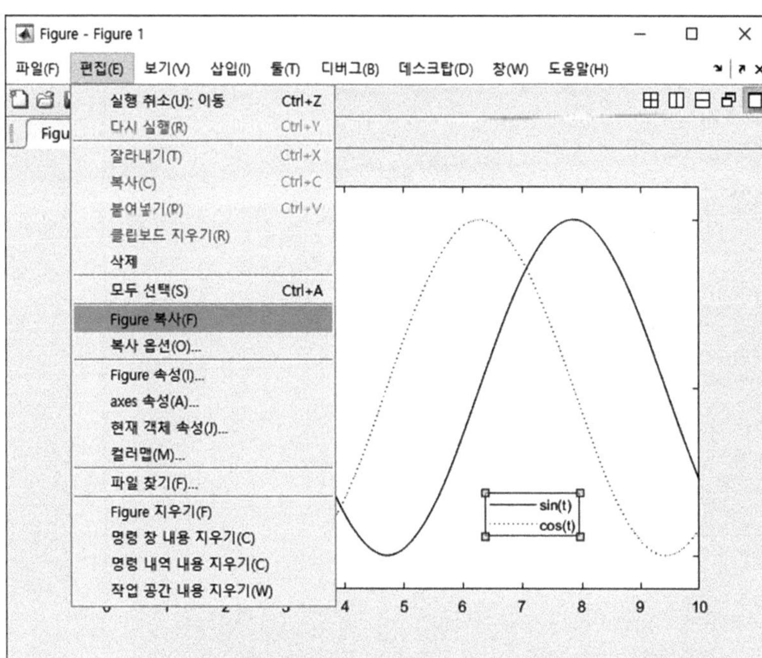

그림 10.24 클립보드에 그림파일 복사

클립보드로 복사하기 전에 〈편집〉 → 〈복사 옵션〉에 가서 그림에 대한 기본 설정을 미리 확인해두는 것을 잊어서는 안 된다. 가끔 〈비트맵〉으로 설정해야 하는 경우를 제외하고는 그림 10.26과 같이 기본 설정에 체크해 두는 것이 좋다. 참고로 이 교재에서의 Matlab 그래프는 'Figure 색 사용'과 '메타 파일'로 세팅하여 캡처하였다.

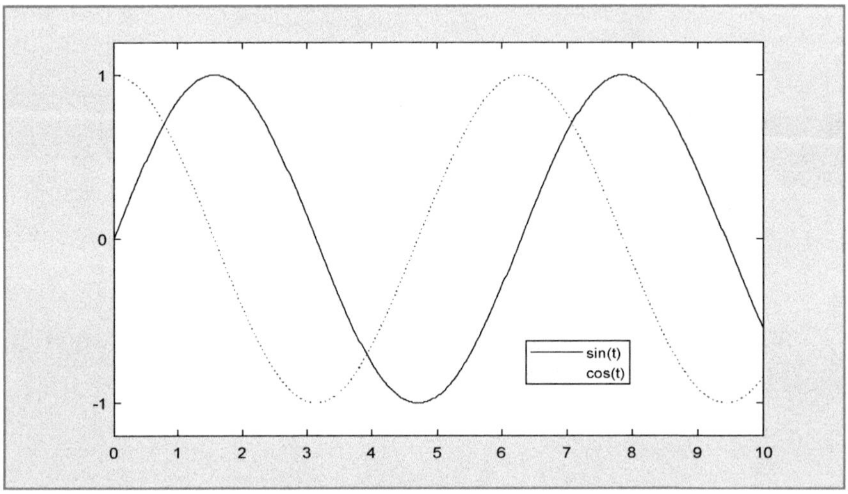

그림 10.25 문서 편집기에 내보낸 그림

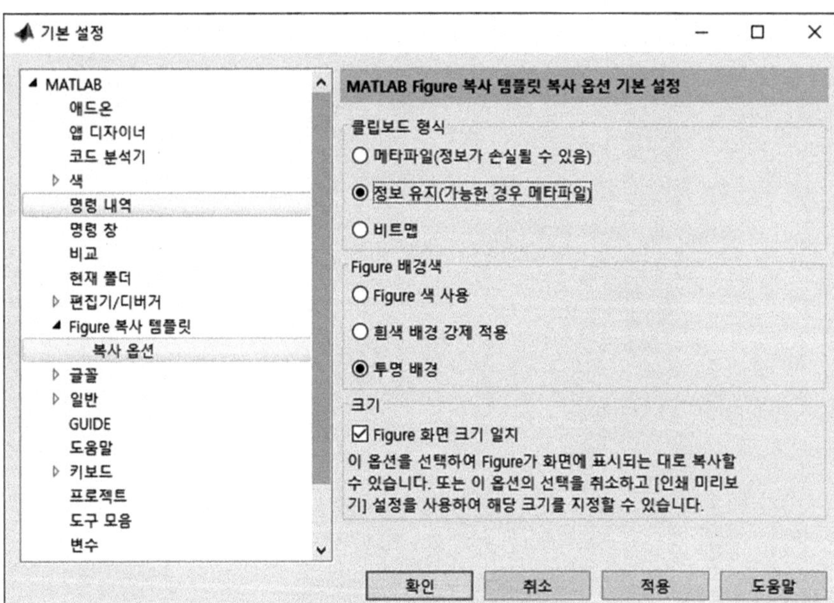

그림 10.26 복사 옵션

이와 같이 속성 편집기를 통한 속성 변경은 편리한 점도 많지만, 스크립트를 다시 실행하면 지금까지 작업했던 내용들이 다 사라지고 새로 그려지는 단점도 있다. 따라서 저자의 경험상 기본적인 속성 변경은 항상 스크립트에서 하고, 간단하면서도 일회성 속성 변경만 속성 편집기를 이용하는 것이 좋은 방법이라 생각된다.

CHAPTER

11 디버깅

프로그램을 작성하다 보면 숙련된 프로그래머조차도 가끔 버그(Bug)에 직면하게 되고 이를 찾아 해결하는데 많은 시간을 허비하기도 한다. 디버깅(Debugging)이란 버그가 일어난 지점을 찾아 그 원인을 인식하고 또 수정해주는 일련의 과정을 말한다. 이장은 MATLAB에서 제공하는 디버거의 사용법에 대해 다룬다.

11.1 버그(Bug)

버그는 크게 구문 오류와 런타임 오류(또는 논리 오류) 두 종류로 구분된다. 이들에 대해 간단히 살펴보면 다음과 같다.

11.1.1 구문 오류

구문 오류(Syntax error)란 정해진 문법에 따라 프로그램을 작성하지 않았을 때 생기는 오류를 말하며, 런타임 오류보다 더 빈번히 일어난다. 예로 초기화되지 않은 변수들을 문장 중에 사용한다거나, 내장함수나 사용자 정의함수를 호출할 때 입출력 인수의 형식, 크기 등을 잘못 입력하였거나, 괄호 사용 시 다른 한쪽을 빠뜨린다거나, if-end 문을 쓰면서 end를 생략했을 경우에 일어난다.

다음은 문법 오류가 일어나는 간단한 예제 스크립트이다.

Script prog11_1.m

```
%% 프로그램 prog11_1.m
```

```
% 문법 오류 확인하는 프로그램
x= 1; y=2;
if x > 0 && y > 0
    f = 9 * exp(-3(x + y));  %  3과 (x+y) 사이에 연산자 '*'를 생략
else
    f = 0;
    %  end 생략
```

다행히도 이런 종류의 오류는 편집기창에서 프로그램을 편집 중이거나 혹은 실행 중에 MATLAB 번역기가 자동으로 알려준다. 한 줄의 명령문을 완성 중이거나 또 이전에 입력한 줄에서 문법상의 경고나 오류가 발견되면 그 수준에 따라 오른쪽 위의 녹색 사각형(그림 11.1 참조)의 색이 점점 빨간색으로 변한다. 노란색은 경고로서 해당 프로그램을 수정하지 않아도 실행은 되지만 최대한 수정할 필요가 있고, 빨간색은 오류를 찾아 수정해야만 정상적으로 실행된다. 이 표시 위로 커서를 옮기면 그림 11.1과 같이 오류에 대한 설명을 보여준다. 또한 프로그램을 실행해도 명령창에서 오류 메시지를 보이고 그 위치를 알려준다.

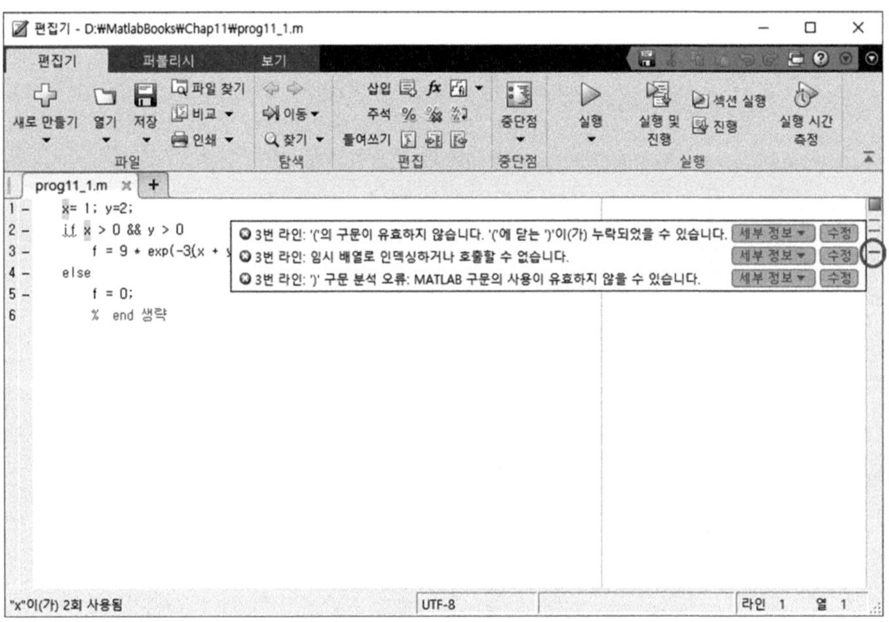

그림 11.1 Matlab 에디터에서의 prog11_1 파일과 오른쪽의 오류표시

11.1.2 런타임 오류

런타임 오류(Runtime error)란 문법적으로는 오류가 없어 실행은 되지만 기대한 값과 동떨어진 값이 나오거나, 무한 루프와 같은 예측할 수 없는 동작을 유발하는 프로그래밍 상의 오류를 말하며, 논리 오류(Logic error)라고도 한다. 다음 예와 같이 sin30°를 계산할 때 pi/6로 입력해야 함에도 실수로 30을 입력한다거나, x = 0일 때 sin(x)/x를 계산하면서 x = 0; f = sin(x)/x과 같이 코딩한다면 문법 오류는 일어나지 않지만 원하는 값을 얻을 수 없다.

```
>> y = sin(30)  % 틀린 계산(30°의 라디안 값을 입력해야 함)
y =
  -0.9880
>> y = sin(30*pi/180)  % 옳은 계산(0.5가 반환됨)
y =
   0.5000
>> y = sind(30)   % 또는 각도를 직접 입력 받는 새로운 명령 이용
y =
   0.5000
>> x = 0;  f = sin(x) /x  % 틀린 계산(0 대신 eps를 사용해야 함)
f =
  NaN
>> x = eps; f = sin(x) / x  % 옳은 계산(1이 반환됨)
f =
    1
```

일반적으로 프로그램 줄 수가 짧으면 그런대로 오류를 찾아낼 수 있겠지만, 길어지면 간단히 찾아내기가 쉽지 않다. 이때는 조직적으로 접근할 수밖에 없고, 저자의 경험으로는 다음 순서로 해보는 것이 효과적인 방법이라 생각된다.

- 의심되는 문장의 오른쪽 끝에 있는 ‘;’을 제거하고 그다음 줄에 pause를 넣어서 프로그램을 실행하고 변수의 값을 확인해본다.
- 긴 프로그램은 전체를 몇 개의 블록으로 나눈 다음 첫 블록만 남기고 나머지를 모두를 주석 처리해서 실행한 후 앞의 방법과 같이 의심되는 변수의 값들을 출력해 본다. 오류가 없으면 다음 블록을 해제하고 앞의 방식으로 확인하면서 접근해 간다. 이렇게 해서 오류가 일어나는 블록을 집중적으로 확인한다.

- 프로그램에서 여러 개의 사용자 정의 함수를 호출하고 있으면 호출문을 뒤에서부터 차례로 주석 처리하면서 어느 함수에서 오류가 발생하는지를 확인한다
- 이렇게 해서도 찾기가 어려우면 단계적으로 오류를 추적하도록 MATLAB의 디버거를 이용한다.

11.2 디버깅 준비 및 절차

11.2.1 디버깅 준비

편집기/디버거로 디버깅을 할 경우에는 다음 사항을 미리 준비해야 한다.

- 디버깅할 파일을 연다.
- 파일을 실행해 보고 문법 오류가 일어나면 수정하고 파일을 저장한다. 문법 오류가 일어나는 파일은 디버깅할 수 없음에 유의한다.

11.2.2 디버깅 절차

디버깅할 준비가 되어 있다면 다음과 같은 절차로 진행하면 된다.

단계 1: 중단점(Breakpoint)을 설정한 다음 〈실행〉 버튼 또는 아이콘을 눌러 파일을 실행한다. 중단점 설정은 다음 절을 참조한다.

단계 2: 현 중단점까지 실행된 문장들의 변수 위에 마우스를 올려놓으면 작은 박스에 변숫값이 나타난다. 이 값을 확인한다.

단계 3: 피호출 함수(사용자 정의 함수) 내의 변수들을 조사할 필요가 있어 그 내부로 들어가고 싶을 때는 함수 내부의 의심이 가는 위치에 중단점을 설정하고 〈실행〉을 누르거나 아니면 현재 실행 위치가 함수의 호출문에 있을 때 〈스텝 인〉을 누르면 되고, 함수에서 빠져나올 때는 〈스텝 아웃〉을 누르면 된다.

단계 4: 현 중단점까지는 오류가 없다고 판단되면 중단점을 더 아래 쪽 위치로 변경하고 새로 〈실행〉을 누른 후 단계 2~3을 반복한다.

단계 5: 오류를 찾아 모두 수정하면 디버깅을 종료한다.

이후로 간단한 예제 프로그램을 통해 디버깅 절차를 구체적으로 설명한다. 아래 예제 문제를 생각해보자.

예제 11.1 주사위 한 개를 10회 던져서 3의 눈이 나오는 횟수를 확률변수 X라고 할 때, 3의 눈이 x회 나올 확률분포는 $P(X = x) = {}_{n}C_{x}\, p^{x} q^{n-x}$이다. $P(X = x)$와 누적확률분포 $P(X \leqq x)$를 구해 그림 11.2와 같이 분할 화면에 그려라. 단, $p = 1/6$이고 $q = 1 - p = 5/6$이라고 가정한다.

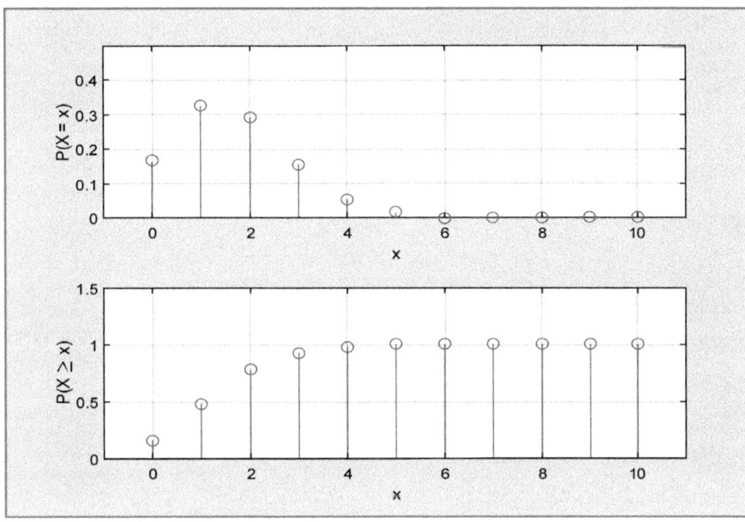

그림 11.2 확률분포와 누적확률분포

전체 프로그램은 3개의 함수로 구성하였다. 함수 facto는 팩토리얼 값을 계산해주는 부함수이고, 함수 combi는 조합 ${}_{n}C_{x}$를 계산하고 반환하는 부함수로써 facto를 호출하며, 함수 **func11_1**은 combi를 호출해서 확률과 누적확률을 계산한 다음 이들을 그리는 주함수이다.

프로그램을 작성하면서 의도적으로 두 개의 문장을 틀리게 해서 논리 오류를 유도하였다. 하나는 함수 facto에서 v = 1로 초기화해야 함에도 v = 0으로 잘못 쓴 것이고, 다른 하나는 함수 combi에서 v = v * (n - i + 1)로 써야 함에도 타이핑 오류로 간주해서 v = v * (n - i + i)로 입력한 것이다. 이를 실행하면 결과만 틀릴 뿐 문법상의 오류는 일어나지 않는다.

Function func11_1.m

```
%% 함수 func11_1.m
% 예제 11.1 : 주사위의 확률 분포함수 구하기 디버깅을 위한 함수
function func11_1
n = 10; cump = 0; buf = [ ];
for x = 0 : n
    p = combi(n, x) * (1/6)^x * (5/6) ^ (n-x);
    cump = cump + p;
    buf = [buf; x p cump];
end
subplot 211
stem(buf(:, 1), buf(:, 2))
axis([-1 11 0 0.5])
xlabel('x'), ylabel('P(X = x)')
grid
subplot 212
stem(buf(:, 1), buf(:, 3))
axis([-1 11 0 1.5])
xlabel('x'), ylabel('P(X \geq x)')
grid

function v = combi(n, x)
v = 1;
for i = 1 : x
    v = v*(n - i + i);    % 논리 오류
end
v = v / facto(x);

function v = facto(n)
if n == 0
    v = 1;
    return;
end
v = 0;              % 논리 오류
for i = 1 : n
    v = v * i;
end
```

11.3 디버거의 실행 및 중지

11.3.1 디버거의 실행

디버거(Debugger) 실행과 디버깅은 편집기창이나 명령창에서도 가능하지만 여기서는 사용이 편리한 편집기창을 위주로 설명한다. 디버거는 편집기와 함께 묶여 제공되기 때문에 파일을 열고 그림 11.3과 같이 중단점(예로 4번째 줄)을 설정한 후 〈실행〉 버튼 을 누르면 실행된다. 다시 한번 언급하지만 프로그램에 구문 오류가 있으면 디버깅이 안 된다. 디버그가 시작되면 명령창의 프롬트는 자동으로 >>에서 K>>로 바뀐다.

그림 11.3 편집기창과 디버거의 실행

11.3.2 디버깅의 중지

디버깅은 언제든지 중지시킬 수 있다. 편집기창에서 설정해둔 중단점들을 마우스로 하나 하나 클릭해서 모두 지우거나 아니면 메뉴에서 〈중단점〉 → 〈모두 지우기〉를 선택해서 모누 지운 나음 〈디버깅 중지〉아이콘 ■을 클릭하면 중지된다.

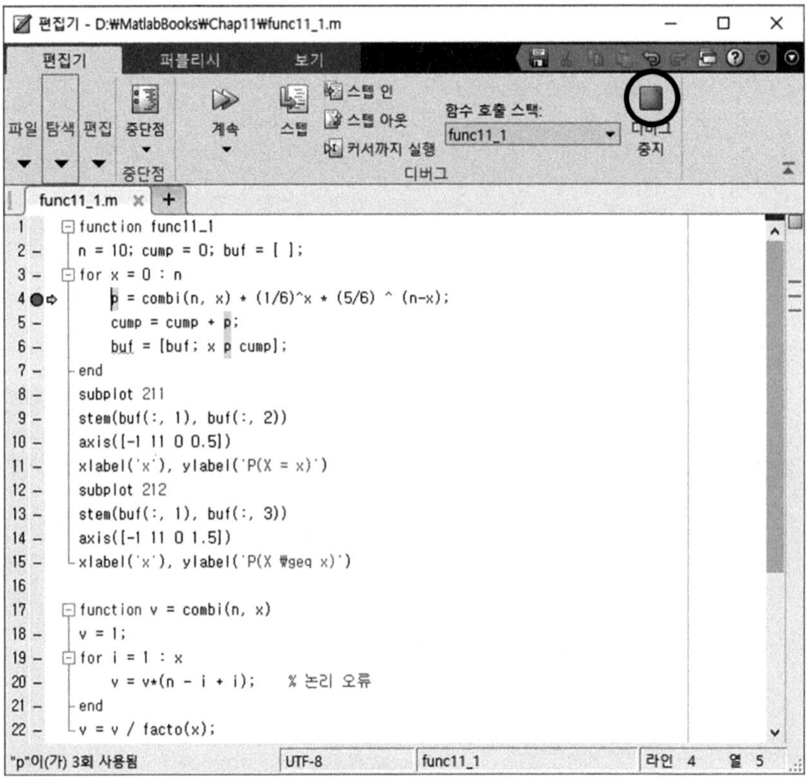

그림 11.4 디버그의 중지

또 명령줄의 프롬프트에 dbquit를 입력하고 〈Enter〉키를 쳐도 중지된다. 디버깅이 중단되면 정상적인 프롬프트 >>로 바뀐다.

```
K>> dbquit
```

중단점이 설정된 그 상태로 저장해 놓았다가 다음에 계속해서 디버깅하고 싶으면 〈디버깅 중지〉를 하고 〈저장〉을 누르면 저장된다.

11.4 중단점의 설정과 지우기

중단점(Breakpoint)이란 프로그램이 순차적으로 실행해가다 실행이 멈춰서는 줄을 의미한다. 경험적으로 중단점은 의심이 가는 줄에 설정하면 된다. 편집기창에서 중단점의 설정과 지우기는 다음과 같이 하면 된다.

- 줄 번호 옆에 있는 표식(–)을 마우스로 한 번 클릭하면 설정되고, 다시 한번 클릭하면 지워진다.
- 커서를 해당 줄 위에 놓고 메뉴에서 〈중단점〉 → 〈설정/지우기〉를 선택하면 설정되고, 다시 한번 선택하면 지워진다.

정상적으로 설정되면 그림 11.5와 같이 클릭한 곳에 작은 빨간 원 ●이 나타난다. 그러

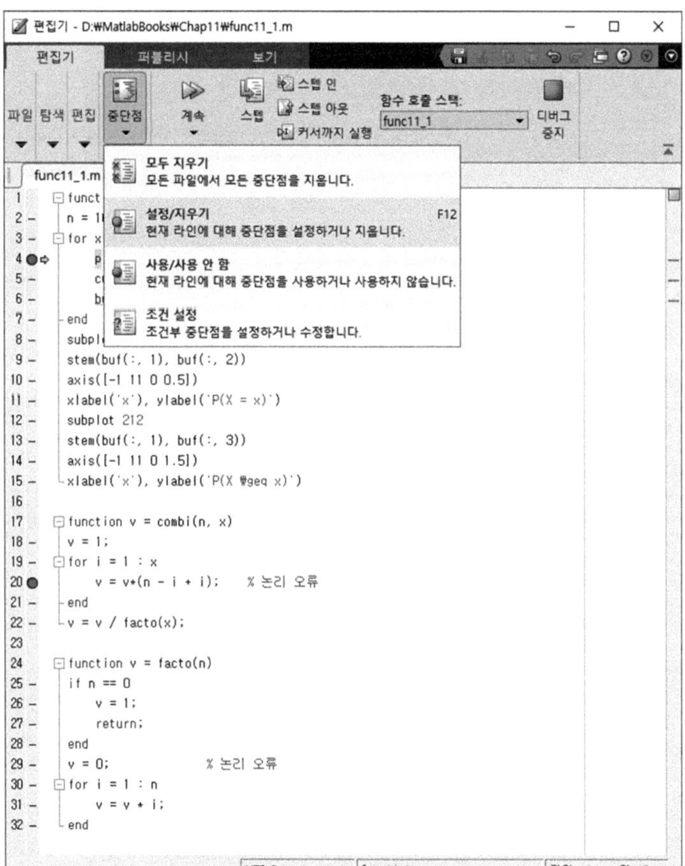

그림 11.5 중단점의 설정과 지우기

나 디버깅 중에 파일을 수정하면 빨간 원은 회색으로 바뀌고, 파일을 저장하면 다시 빨강으로 바뀐다. 사용자는 여러 개의 중단점을 설정할 수도 있고 또 〈중단점〉 → 〈모두 지우기〉를 선택하면(그림 11.5 참조) 이들을 한꺼번에 지울 수도 있다. 여러 개의 중단점이 설정된 경우에는 〈실행〉아이콘을 한 번 클릭할 때마다 실행은 다음 중단점에서 멈춰 서게 된다. 멈춰선 위치에는 초록색 화살표 ➡가 나타나고, 이는 실행 경로에서 MATLAB의 현재 위치를 나타낸다.

이때 한 가지 알아두어야 할 사실은 ➡가 있는 줄의 등호(=) 오른쪽의 변수들은 모두 수행된 상태이지만, 등호 왼쪽의 변수에는 아직 저장되지 않은 상태라는 점이다.

11.5 스텝

스텝(Step)은 프로그램을 한 줄 한 줄 실행해주는 기능이고, 이렇게 하면서 실행된 문장들의 변수가 어떤 값을 가졌는지를 조사할 수 있게 해준다. 〈스텝〉아이콘 를 한 번 클릭할 때마다 한 줄씩 진행하고 녹색 화살표도 따라 움직인다. 프로그램 내에 for-end, while-end와 같은 반복 루프 문이 들어 있으면 〈스텝〉을 누를 때마다 녹색 화살표는 루프 내에서 상하로 반복하면서 움직이다 루프가 끝나면 end 다음 줄로 옮겨진다. 만약 프로그램의 첫 줄부터 마지막 줄까지 한 줄씩 확인하고 싶으면 첫 줄에만 중단점을 설정하고 〈실행〉을 누른 다음 계속 〈스텝〉만 누르면서 변수의 값들을 확인하면 된다.

그림 11.6은 녹색 화살표가 4번 줄에 있을 때(그림 11.5참조) 〈스텝〉을 한 번 눌러 실행이 함수 combi내부로 들어가지 않고 5번 줄로 옮겨졌음을 보여준다. 함수 combi내부로 들어가고 싶을 때는 4번 줄에 있을 때 〈스텝 인〉을 누르면 되고 이는 다음 절에서 설명한다. 이제 실행된 문장들의 변수 위에 마우스를 갖다 대면 작은 창이 뜨면서 변수의 값이 나타난다. 사용자는 이를 보고 이상 유무를 확인하면 된다.

x = 0인 현재까지는 $P(X = x) = {}_{10}C_0 (1/6)^0 (5/6)^{10} = 0.1615$가 뜨므로 이상이 없는 것을 알 수 있다.

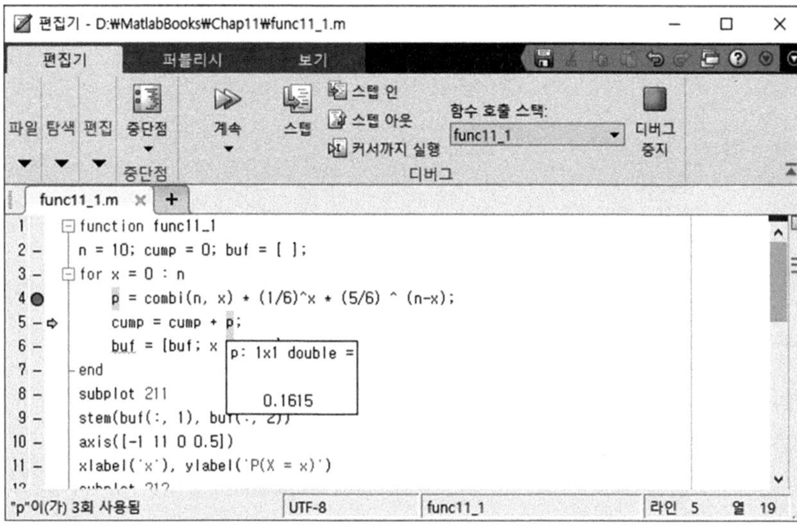

그림 11.6 스텝과 변수 값 확인(x = 0일 때)

〈스텝〉을 계속 4번만 눌러보자. for 문 때문에 문장이 반복되면서 다시 ➡가 5번 줄에 다다르게 된다. x = 1이 되고 p값을 조사해보면 Inf인 것을 볼 수 있다. 이를 통해 함수 combi에서 뭔가 잘못되었음을 짐작할 수 있다.

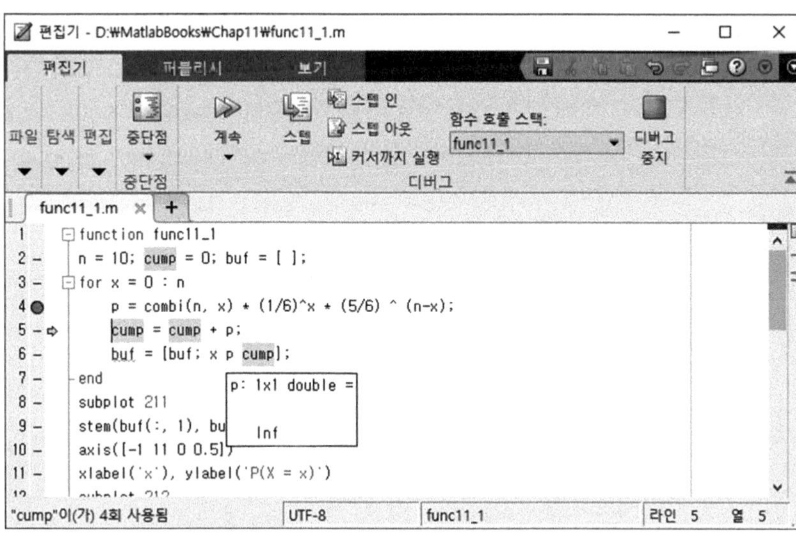

그림 11.7 스텝 및 변수 값 확인(x = 1일 때)

11.6 스텝 인과 스텝 아웃

11.6.1 스텝 인

디버깅 도중에 사용자 정의 함수에 들어가 변수들을 조사해야 할 경우가 종종 있다. 함수 내부로 들어갈 수 있는 방법은 두 가지가 있다.

- ➡가 호출문에 다다랐을 때 〈스텝 인〉아이콘 을 누르면 내부로 들어간다. 그 후 〈스텝〉을 한 번씩 눌러 한 줄씩 실행하면서 함수 내부의 변수들을 확인하면 된다.
- 함수 내부에 중단점을 설정하고 〈실행〉버튼을 눌러도 들어간다. 그 후 〈스텝〉을 눌러 위와 같이 변수들을 확인하면 된다.

만약 예제 프로그램이 디버깅 중이라면 〈디버깅 중지〉를 누르고 새로 4번 줄을 중단점으로 설정한 다음 〈실행〉을 해본다. 그런 다음 〈스텝〉을 4번 눌러 ➡가 4번 줄에 다시 왔을 때 〈스텝 인〉을 눌러본다. 이러면 호출문에 있던 초록색 화살표는 흰색 ⇨로 바뀌고 초록색 화살표 ➡는 Combi의 첫 줄(18번)에 다다르게 된다. 흰색 화살표는 현재 실행 제어권이 함수 내부에 있음을 암시해준다.

이제 입력인수 값을 확인해 보면 n = 10이고 x = 1인 것을 알 수 있다. 혹시 x값이 다르면 앞의 과정을 다시 시작하면 된다. 〈스텝〉을 더 눌러 ➡가 22번 줄에 다다랐을 때 v값을 확인해 보면 10이고 한 번 더 눌러 호출문으로 돌아가기 바로 직전, 즉 화살표가 ⬇로 바뀔 때 v값을 확인해 보면 Inf임을 알 수 있다(그림 11.8). 이 결과는 함수 facto에도 문제가 있음을 짐작할 수 있게 해준다.

다시 〈디버깅 중지〉하고 새로 〈실행〉해본다 (4번 줄이 중단점으로 설정되어 있음). 그런 다음 〈스텝〉을 4번 눌러 ➡가 4번 줄에 있을 때 〈스텝 인〉을 눌러보자. 초록색 화살표 ➡는 Combi의 첫 줄(18번)에 다다르게 된다. n = 10, x = 1인 것을 확인한다. 〈스텝〉을 더 눌러➡가 22번 줄에 다다랐을 때 〈스텝 인〉을 눌러보자. 함수 facto 내부로 들어가게 된다. 인수값을 확인하면 n = 1이고 함수는 1! = 1을 되돌려야 한다. 〈스텝〉을 더 눌러 ➡가 마지막 32번 줄에 다다랐을 때 v 값을 확인해보면 0인 것을 알 수 있다. 결론적으로 사용자는 29번 줄의 v = 0가 잘못 쓰인 것을 인지하게 될 것이다.

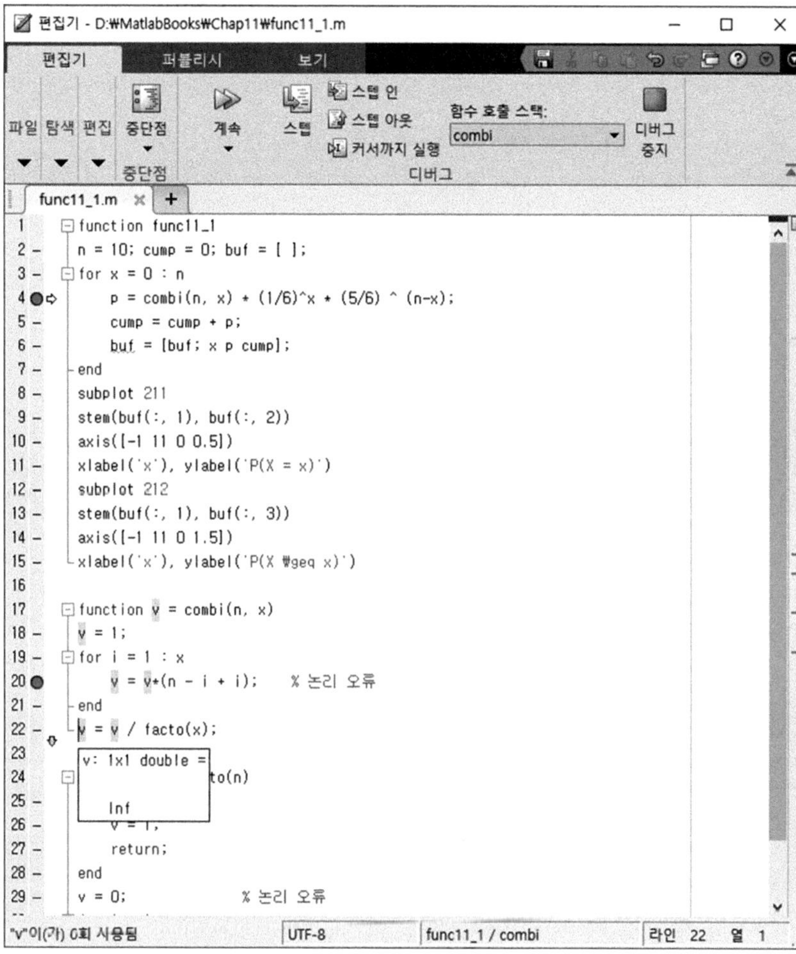

그림 11.8 스텝 및 변수 값 확인(x = 1일 때)

v = 1로 수정하고 저장한 후 디버깅을 새로 시작해본다(4번 줄이 중단점으로 되어 있음). 그런 다음 〈스텝〉을 몇 번 눌러 x = 1일 때 p값을 조사해보면 ${}_{10}C_1(1/6)^1(5/6)^9 = 0.323$인 것을 알 수 있고, 〈스텝〉을 몇 번 더 눌러 x= 2일 때 p값을 조사해보면 같은 값인 0.3232이므로 함수 combi가 문제임을 짐작할 수 있다.

디버깅을 새로 시작해서 〈스텝〉을 몇 번 눌러 x = 2이고 ➡가 4번 줄에 있을 때 〈스텝 인〉을 눌러보자. 인수 값을 확인하면 n = 10, x = 2가 되고 함수 combi는 ${}_{10}C_2 = 45$을 되돌려야 한다. 〈스텝〉을 더 눌러 for-end 문의 마지막 실행 후 v값을 확인하면 v = 100이 되므로 문제가 있음을 인지하고 v = v * (n − i + i)를 v = v * (n - i +1)로 수정해야 한다.

11.6.2 스텝 아웃

〈스텝 아웃〉은 피호출 함수 안에서 검사를 중지하고 다시 호출문으로 빠져나오게 해준다 빠져나오고 싶을 때 언제든지 〈스텝 아웃〉아이콘 을 누르면 빠져나온다.

CHAPTER

12 공학분야 응용

이 장은 공학분야에 일어나는 몇 가지 문제들을 해결하기 위해 예제 중심으로 MATLAB 함수의 사용법에 대해 다룬다.

12.1 수치적분

독립변수 x에 대한 함수 f(x)의 정적분은 다음과 같이 표현된다.

$$S = \int_{a}^{b} f(x)dx = F(b) - F(a) \tag{12.1}$$

여기에서 $f(x)$는 피적분함수, a와 b는 하한과 상한을 의미한다. 이 적분식은 결국 $f(x)$의 원함수 $F(x)$를 구할 수 있을 때만 가능하다. 예를 들어 $\int_{0}^{1} e^{x^2}dx$나 $\int_{-1}^{1} \cos(\sqrt{x^3+1})dx$와 같이 원함수를 정확히 알 수 없거나 또 원함수를 안다 해도 대단히 복잡해서 결과를 얻는데 상당한 시간과 노력이 요구되는 경우도 많다. 따라서 $f(x)$의 원함수 $F(x)$를 직접 구하는 대신 구간 $a = x_0 \leqq x_1 \leqq \cdots \leqq x_n = b$에서 취하는 $(n+1)$개의 함숫값 $f(x_0)$, $f(x_1)$, $\cdots$, $f(x_n)$으로부터 근사적으로 적분값을 구하게 된다. 이를 위해 다양한 수치적분 법들이 개발되어 사용되고 있다[7, 8].

MATLAB에서도 이러한 정적분 문제를 해결하기 위해 몇 가지 함수를 제공한다.

함수	설명
quad	적응형 Simpson법으로 정적분 $\int_a^b f(x)dx$를 구한다.
quadl	적응 Lobatto quadrature법으로 정적분 $\int_a^b f(x)dx$를 구한다.
quadgk	적응 Gauss-Kronrod quadrature법으로 정적분 $\int_a^b f(x)dx$를 구한다. 하한과 상한이 $-\infty$ 또는 ∞가 될 수도 있다.
dblquad	닫힌 직사각형 $a \leq x \leq b$, $c \leq y \leq d$에서 정의된 함수 $f(x, y)$의 이중적분 $\int_a^b \int_c^d f(x,y)\,dy\,dx$를 구한다.
quad2d	닫힌 영역 $a \leq x \leq b$, $c(x) \leq y \leq d(x)$에서 정의된 함수 $f(x, y)$의 이중적분 $\int_a^b \int_{c(x)}^{d(x)} f(x,y)\,dy\,dx$ 를 구한다.

이들의 형식은 다음과 같다. 여기서 fun은 피적분 함수의 핸들이고 a, b, c와 d는 하한과 상한을 의미하는 스칼라값이다. 그러나 quad2d의 경우에는 c와 d가 함수의 핸들이 될 수 있다. 또 tol은 허용오차를 나타내며 이 값을 크게 할수록 연산시간은 짧아지지만, 대신 정밀도가 떨어지게 된다. 이를 생략하면 기본값인 10^{-6}으로 간주한다.

- s = quad(fun, a, b)
- s = quad(fun, a, b, tol) % tol의 정밀도로 적분한다.
- s = quadl(fun, a, b) % quad와 유사하다.
- s = quadgk(fun, a, b) % a와 b는 −inf 또는 inf가 될 수 있다.
- s = dblquad(fun, a, b, c, d) % 이중적분을 수행한다.
- s = quad2d(fun, a, b, c, d) % c와 d는 스카라 또는 함수의 핸들이 될 수 있다.

다음 정적분 값을 구해본다.

$$s = \frac{2}{\sqrt{\pi}} \int_0^1 e^{-x^2} dx \qquad (12.2)$$

이 적분은 quad나 quadl을 써서 구할 수 있다. 다음은 피적분 함수를 익명함수로 작성한 것이고 이때 배열 연산자를 써서 벡터 함숫값을 돌려준다.

```
>> s1 = quad(@(x) 2 * exp(-x .^ 2) / sqrt(pi), 0, 1)
s1 =
   0.8427
>> s2 = quadl(@(x) 2 * exp(-x .^ 2) / sqrt(pi), 0, 1)
s2 =
   0.8427
>> s3 = erf(1)  % 오차함수
s3 =
   0.8427
```

특히 이 적분식은 오차함수(Error function)이기 때문에 내장함수 erf를 써서 적분값을 확인할 수도 있다.

다시 다음 정적분값을 구해본다.

$$q = \int_0^{\infty} \frac{4}{\pi(x^2+4)} dx$$

이 적분은 상한이 ∞ 이므로 quadgk 함수를 써야 하고 또 ∞ 대신 inf를 써야 한다.

```
>> s = quadgk(@(x) 4 ./ (pi * (x .^ 2 + 4)), 0, inf)
s =
   1.0000
```

적분식이 복잡해서 내장함수 안에 익명함수를 쓰기가 곤란하면 함수 밖에서 정의한 후 사용해도 된다.

```
>> f = @(x) 4 ./ (pi * (x .^ 2 + 4));
>> s = quadgk(f, 0, inf)
s =
   1.0000
```

예제 12.1 사용자 정의 함수를 써서 다음 적분값을 허용오차 $\varepsilon = 10^{-8}$ 내에서 구하여라.

$$s = \int_0^{2\pi} \frac{1}{2+\cos x} dx$$

풀이 피적분 함수를 사용자 정의 함수로 작성하고 그 핸들, 즉 @fun을 입력인수로 사용하고 또 tol 값으로 10^{-8}을 입력하였다. 실행하면 아래와 같은 정적분 값을 얻는다. 명령창에 소수점 이하 다섯 자리 이상의 수를 나타내고 싶으면 format long을, 원래의 출력 형식으로 지정하고 싶으면 format short 또는 format default를 입력하면 된다.

Functiont file: prog12_1.m

```
%% 함수 prog12_1.m
% 예제 12.1: 수치적분 계산
function prog12_1
format long  % 출력 형식 지정
s = quad(@fun, 0, 2*pi, 1e-8)
format short  % 출력 형식 지정
% 부함수
function y = fun(x)
y = 1 ./ (2 + cos(x));
```

```
>> prog12_1
s =
   3.627598728515091
```

예제 12.2 MATLAB 내장함수를 써서 다음 이중적분값을 구하여라.

$$s = \int_0^2 \int_0^{\pi/2} x \sin y \, dy \, dx$$

풀이 이 적분은 닫힌 직사각형 $[a, b] \times [c, d]$에서 정의된 함수 $f(x, y)$의 이중적분이므로 dblquad 함수를 사용하면 된다. 익명함수나 사용자 정의 함수 작성 시 주의해야 할 점은 하한과 상한값을 괄호 내의 변수 순서와 일치되도록 입력해줘야 한다는 것이다.

```
>> s1 = dblquad(@(x, y) x .* sin(y), 0, 2, 0, pi/2) % x, y 순이므로 0
과 2를 먼저 입력
s1 =
```

```
    2.0000
>> s2 = dblquad(@(y, x) x .* sin(y), 0, pi/2, 0, 2) % y, x 순이므로 0
과 p/2를 먼저 입력
s2 =
    2.0000
```

예제 12.3 내장함수를 써서 다음 이중적분값을 구하여라.

(1) $s = \int_{0}^{\pi}\int_{2y}^{6} y\sin(x^2)\,dx\,dy$ (2) $r = \int_{-1}^{1}\int_{2x^2}^{x^2+1} (x+2y)\,dy\,dx$

풀이 이 적분들은 닫힌 영역 $a \leq y \leq b,\ c(y) \leq x \leq d(y)$ 또는 $a \leq x \leq b,$ $c(x) \leq y \leq d(x)$에서 정의된 함수 $f(x,y)$의 이중적분이므로 quad2d 함수를 사용해야 하고, 필요하면 적분 하한과 상한도 익명함수 또는 사용자 정의 함수로 작성해야 한다. 첫 번째 적분은 변수 x의 하한이 y의 함수이므로 이를 익명함수로, 두 번째 적분은 변수 y의 하한과 상한이 모두 x의 함수이므로 이들을 익명함수로 작성한다.

```
>> s = quad2d(@(y, x) y .* sin(x .^ 2), 0, pi, @(y) 2 * y, 6)
s =
    0.1072
>> r = quad2d(@(x, y) x + 2 * y, -1, 1, @(x) 2 * x .^ 2, @(x) 1 + x .^ 2)
r =
    2.1333
```

12.2 비선형 방정식의 해법

다항식 $a_0x^n + a_1x^{n-1} + \cdots + a_{n-1}x + a_n = 0$의 근은 함수 roots로 구할 수 있다.

- roots([a_0, a_1, $\cdots$, a_{n-1}, a_n]) % 다항식의 계수 벡터를 입력하면 근을 반환한다.

하지만, 예를 들어 $x - 2\sin(x) = 0$와 같은 비선형 방정식에는 이 명령은 쓸 수 없고 대신 MATLAB에서 제공하는 일변수와 다변수 비선형 방정식의 수치해(근)를 얻는 함수를 써야 한다. 이들의 기본적인 형식은 다음과 같다.

- x = fzero(fun, x0) % x0를 시작점으로 하여 일변수 방정식의 해 x를 반환한다.
- [x, fval] = fzero(fun, x0) % x0를 시작점으로 하여 일변수 방정식의 해 x와 함숫값 fval을 반환한다.
- x = fsolve(fun, x0) % 초기벡터 x0를 시작점으로 하여 다변수 방정식의 해 x를 반환한다.
- [x, fval] = fsolve(fun, x0) % 초기벡터 x0를 시작점으로 하여 다변수 방정식의 해 x와 함숫값 fval을 반환한다.

사용 시 유의사항은 다음과 같다.

- 이들은 사용자가 제공하는 x0 근방에서 해를 찾기 때문에 방정식이 두 개 이상의 해를 가지면 반환되는 해는 초기값에 따라 달라질 수 있다. 따라서 사전에 그래프를 그려보고 원하는 해인지를 확인할 필요가 있다.
- fun은 f(x)를 계산해주는 함수로써 내장함수, 사용자 정의 함수 또는 익명함수가 될 수 있고, 내장함수나 사용자 정의 함수이면 호출 시 핸들 @fun을, 익명함수이면 그냥 fun으로 적어주면 된다.
- fzero에서 x0가 두 원소를 가지는 벡터이면 $f(x0(1)) \cdot f(x0(2)) < 0$의 조건이 만족되도록 $x0 = [x0(1) \ \ x0(2)]$를 정해줘야 한다. 다시 말하면 두 원소 사이에 근이 존재해야 한다.
- fsolve에서 초기벡터 x0의 차원은 x의 차원과 일치해야 한다.

예를 들어, 다음 방정식

$$f(x) = 0.1x - \sin x = 0, \ 0 < x \leq 8$$

의 해를 구해본다. 먼저 그래프를 그려보면 $f(x)$의 대략의 해의 위치를 알 수 있다. $f(x)$는 그림 12.1과 같이 주어진 구간 내에 두 개의 해를 갖는 것을 볼 수 있다.

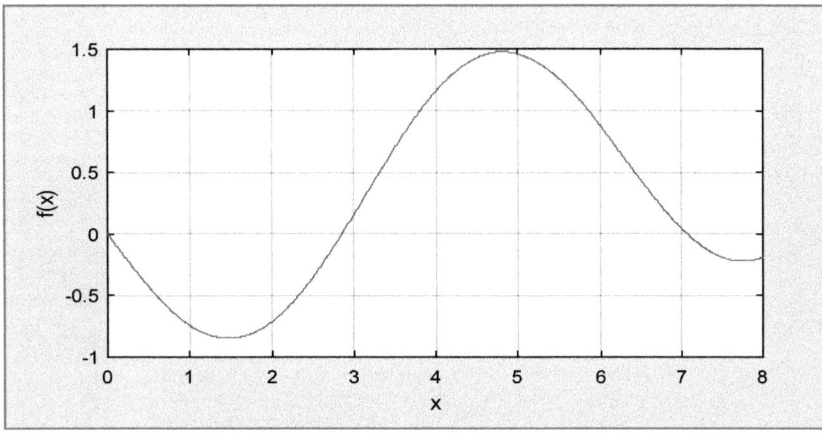

그림 12.1 $f(x)=0.1x-\sin(x)$의 곡선

이들을 구하기 위해 서로 다른 초기값과 형식으로 호출해본다. f(x)를 익명함수로 쓸 때는 fzero 안에 두든지 아니면 함수 밖에 두어도 된다. 2와 4 사이의 해를 얻기 위해 x0 = 2로, 6과 8사이의 해를 얻기 위해 x0 = 6으로 하였다. 마지막 문장에서는 x0의 경계를 [6, 8]로 하고 있으므로 이 범위 안에서 해를 찾게 된다. f(x)의 모양을 미리 알 수 있다면 마지막 문장과 같이 호출하는 것이 가장 확실한 방법이라 하겠다. 만약 범위를 잘못 입력하면 오류가 뜨게 된다.

```
>> fun = @(x) 0.1 * x - sin(x);
>> x1 = fzero(fun, 2)
x1 =
    2.8523
>> x2 = fzero(fun, 6)
x2 =
    7.0682
>> [x, fval] = fzero(fun, [6, 8])
x =
    7.0682
fval =
  -2.2204e-16
```

앞 식과 같이 함수식이 간단하면 호출문 내에 익명함수를 바로 써도 된다.

```
>> x = fzero(@(x) 0.1 * x - sin(x), [6 8])
x =
    7.0682
```

예제 12.4 낙하산의 자유낙하 속도 방정식은 다음 식으로 주어진다. 총질량 $m = 68$ kg인 낙하산병이 자유낙하를 시작한 후 $t = 10$초 후에 낙하속도 $v = 40$ m/s가 되는 제동계수 c를 구하라. 단, 중력가속도 $g =$ 9.81 m/s^{2}이다.

$$v = \frac{mg}{c}(1 - e^{-\frac{ct}{m}}) \tag{12.3}$$

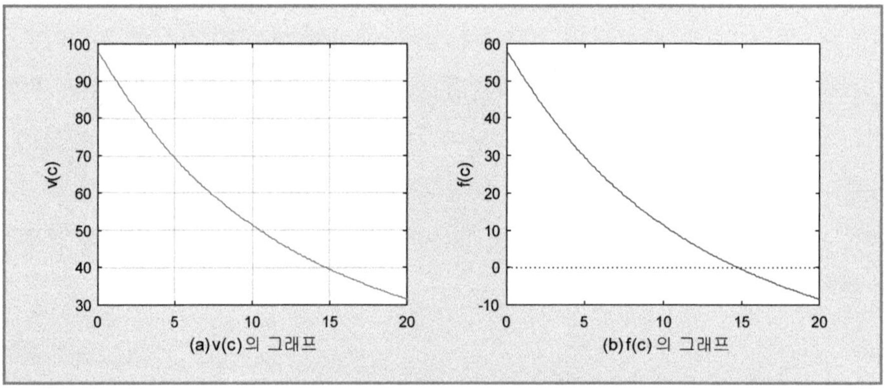

그림 12.2 v(c) 및 f(c)의 그래프

풀이 $f(c) = \frac{mg}{c}(1 - e^{-\frac{ct}{m}}) - 40$라고 정의하여 $c = 0 \sim 20$ 사이의 그래프를 그려보면 해는 10과 20 사이에 존재하는 것을 알 수 있다. f(c)를 익명함수로 정의하고 x0를 [10, 20]으로 해서 구하면 $c = 14.7794$를 얻는다. 다음은 해를 구하고 그래프를 그리는 스트립트이다.

Script file: prog12_2.m

```
%% 프로그램 prog12_2.m
% 예제 12.4: 제동계수 구하기
g = 9.81; m = 68; t_10 = 10; v_10 = 40;
fun = @(c) g * m * (1 - exp(-c * t_10 / m)) ./ c - v_10;  % 익명함수의 정의
```

```
% 그래프그리기
c = 0 : 0.1 : 20;  % 벡터 c의 정의
fc = fun(c);  % 함숫값 계산
hold on
plot(c, fc, 'linewidth', 1)  % f(c)를 그려줌
plot([0 20], [0 0], 'k:')  % 점선을 그려줌
axis([0 20 -10 60])
xlabel('(b) f(c)의 그래프'), ylabel('f(c)')
hold off
% 해 계산
[c, fval] = fzero(fun, [10, 20])  % 해를 구함
```

```
>> prog12_2
c =
   14.7794
fval =
  -7.1054e-15
```

예제 12.5 초기벡터 $x0 = 0$으로 해서 다음 두변수 함수 방정식의 해를 구하여라.

$$x_1^2 + x_2^3 - 4x_1x_2 - 2x_2 + 1 = 0 \tag{12.4}$$

풀이 함수 $f(\mathbf{x}) = x_1^2 + x_2^3 - 4x_1x_2 - 2x_2 + 1$이 계산에 사용자 정의 함수를 사용하고 해를 구하면 다음과 같다. 호출 시 핸들 @fun이 쓰임에 유의하라. 그림 12.3은 $f(\mathbf{x})$의 그래프와 등고선을 함께 그린 것이다.

Function file: prog12_3.m

```
%% 함수 prog12_3.m
% 예제 12.5: 두변수 방정식의 해 구하기
function prog12_3
% 표면그래프 그리기
subplot 121
x1 = -2 : 0.5 : 3;  x2 = -2 : 0.5 : 2;
[X1, X2] = meshgrid(x1, x2);
F = X1 .^ 2 + X2 .^ 3 - 4 * X1 .* X2 - 2 * X2 + 1;
```

```
surf(X1, X2, F)
xlabel('x_1'), ylabel('x_2'), zlabel('f(x_1, x_2)')
% 등고선 그래프 그리기
subplot 122
x1 = -2 : 0.1 : 3;  x2 = -2 : 0.1 : 2;
[X1, X2] = meshgrid(x1, x2);
F = X1 .^ 2 + X2 .^ 3 - 4 * X1 .* X2 - 2 * X2 + 1;
contour(X1, X2, F, [0.1 0.5 2 10 20])  % [0.1 0.5 2 10 20] 높이의 등고
선을 그려줌
xlabel('x_1'), ylabel('x_2')
x = fsolve(@fun, [0; 0])  % x0= 0으로부터 f(x)= 0의 해를 구함
% 부함수
function f = fun(x)
f = x(1)^2 + x(2)^3 - 4*x(1)*x(2) - 2*x(2) + 1;
```

```
>> prog12_3
x =
    0.0448
    0.5269
```

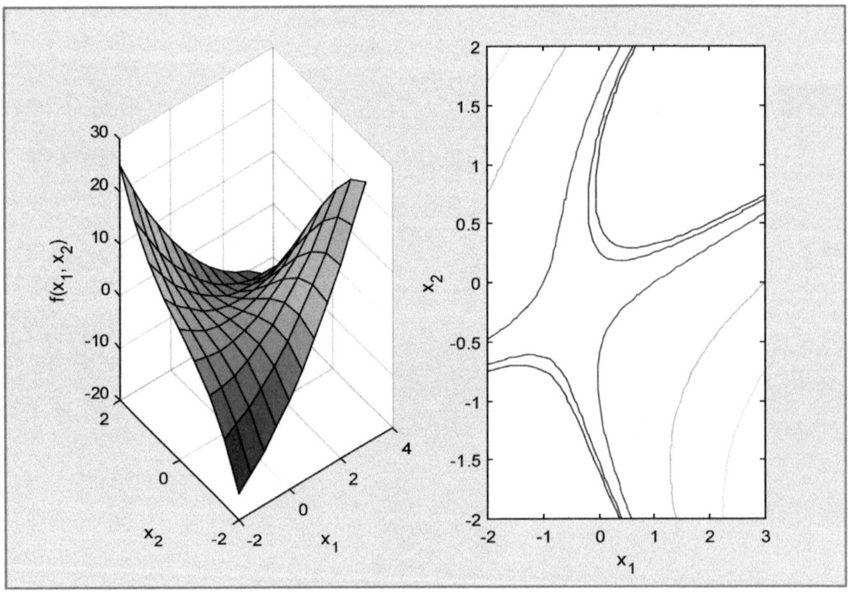

그림 12.3 $f(x)$의 그래프와 등고선

12.3 함수의 최적화

최적화 문제의 수치적 기법들을 적용하기 위해서는 최적 결정의 효과를 정량화할 수 있게 하는 판단기준(즉, 목적함수)과 시스템에 영향을 끼치는 변수와 어떤 결정의 효과를 예측할 수 있게 해주는 모델식을 얻는 작업이 요구된다. 이런 일련의 단계를 이행하는 것을 최적화 문제의 정형화(Problem formulation)라고 말한다. 여기서는 두 가지 간단한 정형화 예를 살펴보기로 한다.

12.3.1 예제 1

길이가 L인 가느나란 철사로 면적이 최대가 되는 사각형 도형을 만들어라.

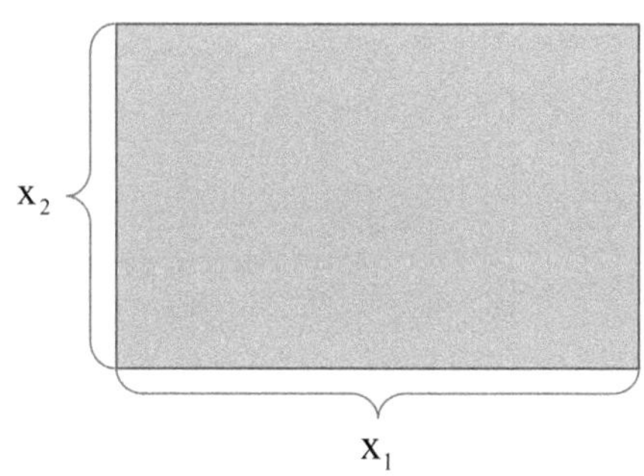

정형화:
면적을 정할 때 가로 길이 x_1과 세로 길이 x_2가 변수가 된다. x_1과 x_2는 항상 양이고 또 사각형의 둘레도 L이어야 하므로

$$2(x_1 + x_2) = L$$

$$x_1 > 0,\ x_2 > 0$$

이 문제의 목적은 면적이 최대가 되는 사각형을 만드는 것이므로 목적함수는 다음 식이 된다.

$$S(x_1, x_2) = x_1 \cdot x_2$$

이를 정리하면 이 예제에서는 다음과 같이 정형화 된다.

$$\text{Maximize } S(x_1, x_2) = x_1 \cdot x_2 \quad (12.5a)$$

$$\text{제약조건: } 2(x_1 + x_2) = L \quad (12.5b)$$

$$x_1 > 0,\ x_2 > 0 \quad (12.5c)$$

12.3.2 예제 2

어떤 화학 공장에서는 원료 S_1, S_2, S_3을 사용하여 두 종류의 제품 A, B를 생산한다. 제품 A, B의 톤당 생산에 필요한 각 원료량, 원료의 하루 소요량, 두 제품을 생산 판매할 때 얻게 되는 톤당 순이익은 다음 표와 같다. 하루의 순이익을 최대로 하는 A, B의 생산량을 구하라.

원료 종류	톤당 생산에 필요한 원료		하루 소요량 (ton/day)
	A	B	
S1	3	4	32.1
S2	1	2	7.2
S3	2	0	4.6
순이익($/ton)	200	400	-

정형화:

두 제품 A, B의 하루 생산량을 각각 x_1, x_2라 하면 이들이 변수가 된다. 목적은 두 제품의 생산으로 얻게 되는 하루의 순이익을 최대로 하는 것이므로, 목적함수는

$$f(x_1,\ x_2) = 200x_1 + 400x_2$$

가 된다. x_1과 x_2는 음이 될 수 없고, 각 원료의 하루 소요량 또한 제한되므로 다음과 같은 제약조건을 쓸 수 있다.

$$x_1 \geqq 0,\ x_2 \geqq 0$$
$$3x_1 + 4x_2 \leqq 32.1$$
$$x_1 + 2x_2 \leqq 7.2$$
$$2x_1 \leqq 4.6$$

다시 정리하면 이 예제는 다음과 같이 정형화된다.

$$\text{Maximize } f(x_1, x_2) = 200x_1 + 400x_2 \quad (12.6a)$$

$$\text{제약조건: } x_1 \geqq 0,\ x_2 \geqq 0 \quad (12.6b)$$

$$3x_1 + 4x_2 \leqq 32.1 \quad (12.6c)$$

$$x_1 + 2x_2 \leqq 7.2 \quad (12.6d)$$

$$2x_1 \leqq 4.6 \quad (12.6e)$$

앞서 두 가지 간단한 예제를 통해 최적화 문제를 어떻게 정형화하는지 살펴보았다. 비록 문제가 서로 다르고 또 복잡하더라도 정형화 과정을 거치면 모두 다음 식으로 표현된다.

$$\text{Optimize } f(\mathbf{x}) \quad (12.7a)$$

$$\text{제약조건: } h_k(\mathbf{x}) = 0\,(1 \leqq k \leqq K) \quad (12.7b)$$

$$g_j(\mathbf{x}) \geqq 0\,(1 \leqq j \leqq J) \quad (12.7c)$$

$$\Omega = \{\mathbf{x} \mid \mathbf{x}^{(L)} \leqq \mathbf{x} \leqq \mathbf{x}^{(U)}\} \subseteq R^n \quad (12.7d)$$

여기에서 $\mathbf{x} = [x_1 x_2 \ \cdots \ x_n]^T$는 n차원 벡터, n은 $\mathbf{x}$의 차원, $f(\mathbf{x})$는 실계수 스칼라 목적함수(Objective function)이다. 식 (12.7b)는 등호 제약조건(Equality constraints), 식 (12.7c)는 부등호 제약조건(Inequality constraints)이라 불리운다. 한편 식 (12.7d)는 해공간(Solution space)으로 불리워지며 R^n의 부분집합이 된다. 전형적으로 Ω는 $\mathbf{x}$의 하한값 벡터 $\mathbf{x}^{(L)}$과 상한값 벡터 $\mathbf{x}^{(U)}$에 의해 제약될 수 있다.

식 (12.7)로 기술되는 최적화 문제는 최대화 또는 최소화 문제 중 하나로 귀착되고 두 문제의 전환은 아래와 같이 목적함수의 부호를 바꿈으로 이행될 수 있다.

$$\text{Minimize } f(\mathbf{x}) \ \rightarrow \ \text{Maximize } -f(\mathbf{x}) \quad (12.8a)$$

$$\text{Maximize } f(\mathbf{x}) \ \rightarrow \ \text{Minimize } -f(\mathbf{x}) \quad (12.8b)$$

12.3.3 제약조건이 없는 일변수 함수의 최소화

구간 $x_1 \leqq x \leqq x_2$에서 정의된 일변수 함수의 최소화 문제가 주어질 때

$$\text{Minimize } f(x) \quad (12.9)$$

로컬 최소점을 찾아주는 내장함수는 fminbnd이고 그 형식은 다음과 같다.

- x = fminbnd(fun, x1, x2) % $x_1 \leqq x \leqq x_2$ 구간에서 로컬 최소점을 찾아 반환한다.
- [x, fval] = fminbnd(fun, x1, x2) % $x_1 \leqq x \leqq x_2$ 구간에서 로컬 최소점과 목적함수값을 반환한다.

한 예로 $f(x) = 1.5\cos(x) + x$는 구간 $0 \leqq x \leqq \pi$에서 하나의 로컬 최소점과 하나의 로컬 최대점을 가지고 있다. 먼저 로컬 최소점을 찾으려면 다음과 같이 입력하면 되고

```
>> x = fminbnd(@(x) 1.5 * cos(x) + x, 0, pi)
x =
    2.4119
```

로컬 최대점을 찾으려면 $f(x)$를 $-f(x)$로 해서 입력하면 된다.

```
>> x = fminbnd(@(x) -1.5 * cos(x) - x, 0, pi)
x =
    0.7297
```

12.3.4 제약조건이 없는 다변수 함수의 최소화

구간 $\mathbf{x}^{(L)} \leqq \mathbf{x} \leqq \mathbf{x}^{(U)}$에서 정의된 다변수 최소화 문제가 주어질 때

$$\text{Minimize} \quad f(\mathbf{x}) \tag{12.10}$$

로컬 최소점을 찾아주는 내장함수는 fminunc과 fminsearch이고 이들은 다음 형식을 갖는다.

- x = fminunc(fun, x0) % x0로부터 시작하여 로컬 최소점을 찾아 반환한다.
- [x, fval] = fminunc(fun, x0) % 로컬 최소점과 목적함수값을 반환한다.
- x = fminsearch(fun, x0) % Nelder-Mead simplex법으로 로컬 최소점을 찾아 반환한다.
- [x, fval] = fminsearch(fun, x0) % Nelder-Mead simplex법으로 로컬 최소점과 목적함수의 값을 반환한다.

예를 들어 함수 $f(\mathbf{x}) = x_1^2 - x_1 + 2x_2^2 + 1$의 최소점을 구하기 위해 초기값으로 $[0\ 0]^T$를 선택하면 다음 결과를 얻는다. 익명함수에는 벡터 x가 인수로 전달되지만, 수식에는 원소들이 분리되어 쓰이므로 배열 연산을 쓰지 않아도 된다.

```
>> f = @(x) x(1)^2 - x(1) + 2*x(2)^2 + 1;
>> [x, fval] = fminunc(f, [0;0])
x =
    0.5000
   -0.0000
fval =
    0.7500
>> [x, fval] = fminsearch(f, [0;0])
x =
    0.5000
   -0.0000
fval =
    0.7500
```

예제 12.6 다음 Himmelblau 함수는 4개의 로컬 최소점을 갖는다(그림 12.4 참조).

$$f(\mathbf{x}) = (x_1^2 + x_2 - 11)^2 + (x_1 + x_2^2 - 7)^2 \tag{12.11a}$$

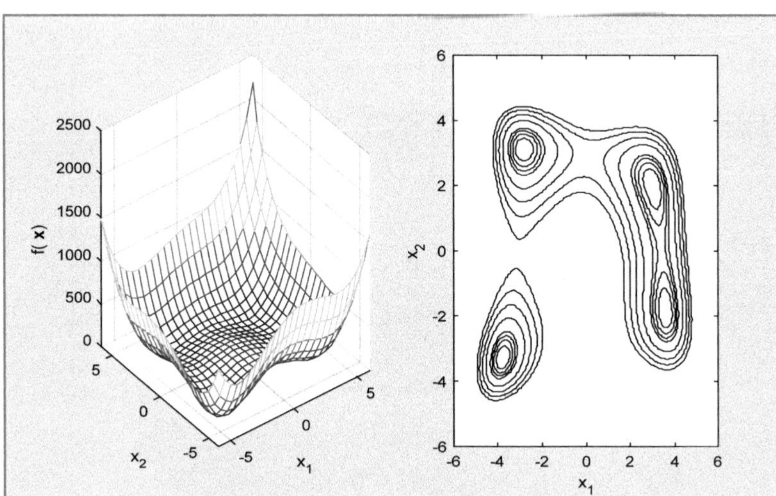

그림 12.4 Himmelblau 함수와 등고선

$$\mathbf{x} = \begin{bmatrix} -3.7793 \\ -3.2832 \end{bmatrix}, \begin{bmatrix} -2.8051 \\ 3.1313 \end{bmatrix}, \begin{bmatrix} 3.5822 \\ -1.8481 \end{bmatrix}, \begin{bmatrix} 3 \\ 2 \end{bmatrix} \tag{12.11b}$$

초기벡터를 달리해서 이들을 구하여라.

풀이 초기벡터를 해 근방에서 임의로 선정하고 명령창에서 실행하면 다음 결과를 얻는다.

```
>> f = @(x) (x(1)^2 + x(2) - 11)^2 + (x(1) + x(2)^2 - 7)^2;
>> x_1 = fminsearch(f, [-5; -5])
x_1 =
   -3.7793
   -3.2832
>> x_2 = fminsearch(f, [-5; 5])
x_2 =
   -2.8051
    3.1313
>> x_3 = fminsearch(f, [5; -5])
x_3 =
    3.5844
   -1.8481
>> x_4 = fminsearch(f, [5; 5])
x_4 =
    3.0000
    2.0000
```

12.3.5 제약조건이 있는 다변수 함수의 최소화

다음과 같이 제약조건이 있는 다변수 함수의 최소화 문제가 주어질 때

$$\text{Minimize} \quad f(\mathbf{x}) \tag{12.12a}$$

$$\text{제약조건:} \quad \mathbf{A}\mathbf{x} \leqq \mathbf{b} \tag{12.12b}$$

$$\mathbf{A}_{eq}\mathbf{x} = \mathbf{b}_{eq}$$

$$c(\mathbf{x}) \leqq 0$$

$$c_{eq}(\mathbf{x}) = 0$$

$$\mathbf{x}^{(LB)} \leqq \mathbf{x} \leqq \mathbf{x}^{(UB)}$$

로컬 최소점을 찾는 함수는 fmincon이고, 다음 형식을 갖는다. 제약조건식 중 첫 두 식은 부등호 및 등호 선형 제약식이고, 그 다음의 두 식은 부등호 및 등호 비선형 제약식을 의미한다. 풀고자 하는 최적화 문제에서 제약조건이 주어지면 사용자는 이 형식에 맞도록 변환해서 사용하여야 한다.

- x = fmincon(fun, x0, A, b)
- x = fmincon(fun, x0, A, b, Aeq, beq)
- x = fmincon(fun, x0, A, b, Aeq, beq, lb, ub)
- x = fmincon(fun, x0, A, b, Aeq, beq, lb, ub, nonlcon)

fmincon 함수의 첫 번째 형식은 부등호 선형 제약식만 있을 때, 두 번째 형식은 여기에 부등호 및 등호 선형 제약식이 추가될 때, 세 번째 형식은 영역 제약식이 더 추가될 때, 마지막 형식은 부등호 및 등호 비선형 제약식이 더 추가될 때 사용할 수 있다.

예제 12.7 **12.3.1절의 예제 1에서 다뤘던 둘레 $L=20$ cm인 사각형의 면적이 최대가 되는 가로와 세로 길이를 구하여라. 단, 초기벡터는 $\mathbf{x}_0=[0 \quad 0]^T$이다.**

풀이 이는 최대화 문제이기 때문에 최소화 문제로 변환해야 하고, 제약조건식은 함수 fmincon호출에 맞도록 다시 쓰면 다음과 같다.

$$\text{Minimize} \ -S(x_1,x_2) = -x_1 \cdot x_2 \tag{12.13a}$$

$$\text{제약조건:} \ [2 \quad 2]\begin{bmatrix} x_1 \\ x_2 \end{bmatrix} = 10 \left(\mathbf{A}_{eq} = [2 \quad 2], b_{eq} = 10\right) \tag{12.13b}$$

$$\begin{bmatrix} 0 \\ 0 \end{bmatrix} < \begin{bmatrix} x_1 \\ x_2 \end{bmatrix} < \begin{bmatrix} \infty \\ \infty \end{bmatrix} \left(\mathbf{x}^{(L)} = \begin{bmatrix} 0 \\ 0 \end{bmatrix}, \mathbf{x}^{(U)} = \begin{bmatrix} \infty \\ \infty \end{bmatrix}\right)$$

이 예제에서는 선형 등호 제약조건과 영역 제약조건만 있으므로 세 번째 형식을 사용하면 되고 쓰이지 않는 **A**와 b는 빈 배열로 선언하면 된다. 또 ∞로 inf가 사용되었음에 유의한다. 실행 결과는 다음과 같다.

Functiont file: prog12_4.m

```
%% 함수 prog12_4.m
% 예제 12.7 : 최적화문제 풀기
function prog12_4
x0 = [0; 0];
A = [ ]; b = [ ];  % 쓰이지 않는 제약조건은 빈 배열로 설정
Aeq = [2 2]; beq = 10;  % 선형 등호 제약조건
LB = [0; 0]; UB = [inf; inf];  % 영역 제약조건
[x, fval] = fmincon(@fun, x0, A, b, Aeq, beq, LB, UB);
x, S = -fval
% 부함수 함수 정의
function S = fun(x)
S = -x(1) * x(2); % -는 최대화 문제를 최소화 문제로 변환
```

```
>> prog12_4
x =
   2.5000
   2.5000
S =
   6.2500
```

예제 12.8 12.3.2절의 예제 2에서 다뤘던 문제의 해를 구하여라. 단, 초기벡터는 $\mathbf{x}_0 = [1\ \ 1]^T$이다.

풀이 최대화 문제를 최소화 문제로 변환하고, 함수 fmincon의 호출에 적합한 형식으로 고쳐 쓰면 다음과 같다.

$$\text{Minimize}\ \ -f(\mathbf{x}) = -(200x_1 + 400x_2) \tag{12.14a}$$

$$\text{제약조건: } \begin{bmatrix} 3 & 4 \\ 1 & 2 \end{bmatrix}\mathbf{x} \le \begin{bmatrix} 32.1 \\ 7.2 \end{bmatrix} \left(\mathbf{A} = \begin{bmatrix} 3 & 4 \\ 1 & 2 \end{bmatrix}, \mathbf{b} = \begin{bmatrix} 32.1 \\ 7.2 \end{bmatrix}\right) \tag{12.14b}$$

$$\begin{bmatrix} 0 \\ 0 \end{bmatrix} < \begin{bmatrix} x_1 \\ x_2 \end{bmatrix} < \begin{bmatrix} 2.3 \\ \infty \end{bmatrix} \left(\mathbf{x}^{(L)} = \begin{bmatrix} 0 \\ 0 \end{bmatrix}, \mathbf{x}^{(U)} = \begin{bmatrix} 2.3 \\ \infty \end{bmatrix}\right)$$

이 문제에서는 선형 부등호 제약조건과 영역 제약조건만 있고, 선형 등호 제약조건이 없으므로 Aeq와 beq를 빈 배열로 설정하면 된다.

Functiont file: prog12_5.m

```
%% 함수 prog12_5;m
% 예제 12.8: 최대값 찾기
function prog12_5
x0 = [1; 1];
A = [3 4; 1 2]; b = [32.1; 7.2];
Aeq = [ ]; beq = [ ];
LB = [0; 0]; UB = [2.3; inf];
[x, fval] = fmincon(@fun, x0, A, b, Aeq, beq, LB, UB);
x, f = -fval
% 사용자 정의함수 정의
function f = fun(x)
f = 200 * x(1) + 400 * x(2);
f = -f;
```

```
>> prog12_5
x =
    1.0210
    3.0895
f =
   1.4400e+03
```

예제 12.9 다음 최소화 문제가 주어진다. 초기벡터를 $x_0 = 0$으로 하여 해를 구하라.

$$\text{Minimize} \quad f(\mathbf{x}) = 3x_1^2 - 2x_1x_2 \tag{12.15a}$$

$$\text{제약조건:} \quad 2x_1 + x_2 \geqq 4 \tag{12.15b}$$

$$x_1^2 + x_2^2 \leqq 40$$

$$-5 \leqq x_1 \leqq 5, 0 \leqq x_2 \leqq 10$$

풀이 함수 fmincon의 호출에 맞도록 다시 작성하면

$$\text{Minimize} \quad f(\mathbf{x}) = 3x_1^2 - 2x_1x_2$$

$$\text{제약조건:} \quad [-2 \quad -1]\mathbf{x} \leqq -4 \quad (\mathbf{A} = [-2 \quad -1], b = -4)$$

$$x_1^2 + x_2^2 - 40 \leqq 0 \quad (c(\mathbf{x}) = x_1^2 + x_2^2 - 40)$$

$$\begin{bmatrix} -5 \\ 0 \end{bmatrix} \leqq \mathbf{x} \leqq \begin{bmatrix} 5 \\ 10 \end{bmatrix} \left(\mathbf{x}^{(L)} = \begin{bmatrix} -5 \\ 0 \end{bmatrix}, \ \mathbf{x}^{(U)} = \begin{bmatrix} 5 \\ 10 \end{bmatrix} \right)$$

이 문제에는 비선형 제약조건이 있으므로 네 번째 형식을 사용하면 되고 f(**x**)외에 비선형 제약식을 계산하도록 사용자 정의 함수를 하나 더 작성해주어야 한다. 이를 위해 함수 nonlcon을 사용하였고, 이 함수는 벡터 **x**를 입력받아 두 개의 출력인수 c와 ceq를 반환하도록 작성되어야 한다. c는 부등호 비선형 제약식, ceq는 등호 비선형 제약식의 값을 계산해서 넘기는 변수이다. 부등호 또는 등호 제약식이 2개 이상이면 c(1) = …; c(2) = …; ceq(1) = …; ceq(2) = …; 와 같이 배열로 표시하면 된다. 또 사용하지 않으면 빈 배열로 선언하면 된다.

Functiont file: prog12_6.m

```
%% 함수 prog12_6.m
% 예제 12.9 : 최소화 문제
function prog12_6
x0 = [0; 0];
A = [-2 -1]; b = -4;
Aeq = []; beq = [];
LB = [0; 0]; UB = [5; 3];
[x, fval] = fmincon(@fun, x0, A, b, Aeq, beq, LB, UB, @nonlcon)
%사용자 정의함수
function f = fun(x)
f = 3 * x(1)^2 - 2 * x(2);
% 제약조건 정의
function [c, ceq] = nonlcon(x)
c = x(1)^2 + x(2)^2 - 40;  % c 대신 c(1)으로 해도 됨
ceq = [ ];  % ceq 대신 ceq(1)으로 해도 됨
```

```
>> prog12_6
x =
    0.5000
    3.0000
fval =
   -5.2500
```

12.4 곡선의 피팅

m+1개의 서로 다른 점들(데이터)이 주어질 때 이들을 모두 지나는 m차 다항식을 얻는 문제를 보간법이라 하고, 결과 식을 보간 다항식이라 한다. 그런데 데이터 수가 많아 고차 다항식이 되면 오히려 사용이 불편하고, 문제에 따라서 Runge현상[7-9]이라는 바람직스럽지 못한 현상도 일어날 수도 있다. 이 때문에 불확실성이 내포되는 실험에서는 전체 데이터를 근사적으로 잘 나타내는 저차 다항식(또는 모델식)을 얻게 된다. 이러한 문제를 다루는 것을 곡선의 피팅(Curve fitting)이라 한다. 한 예로 10시간 동안의 실험을 통해 그림 12.5와 같은 측정점들을 얻을 때 데이터 분포의 경향을 기술해주는 1차 직선을 구하는 것이 관심사일 수 있다.

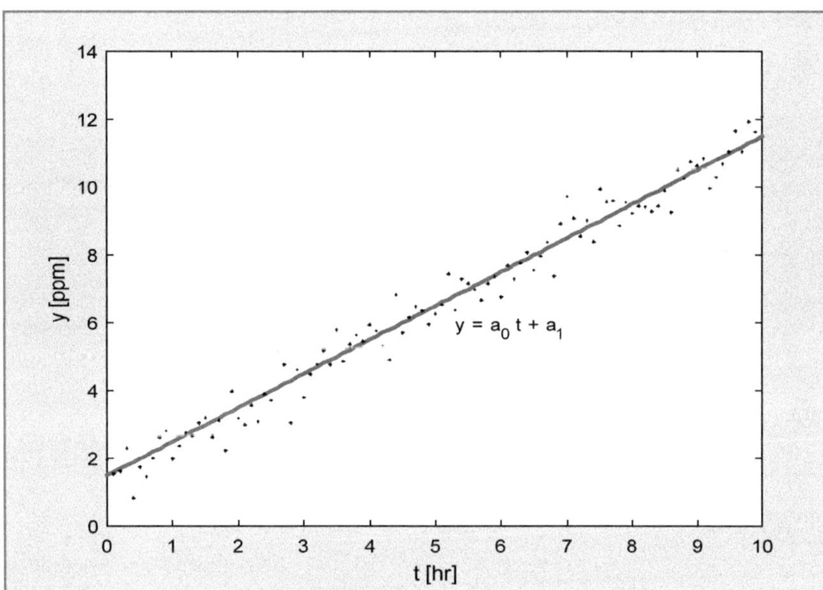

그림 12.5 곡선의 피팅

12.4.1 다항식으로의 피팅

$m+1$개의 점 (x_0, y_0), (x_1, y_1), ..., (x_m, y_m)이 주어질 때 이들을 대표하는 $n(\leq m)$차 다항식 $P_n(x)$을 얻는 문제를 다루어본다.

$$P_n(x) = a_0x^n + a_1x^{n-1} + \cdots + a_{n-1}x + a_n \tag{12.16}$$

여기서 $a_i(i = 0,\ 1,\ \cdots,\ n-1,\ n)$는 미지의 계수이다. 먼저 $x = x_i(i = 0,\ 1,\ \ldots,\ m)$에서 데이터와 다항식간의 오차를 $\varepsilon_i(i = 0,\ 1,\ \ldots,\ m)$라 하면 다음과 같이 쓸 수 있다.

$$y_0 = a_0x_0^n + a_1x_0^{n-1} + \cdots + a_{n-1}x_0 + a_n + \varepsilon_0 \tag{12.17a}$$

$$y_1 = a_0x_1^n + a_1x_1^{n-1} + \cdots + a_{n-1}x_1 + a_n + \varepsilon_1 \tag{12.17b}$$

$$\vdots$$

$$y_m = a_0x_m^n + a_1x_m^{n-1} + \cdots + a_{n-1}x_m + a_n + \varepsilon_m \tag{12.17c}$$

여기에서 $\varepsilon_i(i = 0,\ 1,\ \ldots,\ m)$는 평균이 0이고 분산이 σ^2인 정규분포를 따르며, 서로 독립인 것으로 간주된다. 위 식을 행렬로 표시하면 다음과 같다.

$$\mathbf{y} = \mathbf{A}\mathbf{p} + \boldsymbol{\varepsilon} \tag{12.18a}$$

단,

$$\mathbf{A} = \begin{bmatrix} x_0^n & x_0^{n-1} & \cdots & x_0 & 1 \\ x_1^n & x_1^{n-1} & \cdots & x_1 & 1 \\ \vdots & \vdots & \vdots & \vdots & \vdots \\ x_m^n & x_m^{n-1} & \cdots & x_m & 1 \end{bmatrix},\ \mathbf{y} = \begin{bmatrix} y_0 \\ y_1 \\ \vdots \\ y_m \end{bmatrix}, \mathbf{p} = , \begin{bmatrix} a_0 \\ a_1 \\ \vdots \\ a_n \end{bmatrix}, \boldsymbol{\varepsilon} = \begin{bmatrix} \varepsilon_0 \\ \varepsilon_1 \\ \vdots \\ \varepsilon_m \end{bmatrix} \tag{12.18b}$$

곡선의 피팅 문제에서는 일반적으로 방정식의 개수가 미지수보다 많아 식 (12.18)의 연립방정식을 만족하는 해는 존재하지 않지만, 최소제곱법으로 근사 다항식을 얻는 것은 가능하다. 최소제곱법은 각 점에서 모델과 데이터 값과의 오차의 제곱합을 다음과 같이 정의하면

$$J(\mathbf{p}) = \varepsilon_0^2 + \varepsilon_1^2 + \cdots + \varepsilon_m^2 = \boldsymbol{\varepsilon}^T\boldsymbol{\varepsilon} = (\mathbf{A}\mathbf{p} - \mathbf{y})^T(\mathbf{A}\mathbf{p} - \mathbf{y}) \tag{12.19}$$

이를 최소화하는 계수 벡터 p를 구하는 문제로 귀착된다. 우변을 전개하면

$$J(\mathbf{p}) = \mathbf{p}^T\mathbf{A}^T\mathbf{A}\mathbf{p} - \mathbf{p}^T\mathbf{A}^T\mathbf{y} - \mathbf{y}^T\mathbf{A}\mathbf{p} + \mathbf{y}^T\mathbf{y} \tag{12.20}$$

$J(\mathbf{p})$가 최소가 될 필요조건은 $\nabla_p J(\mathbf{p}) = [\partial/\partial a_1\ \partial/\partial a_2\ \ldots\ \partial/\partial a_n]^T J(\mathbf{p}) = 0$이므로

$$\nabla_p J(\mathbf{p}) = \nabla_p(\mathbf{p}^T\mathbf{A}^T\mathbf{A}\mathbf{p} - \mathbf{p}^T\mathbf{A}^T\mathbf{y} - \mathbf{y}^T\mathbf{A}\mathbf{p} + \mathbf{y}^T\mathbf{y}) \tag{12.21}$$
$$2\mathbf{A}^T\mathbf{A}\mathbf{p} - \mathbf{A}^T\mathbf{y} - \mathbf{A}^T\mathbf{y} = 0$$

이로부터 $\mathbf{p}$를 구하기 위해 위 식을 정리하면

$$\mathbf{A}^T\mathbf{A}\mathbf{p} = \mathbf{A}^T\mathbf{y} \tag{12.22}$$

가 된다. 한편 (12.21)을 다시 한 번 미분하면

$$\nabla_p^2 J(\mathbf{p}) = 2\mathbf{A}^T\mathbf{A} > 0 \tag{12.23}$$

이므로, 즉 $\mathbf{A}^T\mathbf{A}$가 양의 한정 행렬이 되어 $\hat{\mathbf{p}}$에서 $J(\hat{\mathbf{p}})$는 최소값을 갖는다.

식 (12.22)에서 $(n+1)\times(n+1)$ 행렬 $\mathbf{A}^T\mathbf{A}$의 역행렬이 존재하면 다음 식으로부터 해를 얻을 수 있다.

$$\hat{\mathbf{p}} = (\mathbf{A}^T\mathbf{A})^{-1}\mathbf{A}^T\mathbf{y} \tag{12.24}$$

더 효율적인 연산은$(m+1)\times(n+1)$ 행렬 A를 $(m+1)\times(n+1)$ 직교행렬 Q와 $(n+1)\times(n+1)$ 상삼각행렬 R의 곱으로 분해해서 적용하는 방법이며, $\mathbf{A} = \mathbf{Q}\mathbf{R}$로 분해하고 식 (12.22)에 대입하고 또 $\mathbf{Q}^T\mathbf{Q} = \mathbf{I}$라는 관계를 이용하면 다음 식을 얻는다[7-9].

$$\mathbf{R}\hat{\mathbf{p}} = \mathbf{Q}^T\mathbf{y} \tag{12.25}$$

여기에서 좌변의 R이 상삼각행렬이므로 후진대입법을 적용하면 $\hat{\mathbf{p}}$를 쉽게 얻을 수 있다.

한편 최소값 $J_{min}(\hat{\mathbf{p}})$은 식 (12.24)를 식 (12.20)에 대입하면 다음과 같이 쓸 수 있다.

$$\begin{aligned} J_{min}(\hat{p}) &= \hat{\mathbf{p}}^T\mathbf{A}^T\mathbf{A}\hat{\mathbf{p}} - \mathbf{A}^T\mathbf{y} - \mathbf{y}^T\mathbf{A}\hat{\mathbf{p}} + \mathbf{y}^T\mathbf{y} \\ &= \hat{\mathbf{p}}^T\mathbf{A}^T\mathbf{y} - \mathbf{A}^T\mathbf{y} - \mathbf{y}^T\mathbf{A} + \mathbf{y}^T\mathbf{y} \\ &= \mathbf{y}^T(\mathbf{y} - \mathbf{A}\hat{\mathbf{p}}) \end{aligned} \tag{12.26}$$

결론적으로 최소제곱법으로 다항식의 계수를 얻는 절차는 다음과 같이 요약할 수 있다.

단계 1: 주어진 $(m+1)$개의 데이터 $(x_0, f(x_0)), (x_1, f(x_1)), \ldots, (x_m, f(x_m))$ 로부터 식 (12.18b)의 $\mathbf{A}, \mathbf{y}$ 를 구한다.

단계 2: $\hat{\mathbf{p}} = (\mathbf{A}^T\mathbf{A})^{-1}\mathbf{A}^T\mathbf{y}$ 또는 $\mathbf{R}\hat{\mathbf{p}} = \mathbf{Q}^T\mathbf{y}$ 로 해를 구한다. 후자를 쓸 때는 $\mathbf{A} = \mathbf{QR}$ 로 분해해줘야 한다.

단계 3: 필요하면 $J_{min}(\hat{p}) = \mathbf{y}^T(\mathbf{y} - \mathbf{A}\hat{\mathbf{p}})$ 를 구한다.

MATLAB에서 최소제곱법을 수행해 주는 내장함수로는 polyfit가 있고, 기본적인 형식은 다음과 같다.

- p = polyfit(xdata, ydata, n)

이를 호출할 때 사용자는 행 또는 열벡터의 데이터 $\mathbf{x}_{data} = [\mathbf{x}_0, \mathbf{x}_1, \ldots, \mathbf{x}_m]$, $\mathbf{y}_{data} = [\mathbf{y}_0, \mathbf{y}_1, \ldots, \mathbf{y}_m]$와 모델식의 차수 n만 준비해주면 나머지는 내부적으로 해결해 준다. 이때 차수 n은 데이터 개수 (m+1)을 초과해서는 안 된다.

예제 12.10 3개의 데이터 (−1, −0.9), (0, 0.1), (1, 1.2)가 주어졌다.

(1) 이 데이터에 가장 적합한 1차 다항식 $P_1(x) = a_0x + a_1$을 식 (12.24)를 써서 구하라.

(2) 다시 polyfit로 구하고 추정 다항식의 그래프를 그려라.

풀이 (1) $n = 1$이므로 주어진 데이터로부터 $\mathbf{y}$, $\mathbf{A}$를 구하면

$$\mathbf{y} = \begin{bmatrix} y_0 \\ y_1 \\ y_2 \end{bmatrix} = \begin{bmatrix} -0.9 \\ 0.1 \\ 1.2 \end{bmatrix}, \quad \mathbf{A} = \begin{bmatrix} x_0 & 1 \\ x_1 & 1 \\ x_2 & 1 \end{bmatrix} = \begin{bmatrix} -1 & 1 \\ 0 & 1 \\ 1 & 1 \end{bmatrix}$$

이 되고, $\mathbf{A}^T\mathbf{A}$를 구하면

$$\mathbf{A}^T\mathbf{A} = \begin{bmatrix} -1 & 0 & 1 \\ 1 & 1 & 1 \end{bmatrix} \begin{bmatrix} -1 & 1 \\ 0 & 1 \\ 1 & 1 \end{bmatrix} = \begin{bmatrix} 2 & 0 \\ 0 & 3 \end{bmatrix}$$

이고, $\hat{\mathbf{p}}$와 $J_{min}(\hat{\mathbf{p}})$는 다음과 같게 된다.

$$\hat{\mathbf{p}} = (\mathbf{A}^T\mathbf{A})^{-1}\mathbf{A}^T\mathbf{y} = \begin{bmatrix} 1/2 & 0 \\ 0 & 1/3 \end{bmatrix} \begin{bmatrix} -1 & 0 & 1 \\ 1 & 1 & 1 \end{bmatrix} \begin{bmatrix} -0.9 \\ 0.1 \\ 1.2 \end{bmatrix} = \begin{bmatrix} 1.0500 \\ 0.1333 \end{bmatrix}$$

$$\begin{aligned} J_{min}(\hat{\mathbf{p}}) = \mathbf{y}^T(\mathbf{y} - \mathbf{A}\hat{\mathbf{p}}) &= [-0.9\ \ 0.1\ \ 1.2]\left(\begin{bmatrix} -0.9 \\ 0.1 \\ 1.2 \end{bmatrix} - \begin{bmatrix} -1 & 1 \\ 0 & 1 \\ 1 & 1 \end{bmatrix}\begin{bmatrix} 1.0500 \\ 0.1333 \end{bmatrix}\right) \\ &= 0.0017 \end{aligned}$$

따라서

$$P_1(x) = 1.05x + 0.1333$$

한편 MATLAB 내장함수 qr을 사용하여 $\mathbf{A}$를 $\mathbf{QR}$분해하면

$$\mathbf{Q} = \begin{bmatrix} -0.7071 & 0.5774 & -0.4082 \\ 0 & 0.5774 & 0.8165 \\ 0.7071 & 0.5774 & -0.4082 \end{bmatrix},\ \mathbf{R} = \begin{bmatrix} 1.4142 & 0 \\ 0 & 1.7321 \\ 0 & 0 \end{bmatrix}$$

이므로 식 (12.25)에 적용해도 같은 해를 얻을 수 있다.

(2) polyfit로 계수를 구하고 추정 다항식과 데이터의 그래프를 그려주는 스크립트는 다음과 같다. 데이터를 입력할 때 행 또는 열벡터 이떤 형태로 입력해도 된다.

한편 식 (12.16)과 같이 주어지는 다항식 $P_n(x)$의 값은 계수 벡터 $\mathbf{p} = [a_1 a_2 \cdots a_n]$과 $\mathbf{x}$값이 주어지면 4.3.9절의 polyval 함수를 쓰면 된다.

Script file: prog12_7.m

```
%% 프로그램 prog12_7.m
% 예제 12.10: 피팅 문제
x_data = [-1, 0, 1];
y_data = [-0.9, 0.1, 1.2];
p = polyfit(x_data, y_data, 1)  % 근사 직선식의 계수를 계산
x = -1 : 0.1 : 1;  % 근사 직선식을 그리기 위한 x값
y = polyval(p, x);  % 근사 직선식의 y값 계산
plot(x, y, 'b', x_data, y_data, 'ro', 'linewidth', 1)
```

```
xlabel('x'), ylabel('y')
axis([-1.1, 1.1, -1.1, 1.6])
```

```
>> prog12_7
p =
    1.0500    0.1333
```

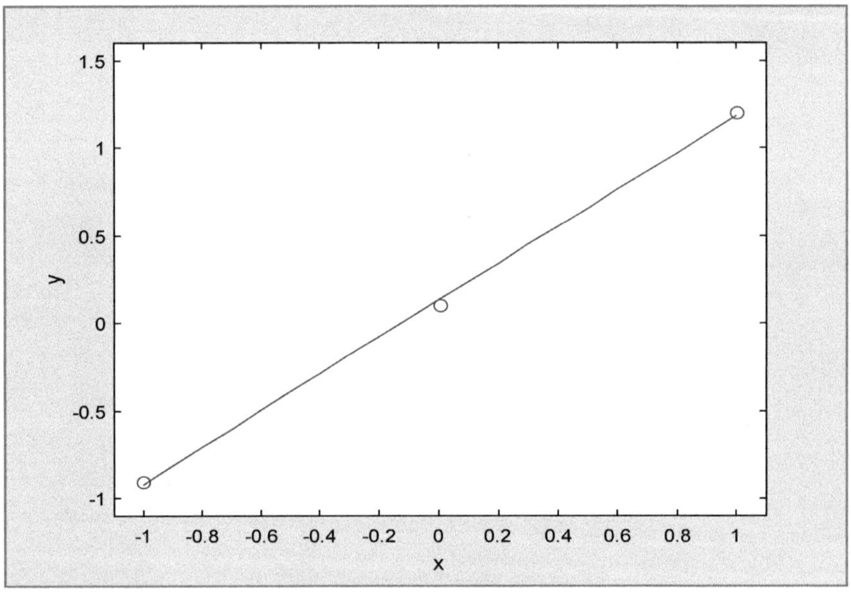

그림 12.6 1차식으로의 피팅

12.4.2 곡면으로의 피팅

3D 공간상의 $(m+1)\times(n+1)$개의 점 $(x_0,\ y_0,\ z_{0,0}),\ (x_1,\ y_0,\ z_{1,0}),\ \ldots,\ (x_m,\ y_n,\ z_{m,n})$이 주어질 때 이들을 대표하는 곡면식 $P_1(\mathbf{x},\mathbf{y})$를 얻는 문제를 생각해본다. 고차의 경우에는 이를 단순히 확장하면 된다.

$$P_1(x_i,y_j) = a_0x_iy_j + a_1x_i + a_2y_j + a_3 = \begin{bmatrix} x_iy_j & x_i & y_j & 1 \end{bmatrix}\begin{bmatrix} a_0 \\ a_1 \\ a_2 \\ a_3 \end{bmatrix} \tag{12.27}$$

여기서 $a_i(i=0, 1, 2, 3)$는 미지의 계수이다. 주어진 데이터와 식 (12.27)의 곡면식과의 오차를 정의하고, 앞서 다룬 유도 방법을 다시 적용하면 해는 다음과 같이 쓸 수 있다.

$$\hat{p} = (A^T A)^{-1} A^T z \tag{12.28}$$

단

$$A = \begin{bmatrix} x_0 y_0 & x_0 & y_0 & 1 \\ x_1 y_0 & x_1 & y_0 & 1 \\ \vdots & \vdots & \vdots & \vdots \\ x_{m-1} y_n & x_{m-1} & y_n & 1 \\ x_m y_n & x_m & y_n & 1 \end{bmatrix}, \quad z = \begin{bmatrix} z_{0,0} \\ z_{1,0} \\ \vdots \\ z_{m-1,n} \\ z_{m,n} \end{bmatrix}, \quad p = \begin{bmatrix} a_0 \\ a_1 \\ a_2 \\ a_3 \end{bmatrix}$$

최소제곱법으로 해를 얻는 절차를 요약하면 다음과 같다.

단계 1: 주어진 $(m+1)\times(n+1)$개의 점 $(x_0, y_0, z_{0,0})$, $(x_1, y_0, z_{1,0})$, ..., $(x_m, y_n, z_{m,n})$으로부터 식 (12.18)의 A, z를 구한다.

단계 2: $\hat{p} = (A^T A)^{-1} A^T z$ 또는 $R\hat{p} = Q^T z$ 로 해를 구한다. 후자를 쓸 때는 $A = QR$ 로 분해해줘야 한다.

단계 3: 필요하면 $J_{min}(\hat{p}) = z^T(z - A\hat{p})$를 구한다.

예제 12.11 아래 표는 어떤 장치의 측정 데이터이고 추정 모델식은 식 (12.27)과 같다. 최소제곱법으로 계수 a_0, a_1, a_2, a_3을 구하고 추정한 곡면과 데이터를 그려라.

yi \ xj	−1	−0.5	0	0.5	1
−1	3.43	2	0.35	−1.08	−2.47
−0.5	2.69	1.84	0.58	−0.18	−1.27
0	1.93	1.47	0.98	0.53	−0.12
0.5	1.1	1.36	1.14	1.24	1.3
1	0.48	1.06	1.7	1.88	2.39

풀이 총 25개의 측정 데이터를 써서 계수를 구하고 그래프를 그리는 스크립트는 다음과 같다. meshgrid 함수로 x-y 평면의 5×5 격자점 행렬 X, Y를 만들

고, 또 표로부터 X, Y와 대응되는 행렬 Z를 입력하면 reshape 함수를 써서 이들을 25×1 벡터로 변환한다. reshape의 사용법은 3.3.4절을 참조하라. 그런 다음 벡터의 배열 연산과 ones 함수를 써서 식 (12.28)의 행렬 A를 만들면 해를 쉽게 구할 수 있다.

Script file: prog12_8.m

```
%% 프로그램 prog12_8.m
% 곡면 피팅 문제
x = -1 : 0.5 : 1;
y = x;
[X, Y] = meshgrid(x, y);
Z= [ 3.43    2.00    0.35   -1.08   -2.47;
    2.69    1.84    0.58   -0.18   -1.27;
    1.93    1.47    0.98    0.53   -0.12;
    1.10    1.36    1.14    1.24    1.30;
    0.48    1.06    1.70    1.88    2.39];
x_data = reshape(X, 25, 1);  % x 벡터를 생성
y_data = reshape(Y, 25, 1);  % y 벡터를 생성
z_data = reshape(Z, 25, 1);  % z 벡터를 생성
A = [x_data .* y_data, x_data, y_data, ones(25, 1)];  % 식 (12.28)의
A 행렬을 생성
p = inv(A'*A) * A' * z_data  % 계수 벡터를 구함
%
ZP = p(1) * X .* Y + p(2)*X + p(3)*Y + p(4);  % 추정 곡면의 z값을 계산
surf(X, Y, ZP) % 추정 곡면을 그림
hold on
stem3(X, Y, Z)  % 데이터를 그림
xlabel('x'), ylabel('y'), zlabel('z = f(x, y)')
view(-36,44)
hold off
```

```
>> prog12_8
p =
    1.9704
   -0.9976
    0.5216
    0.9732
```

추정 곡면식은 $P_1(x, y) = 1.9704xy - 0.9976x + 0.5216y + 0.9732$이고, 이를 측정 데이터와 함께 그린 것이 그림 12.7이다.

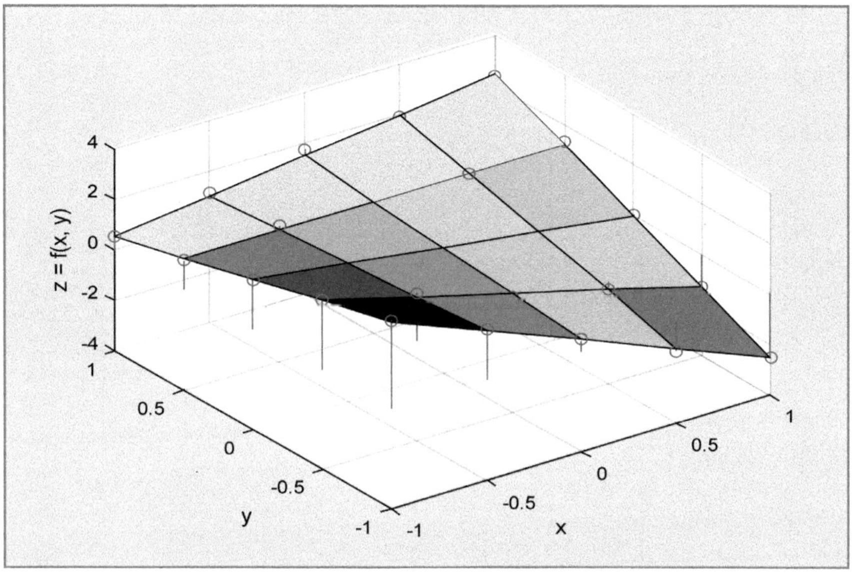

그림 12.7 추정한 곡면과 측정 데이터

`prog12_9.m`은 예제 12.11에서 사용된 측정 데이터를 만드는 스크립트를 보여준다. 원 식 $z = 2xy - x + 0.5y + 1\,(-1 \leqq x \leqq 1)$에 정규잡음 $N(0, 0.1^2)$을 더한 다음 소수점 이하 셋째 자리에서 반올림하여 만든 것이다.

Script file: prog12_9.m

```
%% 프로그램 prog12_9.m
% 예제 12.11을 위한 데이터 만들기
randn('seed', 123);
x = -1 : 0.5 : 1; y = x;
[X, Y] = meshgrid(x, y);
Z = 2 * X .* Y - X + 0.5*Y + 1 + 0.1*randn(size(X));
Z = round(Z*100) / 100;  % 소수점 이하 셋째 자리에서 반올림
```

12.4.3 기타 함수로의 피팅

피팅 문제를 다룰 때 가끔 다항식이 아닌 멱함수, 지수함수 등의 피팅을 요구하는 경우가 있다. 이때는 이들 함수를 1차 다항식 $y = mx + b$의 형태로 바꾸어주면 앞서 유도한 식이나 polyfit에 적용할 수 있다. $m+1$개의 점 (x_0, y_0), (x_1, y_1), ..., (x_m, y_m)이 주어질 때 멱함수와 지수함수로 피팅하고 싶으면 다음 표와 같이 **A**와 **y** 또는 polyfit의 $\mathbf{x}_{data}$와 $\mathbf{y}_{data}$를 생성하면 된다.

<table>
<tr><th>함수</th><th>변환 전</th><th>변환 후</th></tr>
<tr><td>멱함수</td><td>$y = ax^b$</td><td>$\ln(y) = b \cdot \ln(x) + \ln(a) = [\ln(x)\ \ 1]\begin{bmatrix} b \\ \ln(a) \end{bmatrix}$
$A = \begin{bmatrix} \ln(x_0) & 1 \\ \ln(x_1) & 1 \\ \vdots & \vdots \\ \ln(x_m) & 1 \end{bmatrix}, \mathbf{y}_{data} = \begin{bmatrix} \ln(y_0) \\ \ln(y_1) \\ \vdots \\ \ln(y_m) \end{bmatrix}, \mathbf{x}_{data} = \begin{bmatrix} \ln(x_0) \\ \ln(x_1) \\ \vdots \\ \ln(x_m) \end{bmatrix}, \mathbf{p} = \begin{bmatrix} b \\ \ln(a) \end{bmatrix}$
$\therefore a = e^{\hat{p}_2}, b = \hat{p}_1$</td></tr>
<tr><td rowspan="2">지수함수</td><td>$y = ae^{bx}$</td><td>$\ln(y) = bx + \ln(a) = [x\ \ 1]\begin{bmatrix} b \\ \ln(a) \end{bmatrix}$
$A = \begin{bmatrix} x_0 & 1 \\ x_1 & 1 \\ \vdots & \vdots \\ x_m & 1 \end{bmatrix}, \mathbf{y}_{data} = \begin{bmatrix} \ln(y_0) \\ \ln(y_1) \\ \vdots \\ \ln(y_m) \end{bmatrix}, \mathbf{x}_{data} = \begin{bmatrix} x_0 \\ x_1 \\ \vdots \\ x_m \end{bmatrix}, \mathbf{p} = \begin{bmatrix} b \\ \ln(a) \end{bmatrix}$
$\therefore a = e^{\hat{p}_2}, b = \hat{p}_1$</td></tr>
<tr><td>$y = a10^{bx}$</td><td>$\log(y) = bx + \log(a) = [x\ \ 1]\begin{bmatrix} b \\ \log(a) \end{bmatrix}$
$A = \begin{bmatrix} x_0 & 1 \\ x_1 & 1 \\ \vdots & \vdots \\ x_m & 1 \end{bmatrix}, \mathbf{y}_{data} = \begin{bmatrix} \log(y_0) \\ \log(y_1) \\ \vdots \\ \log(y_m) \end{bmatrix}, \mathbf{x}_{data} = \begin{bmatrix} x_0 \\ x_1 \\ \vdots \\ x_m \end{bmatrix}, \mathbf{p} = \begin{bmatrix} b \\ \log(a) \end{bmatrix}$
$\therefore a = 10^{\hat{p}_2}, b = \hat{p}_1$</td></tr>
</table>

polyfit 함수를 쓸 경우에는 벡터 $\mathbf{x}_{data}$, $\mathbf{y}_{data}$로 다음과 같이 호출하면 된다.

- p = polyfit(log(xdata), log(ydata), 1) % 멱함수 $y = ax^b$
- p = polyfit(xdata, log(ydata), 1) % 지수함수 $y = ae^{bx}$
- p = polyfit(xdata, log10(ydata), 1) % 지수함수 $y = a10^{bx}$

예제 12.12

최소제곱법을 적용하여 다음 데이터를 지수함수 $y = ae^{bx}$에 피팅시키고, 그래프를 그려라.

x_k	0	0.5	1	1.5	2
$y = f(x_k)$	1.98	1.74	1.38	1.17	1.03

풀이 스크립트를 작성하고 실행하면 다음 결과를 얻는다.

Script file: prog12_10.m

```
%% 프로그램 prog12_10.m
% 예제 12.12: 지수함수 피팅 문제
xdata = [0, 0.5, 1, 1.5, 2];
ydata = [1.98, 1.74, 1.38, 1.17, 1.03];
p = polyfit(xdata, log(ydata), 1);
a = exp(p(2)) % p(2) = log(a)로부터 a를 구함
b = p(1)
xp = 0 : 0.01 : 2; % 지수함수를 그리기 위한 x축 벡터 생성
yp = a * exp(b * xp); % y축 벡터 계산
plot(xdata, ydata, 'o', xp, yp, 'k', 'linewidth', 1)
xlabel('x'), ylabel('y = ae^{bx}')
```

```
>> prog12_10
a =
    1.9936
b =
   -0.3408
```

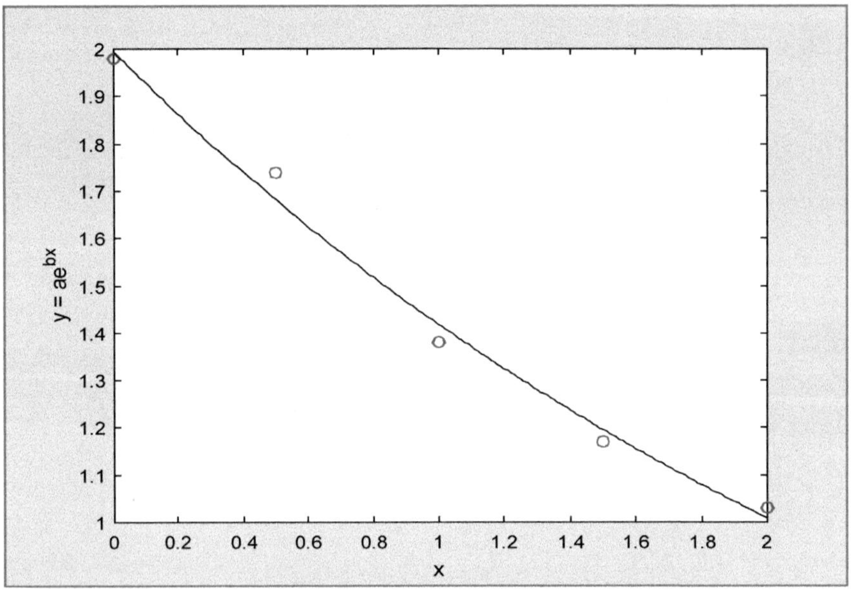

그림 12.8 지수함수로의 피팅

12.5 상미분방정식의 해법

12.5.1 1계 미분방정식의 수치해

다음과 같은 초기값 문제의 수치해를 구하는 방법을 알아본다.

$$y'(t) = f(t, y(t)), a \leqq t \leqq b \tag{12.29}$$
$$y(a) = y_0$$

초기값 문제의 수치해를 구하는 MATLAB 함수는 몇 가지가 있으며, 여기서는 네 가지만 소개한다. 앞의 두 함수는 완만하게 변하는 비경직성 문제(Nonstiff problem)를 푸는 데 적합하고, 그 다음의 두 함수는 특정 구간에서 빠르게 변하는 성분들이 포함된 경직성 문제(Stiff problem)를 푸는 데 적합하다.

함수	설명
ode45	4, 5차 Runge–Kutta법에 기초하며 대부분의 비경직성 문제의 해를 푸는 데 적합하고 첫 시도로 주로 이 방법을 사용한다.
odel13	Adams–Bashforth–Moulton법에 기초하며 비경직성 문제에 적합하고 다단계법이다.
ode15s	ode45를 쓸 경우 느린 경직성 문제에 적합하고 다단계법이다.
ode23s	2차 수정 Rosenbrock 공식에 기초하며 $M(t, y)y' = f(t, y)$이고 M이 일정한 경직성 문제에 적합하다.

이들의 사용 형식은 다음과 같다.

- [t, y] = ode45(fun, [a b], y0)
- [t, y] = odel13(fun, [a b], y0)
- [t, y] = ode15s(fun, [a b], y0)
- [t, y] = ode23s(fun, [a b], y0)

여기서 fun은 $y'(t)$를 계산해주는 함수로써 내장함수 또는 사용자 정의 함수로 작성될 경우에는 그 핸들, 즉 @fun을 입력하고, 익명함수로 작성될 경우에는 익명함수명만 입력하면 된다. [a b]는 독립변수 t의 구간을, y0는 초기값을 의미한다.

예제 12.13 ode45 함수로 다음 초기값 문제의 수치해를 구해 그래프로 그려라.

$$y'(t) = -2y(t) + 2, 0 \leq t \leq 10 \quad (12.30)$$

초기값: $y(0) = 0$

풀이 함수 파일을 작성하고 그래프를 그리면 다음과 같다. ode45의 입력인수로 사용자 정의 함수 fun의 핸들 @fun이 사용됨에 유의한다.

Function file: prog12_11.m

```
%% 함수 prog12_11.m
% 예제 12.13: 초기값 문제
function prog12_11
```

```
[t, y] = ode45(@fun, [0 10], 0);
plot(t, y, 'k', 'linewidth', 1)
axis([0 10 0 1.5])
xlabel('t'), ylabel('y(t)')
% 함수 정의
function ydot = fun(t, y)
ydot = -2 * y + 2;
```

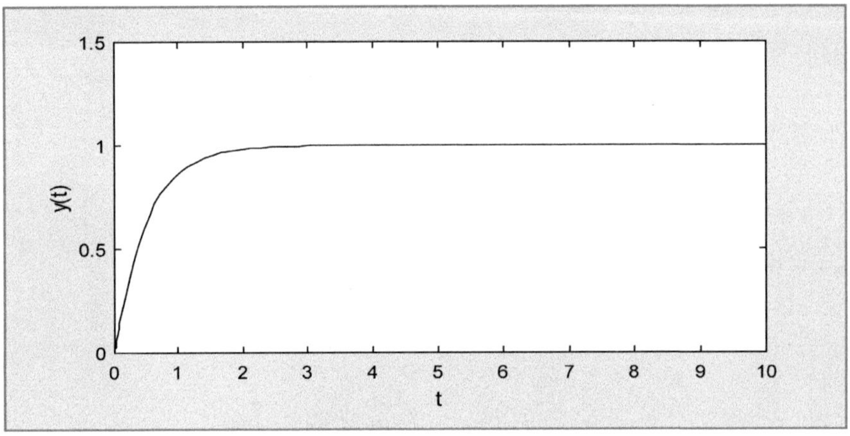

그림 12.9 응답 y(t)

앞서 살펴본 MATLAB의 내장함수들은 주어진 구간 $a \leqq t \leqq b$에서 $y(t)$를 한꺼번에 계산한 다음 그 결과를 되돌리기 때문에 이들은 오프라인(Offline) 함수라 할 수 있다. 그러나 피드백 제어와 같이 즉각적으로 $y(t)$의 계산 결과를 받아 제어입력을 계산하는 데 활용하고 싶을 때가 종종 있다. 이런 경우에는 매 단계 $y(t)$를 계산해서 되돌려 주도록 사용자가 직접 프로그램을 작성해야 한다.

다시 식 (12.29)에 외부 입력 $u(t)$를 하나 더 추가한 다음 초기값 문제를 생각한다.

$$y'(t) = f(t, y(t), u(t)), \quad a \leqq t \leqq b \qquad (12.31)$$
$$y(a) = y_0$$

초기값 문제의 수치해를 구하는데 가장 폭넓게 쓰이는 알고리즘이 4차 Runge-Kutta법이고, 다음은 이를 요약 정리한 것이다.

$$y_{i+1} = y_i + \frac{1}{6}(k_1 + 2k_2 + 2k_3 + k_4), \quad y(a) = y_0 \tag{9.32a}$$

$$\text{단, } k_1 = hf(t_i, y_i, u) \tag{9.32b}$$

$$k_2 = hf(t_i + \frac{h}{2}, y_i + \frac{k_1}{2}, u) \tag{9.32c}$$

$$k_3 = hf(t_i + \frac{h}{2}, y_i + \frac{k_2}{2}, u) \tag{9.32d}$$

$$k_4 = hf(t_i + h, y_i + k_3, u) \tag{9.32e}$$

$$h = (b-a)/N, t_i = a + i \cdot h, (i = 0, 1, \ldots, N-1)$$

여기서 h는 구간 $a \leqq t \leqq b$를 등간격으로 N등분했을 때의 간격크기이고, $y_i = y(t_i)$를 의미하고, $u(t)$는 외부 입력이고 구간 $t_i \leqq t < t_{i+1}$에서 일정한 것으로 간주한다.

y_i를 x로, t_i를 t로 또 반환 시의 y_{i+1}을 다시 x로 하여 함수로 작성한 것이 다음의 RK4이다. 여기서 변수 y 대신 x를 사용하는 이유는 고계 미분방정식을 프로그래밍할 때 쓸 변수와 일관성을 유지하기 위해서이다. 함수 내에서 사용되는 변수들은 별도의 기억장소에 저장되기 때문에 호출문의 변수와 서로 달라도 상관없음에 유의한다.

Function file: RK4.m

```
% Solves an ODE using the 4th-order Runge-Kutta formula
% Input arguments
%    fun: user-defined function
%    t: independent variable
%    x: initial variable, scalar or vector
%    u: external input
%    h: step size
% Output argument
%    x: updated variable on return, scalar or vector
function x = RK4(fun, t, x, u, h)
k1 = h * fun(t, x, u);
k2 = h * fun(t + 0.5 * h, x + 0.5 * k1, u);
k3 = h * fun(t + 0.5 * h, x + 0.5 * k2, u);
k4 = h * fun(t + h, x + k3, u);
x = x + (k1 + 2 * (k2 + k3) + k4) / 6;
```

예제 12.14

RK4 함수를 써서 다음 초기값 문제를 풀고 $y(t)$의 그래프를 그려라. 단, 외부 입력 $u(t) = e^{-t}$, $t \geqq 0$이고 $h = 0.02$이다.

$$y'(t) = -2y(t) + u(t), \quad 0 \leqq t \leqq 10$$

초기값: $y(0) = 0$

풀이 다음 프로그램에서 fun은 t, y, u를 입력받아 $y'(t)$를 계산해주는 사용자 정의 함수이고, 주함수 prog12_12는 fun의 핸들 @fun과 t, x, u, h를 써서 새로운 y를 계산하도록 RK4를 호출한다. 루프가 한 번 반복될 때마다 t는 h만큼 증분된다. 또 buf에는 t와 y가 계속적으로 쌓여 루프가 끝나면 첫 번째 열은 t, 두 번째 열은 y의 시계열 벡터가 된다. 이를 가지고 그래프를 그리면 된다.

Function file: prog12_12.m

```
%% 함수 prog12_12.m
% 예제 12.14: RK4를 이용한 미분방정식 풀기
function prog12_12
t = 0; y = 0; h = 0.02; N = 500; buf = [ ];
for i = 1 : N
    buf = [buf; t y];
    u = exp(-t);
    y = RK4(@fun, t, y, u, h);
    t = t + h;
end
plot(buf(:, 1), buf(:, 2), 'k', 'linewidth', 1)
axis([0 10 0 0.4])
xlabel('t'), ylabel('y(t)')
% 함수 정의
function ydot = fun(t, y, u)
ydot = -2 * y + u;
```

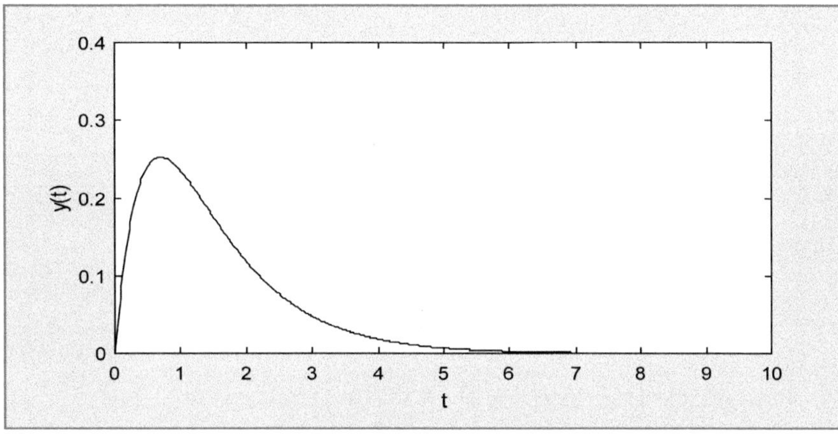

그림 12.10 응답 그래프

12.5.2 고계 미분방정식의 수치해

고계 미분방정식의 수치해를 얻는 방법은 이를 먼저 1계 연립 미분방정식으로 변환한 다음, 앞에서 살펴본 알고리즘을 적용하면 된다. 구간 $a \leqq t \leqq b$에서 정의된 n계 미분방정식을 생각하자. 여기서 $u(t)$는 외부 입력이다.

$$y^{(n)}(t) = f(t, y(t), y'(t), \dots, y^{(n-1)}(t), u(t)) \quad (12.33)$$

단, 초기조건 $y(a) - \alpha_1, y'(a) - \alpha_2, \dots, y^{(n-1)}(a) = \alpha_n$

위 시에 n개의 상태변수(State variable)를 정의하고 다시 정리하면 n개의 방정식을 얻을 수 있다. 이때 정의되는 상태변수에 따라 변환된 식이 다를 수 있지만, 입출력 관계는 항상 같게 된다. n계 상미분방정식을 상태방정식으로 표현하는 방법으로는 몇 가지가 있고, 자세한 것은 참고문헌 [10]을 참조 바란다.

$$\begin{aligned}
x'_1(t) &= f_1(t, x_1(t), x_2(t), \dots, x_n(t), u(t)) \\
x'_2(t) &= f_2(t, x_1(t), x_2(t), \dots, x_n(t), u(t)) \\
\vdots \quad & \qquad \vdots \\
x'_{n-1}(t) &= f_{n-1}(t, x_1(t), x_2(t), \dots, x_n(t), u(t)) \\
x'_n(t) &= f_n(t, x_1(t), x_2(t), \dots, x_n(t), u(t))
\end{aligned} \quad (12.34)$$

단, 초기조건 $x_1(a), x_2(a), \dots, x_n(a)$

식 (12.34)의 1계 연립 미분방정식에 4차 Runge-Kutta법을 적용하면 다음과 같다.

$$x_1(t_{i+1}) = x_1(t_i) + \frac{1}{6}(k_{11} + 2k_{12} + 2k_{13} + k_{14}) \quad (12.35a)$$
$$x_2(t_{i+1}) = x_2(t_i) + \frac{1}{6}(k_{21} + 2k_{22} + 2k_{23} + k_{24})$$
$$\vdots$$
$$x_n(t_{i+1}) = x_n(t_i) + \frac{1}{6}(k_{n1} + 2k_{n2} + 2k_{n3} + k_{n4})$$

단, $k_{11} = hf_1(t_i, x_1(t_i), x_2(t_i), \ldots, x_n(t_i), u(t_i))$

$$k_{21} = hf_2(t_i, x_1(t_i), x_2({}_t i), \ldots, x_n(t_i), u(t_i))$$
$$\vdots$$
$$k_{n1} = hf_n(t_i, x_1(t_i), x_2(t_i), \ldots, x_n(t_i), u(t_i))$$

$$k_{12} = hf_1(t_i + \frac{h}{2}, x_1(t_i) + \frac{k_{11}}{2}, x_2(t_i) + \frac{k_{21}}{2}, \ldots, x_n(t_i) + \frac{k_{n1}}{2}, u(t_i)) \quad (12.35b)$$
$$k_{22} = hf_2(t_i + \frac{h}{2}, x_1(t_i) + \frac{k_{11}}{2}, x_2(t_i) + \frac{k_{21}}{2}, \ldots, x_n(t_i) + \frac{k_{n1}}{2}, u(t_i))$$
$$\vdots$$
$$k_{n2} = hf_n(t_i + \frac{h}{2}, x_1(t_i) + \frac{k_{11}}{2}, x_2(t_i) + \frac{k_{21}}{2}, \ldots, x_n(t_i) + \frac{k_{n1}}{2}, u(t_i))$$

$$k_{13} = hf_1(t_i + \frac{h}{2}, x_1(t_i) + \frac{k_{12}}{2}, x_2(t_i) + \frac{k_{22}}{2}, \ldots, x_n(t_i) + \frac{k_{n2}}{2}, u(t_i))$$
$$k_{23} = hf_2(t_i + \frac{h}{2}, x_1(t_i) + \frac{k_{12}}{2}, x_2(t_i) + \frac{k_{22}}{2}, \ldots, x_n(t_i) + \frac{k_{n2}}{2}, u(t_i))$$
$$\vdots$$
$$k_{n3} = hf_n(t_i + \frac{h}{2}, x_1(t_i) + \frac{k_{12}}{2}, x_2(t_i) + \frac{k_{22}}{2}, \ldots, x_n(t_i) + \frac{k_{n2}}{2}, u(t_i))$$

$$k_{14} = hf_1(t_i + h, x_1(t_i) + k_{13}, x_2(t_i) + k_{23}, \ldots, x_n(t_i) + k_{n3}, u(t_i))$$
$$k_{24} = hf_2(t_i + h, x_1(t_i) + k_{13}, x_2(t_i) + k_{23}, \ldots, x_n(t_i) + k_{n3}, u(t_i))$$
$$\vdots$$
$$k_{n4} = hf_n(t_i + h, x_1(t_i) + k_{13}, x_2(t_i) + k_{23}, \ldots, x_n(t_i) + k_{n3}, u(t_i))$$

$$t_i = a + ih, \ (i = 0, 1, \ldots, N-1)$$

이를 사용자 정의 함수로 작성해도 역시 앞 절에서 살펴본 RK4와 똑같다. 단지 차이점은 변수 x와 k1, k2, k3, k4가 스칼라가 아닌 벡터가 된다는 점이다.

예제 12.15 다음 초기값 문제가 주어진다. $u(t) = 3e^{-t}$, $t \geq 0$이고, $h = 0.02$초이다.

$$y''(t) + ty'(t) + y(t) = u(t), 0 \leq t \leq 50$$

초기값: $y(0) = 1,\ y'(0) = 0$

(1) 연립 1계 미분방정식으로 표시하라.

(2) RK4 함수를 써서 50초 동안 수치해를 구한 다음 그래프를 그려라.

풀이 (1) 상태변수를 다음과 같이 정의하고

$$x_1(t) = y(t)$$
$$x_2(t) = y'(t)$$

양변을 각각 한 번 미분하고 정리하면 다음 식을 얻게 된다.

$$x'_1(t) = y'(t) = x_2(t) \tag{12.36a}$$
$$x'_2(t) = y''(t) = -x_1(t) - tx_2(t) + u(t) \tag{12.36b}$$
$$y(t) = x_1(t)$$

한편 초기조건으로부터

$$x_1(0) = y(0) = 1$$
$$x_2(0) = y'(0) = 0$$

을 얻는다.

(2) 다음은 작성한 함수이다. 이때 fun은 식 (12.36)을 계산하도록 작성되며 $x'_1(t)$와 $x'_2(t)$ 값은 배열 xdot에 저장된다. xdot를 사용하기 전에 2×1의 0벡터로 초기화한 것은 주함수에서 초기벡터를 정의할 때 x의 차원과 일치시켜주고 또 미세하지만 전체 연산시간도 줄여 주기 때문이다.

Function file: prog12_13.m

```
%% 함수 prog12_13.m
% 예제 12.15: 초기값 문제 풀이
function prog12_13
t = 0; x = [1; 0];
```

```
h = 0.02;
N = 2500;
buf = [ ];
for i = 1 : N
    buf = [buf; t x(1)];
    u = 3 * exp(-t);
    x = RK4(@fun, t,x, u, h);
    t = t + h;
end
plot(buf(:, 1), buf(:, 2), 'k', 'linewidth', 1)
axis([0 50 0 2])
xlabel('t'), ylabel('y(t)')
% 함수 미방 정의
function xdot = fun(t, x, u)
xdot = zeros(2, 1);  % xdot를 2 x 1 영 벡터로 초기화
xdot(1)=  x(2);
xdot(2) = -x(1) - t * x(2) + u;
```

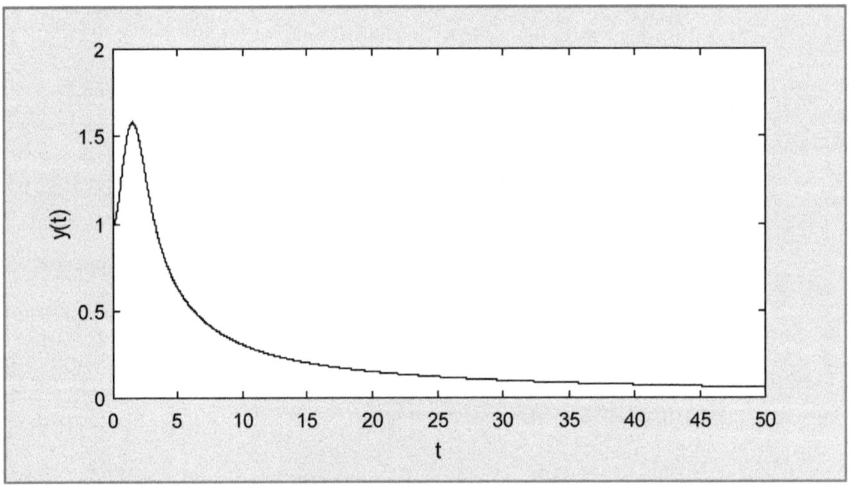

그림 12.12 응답 그래프

이 문제는 내장함수 ode45로도 해결할 수 있다. RK4를 쓸 때와 다른 점은 fun의 입력 인수에는 u가 없고 식 (12.36b)에 직접 대입되었음에 주목한다.

Function file: prog12_14.m

```
%% 함수 prog12_14.m
% ode45를 이용한 미분 방정식 풀기
function prog12_14
x = [1; 0];
[t, y] = ode45(@fun, [0 50], x);
plot(t, y(:, 1), 'k', 'linewidth', 1)
axis([0 50 0 2])
xlabel('t'), ylabel('y(t)')
% 함수 상태방정식 정의
function xdot = fun(t, x)
xdot = zeros(2, 1);
xdot(1) = x(2);
xdot(2) = -x(1) - t * x(2) + 3 * exp(-t);
```

예제 12.16 다음은 Lorenz 방정식이다.

$$\begin{bmatrix} \dot{x} \\ \dot{y} \\ \dot{z} \end{bmatrix} = \begin{bmatrix} -\sigma x + \sigma y \\ \gamma x - y - xz \\ xy - bz \end{bmatrix} \tag{12.37}$$

단, $\sigma = 10,\ \gamma = 28,\ b = 8/3$

초기값 $x(0) = 10,\ y(0) = -10,\ z(0) = -10$으로 하여 함수 ode45로 20초 동안 미분방정식을 풀어 x-y-z 위상선도를 그리고 카오스 동작이 일어남을 살펴라.

풀이 Lorenz 방정식은 1계 연립 미분방정식 형태로 표시되므로, ode45 함수를 직접 적용하고 20초 동안 위상선도를 그리면 다음과 같다.

Function file: prog12_15.m

```
%% 함수 prog12_15.m
% 예제 12.16: Lorentz 방정식
function prog12_15
x = [10; -10; -10];
[t, x] = ode45(@fun, [0 20], x);
```

```
plot3(x(:, 1), x(:, 2), x(:, 3), 'k', 'linewidth',1)
axis([-20 25 -40 40 -20 60])
grid on
xlabel('x'), ylabel('y'), zlabel('z')
% 상태 방정식 정의
function xdot = fun(t, x)
sigma = 10; gamma = 28; b = 8/3;
xdot = zeros(3, 1);
xdot(1) = -sigma * x(1) + sigma * x(2);
xdot(2) = gamma * x(1) - x(2) - x(1) * x(3);
xdot(3) = x(1) * x(2) - b * x(3);
```

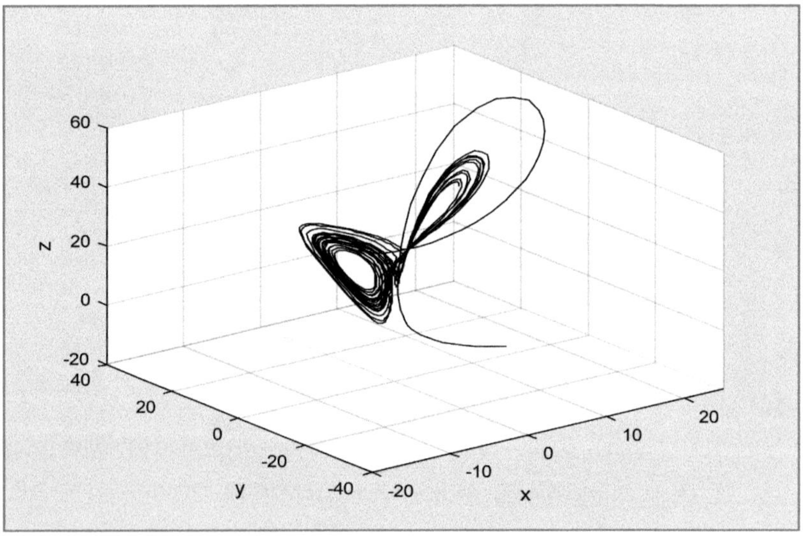

그림 12.12 Lorenz attractor

예제 12.17 다음 블록선도로 주어지는 PID 제어 시스템을 생각하자. PID 제어기는 예제 7.10의 식 (7.8)과 같고 제어대상의 전달함수 $G_p(s)$는 다음과 같다.

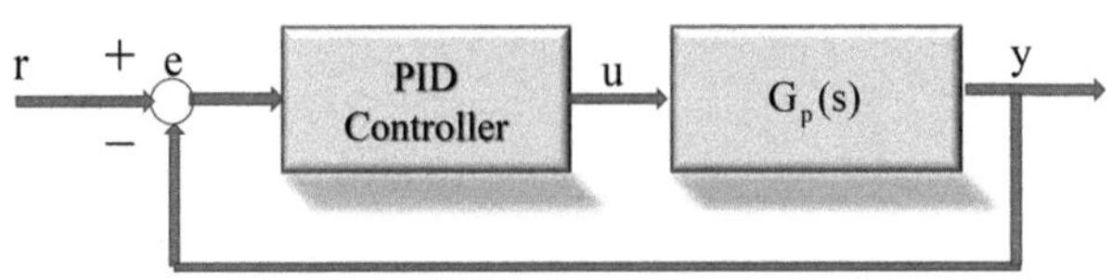

그림 12.13 폐루프 제어시스템

$$G_p(s) = \frac{Y(s)}{U(s)} = \frac{2}{s^2 + 2s + 3} \tag{12.38}$$

$r(t) = 1$일 때의 응답을 30초 동안 구해 그려라. 단, $K_p = 1$, $K_i = 2$, $K_d = 1$이고, $h = 0.02$초이고, 모든 초기값은 0으로 가정한다.

풀이 식 (12.38)을 라플라스 역변환해서 얻은 미분방정식 $y''(t) + 2y'(t) + 3y(t) = 2u(t)$에 상태변수 $x_1(t) = y(t)$, $x_2(t) = y'(t)$를 적용하면 다음 식을 얻는다.

$$\begin{aligned} x'_1(t) &= y'(t) = x_2(t) \\ x'_2(t) &= y''(t) - -3x_1(t) - 2x_2(t) + 2u(t) \\ y(t) &= x_1(t) \end{aligned}$$

매 루프마다 예제 7.10에서 살펴본 MyPID함수를 사용하여 $u(t)$를 구하면 RK4는 이를 입력받아 x(t)를 갱신하게 된다. 루프 전에 반드시 global z ee를 선언하고 초기화해줘야 하는데 그 이유는 MyPID 안에서 적분기의 초기값과 오차의 초기값을 설정해주는 z, cc가 전역변수로 선언되어 있기 때문이다.

Function file: prog12_16.m

```
%% 함수 prog12_16.m
% 예제 12.17: PID 제어 시스템 풀이
function prog12_16
global z ee
t = 0; r = 1; x = [0; 0]; h = 0.02; N = 1000; buf = [ ];
gains = [1 2 1]; z = 0; ee = r - x(1);  % 제어기 이득과 전역변수의 초기화
for i = 1 : N
    buf = [buf; t x(1)];
    u = MyPID(r - x(1), h, gains);  % 제어입력 u(t)의 계산
    x = RK4(@fun, t, x, u, h);  % 벡터 x의 갱신, x(1)이 출력임
    t = t + h;  % 시간의 증분
end
plot(buf(:, 1), buf(:, 2), 'k', 'linewidth', 1)
axis([0 20 0 1.5])
xlabel('t'), ylabel('y(t)')
% 미분 상태 방정식 정의
```

```
function xdot = fun(t, x, u)
xdot = zeros(2, 1);
xdot(1) = x(2);
xdot(2) = -3 * x(1) - 2 * x(2) + 2 * u;
```

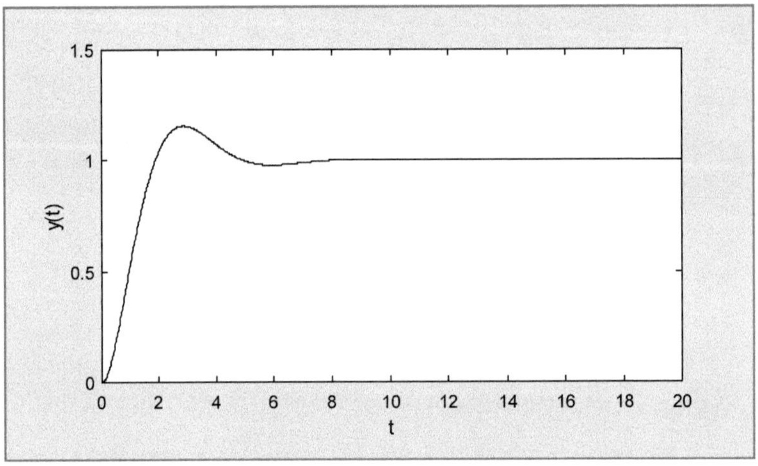

그림 12.14 단위계단응답

그림 12.14는 모든 초기값이 0일 때 설정치를 $r(t)=1$로 변경하고 그린 응답이지만, 가끔 0이 아닌 상태에서 설정치를 변경할 때도 있다. 예로 $t=0$에서 $y(t)$도 $r(t)$도 모두 1일 때 $t=5$에서 $r(t)=2$로 변경하고 또 $t=20$에서 다시 $r(t)=1$로 변경하는 응답을 시뮬레이션 해본다. $t=0$일 때 $e(t)=r(t)-y(t)=1-1=0$이고 $u(t)=u_p(t)+u_i(t)+u_d(t)=u_i(t)=K_i\int e(t)dt=K_i z$이 된다. 다시 말하면 $e(t)=0$이므로 비례동작과 미분동작은 모두 0이고 적분동작만으로 제어된다. 또 식 (12.38)로부터 정상상태에서는 $y(t)=2u(t)/3$의 관계가 성립되므로 $y(t)=1$이면 $u(t)=1.5$이다. 따라서 적분기의 초기값은 $z=u(t)/K_i=1.5/2$로 설정해주면 된다.

Function file: prog12_17.m

```
%% 함수 prog12_17.m
% 설정치가 변할 때의 해 구하기
function prog12_17
global z ee  % 전역변수 선언
%
```

```
t = 0; r = 1; x = [1; 0]; h = 0.02; N = 2000; buf = [ ];
gains = [1 2 1];  % 비례, 적분, 미분 이득의 설정
z = 1.5/2; ee =  r - x(1);  % 전역변수 z, ee의 초기화
% 루프
for i = 1 : N
    if i == 250   % t = 250*0.02 = 5초
        r = 2;  % 설정치를 1->2로 변경
        ee = r - x(1);  % 전역변수 ee의 재설정
    end
    if i == 1000  % t = 1000*0.02 = 20초
        r = 1;  % 설정치를 2->1로 변경
        ee = r - x(1);  % 전역변수 ee의 재설정
    end
    buf = [buf; t x(1)];
    u = MyPID(r - x(1), h, gains);
    x = RK4(@fun, t, x, u, h);
    t = t + h;
end
plot(buf(:, 1), buf(:, 2), 'k', 'linewidth', 1)
axis([0 40 0.0 2.5])
xlabel('t'), ylabel('y(t)')
% 미분 상태방정식 정의
function xdot = fun(t, x, u)
xdot = zeros(2, 1);
xdot(1) = x(2);
xdot(2) = -3 * x(1) - 2 * x(2) + 2 * u;
```

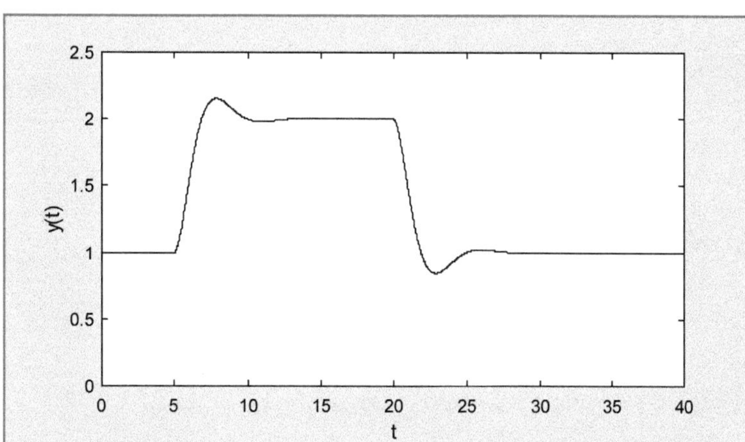

그림 12.15 $r(t) = 1 \rightarrow 2$로, 다시 $r(t) = 2 \rightarrow 1$로 변경 시의 응답

예제 12.18 함수 ode15s를 써서 다음 van der Pol 방정식의 수치해를 구하여라.

$$x'_1(t) = x_2(t) \tag{12.39}$$

$$x'_2(t) = 1000(1 - x_1^2(t))x_2(t) - x_1(t), 0 \leqq t \leqq 3000$$

초기값: $x_1(0) = 2, x_2(0) = 0$

풀이 van der Pol 방정식은 대표적인 경직성 초기값 문제이다. ede45 함수를 쓰면 오버플로 오류가 발생할 수 있으므로 ode15s 함수를 쓴다.

Function file: prog12_18.m

```
%% 함수 prog12_18.m
% 예제 12.18: Van der Pol 방정식의 해
function prog12_18
t = 0; x0 = [2; 0];
[t, x] = ode15s(@fun, [0 3000], x0);
plot(t, x(:, 1), 'k')
axis([0 3000 -3 3])
xlabel('t'), ylabel('y(t)')
% 미분 상태 방정식
function xdot = fun(t, x)
xdot = zeros(2, 1);
xdot(1) = x(2);
xdot(2) = 1000 * (1 - x(1) ^ 2) * x(2) - x(1);
```

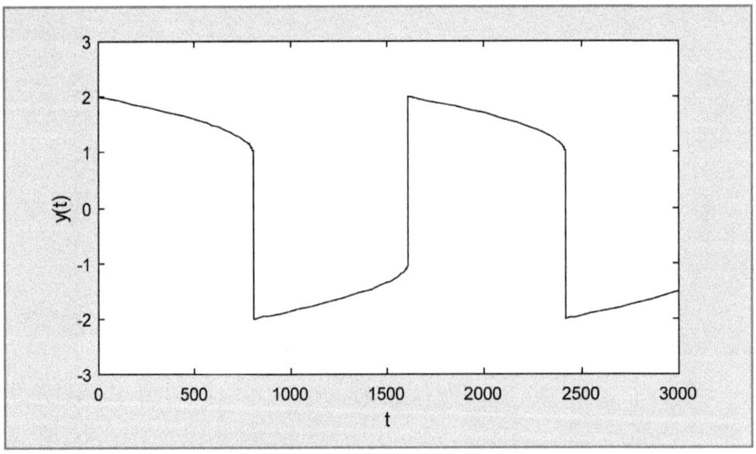

그림 12.16 응답 그래프

12.6 푸리에 변환과 필터 설계

12.6.1 푸리에 변환

푸리에 변환(Fourier transform)은 시간 영역의 신호를 주파수 관점에서 해석할 수 있도록 해주는 수학적 도구로, 복소수 푸리에 급수로부터 유도된다. 자세한 유도 과정은 문헌을 참고 바란다[10]. 푸리에 변환은 주파수 응답, 필터 설계, 전력스펙트럼 계산, 음성 및 이미지의 압축 등에 요긴하게 이용된다.

시간 함수 x(t)와 주파수 함수 $X(\omega)$의 관계는 다음 식으로 주어지며 식 (12.40b)를 푸리에 변환이라 한다.

$$x(t) = \frac{1}{2\pi}\int_{\infty}^{\infty} X(\omega)e^{j\omega t}d\omega \tag{12.40a}$$

$$X(\omega) = \int_{-\infty}^{\infty} x(t)e^{-j\omega t}dt \tag{12.40b}$$

한편 식 (12.40b)는 $\omega = 2\pi f$의 관계식 써서 다시 주파수 f로 표시할 수 있다.

$$X(f) = \int_{\infty}^{\infty} x(t)e^{-j2\pi ft}dt \tag{12.41}$$

디지털 컴퓨터로 식 (12.41)을 계산하려면 연속신호 $x(t)$를 $t_k = kT_s\,(k = 0,\ 1,\ \cdots,\ N-1)$에서 샘플링한 이산신호 $x[k] = x(t_k)$를 사용하게 되며, 이를 앞 식에 대입하면 이산 푸리에 변환(Discrete Fourier transform: DFT)을 얻을 수 있다.

$$X[k] = \sum_{n=0}^{N-1} x[n]\exp(-j2\pi kn/N)\quad (k = 1,\ 2,\ \ldots,\ N-1) \tag{12.42}$$

이 식을 직접 계산하면 $O(n^2)$의 연산이 요구되지만, 연산을 획기적으로 줄이도록 고안된 알고리즘이 고속 푸리에 변환(Fast Fourier transform: FFT)이고 $O(n \cdot \log n)$의 연산만 하면 된다. 결과적으로 $X[k]$는 아날로그 주파수 0부터 $fs/2(=1/(2Ts))$와 $-fs/2$부터 0 사이의 주파수에서의 신호값에 대한 정보를 갖는 복소수가 된다.

연속 푸리에 변환과 마찬가지로 이산시간 변환도 그 역변환과의 관계는 다음과 같다.

$$x[n] = \frac{1}{N}\sum_{k=0}^{N-1} X[k]\exp(j2\pi kn/N) \ (n = 0, 1, 2, ..., N-1) \tag{12.43}$$

신호 $x[n]$의 DFT와 그 역변환을 계산해주는 MATLAB함수는 각각 fft와 ifft이고, 그 형식은 다음과 같다.

- X = fft(x) % x의 DFT를 고속으로 계산한다.
- X = fft(x, N) % x의 DFT를 계산하며, x의 개수가 N보다 작으면 그 뒤에 0이 추가되고, N보다 크면 자른다.
- x = ifft(X) % X의 역변환을 계산한다.
- x = ifft(X, N) % X의 역변환을 계산하며, X의 개수가 N보다 작으면 그 뒤에 0이 추가되고, N보다 크면 자른다.

한 예제로 먼저 $x(t_k) = e^{-2t_k}(t_k = 0, 0.1, 0.2, ..., 0.7)$의 DFT와 그 역변환을 구해본다.

```
>> t = [0 : 0.1 : 0.7];
>> x = exp(-2*t)  % 이산시간 신호
x =
   1.0000    0.8187    0.6703    0.5488    0.4493    0.3679    0.3012    0.2466
>> X = fft(x)  % DFT를 계산
X =
  1 ~ 3번 열
   4.4029 + 0.0000i   0.6558 - 0.9016i   0.4778 - 0.3912i
  4 ~ 6번 열
   0.4456 - 0.1634i   0.4388 + 0.0000i   0.4456 + 0.1634i
  7 ~ 8번 열
   0.4778 + 0.3912i   0.6558 + 0.9016i
>> x = ifft(X)  % 역변환을 계산
x =
  1 ~ 7번 열
    1.0000    0.8187    0.6703    0.5488    0.4493    0.3679    0.3012
  8번 열
    0.2466
```

FFT한 결과가 X이고 이를 다시 역변환하면 원래의 이산시간 신호가 됨을 확인할 수 있다. 또한 푸리에 변환을 하더라도 시간 영역에서의 에너지는 주파수 영역에서도 그대로 보존되므로 이산시간 신호 $x[n]$와 그 푸리에 변환 $X[k]$는 다음 식의 파시발 정리(Parseval's theorem)를 만족한다.

$$\sum_{n=0}^{N-1} |x[n]|^2 = \frac{1}{N}\sum_{k=0}^{N-1} |X[k]|^2 \tag{12.44}$$

여기에서 N은 데이터 개수, $|x[n]|^2 = x[n]x^*[n]$, $|X[k]|^2 = X[k]X^*[k]$이고 $x^*[n]$과 $X^*[k]$는 켤레복소수를 의미한다.

앞서 살펴본 예에서 식 (12.44)를 적용해보면 두 값이 같음을 확인할 수 있으며, 그래서 파시발 정리가 만족하는지를 확인할 수 있다.

```
>> t = [0 : 0.1 : 0.7];
>> x = exp(-2 * t);
>> N = length(x)
N =
    8
>> Energy_x = sum(x .* conj(x))  % 시간 영역에서의 에너지
Energy_x =
   2.9096
>> Energy_X = sum(X .* conj(X)) / N  % 주파수 영역에서의 에너지
Energy_X =
   2.9096
```

신호 $x[n]$를 FFT하면 $X[k]$는 다음 그림과 같이 주파수 영역에서 $0 \sim N/2-1$ 그리고 $-N/2 \sim -1$순으로 정렬되어 반환된다. 이 때문에 양측 스펙트럼(Double-sided spectrum)을 그릴 때는 $f = 0$을 중심으로 좌우 대칭이 되도록, 즉 $-N/2 \sim -1$, $0 \sim N/2-1$ 순이 되도록 전후 절반의 데이터를 서로 바꾸어줄 필요가 있다.

X[k]	X[1]	X[2]	…	$X\left[\frac{N}{2}-1\right]$	$X\left[\frac{N}{2}\right]$	$X\left[\frac{N}{2}+1\right]$	$X\left[\frac{N}{2}+2\right]$	…	$X[N-1]$	$X[N]$
f = df·	0	1	…	$\frac{N}{2}-2$	$\frac{N}{2}-1$	$-\frac{N}{2}$	$-\frac{N}{2}+1$	…	-2	-1

여기에서 주파수 증분값 $df = f_s/N$ 이고 f_s 는 샘플링 주파수이다.

이를 수행해주는 함수가 fftshift이다.

- X = fftshift(X) % X의 전후 절반의 데이터들을 서로 교환한다.

fftshift를 실행한 다음 이전의 것과 비교해본다. 전반부의 4개가 후반부로 이동했음을 알 수 있을 것이다.

```
>> x = exp(-2 * [0 : 0.1 : 0.7])';
>> X = fft(x)
X =
   4.4029 + 0.0000i
   0.6558 - 0.9016i
   0.4778 - 0.3912i
   0.4456 - 0.1634i
   0.4388 + 0.0000i
   0.4456 + 0.1634i
   0.4778 + 0.3912i
   0.6558 + 0.9016i
>> X = fftshift(X)
X =
   0.4388 + 0.0000i
   0.4456 + 0.1634i
   0.4778 + 0.3912i
   0.6558 + 0.9016i
   4.4029 + 0.0000i
   0.6558 - 0.9016i
   0.4778 - 0.3912i
   0.4456 - 0.1634i
```

한편 내장함수 fft를 쓸 때 한 가지 염두에 두어야 할 사실은 이는 유한 시간 t_s 에서 샘플링된 이산 신호의 DFT를 구하기 때문에 $t_s = 0$ 인 연속 신호의 푸리에 변환과는 그 크기가 정확히 일치하지 않는다는 점이다. 이 때문에 둘 간의 크기 차이를 줄여주도록 fft의 결과에 $t_s(=1/f_s)$ 를 스케일링하는 방법이 종종 쓰인다. 반대로 역변환 시에는

$f_s(=1/t_s)$로 스케일링해주어야 파시발 정리가 만족된다. 이에 대한 더 자세한 내용은 MATLAB Answers창에서 'scaling of fft'를 입력하고 참조하면 된다. 주파수 영역에서 어떤 신호를 해석할 때는 스펙트럼의 모양, 즉 서로 다른 주파수 간의 상대적인 크기가 더 중요시됨에 유의한다.

다음 MyDSFft는 신호 x와 샘플링 주파수 f_s를 입력받아 DFT의 양측 스펙트럼 mag와 주파수 f를 계산해서 반환해주는 함수이다. mag는 $-f_{Nyquist} \sim +f_{Nyquist}$ 사이의 값들로 구성되며 나이퀴스트 주파수(Nyquist frequency) $f_{Nyquist} = f_s/2$이다. 스펙트럼은 아래쪽으로부터 세 번째 줄에서 $1/f_s$로 스케일링된다.

Function file: MyDSFft.m

```
% Compute the double-sided spectrum |X[k]| of a discrete signal x[n]
% function [f, mag]= MyDSFft(x, fs)
% INPUT:
%  x : sampled signal, vector
%  fs : sampling frequency [Hz], scalar
%
% OUTPUT:
%  f : frequency [Hz], scalar
%  mag : magnitude spectrum |X[k]|, vector
%
function [f, mag] = MyDSFft(x, fs)
N = length(x);                % Get the number of data
if rem(N, 2)                  % Let N be an even number
   N = N + 1;
end
X = fft(x, N);                % Compute the DFT, X[k]
mag = abs(fftshift(X));       % Compute the double-sided spectrum |X[k]|
mag = mag / fs;               % Scale |X[k]| using the sampling frequency fs
df = fs / N;                  % Frequency increment
f = df * [-N/2 : N/2 - 1]; % Compute frequency f[Hz]
```

예제 12.19 신호 $x(t) = \cos(2\pi f_0 t)$를 구간 $0 \leq t \leq 4\pi$에서 등간격으로 256개를 취해 함수 MyDSFft를 써서 $|X[k]|$를 구하고 그래프를 그려라. 단, 신호의 주파수는 $f_0 = 1$[Hz]이라고 가정한다.

풀이 다음은 MyDSFft를 호출해서 스펙트럼을 그리는 스크립트이고, 실행하면 아래 그림을 얻는다.

Script file: prog12_19.m

```
%% 프로그램 prog12_19.m
% 예제 12.19: 신호의 스펙트럼 구하기
N = 256; f0 = 1;
t = linspace(0, 4*pi, N);  % 0~4pi 사이에 N개의 데이터를 취함
fs = 1 / (t(2) - t(1));  % 샘플링 주파수 계산(Ts = t(2) - t(1) 임)
x = cos(2 * pi * f0 * t);  % 신호의 샘플링
[f, mag] = MyDSFft(x, fs);  % MyDSFft 호출
plot(f, mag, 'k')
axis([-10 10 0 6])
xlabel('Frequency f [Hz]'), ylabel('Magnitude spectrum')
```

그려진 스펙트럼에서 보면 $f = \pm 1$[Hz]에서 4.9512의 크기를 가지며, 연속신호 $x(t)$의 푸리에 변환 $X(f) = [\delta(f + f_0) + \delta(f - f_0)]/2$의 크기 1/2과는 다르다는 것을 알 수 있다. 이는 이산신호와 연속신호 간의 차이로 인해 기인한 것으로 직접적인 비교는 합당치 않다. 문제로부터 샘플링 주파수가 $f_s = 1/t_s = 20.2923$이고 $df = f_s/N = 20.2923/256 = 0.0793$이므로, $|X[k]| \times df$를 구해보면 $4.9512 \times 0.0793 = 0.3925$이므로 이 값을 1/2과 비교해야 할 것이다. 유한개의 샘플링된 신호의 스펙트럼이기 때문에 두 값이 똑같을 수는 없지만 근접함을 알 수 있다.

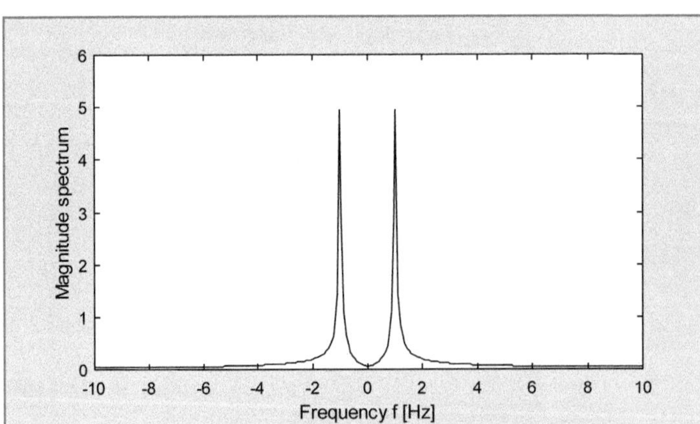

그림 12.17 DFT 스펙트럼

그림 12.17은 음과 양의 주파수에 펼쳐져 있는 DFT의 스펙트럼이지만, 실제 문제에서는 항상 양의 주파수만을 다루게 되므로 오른쪽 절반만 표시하면 된다. 다음 MySSFft는 신호 x와 샘플링 주파수 f_s를 입력받아 DFT의 단측 스펙트럼(Single-sided spectrum) mag와 주파수 f를 계산해 반환해주는 함수이다. mag는 0과 $f_{Nyquist}$ 주파수 사이의 값들로만 구성된다.

Function file: MySSFft.m

```
% Compute the single-sided spectrum |X[k]| of a discrete signal x[n]
% function [f, mag] = MySSFft(x, fs)
% INPUT:
%  x: sampled signal, vector
%  fs: sampling frequency[Hz], scalar
%
% OUTPUT:
%  f: frequency[Hz], scalar
%  mag: magnitude spectrum |X[k]|, vector
%
function [f, mag] = MySSFft(x, fs)
N = length(x);                % Get the number of data
if rem(N, 2)                  % Make N be an even number
   N = N + 1;
end
X = fft(x, N);                % Compute the DFT, X(f)
numpts = floor(N/2);          % Number of data points taken
mag = abs(X(1 : numpts)); % Compute the single-sided spectrum |X[k]|
                              of numpts
mag = mag / fs;               % Scale |X(k)| using the sampling frequency
df = fs / N;                  % Frequency increment
f = df * [0 : numpts - 1]; % Compute frequency f [Hz]
```

예제 12.20 다음 신호 $x(t)$를 $0 \le t \le 10$ 구간에서 등간격 $t_s = 0.02$초로 샘플링하여 단측 스펙트럼을 구하고, 그래프를 그려라.

$$x(t) = \begin{cases} 2e^{-3t} & , \quad t \ge 0 \\ 0 & , \text{elsewhere} \end{cases} \tag{12.45}$$

풀이 x(t)의 푸리에 변환은

$$X(f) = 2\int_0^{\infty} e^{-3t}e^{-j2\pi ft}dt = -\frac{2}{3+j2\pi f}\left[e^{-(3+j2\pi f)t}\right]_0^{\infty} = \frac{2}{3+j2\pi f}$$

이고 크기는 $|X(f)| = 2/\sqrt{9+4\pi^2 f^2}$ 이다. x(t)를 T_s 간격으로 샘플링하고 MySSFft를 호출하면 DFT의 크기를 구할 수 있다. 이들을 그린 그래프가 그림 12.18이고 실선으로 표시된 것이 DFT, 단선으로 표시된 것이 연속 푸리에 변환이다.

Script file: Prog12_20.m

```
%% 프로그램 prog12_20.m
% 예제 12.20: 신호의 단측 스펙트럼 구하기
ts = 0.01;
fs = 1/ts;
t = 0 : ts : 10;
x = 2 * exp(-3*t);
[f, mag] = MySSFft(x, fs);
% 적분에 의한 식과 비교
CFT = 2 ./ (3 + 2 * pi * f * j);
plot(f, mag, 'k', f, abs(CFT), 'r:')
axis([0 50 0 0.8])
xlabel('Frequency f [Hz]')
ylabel('Magnitude spectra')
legend('DFT', 'CFT')
```

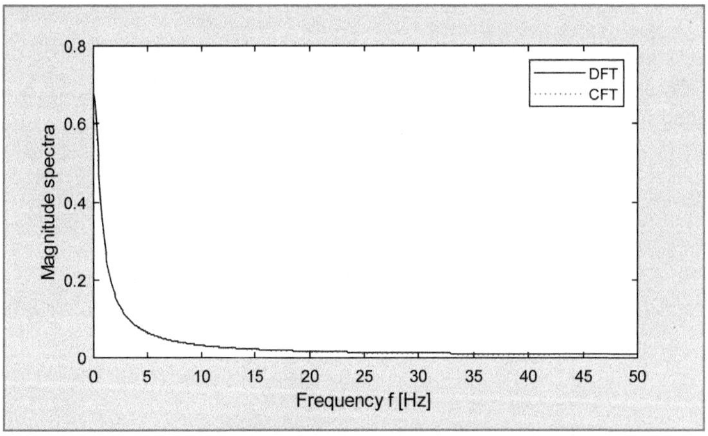

그림 12.18 크기 스펙트럼

12.6.2 필터 설계

필터란 원하는 주파수 대역의 신호만을 선택해서 통과시키거나 불필요한 주파수 대역의 신호를 거르는 알고리즘이나 전자회로를 말하며 신호처리 분야에서 매우 중요한 역할을 담당한다. 다음 그림은 필터의 입출력 관계를 보여준다.

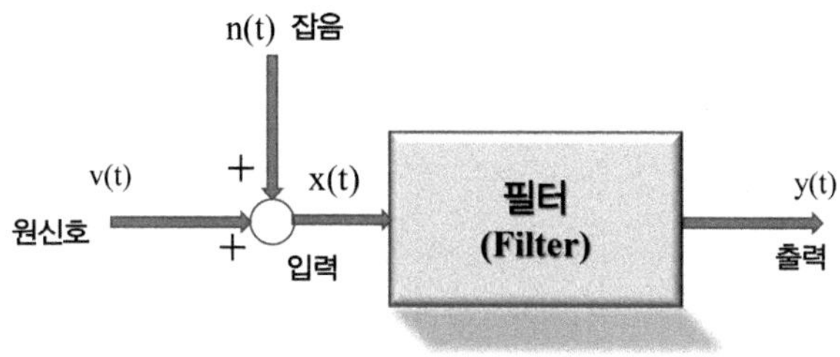

그림 12.19 필터 입출력 관계

필터 입력 x(t)와 필터 출력 y(t)간의 관계는 필터의 임펄스 응답 h(t)가 주어지면 다음 식으로 쓸 수 있다.

$$y(t) = \int_{-\infty}^{\infty} h(t-\tau)x(\tau)d\tau = \int_{-\infty}^{\infty} h(\tau)x(t-\tau)d\tau \tag{12.46}$$

이를 주파수 영역으로 변환하면

$$Y(f) = H(f)X(f) \tag{12.47}$$

가 되고 $H(f) = Y(f)/X(f)$를 필터의 전달함수(Transfer function)라 한다.

12.6.2.1 필터의 분류

필터는 통과 주파수 대역에 따라 크게 저역통과 필터(Low-pass filter: LPF), 고역통과 필터(High-pass filter: HPF), 대역통과 필터(Band-pass filter: BPF) 및 대역제거 필터(Band-reject filter: BRF) 4가지로 분류된다. LPF는 낮은 주파수 신호만을, HPF는 반대로 높은 주파수 신호만을, BPF는 특정 대역의 주파수 신호만을 그리고 BRF는 특정 대역의 주파수를 제외한 나머지 주파수 신호만을 통과시킨다.

디지털 필터는 구현 방법에 따라 크게 FIR 필터(Finite impulse filter)와 IIR필터(Infinite impulse filter)로 구분된다. FIR필터는 식 (12.48)과 같이 현재와 과거 입력 신호만으로 현재의 출력신호를 만들어 내게 되어 있고 피드백 성분이 들어있지 않다.

$$y[k] = b_0 x[k] + b_1 x[k-1] + \cdots + b_M x[k-M] \tag{12.48}$$

여기서 b_0, b_1, ..., b_M은 필터 계수이고 M은 필터의 차수를 의미한다. 이 식을 z-변환하여 전달함수로 표시하면 다음과 같다.

$$H(z) = \frac{Y(z)}{X(z)} = b_0 + b_1 z^{-1} + b_2 z^{-2} + \cdots + b_M z^{-M} \tag{12.49}$$

FIR필터의 임펄스 응답(Impulse response)은 유한 시간동안만 지속되는 특징을 가지므로, FIR라는 이름도 여기에서 나왔다. FIR필터의 특징은 다음과 같다.

- 필터 구조가 간단하고 안정성이 항상 보장된다.
- 같은 필터특성을 구현할 때 IIR필터보다 차수가 높아 구현비용이 더 든다.
- 필터 위상이 선형이므로 위상변이(즉, 입력과 출력 파형의 형태유지)가 중요한 경우에 유리하다.

한편 IIR필터는 식 (12.50)과 같이 입력 신호와 과거의 출력 신호가 피드백되어 사용되기 때문에 임펄스 응답이 무한히 지속되는 특징을 갖는다.

$$\begin{aligned} y[k] = & -a_1 y[k-1] - a_2 y[k-2] - \cdots - a_N y[k-N] \\ & + b_0 x[k] + b_1 x[k-1] + \cdots + b_M x[k-M] \end{aligned} \tag{12.50}$$

전달함수는 다음과 같이 구해진다.

$$H(z) = \frac{Y(z)}{X(z)} = \frac{b_0 + b_1 z^{-1} + b_2 z^{-2} + \cdots + b_M z^{-M}}{1 + a_1 z^{-1} + a_2 z^{-2} + \cdots + a_N z^{-N}} \tag{12.51}$$

IIR필터의 안정성은 분모 다항식의 극점(pole)의 위치에 따라 달라진다. 만약 모든 극점이 복소평면 상의 단위 원 내부에 존재하면 항상 안정하게 되며, 극점의 하나라도 단위원 밖에 있게 되면 불안정한 시스템이 된다.

IIR필터는 다음과 같은 특징을 가진다.

- 필터 구조는 FIR필터보다 약간 복잡하다.
- 전달함수의 극점이 모두 단위 원내에 있을 때만 안정성이 보장된다.
- 같은 필터특성을 구현할 때 FIR필터보다 차수가 낮다.
- 필터 위상이 주파수에 따라 비선형적으로 달라서 위상변이가 중요한 경우에 불리하다.

12.6.2.2 저역통과 IIR 설계

이 절에서는 MATLAB 함수를 써서 저역통과 IIR필터를 설계하는 문제를 다루어 본다. 앞서 설명하였듯이 저역통과 필터는 DC(직류: Direct Current, 주파수 0을 의미) 로부터 어떤 특정 주파수 이내의 주파수 신호만 통과시키는 필터로서, 일반적으로 고주파의 잡음을 제거하기 위해 사용된다. 그림 12.20은 이상적인 필터와 실제적인 필터의 특성을 보여준다.

그림과 같이 통과대역의 이득 $|H(f)|$가 평탄하고 또 위상 $\angle H(f)$가 선형적으로 변하는 이상적인 필터를 구현하는 것은 현실적으로 불가능하므로 대신 근사 필터식을 사용하게 된다. 여러 형태의 필터가 고안되었지만 그중 가장 대표적인 두 가지 IIR필터가 Butterworth필터와 Chebyshev필터라 할 수 있다.

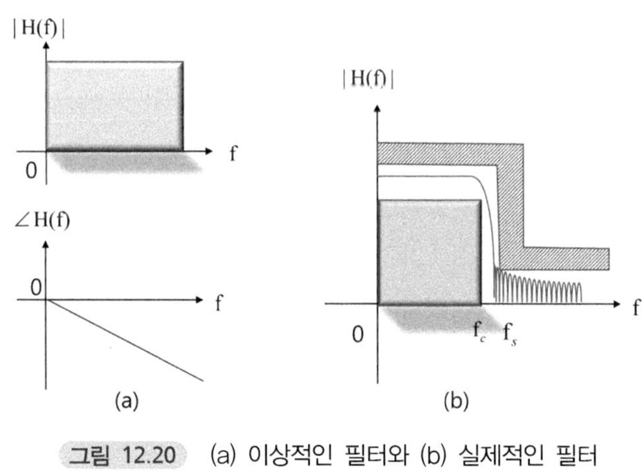

그림 12.20 (a) 이상적인 필터와 (b) 실제적인 필터

Butterworth 저역통과 필터

Butterworth 저역통과 필터는 통과대역에서 이득은 다소 평탄하지만 차단주파수 부근에

서 차단 특성이 날카롭지 못하고, 위상이 주파수에 따라 비선형으로 변하는 특성이 있다. m차 Butterworth필터의 전달함수의 크기는 다음 식으로 주어진다.

$$|H(f)| = \frac{1}{\sqrt{1+(f/f_c)^{2m}}} \tag{12.52}$$

여기서 m은 필터 차수, f_c는 차단주파수이고 이들이 설계 파라미터가 된다.

그림 12.21에서 볼 수 있듯이 차수를 높일수록 차단주파수의 차단 특성이 날카롭게 되고 이상적인 필터에 가까워지지만 대신 필터식이 복잡해지고, 연산부담이 증가하게 된다.

MATLAB으로 Butterworth 저역통과 IIR필터를 설계할 때는 다음 함수를 사용하면 된다.

- [B, A] = butter(m, fn) % 필터 차수와 차단주파수를 입력받아 필터 계수 A, B를 반환한다.

여기에서 m은 필터 차수, $fn = fc/f_{Nyquist}$는 정규화된 주파수로써 차단주파수 f_c를 나이퀴스트 주파수 $f_{Nyquist}(= f_s/2)$로 나눈 0과 1사이의 값이며, f_s는 샘플링 주파수이다. 또 $\mathbf{B} = [b_0 b_1 \ldots b_M]$와 $\mathbf{A} = [a_0 a_1 \ldots a_N]$는 설계된 필터의 분자, 분모 다항식의 계수 벡터이다.

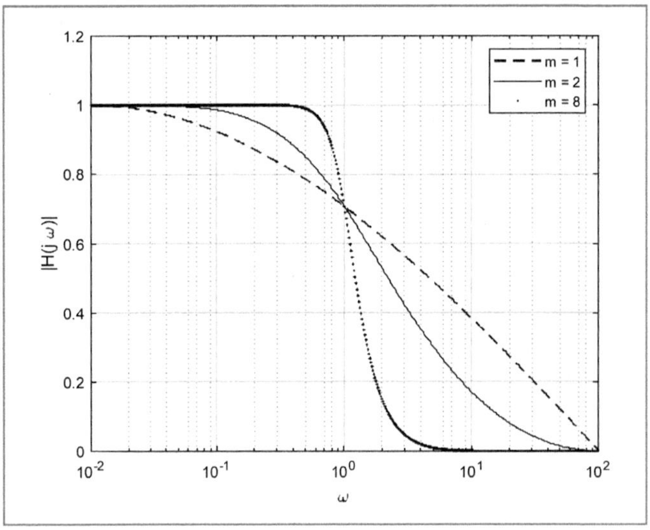

그림 12.21 Butterworth 필터의 천이대역 특성

예제 12.21

$v(t) = 0.8\cos(2\pi t) - 0.2\cos(6\pi t)$를 원 신호로, $n(t) = N(0, 0.05^2)$를 잡음으로 가정해서 혼합된 신호 $x(t) = v(t) + n(t)$를 3초동안 0.01초 주기로 샘플링해서 얻는다. 이를 fft하여 차단주파수를 정하고 3차 Butterworth를 설계한 후 필터링된 신호 $y(t)$, 원 신호 $v(t)$와 혼합된 신호 $x(t)$를 그려라.

풀이 다음은 fft해서 스펙트럼을 그려주고, 필터 다항식을 구한 다음 필터링해주고 또 신호들을 그려주는 프로그램이다. 차단주파수는 크기 스펙트럼으로부터 경험적으로 13 Hz로 선정하였다.

Script file: Prog12_21.m

```
%% 프로그램 prog12_21.m
% 예제 12.21 : 잡음이 섞인 신호의 필터링
Ts = 0.01; fs = 1/Ts;  % 샘플링 주파수
t = 0 : Ts : 3;
v = 0.8 *cos(2*pi*t) - 0.2 * cos(6*pi*t);  % 원 신호
n = 0.05 * randn(size(t));  % 정규잡음 N(0,0.052)
x = v + n;  % 원 신호에 정규잡음이 더해진 신호
[f, mag] = MySSFft(x, fs); % DFT
% 필터링
m = 3; % 필터 차수
fc = 13; % 차단 주파수(스펙트럼을 통해 결정)
[B, A] = butter(m, 2 * fc / fs) % 필터 계수 결정
y = filter(B, A, x); % 신호 x의 필터링
% 결과 그리기
subplot 311
plot(f, mag, 'k', 'linewidth',1)
subplot 312
plot(t, x, 'k', 'linewidth', 1)
subplot 313
plot(t, y, 'k', 'linewidth', 2), hold on
plot(t, v, 'b.', 'linewidth', 1), hold off
```

```
>> prog12_21
B =
    0.0349    0.1047    0.1047    0.0349
A =
    1.0000   -1.3993    0.8630   -0.1844
```

따라서 필터 전달함수는 다음 식으로 나타낼 수 있다.

$$H(z) = \frac{Y(z)}{X(z)} = \frac{0.0349 + 0.1047z^{-1} + 0.1047z^{-2} + 0.0349z^{-3}}{1.0000 - 1.3993z^{-1} + 0.8630z^{-2} - 0.1844z^{-3}}$$

그림 12.22의 위쪽 그림은 x(t)의 크기 스펙트럼을, 가운데 그림은 x(t)를, 아래쪽 그림은 필터 출력 y(t)와 원 신호 v(t)를 동시에 그린 것이다. 굵은 실선의 y(t)에는 잡음이 대부분 제거되었고, 약간의 위상차는 있지만 원 신호 v(t)와 유사함을 알 수 있다.

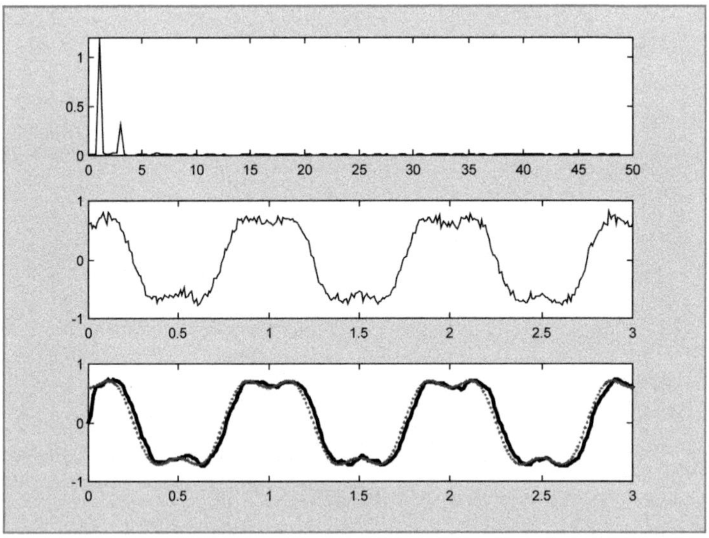

그림 12.22 3차 Butterworth필터의 결과

Chebyshev 저역통과 필터

Chebyshev 필터는 통과대역에 같은 크기의 진폭을 갖는 작은 리플(Ripple)이 생기는 대신에 차단주파수 부근에서 급경사의 차단 특성을 갖는다. 천이대역 특성을 개선할수록 리플의 크기가 더 커지므로 적절한 타협이 필요하다. 허용 가능한 리플은 dB단위로 주어진다. m차 Chebyshev 저역통과 필터의 전달함수의 크기는 다음과 같이 주파수 f의 함수로 주어진다.

$$|H_C(f)| = \frac{1}{\sqrt{1 + \varepsilon^2 C_m^2(f)}} \tag{12.53a}$$

단,

$$C_m(f) = 2\left(\frac{f}{f_c}\right)C_{m-1}(f) - C_{m-2}(f) \quad m = 2,\ 3,\ \ldots \tag{12.53b}$$

$$C_1(f) = \frac{f}{f_c},\ C_0(f) = 1 \tag{12.53c}$$

그림 12.23에서 볼 수 있듯이 Chebyshev 필터도 차수 m을 높이면 높일수록 차단주파수의 천이대역 특성이 날카롭게 되지만 대신 필터식이 복잡해진다.

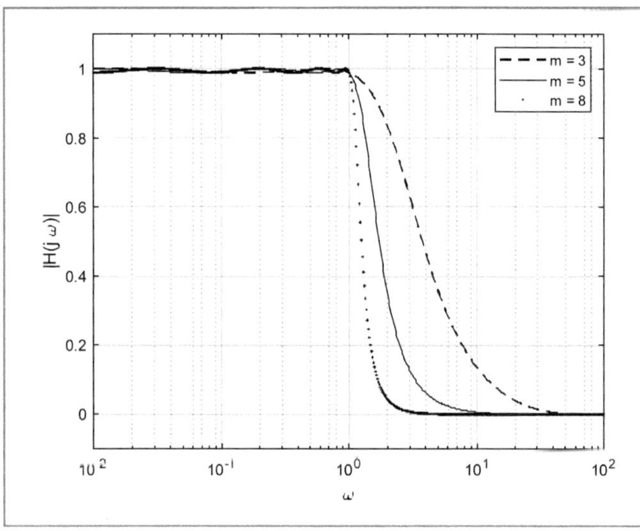

그림 12.23 Chebyshev 필터의 천이대역 특성

Chebyshev 저역통과 IIR필터를 설계하는 내장함수는 다음과 같다.

- [B, A] = cheby1(m, r, fn) % 필터 차수, 리플, 차단주파수를 입력받아 필터 계수 A, B를 반환한다.

여기서 m은 필터 차수, r은 통과대역에서 허용되는 리플의 dB크기, fn은 Butterworth 필터와 같이 정규화된 주파수를 의미한다.

예제 12.22

예제 12.21에서 다루었던 신호에 대하여 다시 3차 Chebyshev 필터를 설계하고 필터링 신호 $y(t)$와 $v(t)$, $x(t)$를 그려보아라. 단, 리플의 크기는 0.2 dB이다.

풀이 다음은 필터를 설계하고 결과 그림들을 그려주는 프로그램이다. 여기서도 차단주파수를 13 Hz로 하였다.

Script file: Prog12_22.m

```
%% 프로그램 prog12_22.m
% 예제 12.22 : Chebyshev 필터를 이용한 필터링
Ts = 0.01; fs = 1/Ts; t = 0 : Ts : 3;
v = 0.8 * cos(2*pi*t) - 0.2 * cos(6*pi*t);
n = 0.05 * randn(size(t));
x = v + n;
% 필터링
[f, mag] = MySSFft(x, fs);
fc = 13;  % 차단주파수
m = 3;    % 필터 차수
r = 0.2;  % 리플의 크기
[B, A] = cheby1(m, 2 * fc / fs, r)
y = filter(B, A, x);
% 결과 그레프 그리기
subplot 311
plot(f, mag, 'k', 'linewidth', 1)
subplot 312
plot(t, x, 'k', 'linewidth', 1)
subplot 313
plot(t, y, 'k', 'linewidth', 2), hold on
plot(t, v, 'b.-', 'linewidth', 1), hold off
```

```
>> prog12_22
B =
    0.0200    0.0599    0.0599    0.0200
A =
    1.0000   -1.8448    1.3939   -0.3894
```

필터 전달함수는 다음과 같다.

$$H(z) = \frac{Y(z)}{X(z)} = \frac{0.0200 + 0.0599z^{-1} + 0.0599z^{-2} + 0.0200z^{-3}}{1.0000 - 1.8448z^{-1} + 1.3939z^{-2} - 0.3894z^{-3}}$$

그림 12.22에서 보면 굵은 실선의 필터링된 신호 y(t)에는 잡음이 대부분 제거되었고, 가는 실선의 원 신호 v(t)와 유사함을 알 수 있다. 그러나 여기서도 약간의 위상차가 있음을 확인할 수 있다.

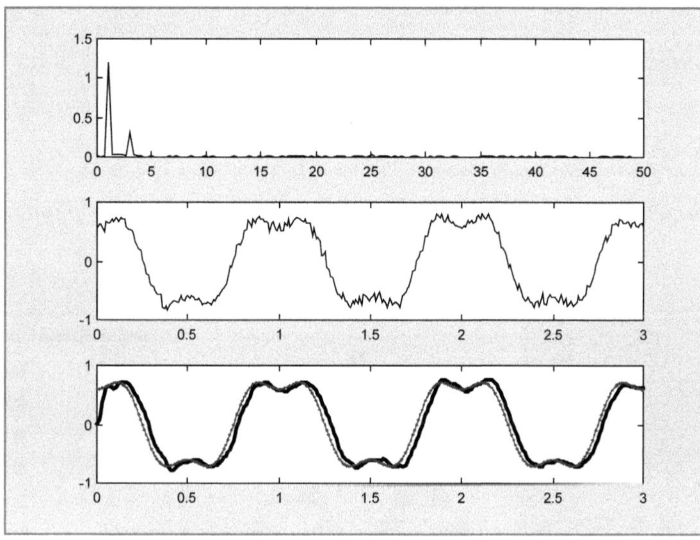

그림 12.24 3차 Chebyshev 필터의 결과

12.7 프랙탈 차원과 박스계수법

12.7.1 프랙탈이란?

프랙탈(Fractal)은 단순한 구조가 끊임없이 반복되면서 복잡하고 특이한 전체 구조의 질서를 형성하는 것을 말하며, 자기 유사성(Self-affinity)과 순환성(Recursiveness)을 그 특징으로 하고 있다. 자기 유사성은 프랙탈 공간에서 모든 축적에 대하여 항상 '전체'의 공간적 특성을 가지는 '부분'이 존재하는 특징을 말하고, 순환성은 같은 요소가 둘 이상 배열되는 상태로 형태와 형태, 공간과 공간 사이에 같은 형태와 공간이 나타나 연속적인 패턴을 이루는 것을 말한다[11].

주위에서 찾아볼 수 있는 프랙탈 구조의 좋은 예 중의 하나가 강의 지류이다. 비바람에 의한 반복적인 침식, 퇴적, 풍화 작용으로 강에서 갈라져 나온 강과 그 강에서 갈라져 나온 하천, 하천에서 갈라져 나온 시내, 시내에서 갈라져 나온 도랑, 이렇게 계속 분화된 강의 지류는 매우 복잡하고 불규칙하게 보이지만 여기에는 일정한 패턴이 존재하고 강과 하천과 시내와 도랑 간에는 유사성을 띄고 있다.

프랙탈 구조는 형상화 방법에 따라 결정형과 비결정형으로 나뉘며, 결정형은 수학적 규칙에 따라 만들어지는 모양을 말한다. 만델브로 집합(Mandelbrot set), 칸토르 집합(Cantor set), 시어핀스키 삼각형(Sierpinski triangle) 등이 대표적인 예이다. 한편 비결정형은 자연계에서 흔히 찾아볼 수 있는 고사리, 해안선, 강과 지류 등과 같은 구조이고, 그림 12.25는 결정형 (a)~(c)와 비결정형 (d)~(f)의 대표적인 예를 보여준다[12].

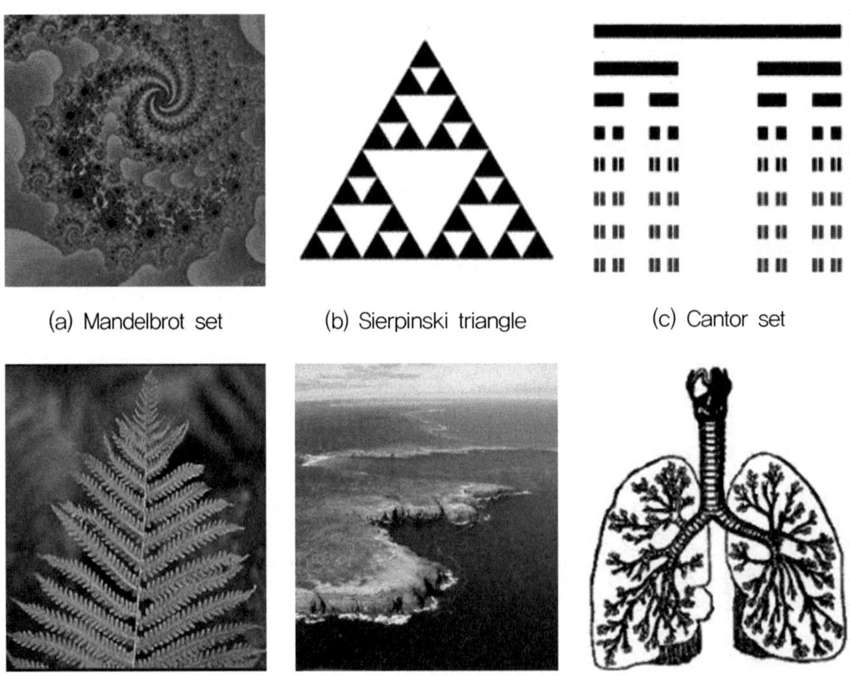

(a) Mandelbrot set (b) Sierpinski triangle (c) Cantor set

(d) Fern (e) Coast (f) Lung

그림 12.25 프랙탈 구조의 예(Google 제공)

12.7.2 프랙탈 차원

자연에 존재하는 사물들의 길이, 면적, 체적 등은 어떤 크기의 측정자로 재느냐에 따라 그 양이 달라진다. 예를 들어 그림 12.26의 전자지도상의 구포 낙동강교로부터 삼랑진 낙동대교까지의 낙동강 길이를 3.2 km단위의 긴 자로 재면 약 28.1 km이지만(그림 12.26(a)), 1.6 km단위의 자로 재면 약 28.8 km(그림 12.26(b), 800 m단위의 자로 재면 약 29.2 km가 된다(그림 12.26(c)). 따라서 측정자의 단위를 줄이면 줄일수록 강의 길이는 점점 더 길어진다. 이처럼 강의 길이와 측정단위와의 관계는 어떤 한도 내에서는 물체마다 고유하면서도 일정한 매개변수로 특정지울 수 있고, 이 매개변수를 공간차원(Spatial dimension)이라 한다.

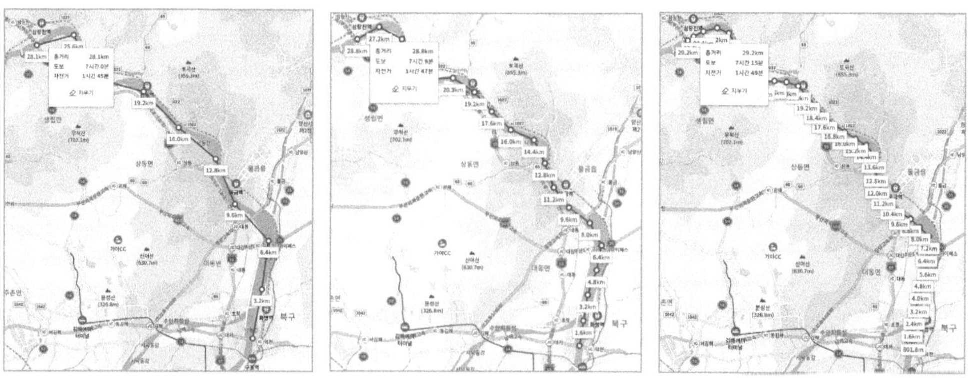

(a) (b) (c)

그림 12.26 3.2 km, 1.6 km 및 0.8 km 단위의 자로 잴 때의 낙동강의 길이(Naver map 제공)

1, 2, 3과 같은 정수 차원은 직선, 정사각형, 정육면체와 이들의 유사 모양과 같이 고전(유클리드) 기하학에서 다루는 이상적인 물체에서만 사실이다. 유클리드 기하학에서는 차원이 다른 도형을 축소 또는 확대하면 그 크기가 각각 달라진다. 가령 1차원에서 하나의 선분을 m등분하면 원래 길이의 $1/m$배인 선분이 $m(=N)$개가 생기고, 2차원에서 정사각형의 각 변을 m등분하면 변이 $1/m$배 줄어든 사각형 $m^2(=N)$개가 생긴다. 마찬가지로 3차원에서 정육면체의 각 변을 m등분하면 변이 $1/m$배 줄어든 정육면체 $m^3(=N)$개가 생긴다(그림 12.27 참조).

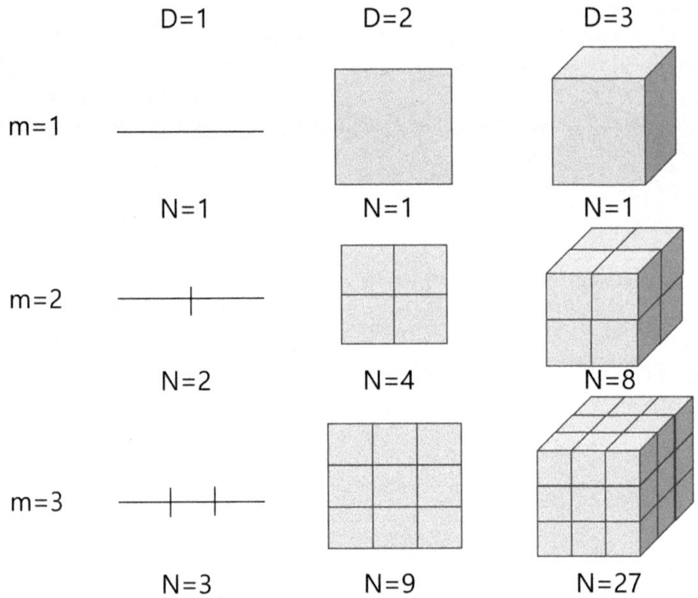

그림 12.27 유클리드 차원과 도형

이로부터 축소율 $r = 1/m$과 유사도형의 수 N과 차원 D와의 관계는 다음 식으로 쓸 수 있다.

$$N = \frac{1}{r^D} = \left(\frac{1}{r}\right)^D \tag{12.54}$$

양변에 log를 취하면 차원은 다음 식으로 표시된다.

$$D = \frac{\log N}{\log\left(\frac{1}{r}\right)} \tag{12.55}$$

예로 유클리드 기하학에서 길이 1의 직선을 3등분하면 $r = 1/3$이고 유사도형 수 $N = 3$이므로 차원 $D = \log(3)/\log(3) = 1$이 되고, 한 변의 길이가 1인 정사각형의 각 변을 3등분하면 $r = 1/3$이고 유사도형 수 $N = 9$이므로 $D = \log(9)/\log(3) = 2$가 되고 또 한 변의 길이가 1인 정육면체의 각 변을 3등분하면 $r = 1/3$이고 유사도형 수 $N = 27$이므로 $D = \log(27)/\log(3) = 3$이 됨을 확인할 수 있다.

그림 12.25에서도 볼 수 있듯이 프랙탈 구조는 끊임없이 자기 유사적이고 반복적인 패

턴을 보이는데, 이러한 구조들의 복잡성 정도를 정의하기 위해 유클리드 기하학에서 빌려 온 개념 중 하나가 프랙탈 차원(Fractal dimension)이라는 공간차원이다. 종종 해안선, 산등선과 같은 자연적인 선은 1보다 큰 프랙탈 차원을 가지고 고사리 잎, 호수와 같은 자연적인 면적은 2보다 큰 프랙탈 차원을 가진다. 선의 공간차원이 1보다 크다는 사실은 선 안에 어떤 양의 복잡성이 존재한다는 것을 의미하며, 면적도 마찬가지이다. 자연적인 선은 이상적인 직선과 면, 자연적인 면은 이상적인 면과 체적 사이의 혼합으로 생각할 수 있다[13].

식 (12.55)는 프랙탈 구조에도 적용되지만, 앞의 예와 같이 항상 정수 차원이 보장되지 않는다. 일례로 그림 12.28의 코흐 눈송이 곡선에서는 $r = 1/3$일 때에는 $N = 4$, $r = 1/9$일 때에는 $N = 16$, $r = 1/27$일 때에는 $N = 64$가 되어 $D = \log(4)/\log(3) = \log(16)/\log(9) = \log(64)/\log(27) = 1.262$가 된다. 1.262의 소수 차원은 코흐 눈송이 곡선은 1차원보다는 더 복잡하고 2차원보다는 덜 복잡함을 암시한다.

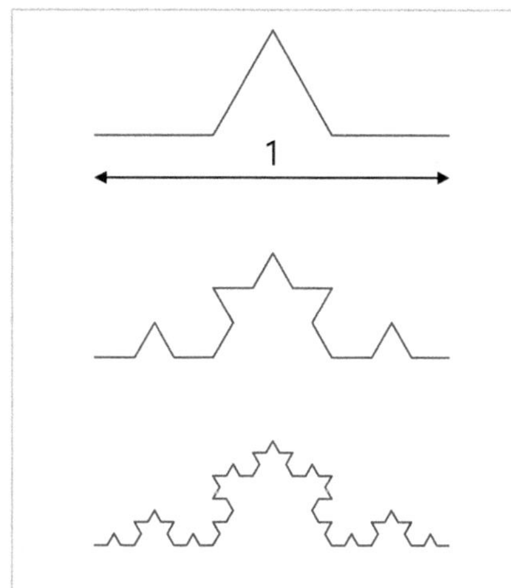

그림 12.28 코흐 눈송이 곡선

프랙탈 차원을 측정하는 대표적인 방법으로는 박스계수(Box-Counting: BC)법, 삼각프리즘(Triangular prism)법, 프랙셔널 브라운운동(Fractional Brownian motion)법 등 [13]이 있다. 그중에서도 이진(흑백) 이미지에 적합한 BC법과 그레이 이미지에 적합하도록 이를 변형한 차분 박스계수(Differential box counting)법이 단순하면서도 신뢰성이 높아 여전히 많이 사용되고 있고, BC법은 의료용 x-ray/PET/MRI 영상과 강과 해안선, 구조물의 균열 등의 이미지를 이진화(Binarization)하고 그 복잡성을 측정하는 데 있어서 중요한 역할을 담당하고 있다. 이 절에서는 BC법을 위주로 다루어 본다.

12.7.3 박스계수법

12.7.3.1 BC법의 원리

박스계수(BC)법은 이진 이미지가 주어질 때 이를 내포하는 기준이 되는 정사각형(한 변의 길이가 1)을 만들고 한 변의 길이를 r스케일로 줄여나가면서 격자로 나누고 프랙탈 도형이 포함된 박스의 개수를 세는 과정을 반복한다. 따라서 프랙탈 도형을 완전히 덮는데 요구되는 최소한의 박스 개수 N(r)은 r에 따라 달라지며 다음 식으로 표시된다.

$$N(r) = \left(\frac{1}{r}\right)^{D} \tag{12.56}$$

만일 M×M 픽셀의 디지털 이미지를 다룰 때는 각 변을 스텝크기 $\delta(=2^{k-1},\ k=1,\ 2,\ \ldots,\ \log_2(M))$로 줄여나가면 δ와 r은 $\delta = rM\,(0 < r < 1)$의 관계를 가지므로 식 (12.57)과 같이 다시 쓸 수 있다. 여기서 M은 2m이고 m은 양의 정수로 간주된다.

$$N(\delta) = \left(\frac{M}{\delta}\right)^{D} = M^{D}\left(\frac{1}{\delta}\right)^{D} \tag{12.57}$$

여기서 M^D는 상수이므로 다시 식 (12.58)로 쓸 수 있다.

$$N(\delta) \approx \left(\frac{1}{\delta}\right)^{D} \tag{12.58}$$

따라서 BC법은 δ를 달리하면서 이미지를 분할할 때 프랙탈이 포함된 박스의 개수를 세는 과정을 반복하면서 $N(\delta)$를 얻게 되고, 프랙탈 차원은 식 (12.59)와 같이 $\log(1/\delta)$ 대 $\log(N(\delta))$그래프를 그리면 기울기가 차원 D가 된다.

$$D \approx \frac{\log(N(\delta))}{\log(1/\delta)} \tag{12.59}$$

그림 12.29는 코흐 눈송이 곡선이 그려진 16×16 픽셀의 이미지를 샘플링하면서 $N(\delta)$를 계수하는 예를 보여주며, 표 12.1은 그 결과이다.

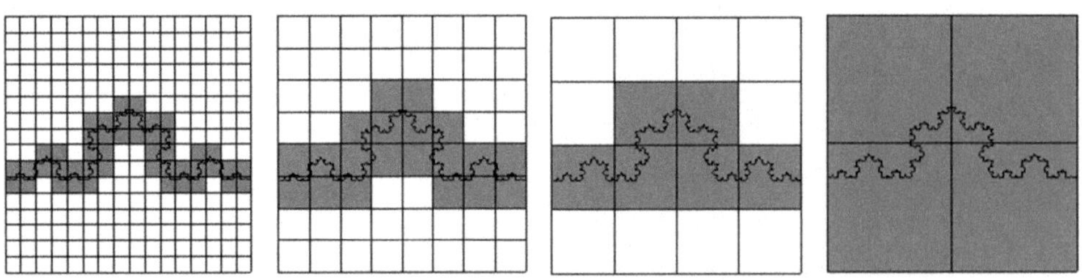

(a) $\delta=1$ (b) $\delta=2$ (c) $\delta=4$ (d) $\delta=8$

그림 12.29 BC법의 박스 계수

| 표 12.1 | 박스 계수 결과

δ	1	2	4	8
N(δ)	46	20	6	4

한편 앞서 살펴본 최소제곱법으로 프랙탈 차원을 추정하기 위해서는 식 (12.57)의 양변에 log를 취하고 $\log(1/\delta) - \log(\mathrm{N}(\delta))$ 그래프 상의 절편을 간단히 b로 놓으면 추정 모델식은 다음과 같이 쓸 수 있다.

$$\log(\mathrm{N}(\delta)) = \mathrm{D}\log\left(\frac{1}{\delta}\right) + b = \begin{bmatrix} \log\left(\frac{1}{\delta}\right) & 1 \end{bmatrix} \begin{bmatrix} \mathrm{D} \\ \mathrm{b} \end{bmatrix} \tag{12.60}$$

따라서 $\{\log(1/\delta_i),\ \log(\mathrm{N}(\delta_\mathrm{i}))\},\ 1 \leq \mathrm{i} \leq \mathrm{m}$의 데이터가 준비되면 함수 polyfit를 써서 $\hat{\mathrm{p}}$를 얻을 수 있고, 첫 번째 원소 $\hat{\mathrm{p}_1}$이 프랙탈 차원 D가 된다.

예제 12.23 그림 12.29의 16×16 픽셀의 흑백 이미지를 $\delta =$ 1, 2, 4, 8 크기로 나누면서 프랙탈이 포함된 박스를 계수한 것이 표 12.1이다. 최소제곱법으로 D를 구하고 그래프에 데이터와 추정식을 나타내어라.

풀이 표로부터 $\log(1/\delta)$와 $\log\mathrm{N}(\delta)$를 계산하고, 이를 polyfit에 적용하면 $\hat{\mathrm{p}}$를 얻는다. 전체 프로그램은 다음과 같다.

Script file: prog12_23.m

```
%% 프로그램 prog12_23.m
% 예제 12.23: 프랙탈 차원 계산하기
delta = [1, 2, 4, 8];
Nd = [46, 20, 6, 4];
xdata = log(1 ./ delta);
ydata = log(Nd);
p = polyfit(xdata, ydata, 1);
D = p(1)
%
hold on
BestFit = polyval(p, xdata); % 추정 1차식을 그리기 위한 y축 벡터 생성
plot(xdata, ydata, 'bo', 'LineWidth', 1)
```

```
plot(xdata, BestFit, 'b-', 'LineWidth', 2)
xlabel('Scaling factor, log (1/\delta)')
ylabel('Box count, log N(\delta)')
box on
hold off
```

```
>> prog12_23
D =
    1.2308
```

이 결과는 코흐 눈송이 곡선의 이론적 프랙탈 차원인 1.262에 근접한 값임을 알 수 있다.

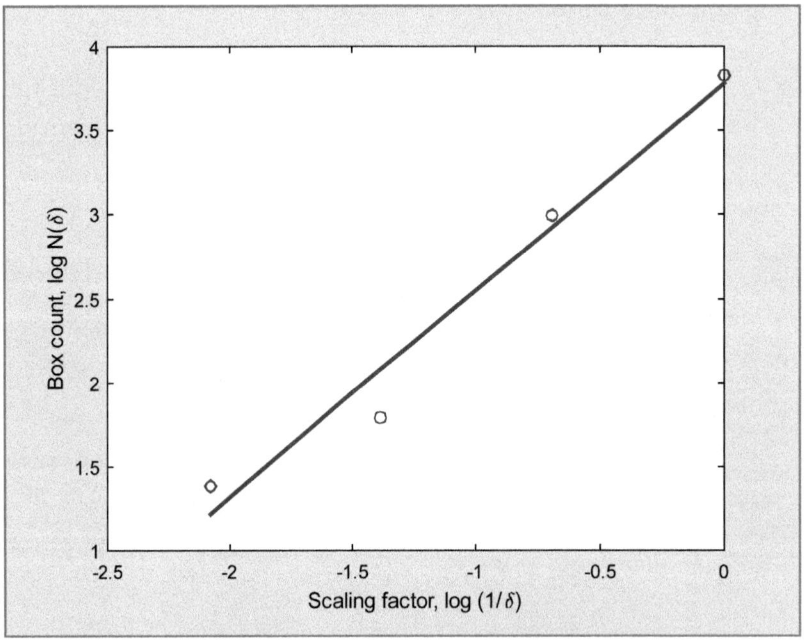

그림 12.30 최소제곱법을 이용한 데이터 피팅

12.7.3.2 BC법의 알고리즘

다음은 BC법의 전체 알고리즘의 의사코드를 나타내었다.

```
Read an image I of M×M ;
m = log_2(M);
for k = 1 to m
  δ_k = 2^(k-1);
  Blocks = M/δ_k;
  N(k) = 0;
  for i = 1 to Blocks
    for j = 1 to Blocks
      if subimage I(i, j) is a non-empty box
         n_ij = 1;
      else
         n_ij = 0;
      end if
      N(k) = N(k) + n_ij;
    end for
  end for
end for
Estimate D using data set {δ_k, N(k)} of m and the least squares method;
```

12.7.4 BC법의 프로그래밍

앞의 알고리즘을 기반으로 BC법을 사용자 정의 함수로 작성한 것이 다음의 BC_Binary이다. BC_Binary는 dtm과 graph를 입력받아 프랙탈 차원 D을 반환한다. dtm은 0과 1로 구성된 흑백 이미지이고 가능한 한 전체 픽셀이 다 활용될 수 있도록 크기를 $M \times M$ 픽셀(M은 2의 거듭제곱)이 되도록 해줘야 한다. 그러나 이 프로그램에서는 다른 크기의 이미지도 수용할 수 있게 행 또는 열 중 작은 것을 기준으로 스텝크기 δ를 정하고 박스를 계수하도록 해놓았다. 이렇게 하더라도 사용 못하고 버리는 픽셀이 발생할 수 있음에 유의해야 한다. 만약 그림 12.30과 같은 추정식의 그래프를 그리고 싶으면 graph = 1로 하면 되고, graph = 0으로 하거나 생략하면 그려지지 않는다.

Function file: BC_Binary.m

```
% function D = BC_Binary(dtm, graph)
% INPUT:
%  dtm: binary image, M´N matrix
```

```
%  graph: 0 or 1, scalar
%
% OUTPUT:
%  D: fractal dimension of dtm, scalar
function D = BC_Binary(dtm, graph)
if nargin == 1  % graph 인수를 생략하면 graph= 0으로 설정함
    graph = 0;
end

[M, N] = size(dtm);
L = min(M, N);
m = fix(log2(L));  % 행, 열중 작은 것을 기준으로 스텝크기를 정함
buf = [ ];

for k = 1 : m
    stepSize = 2^(k-1);
    numRowBlocks = fix(M/stepSize);
    numColBlocks = fix(N/stepSize);
    boxCount = 0;
    for nRow = 1:numRowBlocks
        for nCol = 1:numColBlocks
            StartRow = stepSize*(nRow - 1) + 1;
            EndRow = stepSize*nRow;
            StartCol = stepSize*(nCol - 1) + 1;
            EndCol = stepSize * nCol;
            part = dtm(StartRow : EndRow, StartCol : EndCol);
            if any(part(:))
                boxCount = boxCount + 1;
            end
        end
    end
    buf = [buf; 1/stepSize boxCount ];
end

% Calculate fractal dimension
x = log(buf(:, 1)); y = log(buf(:, 2));
p = polyfit(x, y, 1);
D = p(1);
```

```
% Draw the log-log graph
if(graph)  % graph= 1이면 그래프를 그려줌
    clf
    hold on
    BestFit = polyval(p, x);
    plot(x, y, 'bo', 'LineWidth', 1)
    plot(x, BestFit, 'b-', 'LineWidth', 2)
    xlabel('Scaling factor, log (1/r)','FontSize',12)
    ylabel('Box Count, log N_r','FontSize',12)
    str = num2str(D, '%4.2f\n');
    title(['Fractal Dimension D = ' str],'FontSize',12);
    grid on
end
```

12.7.5 프랙탈 이미지 만들기

앞서 언급하였지만 프랙탈 구조는 결정형과 비결정형으로 나뉘며, 결정형은 수학적 규칙에 따라 만들어지므로 프로그램으로 그릴 수 있고 또 그 이론적 차원을 알 수 있으며[12], 비결정형은 이미지를 촬영해서 얻을 수는 있지만 그 이론적 차원을 아는 것이 불가능하다.

여러 가지 결정형 프랙탈을 그리는 m-파일 프로그램은 MATLAB File Exchange 사이트에 가면 쉽게 구할 수 있다. 여기서는 레벨 n의 Vicsek 프랙탈을 만드는 과정과 프로그래밍 방법만 살펴보자. 한 변의 길이가 3^n인 정사각형이 주어질 때 레벨 1에서는 각 변을 3등분해서 생기는 9개의 작은 사각형 중에서 그림 12.31과 같이 모서리에 있는 4개를 버리고 나머지 5개만 취하고, 레벨 2에서는 앞서 만든 5개의 작은 사각형에 앞과 같은 과정을 반복하여 25개의 사각형을 취하고, 레벨 3에서는 앞서 만든 25개의 작은 사각형에

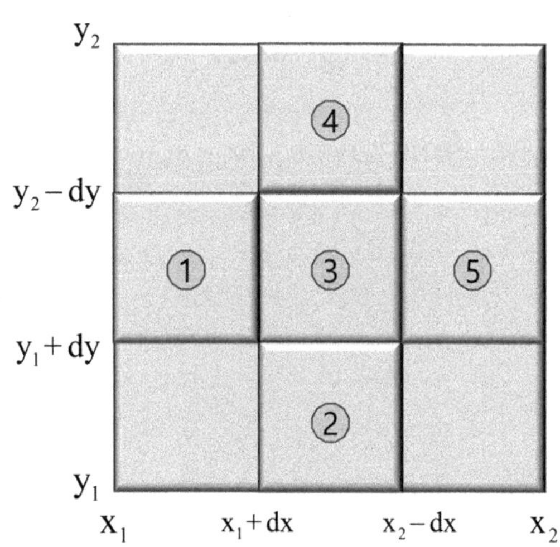

그림 12.31 Vicsek 프랙탈

같은 과정을 반복하는 방식으로 레벨 n이 될 때까지 진행하게 된다. 무한히 반복하면 Vicsek 프랙탈은 면적은 0이고, 둘레가 ∞인 도형이 되고, 그 이론적 차원은 1.7712가 된다.

함수 VicsekFractal은 재귀 함수로 코딩한 것이다. 입력인수는 6개이고 함수 내에서 도형을 그리기 때문에 출력인수는 필요 없다. x1과 x2는 현재 레벨에서 각각 x축의 최소, 최대 위치 값을, y1과 y2는 각각 y축의 최소, 최대 위치 값을, level은 현재의 레벨을, n은 최종 레벨을 의미한다. 첫 호출 시 $x1 = y1 = 1$, $x2 = y2 = 3^n + 1$, level = 1이고 호출될 때마다 한 변은 3등분되어 dx, dy에 저장된다.

if-end 문에서 만약 조건식이 거짓이면 else-end 블록 내의 5개 문장은 level을 1씩 증분해서 자기 자신을 호출하고, 최종적으로 level이 n에 도달하면 조건식이 참이 되어 if-else 블록 내의 문장들이 수행되면서 채워진 두 개의 사각형이 그려지고 되돌아가게 된다.

Function file: VicsekFractal.m

```
%% 함수 VicsekFractal.m
% Vicsek Fractal 생성 프로그램
function VicsekFractal(x1, x2, y1, y2, level, n)
dx = (x2 - x1) / 3;  % x축 변을 3등분
dy = (y2 - y1) / 3;  % y축 변을 3등분
if level == n
   fill([x1 x2 x2 x1], [y1+dy y1+dy y2-dy y2-dy], 'k')  % 가로 사각형을 채워서 그림
   fill([x1+dx x2-dx x2-dx x1+dx], [y1 y1 y2 y2], 'k')  % 세로 사각형을 채워서 그림
else
   VicsekFractal(x1, x1+dx, y1+dy, y2-dy, level+1, n)  % 1번 사각형에서 과정 수행
   VicsekFractal(x1+dx, x2-dx, y1, y1+dy, level+1, n)  % 2번 사각형에서 과정 수행
   VicsekFractal(x1+dx, x2-dx, y1+dy, y2-dy, level+1, n)  % 3번 사각형에서 과정 수행
   VicsekFractal(x1+dx, x2-dx, y2-dx, y2, level+1, n)  % 4번 사각형에서 과정 수행
   VicsekFractal(x2-dx, x2, y1+dx, y2-dx, level+1, n)  % 5번 사각형에서 과정 수행
end
```

다음은 함수 VicsekFractal을 호출해주는 스크립트이다. 호출 시 주의해야 할 점은 스크립트가 수행될 때 VicsekFractal의 내부에서 그래픽 fill 함수가 여러 번 수행되므로 호출 전에 반드시 hold on이 실행되어야 하고 마지막에 hold off되어야 한다. 그림 12.32는 레벨 n을 2, 3, 4, 5로 해서 그린 도형이다. 이들을 그림 파일로 저장하고 싶으면 그림창에

서 〈File〉 → 〈Save As…〉를 선택해서 새 창이 뜰 때 파일 이름을 변경하고 〈파일 형식〉에서 저장할 이미지의 형식을 선택하면 된다.

Script file: prog12_24.m

```
%% 프로그램 prog12_24.m
% Vicsek Fractal 생성하기
n = 5; % Level of the Vicsek fractal
m = 3^n+1;
clf
hold on
VicsekFractal(1, m, 1, m, 1, n)
axis equal off
axis([1 m 1 m])
hold off
```

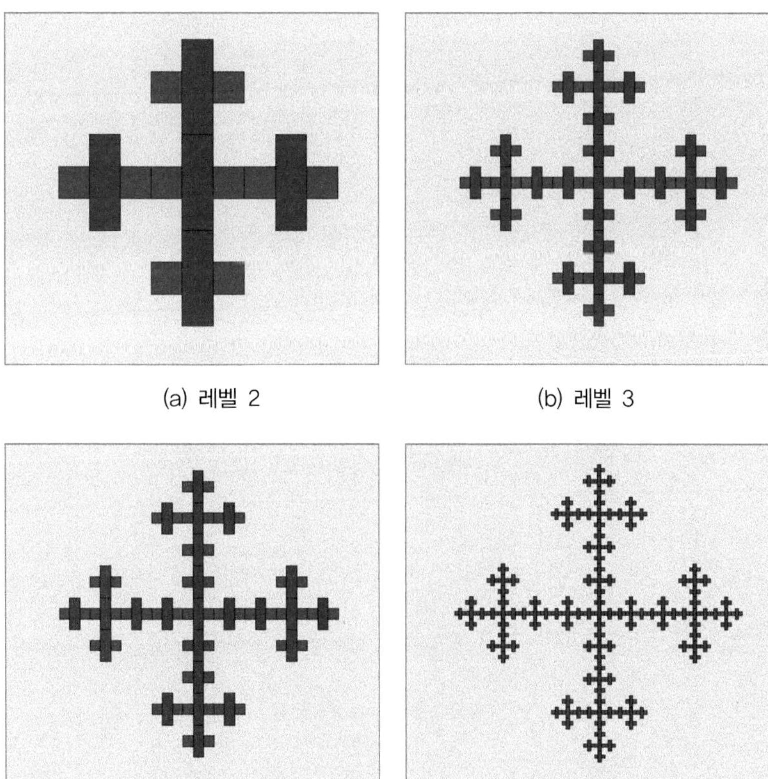

(a) 레벨 2 (b) 레벨 3

(c) 레벨 4 (d) 레벨 5

그림 12.32 Vicsek 프랙탈

다음은 산맥과 같은 프랙탈 곡선을 만들어 본다. 이를 만들어주는 대표적인 알고리즘이 중점 변위(Midpoint displacement)법이고, 1920년대 미국의 수학자 Norbert Wiener가 브라운 운동(Brownian motion)을 재현하면서 사용하였던 재귀적 기법이다. 이후로 더욱 확장되어 최근에는 2D 프랙탈 도형을 만드는 데도 긴요하게 사용되고 있다[13]. 이 방법은 기준 선분을 계속 반분하여 작고 작은 세그먼트로 나누고, 각 단계에서 양쪽의 높이의 평균값에 오프셋을 더해 위 또는 아래로 변경하게 된다.

알고리즘은 재귀적으로 동작하며 그 개요는 다음과 같다 [13]:

- 길이가 1인 선분의 양 끝점의 높이를 정규난수 $\mathrm{N}(0, \sigma^2)$로 생성한다(그림 12.33의 레벨 0 참조).
- 양 끝점의 높이 평균값에 오프셋 D_1을 더해서 중점의 높이로 한다(레벨 1 참조).

$$\mathrm{h}_3 = \frac{\mathrm{h}_1 + \mathrm{h}_2}{2} + \mathrm{D}_1 \tag{12.61}$$

여기서 $\mathrm{D}_1 \sim \mathrm{N}(0, \sigma^2)$, $\Delta_1^2 = \frac{\sigma^2}{(2)^{2\mathrm{H}}}(1 - 2^{2\mathrm{H}-2})$이고 H는 0과 1 사이의 실수값을 가지며 Hurst 파라미터로 불린다. 또 프랙탈 차원과는 $\mathrm{D} = 2 - \mathrm{H}$의 관계를 갖는다.

- 나눠진 두 선분에 대해서도 인근 두 높이의 평균값에 오프셋 D_2을 더해 각 중점에서 높이로 한다(레벨 2 참조).

$$\mathrm{h}_4 = \frac{\mathrm{h}_1 + \mathrm{h}_3}{2} + \mathrm{D}_2 \tag{12.62a}$$

$$\mathrm{h}_5 = \frac{\mathrm{h}_3 + \mathrm{h}_2}{2} + \mathrm{D}_2 \tag{12.62b}$$

여기서 $\mathrm{D}_2 \sim \mathrm{N}(0, \Delta_2^2)$, $\Delta_2^2 = \frac{\sigma^2}{(2^2)^{2\mathrm{H}}}(1 - 2^{2\mathrm{H}-2})$이다.

- 이러한 과정은 프랙탈 곡선이 충분히 상세해질 때까지 반복하게 되며 n 레벨에서의 오프셋은 $\mathrm{D}_\mathrm{n} \sim \mathrm{N}(0, \Delta_\mathrm{n}^2)$, $\Delta_\mathrm{n}^2 = \frac{\sigma^2}{(2^\mathrm{n})^{2\mathrm{H}}}(1 - 2^{2\mathrm{H}-2})$가 된다.

만들어진 곡선은 H값에 따라 특성이 달라진다. 만약 $\mathrm{H} = 1/2$이면 $\mathrm{D} = 1.5$이어서 독립증분을 가지는 브라운 운동과 일치하며, $\mathrm{H} > 1/2$이면 $1 < \mathrm{D} < 1.5$이고 곡선은 완만해

지고, $H < 1/2$이면 $1.5 < D < 2$이고 거칠어진다.

다음은 앞서 설명한 알고리즘을 함수로 작성한 것이다. MidPointDisp는 maxlevel, sigma, H, seed를 입력받아 x의 양 끝 값을 초기 설정하고 부함수를 호출하며 벡터 x를 출력해 주는 주함수이고, MidPointRecursion는 x, H, delta, index0, index2, level, maxlevel을 입력받아 level이 maxlevel과 같게 될 때까지 재귀적으로 자신을 불러 배열 x의 내용을 채워 주는 부함수이다. 이들은 $2^{\text{maxlevel}}+1$ 크기의 벡터 x에 값이 다 채워질 때 정지한다.

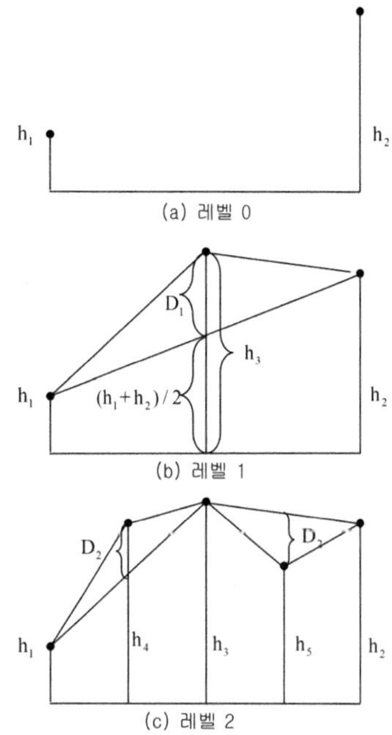

그림 12.33 중점 변위법과 첫 두 레벨

Function file: MidPointDisp.m

```
function x = MidPointDisp(maxlevel, sigma, H, seed)
rng(seed);
N = 2^maxlevel;
x(1) = 0;
x(N + 1) = sigma * randn;
delta = sigma * sqrt(1 - 2^(2*H-2));
x = MidPointRecursion(x, H, delta, 1, N+1, 1, maxlevel);

function x = MidPointRecursion(x, H, delta, index0, index2, level, 
maxlevel)
index1 = (index0 + index2) / 2;
delta = delta / 2^H;
x(index1) = (x(index0) + x(index2)) / 2 + delta * randn;
if level < maxlevel
    x = MidPointRecursion(x, H, delta, index0, index1, level+1, maxlevel);
    x = MidPointRecursion(x, H, delta, index1, index2, level+1, maxlevel);
end
```

다음은 함수 MidPointDisp를 호출하는 스크립트이다.

Script file: prog12_25.m

```
%% 프로그램 prog12_25.m
% 산맥 프랙탈 생성하기
maxlevel = 8; sigma = 1;
subplot 211
H = 0.2;  % 프랙탈 차원 D = 2 - H = 1.8
seed = 423;
x = MidPointDisp(maxlevel, sigma, H, seed);
plot(x, 'k')
axis([1 2^maxlevel+1 -2.5 2])
%
subplot 212
H = 0.7;   % 프랙탈 차원 D= 2-H= 1.3
seed = 72;
x = MidPointDisp(maxlevel, sigma, H, seed);
plot(x, 'k')
axis([1 2^maxlevel+1 -1 1])
```

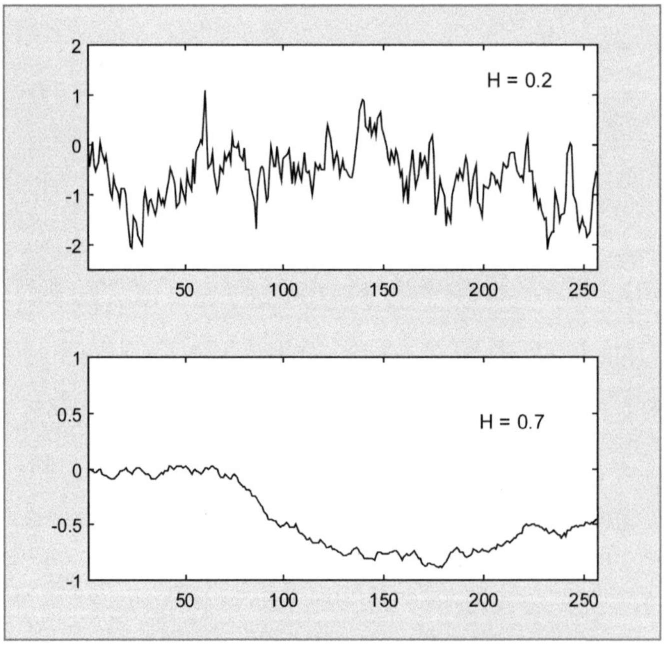

그림 12.34 중점 변위법으로 만든 프랙탈 곡선

12.7.6 이미지로부터 프랙탈 차원 추정

이 절에서는 칼라 또는 그레이 이미지를 어떻게 흑백 이미지로 변환하고 이로부터 프랙탈 차원을 얻는지를 살펴본다. 칼라 이미지로부터 흑백 이미지를 얻는 과정은 다음과 같다.

그림 12.35 이미지 변환 과정

이와 관련된 몇 가지 MATLAB 함수에 대해서도 살펴본다. 이 책은 칼라 인쇄가 아니므로 모든 칼라 이미지는 그레이 이미지로 변환되어 인쇄됨에 유의하라.

12.7.6.1 이미지 파일 읽고 보여주기

그래픽 파일로부터 이미지를 읽고 또 화면에 보여주거나, 배열 데이터를 이미지화해서 화면에 보여주는 함수들은 다음과 같다.

- I = imread(filename) % filename으로부터 칼라 또는 그레이 이미지를 읽는다.
- imshow(I) % 이미지 배열 I를 화면에 보여준다.
- image(I) % 배열 I를 이미지화하여 화면에 보여준다.
- imagesc(I) % 배열 I를 이미지화하여 화면에 보여준다.

사용 시 유의해야 할 점은 다음과 같다.

- imread는 문자열로 지정된 filename파일로부터 칼라 또는 그레이 이미지를 읽어준다. 실행되면 현재 폴더에서 파일을 찾고, 없으면 경로가 지정된 폴더에서 찾는다.
- imshow는 이미지 전용 함수로써 배열의 각 원소를 픽셀 강도(Intensity)로 간주하며, 축과 축 눈금값이 그려지지 않고 또 aspect ratio가 고정된다. Image Processing 툴박스에서 제공되므로 이 툴박스가 없으면 사용할 수 없다.
- image는 숫자로 된 배열을 칼라 또는 그레이로 이미지화하여 보여주며 축, 그리

드, 축라벨 등이 함께 표시된다. 이 함수가 호출되면 자동으로 CDataMapping속성이 'direct'로 설정되면서 각 원소값은 현 색지도(colormap) 안에 있는 칼라에 직접 참조되어 이미지화된다. 색지도의 범위를 벗어나면 상한 또는 하한값으로 제한된다. Image Processing툴박스 없이도 사용 가능하다.

- imagesc는 image함수와 같지만 둘 간의 차이점은 배열의 원소값들은 색지도의 전 구간에 매핑되도록 자동으로 스케일링된다. imagesc(I)는 image(I, 'CDataMapping', 'scaled')와 같다. 이 함수 또한 Image Processing툴박스 없이도 사용할 수 있다.

먼저 이미지 파일을 읽은 다음 화면에 출력해보자. 뒤의 두 함수는 축과 눈금값을 그리고 있는 것을 볼 수 있다. 감추고 싶으면 명령줄에 axis off를 입력하면 된다.

```
>> I = imread('Lenna.png');  % Lenna.png 파일을 읽음2
>> subplot(1, 3, 1);
>> imshow(I)  % imshow로 화면에 보여줌
>> xlabel('(a) imshow')
>> subplot(1, 3, 2);
>> image(I);  % image로 화면에 보여줌
>> xlabel('(b) image')
>> subplot(1, 3, 3)
>> xlabel('(c) imagesc');
```

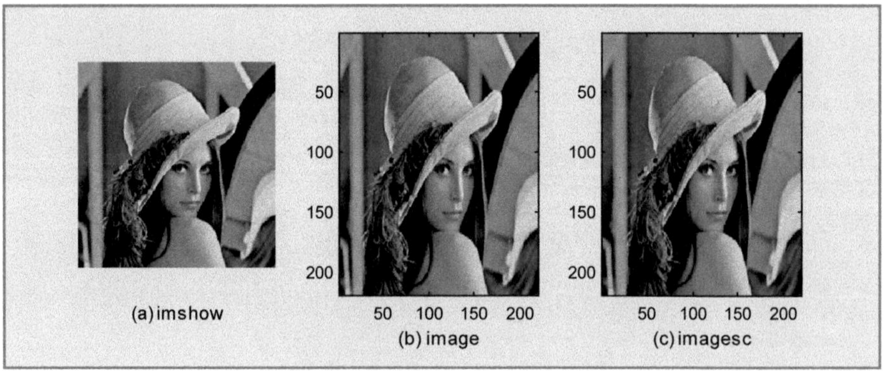

그림 12.36 이미지 나타내기

2. Lenna.png 파일은 Google창에서 Lenna라고 서치하면 사진이 나오며, 이를 이미지로 저장하면 된다.

이제 image와 imagesc함수를 써서 배열을 이미지화해서 화면에 나타내보자.

```
>> I1 = 1 : 16;
>> figure(1), image(I1)
>> colormap(gray(16));  % 그레이 16 칼라의 색지도 설정
>> xlabel('(a) 그레이 16 칼라의 색지도')
>> I2 = [-4.5, 1, 3; 14.2, 17, 23];
>> figure(2), image(I2)
>> colormap(gray(16));  % 그레이 16 칼라의 색지도 설정
>> xlabel('(b) image')
>> figure(3), imagesc(I2)
>> colormap(gray(16));  % 그레이 16 칼라의 색지도 설정
>> xlabel('(c) imagesc')
```

첫 예는 1~16 사이의 숫자로 구성된 벡터 I1을 image 함수로 나타낸 것이고 그림 12.37(a)은 이를 보여준다. 색지도가 그레이 16칼라로 지정되었기 때문에 16가지의 색 스펙트럼으로 표현되는 것을 볼 수 있다. 다음 예는 2×3 행렬 I2를 image 함수와 imagesc 함수를

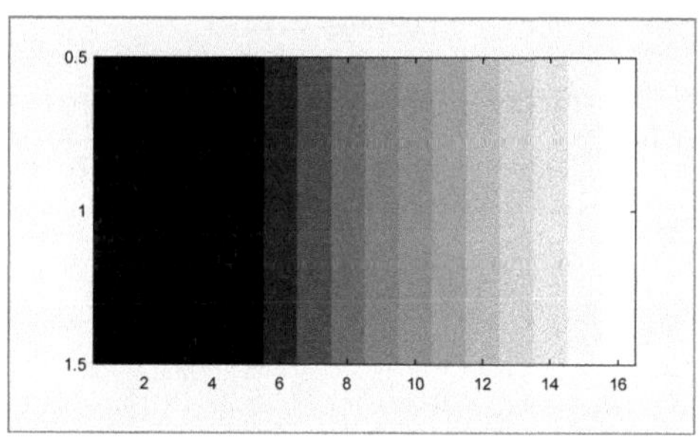

(a) 그레이 16 칼라 색지도

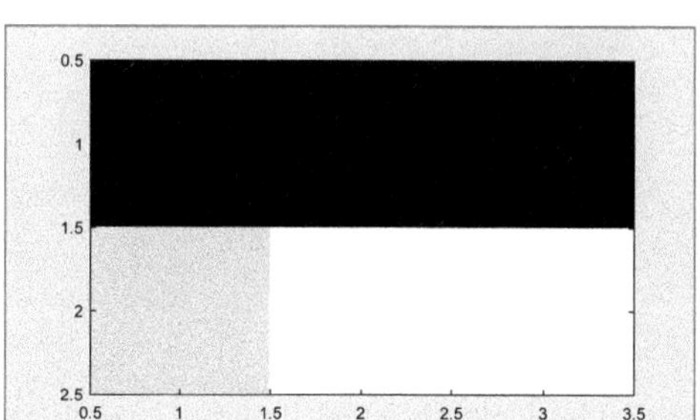

(b) image

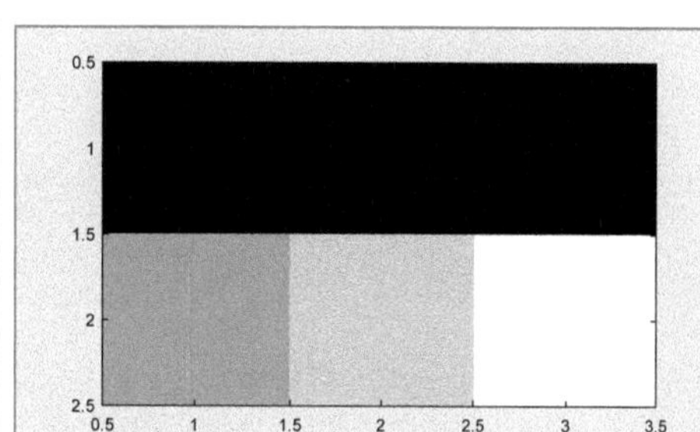

(c) imagesc

그림 12.37 image와 imagesc 함수

써서 그레이 16칼라로 나타낸 것이다. image함수의 경우에는 1~16 범위를 벗어난 −4.5를 하한값 1로, 17과 23을 상한값 16으로 제한해서 검정 또는 흰색으로 표현하고(그림 12.37(b) 참조) 있는 반면에 imagesc함수는 −4.5~23의 값을 색지도의 전 구간 1~16에 매핑되도록 스케일링해서 표현하고 있는 것을 볼 수 있다(그림 12.37(c) 참조).

12.7.6.2 이미지 파일 저장하기

이미지를 그래픽 파일로 저장해주는 함수는 다음과 같다.

- imwrite(I, filename, fmt) % 이미지 I를 지정한 형식으로 파일명 filename에 저장한다.

여기에서 filename과 fmt는 문자열이 되어야 하고 fmt는 jpg, jpeg, bmp, png, gif 등이 될 수 있다. 예로 imwrite(I, 'lennagray', 'jpg')를 입력하면 이미지 I를 jpg형태로 변환한 후 'lennagray'라는 파일명에 저장해준다. 시행하면 현재의 작업 폴더에 지정된 이름과 확장자 jpg를 가지는 파일이 새로 생긴 것을 볼 수 있을 것이다.

12.7.6.3 칼라 이미지를 그레이 이미지로 변환하기

imread 함수로 M×N 픽셀의 칼라 이미지를 읽어 I에 저장하였다면 I는 M×N×3차원의 행렬이 된다. 예로 I(9, 9, :)를 입력해 보라. 그러면 배열 I(9, 9, 1), I(9, 9, 2), I(9, 9, 3)에는 칼라의 RGB 정보, 즉 I(9, 9, 1) = R, I(9, 9, 2) = G, I(9, 9, 3) = B 값이 담겨 있음을 보게 될 것이다. 이 값들은 0과 255 사이의 무부호 정수로 되어 있고 (R, G, B)가 (255, 0, 0)이면 빨강(Pure red), (0, 255, 0)이면 초록(Pure green), (0, 0, 255)이면 파랑(Pure blue) 색을 나타내게 된다.

```
>> I = imread('Lenna.png');
>> size(I)
ans =
   220   220     3
>> I(9, 9, :)
  1×1×3 uint8 배열
ans(:,:,1) =
   226
ans(:,:,2) =
```

```
   130
ans(:,:,3) =
   108
```

따라서 이 R, G, B 값들을 적절히 제어해주어야 M×N 차원의 그레이 이미지로 변환된다. MATLAB에서 이 역할을 해주는 함수가 rgb2gray이고 다음 형식을 갖는다.

- Igray = rgb2gray(Irgb) % RGB 칼라 이미지를 그레이 이미지로 변환한다.

함수 rgb2gray는 휘도(Luminance)는 유지하고 색상(Hue)과 채도(Saturation) 정보를 제거하는 방식으로, 즉 다음 식으로 R, G, B 항에 가중치를 곱한 다음 무부호 정수로 변환해서 강도를 구하게 된다.

$$\mathrm{Gray} = 0.2989 \times \mathrm{R} + 0.5870 \times \mathrm{G} + 0.1140 \times \mathrm{B} \tag{12.63}$$

예로 흰색의 (RG, B)는 (255, 255, 255)이므로 위 식에 적용하면 0.2989×255+0.5870×255+0.1140×255=255가 되고, 빨강은 (255, 0, 0)이므로 76이 되고, 검정은 (0, 0, 0)이므로 0이 된다.

다음 예는 그림 12.32(d)의 사진을 'VicsekFractal.jpg'로 저장한 다음, 다시 읽어들여 그레이 이미지로 변화한 다음 화면에 나타낸 것이다(그림 12.38(a) 참고). 참고로 VicsekFractal.jpg를 만드려면 **prog12_24**를 실행하면 그래프 창이 뜨며 그래프가 그려진다. 그래프의 〈파일〉메뉴에서 〈다른 이름으로 저장〉을 클릭하고 파일 형식을 JPEF image(*.jpg)으로 하고 파일명을 VicsekFractal으로 하여 저장하면 된다.

```
>> I = imread('VicsekFractal.jpg');
>> I = rgb2gray(I); % I의 원소는 0~255 사이의 무부호 정수로 변환
>> imshow(I)
```

12.7.6.4 그레이 이미지를 흑백 이미지로 변환하기

rgb2gray함수를 사용하게 되면 행렬의 픽셀값은 무부호 정수 uint8로 변환되므로 결과적으로 0~255사이에 분포되고 255에 가까울수록 흰색을, 0에 가까울수록 검은색을 띠게 된

다. BC법을 적용하기 위해서는 이를 순 흑백으로 변환해주는 이진화 작업이 필요하다. 다시 말하면 모든 픽셀이 0 또는 1의 값만 갖도록 해주어야 한다. 이 작업은 다음 연산을 통해 가능하다. 여기서 128은 문턱값(Threshold)이고 사용자가 정할 수 있는 값이다.

- I = I < 128 % 그레이 이미지를 흑백 이미지로 변환한다.

위 문장에서 I = I < 128은 I의 각 픽셀이 128보다 작으면 1로, 아니면 0으로 그 픽셀 값을 교체하게 된다. 예로 I(1, 1)= 250(흰색에 근접)이라면 250 < 128은 거짓이므로 I(1, 1) = 0이 되고, I(25, 4) = 8(검정에 근접)이라면 49 < 128은 참이므로 I(25, 4) = 1이 된다. 이것은 흑백을 반전해 놓은 결과인데 이렇게 한 이유(I = I > 128로 쓰지 않음)는 `BC_Binary` 함수에서 박스 내에 프랙탈이 포함되어 있는지의 진위를 판단할 때 any함수로 1의 포함 여부를 찾아 계수하도록 프로그램해 놓았기 때문이다. 만약 I = I > 128로 쓰게 되면 `BC_Binary` 함수의 if any(part(:))문장을 수정해줘야 한다.

다음 그림 12.38(b)는 반전된 흑백 이미지를 나타낸 것이다.

```
>> I = imread('VicsekFractal.jpg');
>> I = rgb2gray(I); % I의 원소는 0~255 사이의 무부호 정수로 변환
>> I = I < 128; % 128을 기준으로 작으면 1, 크면 0으로 이진화
>> imshow(I)
```

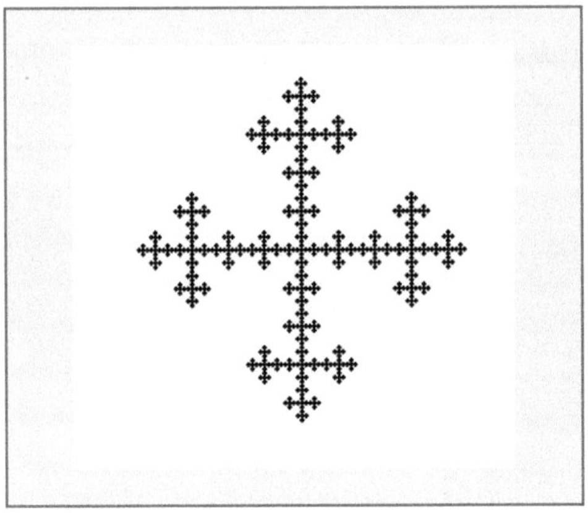

(a) 그레이 이미지

(b) 반전 흑백 이미지

그림 12.38 Vicesk Fractal 이미지

12.7.6.5 프랙탈 차원 추정하기

그림 12.38(a)의 Viscek프랙탈의 이론적 차원은 $D = \log_3(5) = 1.4650$이다. 이미지 파일을 읽어 프랙탈 차원을 추정하는 프로그램은 12.7.4절에서 구한바 있다. 만약 그래프를 그리고 싶지 않으면 단순히 `D = BC_Binary(I)`로 입력하면 바로 구할 수 있다.

```
>> I = imread('VicsekFractal.jpg');
>> I = rgb2gray(I); % I의 원소는 0~255 사이의 무부호 정수로 변환
>> I = I < 128; % 128을 기준으로 작으면 1, 크면 0으로 이진화
>> D = BC_Binary(I, 1) % D를 계산하고 추정식의 그래프를 그림
D =
    1.4724
```

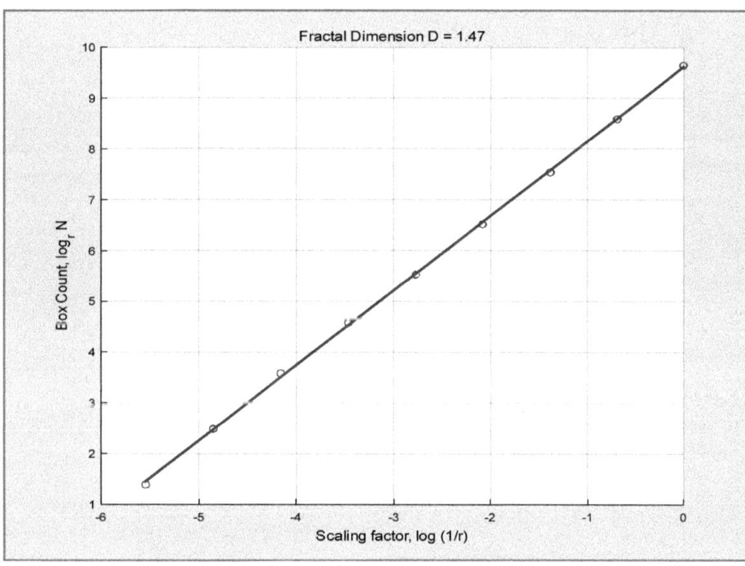

그림 12.39 Viscek Fractal의 프랙탈 차원 추정

연습문제

01 다음 적분값을 확인하여라.

(1) $p = \int_0^{2\pi} \sin(1 - x + x^2)dx = 1.3351$

(2) $q = \int_{-1}^{1} \frac{\ln(1+t^2)}{\sqrt{1-t^2}}dt = 1.1827$

(3) $r = \int_0^{\infty} y^3 \exp(-2y)dy = 0.3750$

(4) $s = \int_0^{\infty} \cos(x)e^{-x}dx = 0.5$

02 다음 이중적분값을 확인하여라.

(1) $p = \int_0^1 \int_{-3}^{3} \frac{xy^2}{x^2+1}dydx = 6.2383$

(2) $q = \int_0^{\ln 5} \int_0^{\ln 2} e^{(2x-y)}dydx = 1.2$

(3) $r = \int_0^3 \int_{x^2}^{3x} (x^2+y^2)dydx = 90.2571$

(4) $s = \int_0^{\pi/2} \int_0^{\infty} e^{\sin\theta}drd\theta = 1.7183$

03 다음 방정식의 실근을 모두 구하여라.

(1) $\ln x^4 = 1 \ (1 \leqq x \leqq 2)$

(2) $e^{-t} - 3 = -2t \, (0 \leqq t \leqq 2)$

(3) $\sin x = 1 + \cos x \, (0 \leqq x \leqq 3\pi/2)$

04 다음 함수를 최적화하여라.

(1) $\min f(\mathbf{x}) = 100(x_2 - x_1^2)^2 + (1 - x_1)^2,\ \mathbf{x}_0 = \mathbf{0}$

(2) $\max f(\mathbf{x}) = 2x_1x_2 + 2x_1 + 2x_2 - x_1^2 - 2x_2^2,\ \mathbf{x}_0 = [-1\ \ 1]^T$

(3) $\min f(\mathbf{x}) = 2x_1^2 + x_2^2$

s.t. $x_1 + x_2 = 1,\ \mathbf{x}_0 = \mathbf{0}$

(4) $\max f(\mathbf{x}) = 1.75x_1 + 1.25x_2,\ \mathbf{x}_0 = [1\ \ 1]^T$

s.t. $1.2x_1 + 2.25x_2 \leqq 14$

$x_1 + 1.1x_2 \leqq 8$

$2.5x_1 + x_2 \leqq 9$

$x_1 \cdot x_2 \geqq 0$

(5) $\min f(\mathbf{x}) = (1 - x_1 - x_2)x_1x_2, \mathbf{x}_0 = [1\ \ 1]^T$

s.t. $(1 - x_1 - x_2)^2x_2 + x_1x_2^2 + (1 - x_1 - x_2)/x_1 - 2 = 0$

$0 \leqq 1 - x_1 - x_2 \leqq \dfrac{1}{2}$

$0 \leqq x_2 \leqq \dfrac{1}{2}$

05 최소제곱법으로 데이터 $(-\pi/4,\ -0.707)$, $(0,\ 0)$, $(\pi/4,\ 0.707)$에 가장 적합한 직선에 피팅하여라. 그리고 이 경우의 오차를 구하여라.

06 최소제곱법으로 다음 표의 데이터를 2차 다항식에 피팅시키고 그래프를 그려라.

x_k	0	1	2	3
$y = f(x_k)$	0.9	2.7	2.9	4.5

07 다음 표의 데이터에 가장 적합한 멱함수($y = ax^b$)를 구하고, 그래프를 그려라.

x_k	0.1	0.3	0.45	0.7	0.92	1.0
$y = f(x_k)$	0.03	0.27	0.75	1.47	2.43	3.63

08 다음 표의 데이터에 적합한 지수함수($y = ae^{bx}$)를 구하고, 그래프를 그려라.

x_k	0.1	0.3	0.5	0.7	0.9	1.1
$y = f(x_k)$	3.664	5.466	8.155	12.166	18.149	27.075

09 다음 표의 데이터를 식 (12.27)에 피팅시키고 그래프를 그려라.

y_j \ x_i	−2	0	2
1	−4.2	2.1	8.1
1.5	−5.9	3.0	10.1
3	−11.1	5.2	14.2

10 내장함수를 써서 다음 상미분방정식의 근사해를 구하고 그려라.

(1) $y' = \dfrac{50}{y} - 50y, 0 \leq t \leq 1, y(0) = \sqrt{2}$

(2) $y'' - 2y' + y = te^{-t},\ 0 \leq t \leq 1,\ y(0) = y'(0) = 0$

(3) $y'' = -y' + \cos t, 0 \leq t \leq 2\pi, y(0) = y'(0) = 0$

(4) $\begin{aligned} \dot{x}_1 &= x_2 \\ \dot{x}_2 &= -(1+x_1^2)x_1 - x_2 + 2\cos 3t \end{aligned} \quad (0 \leq t \leq 2\pi),\ \mathbf{x}(0) = \mathbf{0}$

11 다시 RK4를 사용해서 문제 12.10의 근사해를 구하고 그려라. 단, $h = 0.01$이라고 가정한다.

12 다음 비선형 미분방정식의 위상선도를 그려보아라.

$$\begin{aligned} \dot{x}_1 &= -x_1 + x_1x_2 \\ \dot{x}_2 &= x_1 + x_2 - 2x_1x_2 \end{aligned} \quad (0 \leq t \leq 10),\ \mathbf{x}(0) = [0.2\ 0]^T$$

13 다음 신호의 크기 스펙트럼을 구해 그려보아라.

$$x(t) = \begin{cases} 1, & 0 \leq t \leq \dfrac{1}{4} \\ 0, & \dfrac{1}{4} < t \leq 4 \end{cases}$$

14 10초 동안 아래 시스템을 시뮬레이션할 때 잡음 $n(t)$가 더해진 신호 $z(t) = x_1(t) + n(t)$를 얻는다. 이때 $n(t)$는 평균이 0, 분산이 0.05^2인 정규잡음이다. $z(t)$를 fft 하여 차단주파수를 정하고 4차 Butterworth를 설계한 후 필터링된 신호와 $z(t)$를 그려보아라. 단, 샘플링 주파수 fs는 100 Hz이다.

$$\begin{aligned} \dot{x}_1 &= x_2 \\ \dot{x}_2 &= -(1+x_1^2)x_1 - x_2 + 2\cos 3t, \quad \mathbf{x}(0) = \mathbf{0} \\ z &= x_1 + n \end{aligned}$$

참고문헌

[1] Getting Started with MATLAB, Version 7, The MathWorks, Inc., 2014

[2] Using MATLAB Graphics, Version 5, The MathWorks, Inc., 1996

[3] 진강규, 유전알고리즘과 그 응용, 교우사

[4] 진강규, 쉽게 배우는 Matlab-애니메이션, 홍릉과학출판사, 2014

[5] M. Morari, Robust Process Control, PTR Pretice Hall, New Jersey, 1989

[6] colormap, https://kr.mathworks.com/help/matlab/ref/colormap.html?s_tid = srchtitle

[7] R. L. Burden and J. D. Faires, Numerical Analysis, Fifth Edition, PWS Publishing Company, 1993

[8] S. C. Chapra and R. P. Canale, Numerical Methods for Engineers, McGraw-Hill , N.Y., 2010

[9] 진강규, C로 구현한 수치해석, 다솜출판사, 2015

[10] 진강규, 제어시스템 설계, 다솜출판사, 2010

[11] B. B. Mandelbrot, The fractal geometry of nature, Forestscience, N.Y., 1983

[12] https://en.wikipedia.org/wiki/List_of_fractals_by_Hausdorff_dimension

[13] D. Saupe, Algorithms for Random Fractals, The Science of Fractal Images, In H. -O. Peitgen and D. Saupe, Editors, Springer-Verlag, 1988

[14] Building GUIs with MATLAB, Version 5, The MathWorks, Inc., 1997

[15] Creating Graphical User Interfaces, Version 7, The MathWorks, Inc., 2004

[16] P. Marchand and O.T. Holland, Graphics and GUIs with MATLAB, Third Edition (Graphics & GUIs with MATLAB), Chapman and Hall/CRC, London, 2002

[17] A. Gilat, MATLAB: An Introduction with Applications, Third Edition, John Wiley & Sons, Inc., 2008

[18] B. H. Hahn and D. T. Valentine, Essential MATLAB for Engineers and Scientists, Fifth Edition, Elsevier Inc., N.Y., 2013

[19] S. T. Smith, MATLAB: Advanced GUI Development, Dog Ear Publishing, 2006

[20] M. Gdeisat and F. Lilley, Matlab by Example : Programming Basics, Elsvier Inc., 2013

[21] S. Attaway, Matlab: A Practical Introduction to Programming and Problem Solving, Fourth Edition, Elsevier Science, 2013

[22] S. J. Chapman, MATLAB Programming with Applications for Engineers, 1st Edition, CL-Engineering, 2012

[23] 여영구, 쉬게 배우는 MATLAB 입문과 활용, 3판, 도서출판 아진, 2014

[24] 김창근, 이공계 과학도를 위한 MATLAB 사용법과 그 응용, 교우사, 2001

[25] 방성완, 제대로 배우는 MATLAB, 한빛아카데미, 2014

[26] 박전수, Simulink 프로그래밍 언어, 도서출판 아진, 2005

[27] http://en.wikipedia.org/wiki/Runge%E2%80%93Kutta_methods

[28] J. E. Slotine and W. Li, Applied Nonlinear Control, Prentice-Hall International, Inc., 1991

[29] 최동식, 수치표고모델의 프랙탈 차원 추정에 관한 연구, 한국해양대학교 대학원 석사 학위논문, 2014

찾아보기

[ㄹ]

[ㅁ]

[ㅂ]

[ㅅ]

[ㅇ]

[ㅎ]

[기타]

[D]

[E]

[I]

[J]

[K]

[L]

[M]

[S]

[T]

[U]

[V]

[W]

[X]

[Y]

[Z]

저자소개

진강규 (한국해양대학교 제어자동화공학부 명예교수)

김우식 (세종대학교 전자정보통신공학과 교수)

박순옥 (동서울대학교 기계자동차공학과 교수)

알기 쉽게 배우는 MATLAB®

발 행 일 • 2020년 9월 10일

저　　자 • 진강규 · 김우식 · 박순옥

발 행 자 • 최 봉 조

발 행 처 • 진샘미디어

주　　소 • 서울시 은평구 연서로 5길 28 부호아파트 102동 상가5호

전　　화 • 02)353-4421 / FAX 02)353-4431

홈 페 이 지 • www.jinsaem.co.kr

신 고 번 호 • 제311-2005-000025호

I S B N • 979-11-88791-38-5　　93560

정가 29,000원